云南师范大学中国史一级学科博士点建设系列成果

国立西南联合大学史料长编丛书

闻黎明 邹建达／主编

五教授地理学文选（一）

肖 雄◎编

社会科学文献出版社
SOCIAL SCIENCES ACADEMIC PRESS (CHINA)

《国立西南联合大学史料长编》
领导小组

组　　　长　饶　卫　蒋永文
常务副组长　闻黎明　何伟全　张　玮　安学斌
副　组　长　邹建达
成　　　员　郑勤红　何　斌　余明九　李红英　崔汝贤
　　　　　　李永明　殷国聪　王顺英

《国立西南联合大学史料长编》编辑委员会

主　任　闻黎明

副主任　邹建达

顾　问　（依姓氏笔画为序）

　　　　　吴宝璋　余　斌　〔美〕易社强　谢　泳

委　员　（依姓氏笔画为序）

　　　　　王浩禹　龙美光　吕文浩　朱　俊　刘兴育
　　　　　李光荣　李红英　邹建达　张昌山　张媚玲
　　　　　纳　彬　金富军　闻黎明　祝　牧　徐思彦
　　　　　高建国　戴美政

总　序

西南联合大学是抗战爆发初期由平津沦陷区的国立北京大学、国立清华大学、私立南开大学三所著名大学联合组成的一所战时高等学府。这所学校1937年11月1日在长沙开学时名"国立长沙临时大学",1938年4月迁至昆明后改名"国立西南联合大学",1946年5月4日举行结业典礼,三校复员返回原地。

在中国现代教育史上,西南联合大学无愧是一座丰碑。最初,它简称"西南联大",未久就因其存在的唯一性,被称作更为简洁的"联大"。西南联大只存在了短短的八年半,而这八年半正是抗战军兴,烽火遍燃,全国人民为挽救国家危亡同仇敌忾抗击日本帝国主义侵略的关键时期。在这种环境下,师生们头顶狂轰滥炸,忍耐饥饿困苦,身怀崇高使命,牢记"刚毅坚卓"校训,心系"天下兴亡,匹夫有责",坚守岗位,努力办学,刻苦探索,为保存和传承中华文化和学术薪火做出了巨大努力与贡献。

今天,"西南联大"已成为一个具有特殊意义的响亮名词,党和国家领导人在多个场合给予这所学校很高的评价。2014年6月5日,习近平总书记以中华人民共和国主席身份在中阿合作论坛第六次部长级会议开幕式上的讲话中,引用了《国立西南联合大学纪念碑碑文》中的"五色交辉,相得益彰;八音合奏,终和且平",形容包容理念在维护世界和平与安全、促进共同发展事业中的重要作用,表达了对西南联大精神的称许。2017年1月24日,李克强总理考察云南时专程参观了西南联大旧址,给予这所培养出

I

两位诺贝尔奖获得者、8位"两弹一星"功勋奖章获得者、5位国家最高科学技术奖获得者、173位"两院"院士的学校极高赞誉,指出西南联大"在极端艰难困苦中弦歌不辍,大师辈出,赓续了我们民族的文化血脉,保存了知识和文明的火种。这不仅是中国教育史上的奇迹,也是世界教育史上的奇迹"。2010年10月10日,刘延东副总理在云南师范大学考察时,亦指出:要弘扬西南联大爱国、民主、科学的优良传统,发扬兼容并蓄、学术自由、求实严谨、艰苦奋斗的人文精神和科学精神,培养多层次、高素质和实用型人才。党和国家领导人的这些评价,是对西南联大历史和现实意义的高度概括。

集中了众多学术大师和优秀人才的西南联大,是中国知识分子献身现代化建设的突出典型。现实生活中,当人们谈论到爱国、民主、科学、通才教育、人才培养等话题时,往往会联想到离开今天已经七十多年的西南联大。这个现象,既表达了人们对西南联大的怀念,也反映了这所学校产生的深远影响。

随着社会日益广泛的关注,学术界对西南联大的研究近乎成为一门显学,但这座"富矿"还有许多方面有待深入开发。如北大、清华、南开历史不同,怎样在"各异之学风"中保持合作无间、异不害同;怎样以"兼容并包之精神,转移社会一时之风气";怎样"内树学术自由之规模,外获民主堡垒之称号";怎样"违千夫之诺诺,作一士之谔谔";怎样坚持"通才教育",重视"知类通达",为学生从事更高深更专门研究成为各个领域一流人才奠定基础;等等。这些都需要可靠的原始史料予以佐证。

为了更好地继承和弘扬西南联大优秀传统,全面展示西南联大的成功与曲折,表现师生们的思考与探索,作为西南联大血脉和延续的云南师范大学,以义不容辞、责无旁贷、舍我其谁、全力以赴的气魄,于2016年年底启动了"西南联大史料长编"工程。云南师范大学历史与行政学院接受了这项艰巨任务,承担起具体组织与落实工作。2017年,云南师范大学成立了由饶卫书记、蒋永文校长双挂帅的"西南联大史料长编领导小组",成立了由中国社会科学院、云南师范大学、云南大学、清华大学、西南民族大学、社会科学文献出版社等单位专家组成的编辑委员会。编辑委员会召开了多次会议，通过了长期与中期编纂规划，制定了近期目标，明确了实施步骤，规范了编辑体例，成立了审稿小组。"西南联大史料长编"的计划，是首先按照教育管理、学术科研、思想文化、时局评论、社会活动、校园文化、战时从军、民族边疆、地方建设等门类，进行全面、系统的资料收集整理，编辑成不同体裁的文集，最后打通贯穿形成一部编年体的多卷本《国立西南联合大学史料长编》。

西南联大的历史，严格地说始于1937年7月三校酝酿联合，止于1946年10月留守人员全部撤回，其间的所有资料均在"西南联大史料长编"收集编辑范围之内。如此庞大的工作，无疑十分艰巨，它既要面对1949年以后出版或发表的各类著述，还要面对湮没已久几乎遗忘的历史旧著；既要收集隐藏在老报纸老刊物里的散篇论述，更要挖掘保存在海内外和不同部门的大量档案文献，以及掌握在个人手中的多种资料。而西南联大史料性质不一，跨越多个学科，需要整理者具备相应的专业知识和校勘鉴别功夫。可喜的是，这支团队认识到这项工作的重要意义，认识到这项工作迫不及待，大家在西南联大精神鼓舞下，克服了种种困难，为光大中国优秀文化遗产，为完成西南联大历史资料的总集成，努力履行了新一代知识分子的应有职责。

"西南联大史料长编"编纂的是西南联大史料，而这项工程本身也体现了西南联大"兼容并包"的精神。参加这次社会大协作的，不仅有云南师范大学的师生，还有云南省和全国各地的学者，不仅有来自高校的教师，也有来自科研、档案、政府等部门的专家。大家的共同愿望只有一个：保存西南联大完整历史，总结西南联大优秀遗产，诠释"西南联大精神"，为建设现代化国家和实现中华民族伟大复兴的决策提供借鉴。

闻黎明
2018年9月6日

前　言

　　《国立西南联合大学史料长编》是旨在全面、系统、完整记录西南联大历史的大型编年体资料汇编。这项工作不仅需要广涉各种类别、各种体例、各种来源的浩繁资料，还要仔细梳理，区别归类，校勘鉴别。这是一项工作量和难度都超出预料的艰巨工程，需要全国各有关高校和科研、图书、档案部门的通力配合，需要不同岗位的多位专家学者协作努力，也需要分阶段、有步骤地逐渐进行。由于这项工程非短期可以完竣，特辟"国立西南联合大学史料长编丛书"，以便及时推出阶段性的成果。

　　"国立西南联合大学史料长编丛书"不拘形式，凡是1937年7月至1946年10月间所有西南联大时期的资料，均在其列。"丛书"各书以内容为书名，既有以学科、专题为名者，也有以体裁、性质为名者，既有个人文集，也有多人合集，既有授课讲义，也有听课笔记，既有各种演讲，也有报告记录。总之，目的是成熟一部推出一部，完成多少推出多少，不限类别，不分批次，最终自然形成一个系列。

　　需要说明的是，"丛书"各书完成有先有后，且各自独立，各成体系，故各书之间所收篇目略有重复。

　　作为大型资料汇编，《国立西南联合大学史料长编》制定有统一凡例，"丛书"各书凡例由编辑者根据内容需要，在统一凡例下各自把握，并予以说明。

收入"丛书"的各书，多已征得著作权人的同意或授权，但由于时日旷久，有些失去联系线索，权且留待日后弥补。

《国立西南联合大学史料长编》编辑委员会
2018 年 9 月 6 日

目　录

编选说明 / i

地理专题论文

·经济地理学研究·

苏联之经济资源　　　　　　　　　　　　　　鲍觉民 / 003
交通革命中的桐油汽车　　　　　　　　　　　鲍觉民 / 009
宁青经济地理之基础与问题　　　　　　　　　张印堂 / 014
建设西北的限制　　　　　　　　　　　　　　张印堂 / 025
英印的经济关系　　　　　　　　　　　　　　鲍觉民 / 029
云南经济建设之地理基础与问题　　　　　　　张印堂 / 035
西南经济建设与水力利用　　　　　　　　　　鲍觉民 / 045
滇缅铁路沿线主要矿产之分布及开采现状　　　张印堂 / 057
东北经济发展的自然基础　　　　　　　　　　鲍觉民 / 096

·政治地理学研究·

地略与国策：义大利　　　　　　　　　　　　洪思齐 / 101
滇缅沿边问题　　　　　　　　　　　　　　　张印堂 / 105
地理与我国边政和外交　　　　　　　　　　　张印堂 / 112
论战后的国都问题　　　　　　　　　　　　　鲍觉民 / 120
战后中国国都位置之商榷　　　　　　　　　　张印堂 / 126

重订滇西县区刍议	张印堂 / 136
从地略论建都	洪 绂 / 142
漫谈几种建都的理论	洪 绂 / 146
中国政治地理与省制问题	洪 绂 / 152
省区改革刍议	洪 绂 / 158
定都问题	张印堂 / 165

·军事地理学研究·

挪威争夺战：地势与战略	洪思齐 / 168
新几内亚战场之重要性	张印堂 / 172
蒙古在我国防地理上之重要	张印堂 / 177
英美未来可能的战略联防线	张印堂 / 181
从我国地理环境论国防建设	林 超 / 186

·文化地理学研究·

| 西藏环境与藏人文化 | 张印堂 / 191 |

·人种地理学研究·

| 人类鼻形与气候的关系 | 张印堂 / 198 |
| 云南西南部掸族之种族特征与其地理环境之关系 | 张印堂 著 李孝芳 译 / 207 |

·自然地理学研究·

| 云南气候的特征 | 张印堂 / 219 |

·地理学综合性研究·

论远东均势	洪思齐 / 225
苏联的巴尔干政策	洪思齐 / 229
第二次世界大战之地理基础及其展望	林 超 / 232
介绍所罗门群岛	张印堂 / 248
北非胜利的重要	张印堂 / 254

战后苏联在东亚之地位	张印堂 / 259
航空时代地理的新观念	陶绍渊 / 272
认识我们的河山	张印堂 / 277

地理教育和地理研究方法

师范地理教育的重要	张印堂 / 285
现代地理学问题检讨	林　超 / 290
对于吾国地理研究与地理教育方针之意见	林　超 / 297
目前我国地理教育的危机	张印堂 / 304
地理教学之基本工具	陶绍渊 / 308

地理游记与地理调查

川滇道上	林　超 / 315
乡土地理调查手册	林超等 / 324
大巴山地理考察简报	林超等 / 337
云南省呈贡县落龙河区土地利用初步调查报告	鲍觉民等 / 343

地理书评

| 书评：第六次中国矿业纪要——西南区 | 鲍觉民 / 367 |
| 评张印堂之《滇西经济地理》 | 林　超 / 371 |

| 附录　作者简介 | / 375 |

| 后　　记 | / 381 |

编选说明

本书编选的是国立西南联合大学五大地理学教授张印堂、洪绂、林超、陶绍渊、鲍觉民的部分地理学文章，文章彰显了西南联大学术研究的特色，是研究近代地理学史的重要史料。

五位教授的地理学文章共分四个部分。第一部分分为七类，其他三部分不分类，均按发表的时间顺序编排。第一部分为地理专题论文，主要为人文地理学的论文，涉及经济地理、政治地理、军事地理、文化地理、人种地理等诸多领域，而纯粹为自然地理方面的论文并不多，仅有《云南气候的特征》一篇。第二部分为地理教育和地理研究方法方面的文章。张印堂、林超等联大地理学教授一直致力于探讨近代地理学方法论方面的问题，力求把西方的地理教育教学方法和地理学的研究方法介绍到中国来，并根据中国地理科学发展的实际情况，力图提出具有中国特色的地理学教育教学方法和研究方法。第三部分为地理游记、地理考察简报和地理调查报告，其中《川滇道上》可称得上地理游记，《乡土地理调查手册》为乡土地理调查设定调查规范，提供具体的调查方法，其他两篇文章为地理考察简报或调查报告，即地理调查的成果。第四部分为地理书评，编选了鲍觉民和林超两位教授所写的书评，书评具体介绍了两部经济地理学著作的主要内容和观点，肯定其学术价值，对于当下从事地理学术史研究的学者而言，具有一定的参考价值。

本书所编选的地理学文章，主要为五教授发表在民国期刊上的部分文章，他们出版的地理学术专著因篇幅较长，本书没有收录。没有入选的五教授发表在报纸与其他期刊上的地理学文章以及他们的地理学专著留待以后编选，拟另编一至两卷予以收录。

本书收录的地理学文章，发表时间均在1937年至1946年，大致以国立西南联合大学（包括国立长沙临时大学）存在时间为断，此时期亦可称为西南联大时期。虽然1946年5月4日梅贻琦宣布了国立西南联合大学的结束，但考虑复员北返需要一段时间及师范学院的留昆，更为展现学术研究的积淀过程与连续性，本书收录的文章，其发表时间延伸至1946年底。五位教授发表在1937年以前1946年以后的地理学文章本书没有收录；西南联大时期五大地理学教授发表的非地理学文章也不在本书的收录范围之内。此外，需要特别说明的是：洪绂，号思齐，其发表的文章，一些以洪思齐署名，一些以洪绂署名。

本书关于五教授地理学文章的整理，以尊重原文、保持原貌为原则，尽量不做改动。

对于资料原文有明显误字者，在原字后加正字，并对正字加方括号"〔 〕"标明；对于资料原文有明显脱字漏字者，则在脱漏处补所脱漏之字，并加空心括号"〖 〗"标明；对于漫漶不能辨别之字，按原字数加方框"□"表示；对于资料原文有疑问之字，在该字后加圆括号"（ ）"，内书"?"；对于衍字，则加六角括号"〔 〕"标明。

关于标点符号的使用，由于民国时期的标点符号使用与今日不尽相同，整理时，尽量改为今日通用之标点符号。比如顿号"、"的使用，民国时期用得比较混乱，有些该用顿号处用逗号"，"，有些应用顿号处没有加顿号，所以一律按现今用法改之。至于数字使用，为保留原文原貌起见，一律不改，如在民国时期数字一般用汉字，而不用阿拉伯数字，在此一仍其旧。

资料整理中，有个别内容难以理解或原文有误，但为尊重原文起见不便改动，加页下注，略做说明。

考虑到排版需要，在不改变图表原意的基础上，本书重新绘制了个别文章所附图表，如《滇缅铁路沿线主要矿产之分布及开采现状》一文所附图表。

为方便读者阅读，书末对五教授分别略做介绍，作为理解本书资料的背景材料。

本书收录的地理学文章，文后均注明其来源及发表时间，便于读者查找。

本书在编选过程中，由于时间匆促，没有与五位教授的亲属取得联系，恳请谅解！

地理专题论文

·经济地理学研究·
苏联之经济资源

鲍觉民

一

苏联版图兼跨欧、亚两洲，就一九三八年言，面积共为二千一百余万方公里，人口达一万〖万〗七千万。故其国土之广，世界各国，除英帝国外，罕有其匹；人口之众，亦仅次于英帝国及中国。若就欧亚两部份分别言之，则欧俄面积虽仅占全国四分之一，而人口则占全国四分之三；反之，则亚洲部份面积虽占全俄四分之三，但人口则仅占全国四分之一。

二

苏联为世界重要之农业区域。其农田面积，约占全世界五分之一，大于法、德、英、义四国农田面积之总和。近年虽努力工业化之运动，但农民人口，仍占全国人口百分之六十以上，谷物、木材至今仍为出口之大宗。其农业在全国经济上之重要，于此益可想见。

其主要之农产物，当推食物原料之黑麦、大麦、小麦、燕麦、甜菜及马铃薯，及工业作物中之棉花与亚麻数者。计黑麦产量，占全世界二分之一以上；小麦、大麦、燕麦及马铃薯各占全世界产量四分之一左右；甜菜产量，占全世界五分之一。凡此数者，就产量言，悉居全世界之第一位。至如工业作物或衣服原料之棉花及丝麻，前者年产达全世界六分之一，仅次于美国及印度，居世界各国产量之第三倍［位］；而后者产量，则高达全世界总产量三分之二以上，为世界最大产麻国家。

近年苏联农业之进步，不仅见之于各种农产物之增加，及其在世界上所占之重要地位，而尤在于农业社会化与机械化之推行。当一九二八年，苏联实行第一次五年计划，其在农业方面，即极力推行集体农场，鼓励小农参加，由政府筹与耕种机器，并给予各种便利；同时积极将富农被没收之土地，辟为大规模之国家农场。此种农业社会化之运动，推行至速，成绩极著。至今苏联就农田面积言，百分之九十九，均属此种社会化之农场；私有农田，寥不可见。且在此类大规模之社会化农场中，机械之应用，极为普遍。实则苏联农业机械化之推行与农业社会化，乃为相辅并进。昔苏联农民耕作方法，本极落后，悉赖人力及兽力，自创始集体农场后，政府即在各地广设农业机械站，供给农场所需之各种农业机械，并予农民以各种技术上之帮助。一九三〇年，苏联全国农业机械站，不过一百四十五处，一九三八年，增至六千三百余处；同时则农业拽引机之数目，亦自一九二九年之三万五千架，增至一九三八年之四十七万架，而为今日世界各国中应用农业拽引机之最发达者。

苏联之主要农业区域，固［因］气候、地形、土壤等自然环境之限制，当以欧俄中南部之黑土带，最为重要。尤以小麦、黑麦及甜菜之生产为多，称为苏联之谷仓。近年苏联之农田面积，颇多推广，如中央亚细亚及高加索北部各地棉田之扩展，可为显著之例证。

三

近年苏联科学家，对于各种矿藏之调查与勘测，极为努力，成绩斐然，但因新矿区之发现甚多，藏量估计，颇有出入。惟各种矿产，自两次五年计划完成后，突飞猛进，则为公认之事实。兹就苏联近年对于各种矿业资源之开发及利用情形，可大别之为四大点：（一）产量超过本国消费之矿产，为石油、黄金、白金、锰、磷数者，其中尤以石油一项，最为重要。（二）产量与本国消费量略等之矿产，亦即可以自给之矿产，为煤、锌、盐及黄铁矿等。（三）产量不敷本国消费之矿产，为铜（百分之八十可以自给）、□（百分之六十可以自给）、汞、钨、铝等。（四）本国缺乏，全部或大部分有恃入口者，为锡、镍、□及硫黄等矿产。

苏联石油之储藏及产量，均仅次于美国，居世界之第二位。其主要油区，乃在黑海与里海中间之高加索一带，而以巴库附近为中心产区。近年来，乌拉山之南部，又有新油田之发现，而远东方面，亦有库页岛之油田。苏联煤藏，在已往之世界统计上，地位甚低，惟近年来颇多新发现，据称其总储量，仅次于美国，与加拿大不相上下，居世界之重要地位。其近年煤之生产，增加甚速，亦仅次于美、英、德三国，居世界之第四位。其主要煤区，为欧俄南部之多纳资附近，产额常占欧俄百分之八十左右，且其煤藏，亦极丰富；其次则为莫斯科以南之都拉附近，产煤亦多；又在乌拉山之东部、西伯利亚之西部，以及贝加尔湖附近，煤田之分布亦广。苏联铁藏，按已往估计，西部较东部为多，近经全国经济地理学家之勘测调查，已发现之新矿区不少，以乌拉山及西伯利亚一带为多。惟目前苏联主要之铁矿生产，乃在欧俄多纳资煤田以西约三百公里之地，因附近煤、铁富源，蕴藏既丰，且亦毗连相接，尤为今日苏联最重要之工业区域。近年苏联因重工业发展之迅速，生铁及钢之产量，均仅次于美国及德国，居世界之第三位。

四

苏联两次五年计划之主要成绩，尤在工业之发展，十年生聚，使苏联自工业落后之国家，一跃而为世界最重要工业国之一，而与西欧之英、德等高度工业化国家，直可并驾齐驱；其中且有几种重要工业，顷已超越英、德，而与美国相颉颃矣。如就苏联与德国近十年来一般工业制造品产量进步之情形，比较言之，假定一九二九年之指数为一百，则一九三八年苏联之产量为四一三，较十年前增加四倍有余①，而同年德国则仅达一二六，不过增加四分之一。当一九一三年，俄国煤产仅及德国六分之一，铁矿砂之生产仅及德国三分之一，而纯钢产量亦仅为德国五分之一；及一九三八年，则苏联煤及纯钢之产量，已一跃而达德国三分之二以上，而铁矿砂之产量，则远在德国之上。其进步之迅速，洵足惊人。

苏联已［曾］经几无重工业之可言，自两次五年计划完成后，矿工业之发展，已有惊人之表现，其勇往奋发之精神，殊足为吾人之矜式。其最为举世瞩目之伟大成绩，当为其电气事业之进步。当一九一三年帝俄时代，全国电厂之总容量，约为一百万瓩，其中大半为蒸汽电，且电厂设备，破旧不堪，用于工业用途者甚微。及革命成功后，当局深感原动力之供给，为新工业建设之先决条件，致力于水电事业之发展，其第一次五年计划中之尼伯河上水电厂，不啻为其中心之建设，于一九三二年如期完成，总设计容量为八十一万匹马力，仅此一处所发生之电力，即较诸一九一三年帝俄时全国所有电站之总发电量为多。就一九三七年之统计，苏联全国电气容量，达九百五十万瓩，较之一九一三年，约增十倍。

苏联近年工业之发展，不仅见之钢铁及电气等产量之增加，其机器制造业进步之迅速，尤足惊人。如以一九二九〖年〗之机器制造业产品总值之指数为一百，则一九三八年增至九二六，十年期间，增加约达十倍，远非其他国家所可及。此种机器制造业之产品，应用之于各种生产事业，如采掘煤田，提炼石油，耕种收割，采伐森林及沿海渔业等各方面，其劳动机械化之发展，与三十年前帝俄时代之大半依赖人力与兽力者，迥异者［其］趣。一面由于机械之普遍应用，一面由于技术之日益进步，每一工人之劳动生产力，大为增高，就一九三八年苏联大工业中每一工人之劳动生产力，较之一九一三年，增高约为四倍。

苏联之主要工业区，原为欧俄之乌克兰及莫斯科附近两区，良以地位适中，交通便利，人口稠密，并接近煤区及各种食料与原料之生产区域，故除

---

① 应为三倍有余。以下还有多处类似的计算错误，不再一一标注。——编者注

钢铁、机器及电气等重工业外，莫斯科附近之纺织业及其他各种轻工业，亦甚发达。近年则因各种新矿之开发，新工业区域之建立，有逐渐东移趋势，其中尤以乌拉山一带为严重处。

五

近年苏联经济之进步，其于农、工、矿业之发展，略如上述，至于交通之开发，亦有足称述者。实则一国经济，欲有平衡发展，非有纵横交通之工具为之贯穿不可。苏联地形，无论欧俄及西利伯亚之大部，均属平原坦荡，河流甚多。其在西伯利亚方面之重要河流，冬季半年，气候严寒，长久封冻，且流向自南而北，注入北冰洋，航运之利，至为有限。至于欧俄平原之诸大河流，均发源于中央较高之洼地，分流波罗的海、白海、黑海及里海，因地形大致平坦，故河流颇长，而坡度极小，诸河流入之海虽异，惟其上流则相距甚近，极易利用运河加以联络，加之苏联陆路交通不甚发达，因此水上运输，益见重要，所惜气候严寒，冰期久长，且一部份河流注入里海（如有名之伏尔加河），不能通达外洋，河流之功用，不免因之减色耳。近年苏联对于欧俄各河之整治，详拟计划，并已进行开凿运河，一面联络境内各河，一面贯通波罗的海、白海、黑海及里海等四海之航运，目前业已部分的完成运航，全部工程之告成，为期则尚有待。至今苏联境内不少货运，如木材及农产物等较为笨重之货物，仍赖于水运者为多。

苏联铁道里程之长度，虽有八万五千余公里，但以面积辽阔，仍觉不敷应用，且当初铁道于建筑时，多寓军事目的，对于产业之开发，殊未能充分发挥其效用。至如公路情形，依最近统计，苏联境内，计有各种公路，共达二百万公里，但其中铺有路面，堪以驶行汽车者，不过十万公里，其余均已败坏，急待修理。苏联近年交通发展之速度，未能步武工业，实为其最大缺点；在平时已感于交通工具之供不应求，战时尤为军事上之一大弱点。不过苏联铁道及公路建筑之进展，虽较迟缓，但因重工业之发达，载重汽车及火车头等之制造，增加甚速。如一九三八年，苏联汽车之数目,达五十万辆以上,其中载重汽车约四十五〖万〗辆,为可以注目之事。

六

苏联以地跨欧、亚两洲,地广人稀,资源丰饶,但在帝俄时代,囗欧人民,一向以"亚洲式之欧洲国家"称之,讥其虽在欧洲,而具有亚洲进步迟缓之情形。近则苏联自实行两次五年计划后,其经济发展,一日千里,虽西欧国家,亦有望尘莫及之势;且近在乌拉山以东及中央亚细亚与西伯利亚,着意经营,工业中心有逐渐东移趋势,可知其国家利益,实为东西并重,其对于远东大局之重视,亦不亚对于西疆之注意。至其近年农、工、矿业诸方面之突飞猛进,举世瞩目,其于革命后抗战建国,排除万难,艰苦奋斗,经巨大之牺牲,终能奠定建国大业,成效炳然,实为世界近代史上所罕见,而足为吾人效法者也。

《当代评论》第 1 卷第 2 期,1941 年 7 月 14 日

交通革命中的桐油汽车

鲍觉民

一

据最近报载，中国汽车制造公司所制造的桐油汽车，由重庆经贵阳驶行来昆，成绩极为良好，并据该公司总工程师张君谈称，沿途完全使用不经过加工提炼之纯粹生桐油，在油箱油管内，并不结皮，每加仑桐油，在平地可行二十公里，起动既易，爬山亦甚迅速；此次由渝经筑来昆，车上载重两吨半，于全程一一五〇公里中，所用桐油，共计七十加仑。按渝筑两地之桐油价格，每加仑平均不及国币六元，仅需油费四百十元云。

自我国公路建筑发展以来，汽车汽油，全恃入口，每年漏卮之数，极为可观。抗战前，我国各方面对于各种植物油代替汽油之试验，颇著成效，但对桐油未有若何成就。抗战军兴，沿海口岸，先后失陷，汽油进口，日益困难。去年七月，经济部曾奉命召集各机关开会讨论，汽车改用燃料问题，对于桐油，尤为注意；良以桐油之产区既广，产量亦至丰富，且因其非供食用，最适合植物油代汽油之各条件，亟应试验利用。当由经济部中央工业试验所、中国植物油料厂、资源委员会动力油料厂、交通部公路运输总部及军政部交通司等各机关，遣派技术代表，会同作此试验，并于去年八月间，先在重庆近郊，将桐油直接使用于柴油汽车，作短途行车试验，结果甚为满意，借知实际上应用桐油确有代替柴油行驶汽车之可能。但究以纯桐油抑桐油与他种油料之混合应用为佳，及桐油使用较久后，发动机有何变化，保养上应特别注意何点等，均须待长途行车试验之解答；缘于去年九月，组织植物油长途试车团，由重庆出发，沿成渝公路至隆昌、泸州，循川滇公路至昆明，再沿滇黔川公路，经贵阳返抵重庆。车上载重三吨，计行二千四百公里，沿途山岭重重，公路建筑，亦多未臻完善，尤以川滇公路之□门箐、滇黔公路之盘县及安南，又黔川公路之娄山关等，山岭崎岖，傍山狭路，悬崖峭壁，惊险万状，并未因应用桐油混合油料而生故障，结果可稍满意。虽此次长途试车后，不特确知桐油之能直接替代柴油驶行汽车，且据行车试验报告，应用桐油直接替代柴油之最高限度，约为七成至八成间，须视所混合之油料、气温及车辆保养情况而定。今则中国汽车制造公司更进一步，根据机械理论及试验结果，而制成使用不经过任何提炼之纯粹生桐油汽车发动机，行车千余公里，而机件毫不发生故障。顷闻军事委员会运输统制局及其他机关，已纷纷向该公司订造大批桐油汽车发动机，以便装配于原有破旧汽车之车盘上，予以利用。不特为我国抗战期中一件最值庆贺之事，抑亦世界交通史上一大伟迹。

二

根据近年中外经济地质学家之报告，我国石油储量，极为有限；石油产量，尤其微不足论，故消费全恃进口，常时每年石油输入量约百余万吨。自战事爆发，沿海口岸，多被封锁，去夏滇越路断，进口汽油大半依赖缅〔滇〕缅公路一线，但汽车运输能力，究至微小，且汽车行驶，本身需油甚多，故纯恃汽车载运汽油，由仰光以抵重庆，不特成本太高，且为量亦太有限。目前西南各地，交通运输之困难，货物运输费用之高昂，汽油之耗费，为其主要原因。

自另一方面言之，桐油为近年我国出口之最大宗，自沿海遭敌封锁，桐〖油〗出口，极为困难，顷亦大半依赖滇缅公路一线，利用回程汽车，运经仰光出口；观于滇缅道上每日之千百辆载重汽车进口货物多为汽油或军事上、工业上之重要物资，以及一部分日用上之各种商品，但出口车上，则大部满载桐油。良以我国桐油产量，既极丰富，而产区又广遍分布于西南几省，我国油漆工业，既甚落后，内销数量至微，因以运送出口，换取外汇，对于国计民生，两有裨益。不过实际上，因公路运输之能力有限，且运载桐油之汽车，其行驶又全恃进口之汽油。试就桐油产量最丰之四川省言之，自重庆驶抵仰光，全程三千三百公里（自重庆亦可先运至腊戍，距离约二千三百公里，然后再由铁道，或转往八莫循水路，而下仰光），所需行驶汽车之汽油量，已极可观，是则用桐油所换得外汇之大部，仍用作购买价值数倍之汽油，在经济上，自为极不合算之事。今桐油汽车之试验成功，诚为一举数得之事。一面既可减少进口汽油之数量，使其专供军事上及工业上之需要，庶将汽车之剩余载运能力，充分用以运输其他必需物资，间接即足以增加抗战之力量；一面则因桐油产区遍布西南各地，价格低廉，用以驶行汽车，运输成本大为减轻，汽车运费自可大为低减，且桐油既可随地取给，无需预为随车携带，庶可借以增加车辆之货物载运能力，亦即因此减轻运输费用。

我国桐油产区，遍布于秦岭以南之各省，而尤以西南之川黔湘桂诸省，为量最多；每年产量，约为十三万吨。如以每一汽车每年均行驶三百日，每日需桐油十加仑，则以现时我国每年桐油总产量之半数，以为汽车动力来源，即足供给六千辆汽车之需；其余仍可作为对外出口及国内消费之用。加之目前我国采用行驶汽车之各种植物油料，多可供给食用，如能代以桐油，对于人民生计，亦有莫大之裨益。

三

矿藏之分布与农产物之分布，性质迥不相同，因矿藏之有无与丰啬，属诸自然，固定不变，吾人纵可赖科学之发展，技术之进步，随时可以发现或探测新矿，但不能以人力无中生有，产生新矿，亦不能使之迁移。故一地矿藏启用以后，即无法加以添补。由此可知世界各种矿产之供给，□有其一定之限量，不似一般农产物之可以生生不息。

石油之生成，既远在悠久地史之时期，且需具备适宜之地质构造，非人力所能强求，故其在世界各地之藏量，不特有其一定之限量，且分布亦极不均匀。自十九世纪中叶石油采掘之新法发明后，八十年来，石油之应用，日益广遍，而尤以交通、工业、军事及日常生活诸方面，需用最多。然而石油之藏量有限，而工业及交通等之发展无穷，因此如何觅求石油之代用品，为近年各国科学家所焦心探求之一重要问题。

时至今日，世界各国汽车行驶之主要动力来源，端赖石油，占世界石油消费中之重要成分。仅就美国一国言之，其每年石油产量，在全世界石油总产额中所占之成数，常在百分之六十以上；然而该国每年对于石油之消费量，亦占全世界总消费量百分之六七十间，亦即美国一国石油之消费量，约二倍于世界其他所有国家之总和。在美国石油之消费用途中，乃以汽车之消费为最多，达总消费量之半数；其故乃以该国汽车工业之发达，为各国冠，而近年汽车辆数之多，恒占全世界汽车总辆数三分之二以上。因此不特他日世界油田告罄，全世界千百万汽车，行将转动不得；即当油田日就涸竭，供不应求之时，石油价格，势将飞涨，汽车运输费用之随以加高，自为无可避免之事。

我石油资源之缺乏，为近年交通工业及军事诸方面发展上之一大弱点。年来公路网之建筑，虽已遍及全国，但汽车所用之汽油全恃入口，以此汽车运输，在各种新旧交通工具中，运费最高，亦即最不能深达内地，而为广大民众所利用。今桐油汽车之试验成功，不特为世界交通史上一大革命，其在我国交通发展上，尤具有特殊重要之意义，盖我国桐油之生产，由于气候土质之适宜，产区遍布于扬子江及西江流域之大部分，且能生生不息，不虞供给之一日中断，而产量亦可随需要而增加，内销有余，又可输供他国。值兹全世界潜心觅求石油代用品之日，我国桐油汽车试验之成功，证实用农产物油料，确可行驶汽车，则他日全世界千百万公里之公路，不致因石油产量之减少或涸竭，而骤失其今日在陆地交通上之效用。

吾人于研读近世欧洲经济史中，知于十九世纪初叶拿破仑横行欧洲大陆之际，因未能征服英伦，遂采行坚壁清野之策，封锁欧洲大陆，禁止英船与欧陆贸易，结果则蔗糖来源，一时告竭，而有甜菜糖业之兴起，为今日谈世界经济地理者之佳话。今我国因暴敌侵略，沿海被其封锁，致使汽油进口，极感困难，而抗战期中后方效［交］通之重要，又倍于平时，幸能于短期间内，经政府当局之高瞻远瞩，科学家之埋头努力，而有桐油汽车试验之成功，其对于世界上之贡献，及□□交通史上之重要，较诸拿破仑时代甜菜糖业之兴起，当犹过之。

《当代评论》第 1 卷第 21 期，1941 年 11 月 21 日

宁青经济地理之基础与问题

张印堂

引 言

　　大凡一区的繁荣或一个地方的荒芜都不是偶然的现象，决定的因素虽然复杂，但是总与其地环境的优劣关系最深，此乃各地之一般现象。我国之宁夏与青海自亦不能例外，兹略言之。宁青之人口的稀少，农林之缺乏，物产之不丰，村落之疏稀，都市之寥落，交通之困难，工业之不振，商业之衰微，与其如此千百年的历史，当然是不无基本原因的，此基本原因惟何？即地理环境的限制，所使之不得不然者。吾人虽也尝言，一地的荣枯盛衰的形成，半为自然，半属人为，而人力改进自然的效能，虽也可随科学的进步而渐增，但终是有限度的，那自然的基础，便是最后的限度了。宁青的经济发展，人力虽似尚未尽到，未来的重要与潜在的希望虽然也有，但其可能性却是有限制，而一切建设或开发的计划，均须循其基础，善为利用，行之以宜，方能奏效。但尚有若干困难问题须待解决。职是之故，宁青二省虽为当前国人最注意而且急要发展的我国大西北之一部，但建设之解决条件，即两省经济地理之基础与问题，尚鲜有谈及之者，本文之目的，即在企图弥补此缺憾，借供有关机关与社会人士之参考。

宁青的地理背景

　　我们姑且概略的说，青海拔海尽在三千公尺以上，为康藏青最高高原之一部；而宁夏拔海仅一千公尺，为蒙新高原之一部。两地拔海高低虽有悬殊，但以所在纬度的关系，低者偏北而高者居南，故其气候之变化与自然植物之分布及其未来发展的基础和问题则类似颇多。两省均深处内地，具有温带内陆高原之极端的大陆性气候，冬夏与昼夜温度变化急剧，冷热不均，雨水稀少，年量多在三百公厘以下，而无雨之沙漠，如宁夏西北部之黑戈壁与青海柴达木盆地西北部之库库贝勒沙漠等，所占面积均甚广大。此外半旱生之草野碱地，如宁夏东南部之阿拉善水草区及青海泊之西北部与柴达木之东南部，及水流不畅之沮洳区与宁境弱水下游之居延海一带分布至广。总而言之，雨水缺乏，疏浚沼泽，兴办水利，改进牧畜，从事农牧兼营，配合调整，殆为两地所共同不可更易之基础与问题也。

　　缺乏雨水确为宁青两省各种经济发展之最大障碍，譬如较为广平的高原地势本极便于交通之往来，但是因井泉的缺少，供水发生困难，如经宁北沿绥新大道一带，公路不修，虽可通车，但沿途食水供给却成问题。盖以每隔百余里甚或数百里，始见有一浅涸碱水井子，即极耐干渴的骆驼，虽素有沙漠舟之称，往来亦感困难，何况行人旅客？沿途汽车须自带水料始免汽缸以缺水而爆炸之虞。泉水较多的地域仅限大山的脚麓一带，而这些高山的分布，适又限于沿边，如宁省之东南沿边的贺兰山与祁连山等，此带以山高多雨，加以山上冰融雪化之赐，所以这些山麓地方，井泉遍布，溪流潺潺，灌溉便利，农业发达，便成了人物荟萃的场所，通衢大道的驿站，史家所称驰名中外的甘肃走廊便是由此形成的。青海境内地势稍有不同，乃有数大盆地所［的］形成；盆地景况之好坏多视其向风或背风之位置而定，半为绝对干燥沙漠，半为比较湿润草地，其条理也至明。所以宁青居民的分布，在宁境内者，多限于东南沿边山麓一带的水草区，成线状或带形点状；而青海境内者则多集聚于盆地的半部，成片面状。总而言之，一面因受了地理条件的支配，而一面又以居民知识的幼稚，加以外界促进势力影响之薄弱，宁青两地经济发展迄未脱离原始的牧畜与极粗放的农作，这也是势所必然的。

宁青位置的重要

（1）为甘肃走廊的屏藩

我国对外之交通路线虽多，但其在地理上之分布，概可分为海上与内陆两方面。自抗战军兴以来，我国东南沿海一带先后陷入敌手，海上之交通断绝，因而对外之国际关系，当以内陆是赖。内陆对外之交通，原以西北之甘新一路为最便利，且历史也至悠久，惟近数年以来，经国人之努力建设，滇缅之交通卒告完成。自滇缅公路通车之后，滇缅一线突飞猛进，较甘新一路尤为便利，乃成了我国内陆交通之主要孔道，举国对外贸易莫不以此是赖，滇缅运输盛极一时，讵料盟军在缅战事失利，滇缅交通中断，一时繁荣顿告枯竭。于是我国对外之交通，又迫不得已，改弦更张，舍西南而图西北，甘新一线在历史上的光荣，渐渐恢复，为当前战时之权宜计，又成了我国对外交通惟一之自由孔道。经甘新之陆空，不但可与友邦苏联通，更借英印之领陆领空以达海外各地。国际交通命脉不断，盟邦互助始得维系，抗战胜利方有把握，其影响我国前途之重大，不言而喻。查宁青二省适当甘肃之东西，形如两翼，实为甘肃走廊之自然屏藩，其于甘新交通之维持上，含义至深。再证诸史乘，甘肃不特为我国通西域、中亚与东欧之走廊，实亦为我蒙藏两藩民族往来必经之过道。以故青海便成了我汉蒙回藏四大民族交会的场所。是甘新交通的安危荣枯与其两翼宁青二省的发展，实具有莫大之关系。

走廊之形成，系由甘新交界之祁连山脉（又名南山）高山上流下许许多多之雪水溪流，下注经甘肃渐渐没入于宁夏沙漠中，在水文上把甘宁青三省织成一体，其中要者，如武威（凉州）之水磨关河，张掖（甘州）之山丹河、洪水河、张掖河，酒泉（肃州）之临水，玉门之疏勒河，安息之踏实河，敦煌之党河，等等。其在东南端者多汇为弱水（又名黑水或额济纳河）流入索果与嘎顺（居延）二海；其在西北部者多注入疏勒河（又名布隆基河）流入哈拉湖。其他较小溪流，为数之多，不知凡几，皆独自涓涓没入甘宁交界之沙漠中。这些溪流一带，以河水的滋润，都是丰美的水草区，又以有灌溉之利，便成了农作的基地，文物的中心与县镇的所在；且尤有进者，沿着溪流河谷，都是由宁夏甘肃深入青海的自然途径，其中要者如沿沙河为经临泽南行过梨园口深入祁连山林区，蒙番出入之要道；沿新河为由民乐南行经六坝堡扁都口趋冰达坡，径趋西宁之孔道；沿张掖河经深岭关或沿弱水之北大河或顺疏勒河上溯，都是直捣青海泊区的自然孔道；再西由党河上行过当金山口可直趋柴达木盆地，如自青海下驰，于甘肃走廊之威胁尤为轻而易举。由此观之，建设宁青，安定两翼，实为巩固甘新交通之急务也。

（2）为西北后方的安全地

宁青二省不特为甘肃走廊的屏藩，其所处地位实属安全。两地虽为我国后方之一部，但无蒙新藏滇及东北四省之远处边陲，易肇强邻之侵袭或随邻国友邦之安危而受敌人之威胁。宁青甘在我西北所处之地位正与川黔康在我西南所处地位同。外患予我之威胁压迫，不拘系来自东部沿海之任何一方，或系来自后方内陆之任何一地，都不易到达宁青，两省确为我国内地最安全之一部。其建设之基础虽属有限，困难虽多，但其价值并未稍减，且其地位，值此抗建期中，强敌压境之下，建设此安全地区，使成为军政经教之重地，诚目前国人当务之急。此宁青地位之安全确为抗建期中急应发展之一最大因素也。

甲　宁青经济地理之基础

（1）为农牧兼营的场所

宁青两地改省以来为政经设施权宜计，疆域范围稍有变更。并入宁省者有贺兰山以东旧甘属之宁夏道八县，而划入青省者则有湟水一带旧甘属西宁道七县，两处原均为由甘省长官控制宁青两区之基地，故宁青两地素有宁夏与西宁驻军使辖地之称。并入之县区，以原为甘肃之一部，居民及其生活与甘省他县初无二致，灌溉农业，发展精密，产物丰富，向为宁青两地之仓库，此所以划归宁青作为建设两省之基础之由来也。关于宁西两属未来之发展姑且不论。现专就宁青两省原有之地域言之，前者虽为内蒙之一部，居民为阿拉善额鲁特与额济纳土尔扈特蒙人，但其生活与察绥境内之锡、乌、伊诸盟蒙人显有不同，后者以所在之环境大部为纯整之草地原野，向以放牧为生，于农业生活有歧视、卑视与嫉视之意，而宁夏蒙人以所在环境不同，大部为水草区，水利方便，宜耕种，故为半牧半耕者，此点正与青海境内青海泊区之和硕特蒙人，都兰与柴达木区藏化之蒙人生活同，此无他，概以宁青两地均为农牧兼营的自然场所也。如宁省东部阿拉善旗境，东有贺兰，西有龙首，南有祁连诸山，山上雪水溪流频频下注流入阿拉善沙漠中，造成一典型的水草区，例如东起定远营（王爷府），西迄民勤（镇番），沿途水草密布，成连锁状，两水草区间隔自十数里至数十里不等，井泉与沟渠灌溉，均属轻而易举。西部于额济纳旗境有黑水（额济纳河）大河，分支奔流，要者有弱水、纳林河、穆林河等，均注入索果与居延二海，造成一丰美的河湖地带，土质肥沃，面积广大，又便风力与引力灌溉，于农于牧，随心所欲，基础均甚富厚。此外如青省青海泊区之西北部，有乌兰木伦、布来玛，布哈诸河灌溉其间，草丰地肥之东南部沿布尔汗布达山麓一带，土厚地湿，素为五柴达木蒙人耕牧之园地，推广发展，颇有希望。即黄河上游之沼泽沮洳，一旦疏导，牧畜之外，根生农作亦非无望。总之青省北部之盆地，土轻松，色黑重，性肥沃，稍事疏浚，灌溉易举，拔海虽高，但以形势的封闭及北面祁连大山的屏障，无蒙新高原所习见之沙风之为害，反之盆地当天朗气清之下，干暖异常，所以都兰有热国之称，于农作裨益匪浅。大凡麦类如青稞、小麦、豌豆，根生作物如土豆、萝卜之类，及油质作物如胡麻、菜子等，与蔬菜之类均可种植之。农作之外，山地草野，兼牧牛羊骡马驼亦甚适宜。要而言之，凡拔海在四千公尺以下之地如有灌溉便利，其气候皆适于农作之发展。如无水利，于半旱生之草野，牧畜亦无问题。惟于拔海在四至五千公尺间之高山草地，山高气寒，无农耕可能，只能牧畜。幸而青海北部之盆地区拔海多在三至四千公尺间，农牧皆可，兼而营之，尤为适宜，既合天时地利，又符原有居民传统之生活方式。是以农牧并重，配合营之，两者相得益彰，此亦为建设宁青所应注意之一则也。

（2）为当前移民的园地

我国边陆各地，向以地广人稀闻名，乃为我国天留之移植区。值此抗建期中，东北西南，或则沦入敌手，或则近邻战区，移民垦荒，迫而搁置，惟有西北一隅，尚不受敌人压境之威胁，所以宁青两省确成了我国当前惟一之移民自由园地。查宁省面积约为二十六万方公里。现在居民仅八十余万人，平均每方公里尚不及四人，青海面积约为三十六万方公里，居民为一百卅余万人，平均每方公里亦在四人以下，两省人口密度之小几为全国最，仅次于蒙藏（以上数字系包括新并入之宁西两属各县之人口在内，而两道县属人口各占全省人口十之九之多，以故其他各地人口尤稀，每方公里，均在一人以下）。一地移民之可能与容量之大小，固不能单以其面积与人口之比例为准，但由其人口密度之大小亦可窥其梗概。兹进而分区域言之，两省荒殖之可能，确属有望，例如：宁境黑水一带，沿河之平原沃野，南北纵达二百余公里，横则自数公里至数十公里，面积约五千余平方公里，而所居之土尔扈特蒙人为数仅二万余人，照此推之，其可耕地面积之人口密度，每方公里仅四人，较之华北平原上每方公里三百人之密度，何啻天壤。再观青境柴达木盆地，东西长一千余公里，南北阔，窄处亦在七十余公里以上，面积约十七万方公里，可以耕牧之地，至少占盆地全部四分之一以上，而现有之五柴达木蒙人，尚不及两万人，加之二十八年由新疆新迁入之二万五千之哈萨回人，总计不到五万人，为数仍嫌太少。外如青海南部玉树一带（包括玉树、囊谦与称多三县）面积四万方公里，居民仅所谓玉树二十五族而已，共计五万人，每方公里仅合一人。再在都兰盆地从事农作者，所种土地，每十年始轮耕一次。土地轮种，原以土质硗瘠使之休闲以养地肥而行之者，惟青海土地之十年一种，与其地广人少及原居藏化蒙人之不善耕作不无关系，总之此亦为一移民可能之象征也。青海南部囊谦一带，气候温湿，移民农牧，希望尤大。值此战期，移民宁青，既可安置前方后撤之难民，又能充实边防，发展边地富源，增强抗战力量，一举数得，岂非抗建中一大要图耶？

（3）为西北贸易的供销基地

我国西北各省素以出产牲畜与毛皮著称。平时每年顺黄河以皮筏运至包头再经平绥铁路转天津出口之毛皮，多系来自宁青两地。其中尤以驰名中外之西宁毛为最重要。查西宁毛多为青海所产经西宁出口者，毛细而长，质地精良，可制上等毛织品，为数虽无确切估计，至少占天津出口毛绒百分之五十以上。据陈骅声先生估计，湟源、贵德、玉树一带，年产羊毛共约九十万担，其中玉树约占四分之一。再据李君式金廿八年度之调查，该年玉树一市出口贸易数值为十六万四千八百元，入口数值为二十九万三千元，共约四十五万余元。出口货品以羊毛、山药、皮革、鹿茸、盐、金为最。入口则以茶、布匹、食粮、纸张、烟、糖、颜色与铁器为大宗。宁青两地，均富产盐硝，如阿拉善之吉兰台与扎拉台及柴达木东南之萨喀，扎巴与青康交界之白家、苏莽等盐池皆其著者。外如青甘新交界阿勒腾塔格山（即金山之意）与青海南部通天河杂曲之金与玉石亦甚著称，惜未大量开采耳。将来移民成功之后，不但农牧随而兴起，畜产因而增加，即与畜产有关之工商业，亦必借交通之改进，随之而渐趋发展，殆无疑也。是以宁青两地之重要，不特为捍卫我西北国际通路之屏障，安全之后方与移民农牧之园地，实亦将为我国西北贸易之一大供销场所也。

乙　宁青经济建设之地理问题

以上所论，系就宁青之位置与其地理环境仅言其经济发展的可能基础而已，若实际从事开发，尚有若干困难问题，急待解决者，兹举其要者五端，略谓申言于后：

（1）辽阔原野与艰险地形之于交通上的梗阻

宁青两省面积辽阔，纵横各在一千五百公里以上，而形势或为沙漠遍野，如宁夏境内之阿拉善沙漠与黑戈壁及青省柴达木西部之库库贝勒沙漠等，或为崇高山地，如青海之布尔汗布达、巴彦喀喇等，拔海均在六千公尺以上，崎岖险峻，攀登不易，且穿山隘口，低者亦在四千五百至五千公尺之间，常为冰雪所封，不能超越。或为沼泽沮洳，如黄河上游星宿、鄂陵、扎陵诸湖一带，跋涉困难，道远途长，其于交通之困难也初无轩轾，且两地均无舟运之便，西宁至包头之筏运，仅能谓为宁青之出口水道，于其境内运输无补。两省境内除青海南部自囊谦之香达此上至鲁拉四十公里之水道有皮筏往来，与宁境弱水之一段水运之外，短小之通航水流亦不多见。现宁省交通俱以骆驼为主，而青海则以牛马为最，当地人无里数计程，只按行程日数计之，且更以牛马行动迟缓不同，以马则日行八九十里，而牛、驼每日则仅行五六十里，沿途大道故又有牛马站之分。例如自西宁至玉树东路长七一九公里，用牛需时四星期，用马则只二星期；西路较长，约一一五〇公里，需时尚不止此。青海地高气寒，冬天尤甚，山则常为冰雪所封，欲行不能，即于春夏之交，天气仍不甚佳，行旅亦非容易。例如当罗氏（Rockhill）考察青康时，于四月十六日自柴达木盆地之南起程，至五月二十五日始抵玉树，需时共三十九日，沿途所遇，雪日二十二天，雨日二，风日三十，多北风与西北风，风雪交加，气候恶劣，于此可知。当夏秋之交，青海交通最便，其他季节，非雨雪即干冷，率皆不宜行动，故有"正二三雪封山，四五六雨淋头，七八九最好走，十冬腊脸开花"之谚语。况宁青两省均属地广人稀，驿站旅舍极少，如柴达木玉树间之一段，往来行旅，食宿所用，必须自行携带，而于宁夏境内，虽无青海地势之艰险与气候之恶劣，但流沙遍野，行行重行行，交通亦极艰苦。于冬春二季，沙风时起，飞沙卷石，旅行尤难，况沿途井泉有限，水供不易，比之甘肃走廊一带之水道遍野、井泉密布之江南风光，别有天地也。

（2）崇高地势与干燥气候之于土地利用的限制

地势崇高与气候干燥确为利用青宁二省土地的最大障碍。地高气寒，乃青海农作之根本限制，正如干燥雨少于宁省农作影响之严重。两地温差之变化甚剧，往往一日之间判若冬夏。兹举两说为例：据斯文·赫定氏之记录，于宁境黑水河畔，十月五日晨温高摄氏二十·九度，至翌日晨降至七·六度，于夜晚则又低至零下一度。又据罗氏在青海都兰所测四月十一日早五时半为华氏二二度，午后二时升至八一度，至六时则又降至三九〖度〗，气候剧变程度于此可见一般［斑］。霜之为害异常，中夏冰雪，亦非奇闻。宁境土地之利用除于水草区四围半干草野可以从事牧畜之外，所有农作，仅限井泉溪流附近之灌溉地域，所以宁境之现有农作尽分布于东部阿拉善沙漠中之水草区内，来日希望当以弱水一带为最大。总之凡无灌溉便利之地即无农作可能，以其雨量不足，过于干燥也。以故甘青交界处农人当以石板盖于地上以减少土中有限之水分之蒸发。青海环境稍有不同，在土地利用上可分三区论之，北部高盆地区，如青海泊区、都兰□地区、柴达木等，低处亦在三千公尺以上，地高气干，生期短促，温差变化急剧，于农于牧，均受严格限制。草地的分布，以气候风向之关系，仅限于盆地之半部，较为温湿的生长季，长不过阅月，到了严酷的长冬，草尽枯槁，此时牲畜只能靠着零星干草度生，饥寒交迫，病死特多，年在百分之三十以上，此正与内蒙同，为牧畜之最大障碍。盆地中的农作亦仅限溪流旁有灌溉的部分，如青海泊区之西北部，都兰之北部及柴达木之东南部等。所种作物以气温的限制，选择耐寒的干性作物及根生作物最为需要。品种与牧畜饲料，调整配合，尤为急切。灌溉方式减除盐碱亦所必须。青海中部之沮汝［洳］沼泽，地高气寒尤甚，疏导水道，为用以放牧之先决问题。及至青海南部长江上游一带，雨水虽稍见增加，但地势仍属高亢，温度低，生期短，该地农作仍受限制，耕种仅限四千公尺以下之河谷低地，四至五千公尺间之山地，只能牧畜，过此即渐入高山苔原，牧畜亦感困难矣。

（3）民族习俗的各异于履行农牧兼营的障碍

一地居民生活之方式，非仅与其自然环境有关，而与其历史之背景以及民族之习俗，关系亦至为深切。宁青之经济发展，虽然首在牧畜，但其环境，既不为一天然的良好牧场，更非一理想的农业区，其经济的基础究属何在，确为开发西北首先追寻清楚的一个问题。吾人要想发展其牧畜事业，非采农牧兼营，使之相互配合不可，否则即不会有成功。简而言之，即将原有之牲畜业建设在新兴的农业上，使新兴之农业务必与原有之牧畜事业互相调协，所种作物不但要适应土质与气候之需要，尤应以能充作饲料者为目的。惟有如此调合，于冬春无草之际，所牧牲畜饲料方能有所依托，储备草料，加意豢养，乃为增进宁青畜产之先决条件，惟宁夏之居民，多为蒙番，藏番蒙人以外界食粮供给之困难，虽稍事农作，既幼稚又粗放，概与其牧畜无关，毫无调济可言，且于纯整之农业生活仍有卑视之意。而移入之少数汉人，则不顾环境之一切艰险，不拘地利之适宜与否，很顽固的依然耕作，成败在所不计，于当地原有之牧畜事业一无所补，焉谈协调。是以配合农牧生活确为发展宁青之一大问题也。

（4）居民稀少与人工缺乏之于工商业发展的困难

宁青两地均为我国地广人稀之省份，已如前述，平均每方公里尚不到一人，且每路行七八日而不见一人，其居民之稀少于此可见一般〔斑〕。人工乃为发展一切事业必备之因素，宁青居民之稀少不特有碍农牧之发展，尤不易于工商业之举办。查过去宁青之贸易权多为少数甘陕商人所握。输出货品，均以毛皮为大宗，山药次之，矿产仅限池盐与少数沙金之淘取而已，此外无工业产品。输入者，仅少数食粮、茶糖与铁器用具而已。两省出入贸易数量，现以统计缺乏，无从估计。惟据李君式金二十八年在玉树调查所得，该年玉树一区之贸易，输入为二十九万二千元，输出为十六万四千元，共约三十五万余元。由此推知两省现有全部贸易为数之有限，此无他，盖以居民稀少，人工缺乏，工商不易兴办，产销均属不多。惟两省富产盐硝，用以创办与畜产有关之工业，如织毛、制革、造乳品与肉食罐头等最为适宜，惟于人工问题不可不首注意焉。

（5）作物品类及牲畜种别分布与土质水草及时令的适调问题

吾人旅行西北于戈壁沙漠一带见地鼠遍野（查地〔调〕鼠又名土扑〔拨〕鼠，皮甚珍贵，有陆獭之称，每年输出甚夥）。至黑沙漠则时见野生之驴驼奔驰，于柴达木盆地则又见羚羌〔羊〕千百成群，到沼泽沮洳野鸭野雁踪迹遍野，于青海南高山草野与松林交界一带雉鸡之声时有所闻，及至五千公尺以上之高山苔原，则只见有黑熊、犁牛、豺狼、麋鹿出没其间。再于盐碱荒野之中，草木虽稀，但于溪旁沙柳之生长，时可遇到。野禽野兽及野生植物之分布，随地既有不同，而养牧之家禽家畜及耕种之作物又岂能超自然而例外乎！吾人已迭次申言，建设宁青之基础首在农牧共同之配合发展，关于此点，蒙番放牧之保守与汉人务农之专一，此种生活习惯上的梗阻，即令借教育的开导而破除，若使兼营之农牧在地理上达到适合的分配与分布，仍然是一个待解的问题。宁青虽为一农牧兼营的地域，但以各地高低不同，气候不一，草之丰歉不均，环境优劣不齐，有丰美的草地，有半旱生之草野，有为淡水草者，亦有为碱水草者，有荒碛沙漠，有沼泽沮洳，有冰雪苔原，景况至为复杂，而可放牧之牲畜，有喜淡水草者如牛、马类，有爱碱水草者如骆驼，有荒芜之贫瘠草原即可放牧者如山羊、绵羊等，有非丰美之水草不能生活者如马、牛，有数日甚或十数日不饮水即可者如骆驼，有以严寒之冰天雪地为其乐园者如犁牛，亦有以酷燥之沙碛荒野为其理想之场所者如羌［羊］、骆、驴、羚等，口味至为不一，分布必须因地制宜。况宁青一带有毒草存在，牲畜误食，必为所害，如于宁新交界黑戈壁中，古城子东南，有一鄂博，名讶苏，系以人马等尸骨所堆成者，尸骨之由来即盛传为一路过之商队至此以误食毒草而致全体覆没，后为来人发现，用以堆成鄂博以警来者。据云此类毒草于柴达木亦曾发现。由此观之，农牧兼营，配合调整，分布适宜，确亦为开发宁青最严重问题之一也。

结　论

综观上述，开发宁青两省之重要性可知，其可依据之地理基础有三，而事实之困难问题有五。若欲从事建设，必须在此基础之可能范围内妥定适切之计划，并针对此困难问题预谋解决之途径，庶有成功之望也明矣。

《边政公论》第1卷第11、12期合刊，1942年7月10日

建设西北的限制

张印堂

自滇缅交通中断以后，我国对外之国际交通，遂舍西南而图西北，因之，开发西北与建设西北乃成为举国一致之呼声。政府有关部门派往西北考察者及社会企业家之前往调查者，形影相随，不绝络绎。"到西北去"之呼声，一时甚嚣尘上。政府当局为应目前急需，亦正拟具具体开发之方案以作建设之准备。如兴办水利、推广农牧、建设交通、启发富源等。惟关于一切设施之方式，具体之作法，均须循其基础，善为利用，行之得宜，方能奏效。盖以一区的繁荣或一个地方的荒芜，均非偶然的现象，决定的因素虽然复杂，但是总与其地理环境的优劣关系最深。此乃各地之一般情形，我国西北，自亦不能例外。

当前国人所注意建设之西北，当以甘、新、宁、青四省为其范围。西北人口之稀少，农林之缺乏，物产之不丰，村落之疏稀，都市之寥落，交通之困难，工业之不振，商业之衰微，与其如此千百年的历史，当然是不无基本原因的。此基本原因唯何？即地理环境的限制，使之不得不然者。吾人虽也尝言，一地的荣枯盛衰的形成，半为自然，半属人为，而人力改进自然的效能，虽也可随科学的进步而渐增，他［但］终有一定之限度，那自然的基础，便是最后的限度。我国西北的经济发展，人力虽似尚未尽到，未来的重要与潜在的希望虽然也有，但其可能性却是有限制。迩来西北虽为国人最注意而且最急要发展的我国后方一部，但对建设西北之限制，尚鲜有谈及者。

本文之目的，即在企图弥补此缺憾，为减少一部分不必要的考察与设计，为节省一部分虚糜的时光与经费计，为免除无味［谓］的失望计，请准笔者就管见所及，将此限制加以说明，以供有关机关与社会人士之参考，至关西北四省各地经济发展之基础与问题，容当另文分区作进一部［步］之探讨。

　　我国西北经济建设之基础虽然随地而有不同，但其基本困难问题之限制则一也，此限制为何？即为其气候之过于干燥，雨水稀甚是也。西北各地之年均雨量除局部之高山外，皆在十五寸以下，而分布既不可靠，又欠均匀。无雨之沙漠，比之雨少的半干燥地，所占面积尤为广大。雨少确为西北一切经济发展之最大限制，譬如四省之中，要以甘肃一省雨量最多，而甘省之农作仍以雨少为患，其严重由农人常以石片遮盖田地，以减土中有限水分之蒸发可见之。宁、青、新三省雨量尤少，困难更大，限制也特严。以是之故，兴办水利，确为西北农垦之先决条件，惟以其雨少，长大之常年河道无多，山间溪流为数虽夥，但以水源有限，多为间息河，冬春干涸，水源□缺，更无舟运之便。□以西北四省□□□，有舟运之利者绝少，仅湟水自西宁至皋兰再沿黄河下达包头之一段而已。宁境之弱水，扁叶轻舟虽可通行，但以水道流向与商路方位背驰，亦无何商运价值，外如新疆之第一大水塔里木河合天山、葱岭与昆仑诸山数千百条众水之总会，而终以水势有限，没入境内之戈壁沙漠中，成一无出口之内陆河，终无外流之可能，西北沙漠之广与水势之小，由此可见一般［斑］。今若挖掘运河，"沙漠行舟"，须有庞大之水源河道得以借助引用始能为功！"沙漠行舟"果然有焉，例如苏伊士运河穿过了埃及与亚拉伯二大沙漠之间，经地中海与红海沟通了印度、大西两洋，便利了西欧与东亚二洲间之交通运输，□益殊深。"山地驶船"者亦有焉，如巴拿马□□，凿通南北美洲□□土□山岳，贯通了大西、太平两洋。此两运河所经之地势虽为沙漠山岳，但其距离，前者长一百余公里，而后者仅五十余公里，且毗联汪洋大海，水源无穷，借短之运河，施工之困难，且亦传□奇闻，而工程之伟大，已成历史上之异迹。今若欲在我国之西北，越过辽阔遥远的戈壁大沙漠，筑一运河，长达数千里，且附近又无丰盛之水源，岂不难乎？查如于我国西北修筑运河，便利交通，其最近之水源与最易之途径，当以东自宁夏东部中卫附近之黄河水，西至新疆北部布伦托海附近之额□齐斯河（为鄂比河上游）止一线为最适，此河直距远在两千公里以上，比之长仅百余里之苏伊士运河，其工程之艰巨，何啻天壤，今若勉强凿筑，岂不难乎其难哉！宁新高原一带，地势较为广平，于公路铁路之敷设，皆具有天赋之便利，与其计划难能之"沙漠行舟"，何不就其基础便利发展较为轻而易举之公路与铁路交通耶！自然限制原不可忽，即以通行水陆空三界之飞机言之，尚有其限制焉，如高空空气之分外稀薄，两极气候之极端湿冷及风暴天气之特殊恶劣，竟为其不易克服之困难，何况离水不能行驶之船只乎。所谓西北"沙漠行舟"，诚戛戛其难矣哉。

次言西北兴办水利，井灌溉问题，谈何容易？"十年万井"需要虽属迫切，但行之于雨水根本缺少之西北，确非易事。查当前西北水利之最大问题，不在井泉沟渠之缺乏，而如何维护现有沟渠井泉之效能，实尤迫切。如甘宁交界之西北走廊一带，溪流如织，井泉密布，灌溉农业，夙称发达。惟流沙迫近，为害最甚，溪流常为所阻，易道改流，沟渠废弃，井泉干涸，昔日之黄花田畴，今则废墟荒野，过去之繁荣村镇，今则地下古迹。以是之故，人畜徙移不定，动乱频仍，盛衰荣枯，变化无常，此乃为我国西北过去恒常之历史动态也。由此观之，如何保持现有沟渠井泉，不为流沙所没，如何减除土中盐卤质，以免作物受害，较之增挖新井，辟建新渠，俾〔裨〕益西北农村水利，殆尤甚焉。否则流沙之为害不除，新井新渠筑成之后，有何益耶？例如战前我国于绥远所办之水利工程。于清末在后套所修之八大渠废而不用，弃而不问，而于民国二十年，又新筑一"萨托民生渠"，完成之后不数年，该渠即以淤沙与卤性之继增，一变而为"民死渠"矣。旧者依然废弃，而新者又告失败，前车□□，□然犹存，仍复蹈之，实令人不解。况于缺水最□之宁、新二省，挖□井泉□□□□与我国他省大□其□。二省地下水位□分布，多不呈片状层，乃为线状潜水。地下水脉之分布与山上之溪流形势关系最大，按脉〖挖〗之，深不数尺，即见潜流滚滚不息，离脉挖□，深虽数丈而终不见水者时有所闻，新疆特有之"坎井"系统，灌溉方式即由此种地下水文所演成者也。我国西北发展有年，可□之处，殆已有井在焉。待挖之可能井泉虽有，但其希望至为有限。所谓搬山倒海虽非绝不可能，欧西荷兰沿海浅水之"海田"利用，即其例也，惟若行之于深海大洋，岂不徒劳而无功耶？今若拟于无水之沙漠强行凿井，发展灌溉农业，与痴人之梦有何异耶？我宁、新一带，以地位关系，乃为当代世界最干燥之一部（山地除外，其详容后续论），吾人即无呼风唤雨之能，欲于万里长漠，挖凿运河，以达"沙漠行舟"之大计，于根本雨少甚或无水之地□□□，以□"十年万井"□□□□，其□□□□□？

《云南日报》1942年11月23日，第3版

英印的经济关系

鲍觉民

一

英印的经济关系，始于十六世纪末叶。至一六〇〇年英国东印度公司成立，获得皇家特许经营东方贸易之大权，自是以迄十八世纪末叶之两百年间，英国与东印度之贸易，几全为该公司所垄断。当英国势力之侵入印度，以及早期英国与葡、荷及法国在印之竞争，经济的利益远过于领土的野心。葡萄牙人，虽为欧力东渐之先锋，但国力微弱，海军力量，尤非英、法之敌。荷人之主要欲望，乃在香料群岛及爪哇，而于印度大陆，无力兼顾。惟法国野心勃勃，于一六六四年成立法国东印度公司，以与英国东印度公司相对抗，英、法两国势力之逐鹿于印度者凡百余年，迄一七五七年，英国东印度公司书记克莱武率兵大败法人于加尔各答附近之普拉西，英国独霸印度之势始成。

英国东印度公司最初创设之目的，虽以经济利益的诱引为最要，但以时时需要对抗劲敌，抑制土人，距离本土既远，交通又极困难，于是不得不具备军事、内政等功能。以一商业公司，而同时行使军政大权，俨然有政府规模，诚为历史上仅见之先例。其最可痛惜者，东印度公司时代之主要人物，多为冒险之商人，既重营利又少行政能力及远大眼光，加之当时东西航路，必须绕道好望角，动辄经年始达，天高皇帝远，公司内部之情形，自始即甚腐败，除经营正常贸易外，对于印度人民横征暴敛，剥削榨取，无所不为，至于其他非法的收益，如由土酋及土人方面公然接受的贿赂馈赠，为数亦殊巨大，甚至英明干练如克莱武者，仅就由孟加拉土酋之贿赠一项收入言之，即达三十万镑之多，至今仍遗留英国初期统治印度史上的最大污点。故其时英国和印度的经济关系，直可谓为予取予求，其经济的利益，乃为片面的，而非互惠的。合理的收益以外，复加以非法的榨取，事闻于英伦政府，曾因此先后限制及剥夺公司一部分原有之权力，直至一八五八年士兵叛变一役勘定后，英伦始深感公司统治之失当，予以废止，而代以正式派遣之大吏。二百五十余年之英国东印度公司，至是遂永留为历史上之名词。

二

自十八世纪末叶英国工业革命发生后，原料品及食物之需求日亟，制造品之输出，亦益增其在国家经济上之重要，而印度则资源丰富，人口众多，最适为其工业原料及农产物供给之大泉源，及制造品与资本消纳之大市场。加之自十九世纪初叶，轮船发明后，航海之术大进，及一八六〇年，美国南北战争发生，棉花之来源骤减，不数年而苏伊士运河开通，英印距离大为缩短，有无相通、供求相应之需要，更为自然的结果，而于"农业印度，工业英国"政策之推行，尤为积极。

东印度公司，既经废止，统治印度之主要人物，悉为由英伦直接派遣之官吏，此辈虽为维护英国在印利益之代表人，但究系具有行政经验，且能体察政府治印政策之大旨者。此时英国在印之劲敌既除，土邦亦经次第就范，英国为更进一步开发印度的经济，增加印度人民的生产能力，一面从事交通的开发，如铁道之建筑，电报、电话线之敷设，以及海港之修筑，既求印度各地间之有无互通，更求运输费用之减低，尤以小麦、棉花等农产物之出口，外国货物之进口，较前便捷多多。一面又尽力发展水利，尤其在雨水较少、雨量不甚固定之印度河流域及恒河中上流之西北各地，疏浚河渠，开凿深井及建筑蓄水池，俾借人工灌溉之助，使广袤之荒地，变为肥美之农田。

英国以其为工业革命之先进国家，迄十九世纪中叶以后，国力强盛，资本过剩,亟谋海外可以消纳之场所,而印度自为最适宜之目标。今日印度所有之公共事业,如铁道、航运、道路、码头、银行、矿业及灌溉制度等,其建造修筑与经营,大部均为英国之投资,其中尤以铁道一项之投资额为最巨。印度之新式工业,仍极落后,其中较为足称者,当推棉纺织业、黄麻工业、制糖工业以及煤铁工业,莫不为英国巨额之投资,甚至英国有一部分之工厂,为就地利用原料之取给,市场之需要,以及低廉劳工之召雇,并且免除往返运输之费用,而在印度各地设立分厂。至于农业方面规模较大之栽培事业,如茶园、树胶园及咖啡、蓝靛之种植业,亦大多为英国人之投资。

凡此种种具有积极性的建设事业,其受惠最多者,纵为英国之资本家及一部分印度之地主豪富,但对于整个印度国家经济地位之提高,社会经济状况之改善,自有其极大之贡献。是以自十九世纪中叶以后,英印之经济关系,可谓逐渐由片面的,而进为互惠的,并由非法的榨取,变更形式,订为法律,而成为合法的收益。

三

英印之贸易关系,自一六〇〇年东印度公司成立,以迄十八世纪末叶之二百年间,印度货物如丝织物及棉布、蓝靛等,源源西运,回程航船,则载以金银,以相交换。及十九世纪初叶,英国之社会经济状况,因工业革命之结果,发生极大之变化,工业既代农业而为国家经济之基础,英印间之贸易货别,至是自亦随之而有剧烈之变化。以前之英国,犹为一农业国家,至是农业衰颓,工业大盛,农产物之产量大减,制造品之出产日增,于是工业原料和食物之供给,与市场之需要,几成为国家存亡之关键。以印度农产资源之丰饶,人口之众多,一面既可供给英国以所需之原料和食物,一面又可消纳其工业制造品。自是印度棉花、小麦、黄麻、茶叶、皮革等货物源源输英,反之则英国棉织物及机器、五金等之输印,亦与日俱增。近数十年来,印度之新式工业,虽略有发展,但其出口总值中百分之七十五,仍为工业原料和食物,尤以棉、麻、茶、麦四者为最多;其进口货值中百分之七十以上，则为工业制造物品，显示其为农业国家对外贸易之特征。

至论英印贸易之数额及其消长之情形，在十九世纪末叶以前，印度之对外贸易，几全为英国所独占，但自苏伊士运河之开通，以及欧美各国乃至远东之日本工业发展以后，印度有增无已之农产物原料之出口，已非英国一国所能消纳，输至其他各国之数量，亦与日俱增。迨至一九三五年印度出口总值中，其至英国本土者，不及三分之一，而输至英帝国以外之其他国家，则达百分之五十四。至于英国货物在印度入口贸易中地位之变化，尤值重视。当一八七〇年，印度之入口总值中，英货占百分之八十五，如连同英帝国其他属地货物之输印，则合占百分之九十以上；但自二十世纪开始后，印度之民族思潮，日益澎湃，尤以近二十年来甘地所领导之不合作及消极抵制英货运动，发生极大之效力，加之在第一次世界大战期中，英货在印度之市场，曾为日、美诸国所劫夺，恢复不易，及一九三五年，英国货物之输至印度者，不及印度入口总值中百分之四十，即连同英帝国其他属地，合计亦不及百分之五十。反之，其自英帝国以外其他国家之货物入口，则多至二分之一以上。英印贸易之总值，虽年有增加，但英国在印度出入口贸易总值中所占之比例，则减退甚速。其消长情形，略见下表：

印度出口贸易之国别（百分比）及其总值

年度	英国	英帝国各属地	其他国家	总值（百万金镑）
1870	54	20	26	53.5
1890	33	23	44	69.0
1910	26	17	57	137.0
1935	31.5	14.5	54	120.0

印度入口贸易之国别（百分比）及其总值

年度	英国	英帝国各属地	其他国家	总值（百万金镑）
1870	85	6	9	33.5
1890	70	15	15	51.0
1910	61	8	31	86.0
1935	39	10	51	100.0

四

印度至今仍滞留为农业国家，全国三万万九千万人口中，直接从事于农业生活者，约占百分之七十三；换言之，印度人口中，四分之三均恃耕种田地为主。新式工业，仍极落后。印度之主要农产，有米、麦、棉、麻、茶、糖数者，其中除稻米、蔗糖二者多为自给外，棉、麻、茶、麦均为出口之大宗。印度所产之棉花，占英帝国总产额三分之二以上；小麦产量，得全帝国总产额三分之一；茶叶产额，占全帝国产额三分之二；而印度黄麻之产量，达全世界百分之九十五以上，几完全垄断世界黄麻之市场。除印度棉花因品质较劣，纤维较短，不适于英国兰开夏郡棉纺织区之需要外，茶、麻、小麦之出口，均以英国为主要之对象。

除农产外，印度地下亦有丰富之蕴藏，尤以煤、铁二者为多。印度煤藏，约为六百万万吨，铁藏亦达三十六万万吨，他如锰、铬、镁及云母等矿，均有大量之储藏。又印度可能发展之水力总量，多至三千万匹马力，尤可贵之天赋资源。所惜因工业落后，货弃于地，尚未能充分利用。

印度虽具有广大肥美的土地，富饶的经济资源，但一般人民之生活程度，极为低下，终岁辛勤劳作之所得，每难维持最低限度之简单生活。衣食困难，营养不足，体弱多病，死亡率高，为最普遍之现象。衣食且不暇给，对于享受教育之机会与兴趣，自然减少，以此不识字人数，占达总人口百分之九十。贫、病、愚三者，交相影响，互为因果。其显著之结果，乃为生产效率之低下，姑就印度之主要农产言之，印度每噉稻田，现仅产稻十六公担，而日本每噉稻田，则可产稻三十一公担；又如印度每噉棉田，现仅产棉一百十磅，而埃及棉田，每噉平均可产三百磅。其他各种农产物生产力之落后，大约类此。据前孟加拉省农业处□孟因博士称，欲求印度土地之生产能力，增加百分之五十，殊非难事。

印度一般人民生活程度之提高，生产能力之增强，不仅需要农业本身之改进，而工业化之推行，尤为必要。印度工业发展之物质条件，如原料及劳工之供给，国内市场之广大，均称俱备。徒以自十八世纪末叶，英国工业革命后所持之"工业英国，农业印度"之治印根本政策，迄未能变，此不特为挽近印度有识分子所最引为痛心疾首，即英国一部分开明人士，亦每申论印度工业发展之应予倡导。良以英印经济关系之维持与增强，必须建筑于繁荣而和平的印度大众人民之基础上，且印度工业化之目标，重在自给，而非扩展海外市场，故不致有与英国工业制造品竞争于世界市场之危机。反之则因印度大众人口生产能力之加大，购买能力之增进，不仅对于一部分本国不能生产之物品，仍须仰给于海外之输入，俾借其所生产之剩余以交换其不足。且以印度人口之众多，每人每年苟能多用一条手帕，多穿一双袜子，即可使世界无数工厂，增加繁荣；又如印度农田之稻、棉产量，略有增加，则世界千百万人之衣食问题，即可解决。印度经济发展之结果，世界各国，固可同沾利益，英国因历史的及投资的关系，定可受惠最多；但欲达到长久友善的英印密切经济关系，端赖于今日英国对于印度经济发展，不仅予以诚意而合理的辅助，并能以积极而有建设性的方式，促其早日见诸实施。

《思想与时代》第 17 期，1942 年 12 月 1 日

云南经济建设之地理基础与问题

张印堂

过去隔闭离绝的云南，数年以来，已由国人的惨淡经营，积极的建设，一变而为我国后方的重地了，值此长期抗战，它的重要，益形增加。〖战〗时云南在我国国际交通上的价值，以滇缅交通的中断，国人对之已有充分的认识，于此无赘述的必要。为了维系我国与盟邦互助连络的畅通，最近盟邦异口同声高唱收复缅甸，恢复滇缅交通，以增强我国抗战的力量，更十足的表现了云南所处地位的重要，关于此点——云南在整个东方战场上所具军略地位的重要，因非本文范围——于此不拟置论，现在专就吾人在战时或平时，若要建设云南，它的经济地理基础何在，又有何种问题，作□概略的申述，以唤起读者的注意。因为一地之一切建设或开发的设计，均须循其基础，善为利用，行之以宜，方能奏效，此乃各地一般之定则，云南自亦不能例外。关于云南经济建设之地理基础与问题，兹暂各举三点分论于后。

甲 建设之基础

（一）云南农作基础广大，于各种经济作物甚为有望

吾人尝言，"有土斯有财"，此语虽属老生常谈，但却是言之有理，盖以一地之富源，不拘是天赋之矿藏、林木，或人为的农作牧畜，无一不是以

土地为根据的。有了广大的土地才有丰富矿藏与密茂森林之可能及农牧的基础，否则是无一能实现的。但是有了广大的土地，或以天赋之不足，或以地势与气候的限制，不一定就有建设的基础与发展的可能，例如我国西藏北部之高苔原区与蒙新一带之大戈壁，面积虽属辽阔，但都是不能生产的土地，所以"有土斯有财"之省区，在我国并不甚多，此言若喻之云南，尚称适当，何以言之？以云南是我国最大省区之一，面积卅五万余方公里，而居民仅一千三百万人，各县人口密度，高者如昆明每方公里尚不到三百人，而其他各县多在百人以下，低□有少至十五至二十五人者，如镇南、广通、腾冲、龙陵、得党等均在卅人以下，全省平均密度，每方公里为三十七人，云南之地广人稀，由此可见。而土地之利用尤□，各县耕地占全县面积，多者至百分之三六，少者低之百分之〇·四，全省平均略占百分之一一左右，荒地之多，为全国冠。且云南耕地之利用，尚未精密，冬夏耕种者仅限□部一带，于南部各县，不分高低与水旱，所有田地冬季皆使休闲，荒弃不用，□是南部之已耕地而冬季待用者遍地皆是。现政府为增加食粮的生产，提倡冬耕，冬耕可能，于云南南部最为有望。云南荒地，以气候优越，绝对不能利用者，虽无确切估计，但可断言，为数很少，且可耕未用之荒地，到处有之，而以南部尤夥，例如顺宁以南，大部为处女地，或称之为"无主地"，急待开发之农田甚多，未辟之坝子尤夥，平均坝内之已耕地，不到全部面积之1/3，所以尚有大□可以耕植，稍加开辟，即可变为良田，如孟定坝，面积广三百卅方里，而居民仅七千人左右，每方公里仅二十二人。肥沃之山地，人口村□均属稀疏，往人有行卅公里，沿途不见一村寨者，人口之少于此可见，况云南荒地之价值，绝非我国西北之干燥荒野所可比拟。

云南居民直接从事农作者，各县多寡稍有不同，多者占全数人口九九％，少者除工业发达之县区如简［个］旧低至一六％之外，多在四〇％以上，而全省平均农人竟达八三％，由此可知云南农业于一般民众生活之重要。

（1）农作现状及其分布之一般。云南北部，终年耕作，无时间断。冬季以温低雨少，山地与低坝，不分地势之高下，皆属耐寒之干性作物，以蚕豆、小麦为主，大麦、豌豆、胡麻、菜子等次之。夏季坝子以地平多水，作物□以水稻为多，间有少数之玉米与豆类，山上以多旱地，取种则以玉米为主，高粮［粱］、豆类、苎麻次之。而南部以地低偏南，适当热带边际，气候终年温湿，若以土质气候而论，于发展农作上，较北部尤为适宜，惟因地处边区，地旷人稀，农作反更为粗放，低坝高山，居民均少，低坝本可四季耕作，但以需要无多，每年只种一次，且有两年或三年一耕之轮种休闲现象。山地夏旱稻、玉米，低坝则种以水稻、甘蔗，冬则均告休闲。

云南农□之耕作正与我国他省（东北三省除外）所种农作物，几尽为农人之食品与佐食品，带有产业性之经济作物极少，甚至毫无。农户依然多以自耕自食、自给自足为目的。所以农人生活是死板的。我国农业历史虽最悠久，但其发展却很幼稚。将来如何使我们的农作商业化，确□当务之急。农作商业化的意义，便是推广种植经济作物，活动农民生计，改造我国农村生活，健全乡间社会经济合作的组织，正如战前欧西的丹麦，由一顽固的、贫弱的、家庭各自为政的旧有农业生活，一变而为一个极度工商业化的、活动的、富裕的、具有合作组织的乡村社会生活，整个国家为之焕然一新，确是我国改造农民生活，建设乡村事业的模范，是我们各省急应效法的。行之于农业粗放、气候温湿的云南，不但轻而易举，而且希望至大。

（2）宜植之经济作物。若使云南农作工商业化，随地应行提倡种植之经济作物，要者，下列三种：

（a）种蔗与制糖业。云南种蔗制糖，夙称普遍，产糖区域，多至十数县，如婆溪、弥勒、易门、元谋、会理、景东、宝川、□山、芒市、云县、孟定等，皆其著者，惟均系土法制造，用作农闲副业，制成之糖商（？）为当地或临近数县之商品，规模甚小。大举种植专营者无，查云南南部凡一千公尺以下之低坝，气候土质，均宜种蔗，灌溉亦称便利，如能垦荒植蔗，设置新法糖厂，建设云南使为我们食糖之主要产地，殆非难事。

甘蔗原为热带与副热带主要经济作物之一，其所需气温，平均最低在摄氏一六·一度至一七·八度之间，所需雨量在四五英时以上，以四七至五五时［吋］间于最宜。世界产蔗糖最富之区，均在赤道雨林之边际，如东西印度群岛等处，滇南沿边一带，为热带季风雨区，适当赤道雨林之北，温度雨量，均宜种蔗。例如孟定一带最冷，均温为摄氏一六·五度，年均雨量为六四时，为种蔗之理想气候。如龙陵沿边宜蔗各坝荒地数十分之一，用以种蔗，两万余市亩之蔗田，实属□举，两万余市亩蔗田，每年可产甘蔗四万万磅，足供大量制糖之用。且甘蔗为宿根作物，无须年年栽培，移植之后，即可长成，继续收割，可达三十年之久，无年年栽培之消耗，以是于滇南大规模种蔗，兴办制糖工业，甚为有望。

（b）种植油质作物与榨油业。油质作物，种类很多，如花生、芝麻、胡麻、油菜子等均属之，于云南种之，当以胡麻与油菜子两种最为适宜，胡麻、菜子原为滇北冬作物之一部分，于北纬二五度以北，拔海在两千八百公尺以下之山地，分布尤多，两种均可榨油，前者用作燃料，后者食燃两可，滇北农民所食之香油及所用点灯之燃料，多以此是赖。用途虽广，惟种制皆为农民冬作副业，为局部之小规模商品。菜子、胡麻均为耐寒之硬性干作物，于云南北部冬季种之极为适宜，所榨之油除作乡民燃料与食用之外，更可用为提取各种机器油与汽油之原料，平时内蒙各省出产甚多，为西北输出之主要商品，在我华北出口贸易上，已占重要之地位，且于海外市场上，也已引起一般外商之注视，而在云南以出产有限，尚未为国人所注意。尤有进者，菜子、胡麻榨油余渣，既可用以肥田，又能充作饲料，以是之故，于农牧兼营的山地区，种之更为适宜。

（c）植麻与麻织业及药剂之制造。云南山地，最宜种植苎麻与亚麻。北部山地夏季种之为宜，南部则冬夏皆可。山地居民，织麻布者，虽亦不少，于姚安、镇南、蒙化、弥渡一带尤为发达，惟大都作为农闲副业，出品仅供家庭衣著或作麻袋之用，行销不远，无何商业价值。过去以交通困难，外销不易，故种产皆少。今后交通日见发达，大量种植，精工制造，使之工商业化，极为有望。查苎麻亚麻用途甚广，纤维可织布制衣，于不宜植棉的云南，提倡麻织业，尤为适当，其种子可榨油制药，渣则肥田，其梗汁更可提制麻醉药剂，将来推广种植之务，于云南麻织业与制药工业上，定有莫大之助益。

（二）气候优越，于培植副热带林场极为适宜

云南气候，在我国各省之中，为最适和的地区，冬季最暖，而夏则最凉，故有四季如春之说。云南雨量亦很适中，旱涝皆少，雨水调和，亦为各省冠。南部夏季虽似□于温热，但于热带经济林场之培植，最为有益，植林种树不但可以减少冲刷，保护土质，更能借林木枝叶的脱落腐烂，将林木成长取用之肥质归还土中，增加土壤的肥性。土质硗薄不宜植作的荒山，若先用以培植经济林场，方为适当。惟吾人若化云南之荒山为用之地，究以培植何种林木的最适宜且有价值呢？若以经济地理的眼光观之，根据云南之经济地理基础，利用开发，当以种植具有商品价值之树科为最宜。具有商品价值之林木很多，概而言之，不外下列数种：

（1）种桑育蚕与制丝业。云南北部之荒山，气候较为干燥，要以种桑育蚕与制丝业最为有望。按育蚕理想之温度，最高为摄氏二四·四度，最低为二一·一度，最适宜之温［湿］度为百分之七五至百分之八十，滇北各地春夏秋三季之温度均合理想之标准，桑叶充足，每年可养育至五六次之多，较江浙之年仅养育两次者，不啻霄壤，是以云南北部之荒山于种桑育蚕上确有得天独厚之地理基础。故法人兰伯特氏称"云南为世界上种桑育蚕制丝事业之天堂"，殆非虚语。如据蚕桑改进所之调查，楚雄一县，宜桑之荒山约占全境面积百分之七〇，合计二百余万市亩，如全用以植桑育蚕，年可制两千万担之生丝，约值数千万万元。其他各县大都与楚雄同，宜桑荒山之多，不知凡几，如能普遍推广种植，发展制丝事业，繁荣农村，有何难耶？

（2）茶林与油树培植与制茶及榨油业。云南中部一带，气候较为温湿，种茶植桐最为适宜。茶、桐本为副热带之经济灌木，更为我国长江中下游之特产，其生长之环境，以空气流通，地势空旷之丘陵为最宜。二者所需之平均气温，最低为摄氏一二·二度，最高为二六·七度，变化稍大，亦无妨碍，惟平均雨量须在六十时以上，水流须畅，方易培植之。滇中一带之山地，例如于蒙化南、罗邱、公郎一带之地势与气候，极近植茶种桐之标准。现云南产茶之地，要者仅五福、佛海、顺宁、缅宁、双江及宜良数县而已。

而经思普出境之茶早已驰名遐迩，过去之基础甚佳，惟以交通困难，运销不便，未能大事生产，将来若能改进交通，便利运销，增辟市场，发展大规模之茶、桐培植场，最为有望。笔者曾对蒙化、云县、顺宁、得党、缅宁及双江六县作一估计，若以该六县荒山十之一之面积，专种茶林，约可有九十余万亩，每亩以年产一担计，年可产茶近百万担，共值数千万万尤。桐油为我国出口之特产，油树之种类甚繁，如油树、桐树、漆树等，其中以桐树为最普遍。滇西油树，过去在云县一带试种颇著成效，惜未能大量推广。龙陵、腾冲一带之山地中之香果子树颇多，为油树之一种，当地多用其果实榨油，作燃料之用，颇有提倡价值。此外北部山地，盛产核桃，以为榨油原料之一，且油味清香，几同麻油，用以煎菜甚为适口，其壳可作防毒之原料，值此战期，尤当提倡种植利用之。由此观之，云南于我国油、茶之生产上，其培植之基础，实驾乎长江流域之上。

（3）咖啡与胶树的培植。咖啡与胶树，为热带之主要经济植物，我国因位置关系，向系仰给入口，漏卮颇巨。我国除海南岛外，滇南沿边为仅有之宜植区域，自抗战以来，树胶之需用，尤为迫切，提倡栽培，实属刻不容缓。按胶树有为高大树科者，有为矮小灌木者，有为蔓长攀藤者，三种所需之地理条件，各有不同。树科胶树，性喜湿热，均温须在摄氏二六·七度左右，雨量至少须在七五时以上，以热带低下之冲积平原为最宜，栽植经十余年，方可长成，滇南不宜于此种胶树之种植；灌木胶树，多植于热带较干之高地，需雨四十时，均温在摄氏二六·七度以下，即可种植，此种胶树最宜滇南沿边之栽植；攀藤胶树，宜植于副热带区域，故于滇南内部之丘陵地区，颇宜种植。

至于咖啡，其生长之气候条件，气温以摄氏二一·二度为宜，雨量以六十至七十时为佳，地势须空旷，空气要流通，故于副热带之高原山地为最宜繁殖，滇南山地，地势气候，均甚适合，故咖啡亦应提倡栽培之，以杜国人消耗之漏卮。

（三）矿藏丰富，于兴办工商业最为便利

国人尝称我中国为一"地大物博"之国家，若细加分析考察，一般讲

来，我国"地大"还算有余，而"物博"却嫌不足。较之美苏等国尤为瞠乎其后，但是若分区言之，我国名副其实、地大物博之省份，亦不多见，惟若用之于云南一省，确还差强可用。盖以云南一省，地土确属广大，而物产亦很丰富，其地下之矿藏种类尤多，分布亦广，于金属矿藏尤感丰富，于轻重工业的发展均具有基础，且有数种确为他省所不及者，如锡、铜等。以是云南在我国矿藏的分布上，实具有特殊重要之地位也。

（1）主要矿藏分布之一般及其重要。云南之金属矿藏要者有个旧之锡、钨，东川、会理及永北一带之铜，易门、牟定、蒙化、昌宁及腾龙一带之铁，姚安、楚雄、弥渡、耿马、班洪一带之铅、银等，分布至广。外如顺宁、保山一带之辰沙（汞），及金沙、澜沧诸流域之沙金，会理之锌等，亦甚著称。云南非金属矿产，蕴藏较富，而开采已具成效者，有路南龟山、可保村及一平浪之煤，凤仪、蒙化交界之砒，广通、盐兴、盐丰、剑川、兰砰［坪］、宁洱、磨黑等地之盐，均其要者。外如大理之大理石、武定之矾、腾西之玉等亦颇著称，已知未开而具有兴办价值者亦颇不少，如祥云、云南驿、公郎、云县及耿马之煤，楚雄之石棉等皆其要者。

云南之矿产，就其对工商业与民生之关系言之，当以煤铁与食盐为最重要。煤系兴办一切工商业必备之燃料，而铁乃为一切制造各种工具所需之原料，于一般工商业发展之关系，二者不得缺一。至于食盐乃为人生日用必备之食料，尤为重要。以上三项谅为读者所最注意最关切者，故特分别略述于下：

（2）煤铁的分布及其开采情形。(a) 煤：云南煤矿大部为泥炭与褐炭，层薄质劣，储量不大，少开采价值。其他仍以无烟煤为多，烟煤特少，已发现者仅路南、龟山、可保村、杨林、一平浪、新庄数处。□有云县、顺宁交界之近似烟煤之上等褐炭。其中就质量与分布位置言之，当以一平浪、新庄之煤为最重要，祥云、云南驿之无烟煤次之。至于云县之上等褐炭及公郎、耿马两地之无烟煤，以质地良好又临近将来之滇缅铁路，亦颇重要。云南煤矿，开采全系土法，现经开采者，虽有路南、可保村、杨林、一平浪、祥云、弥渡等处，但以交通困难，运输不便，产销均属有限，将来之重要当随交通之发展与工业建设之需要，与日俱增。

（b）铁：云南铁矿分布至广，几乎各县均有铁矿的发现，其中尤以易门、牟定、蒙化、昌宁、保山、腾冲、昆阳、宜良、路南、武定、罗茨等县为最著。云南炼铁，向沿用旧法，故产量不丰。过去全省炼铁土炉，平时熔炼者，总共不过五十余座，年产生铁四五百吨。现昆华铁业公司在易门××，新炉告成，日出十吨，产量大增，本省工业所需钢铁，均以此□赖，裨益我国后方工业之发展匪浅。各县铁矿开采方法，或为明槽，或稍稍挖峒，将矿砂运至炉旁，即可熔炼，土法熔炼异常简单，炼铁之季节，多在冬春雨少农闲时采〖炼〗，当雨季农忙时便停火不炼。柴与木炭为其燃料，每炼铁一吨需木炭一千斤、柴三千斤（合成木柴每炼铁一吨，需柴十吨），是以燃料颇成问题。且土炉常以燃料问题，势须移动，颇不经济。自抗战军兴，我国东部原有铁厂，或因战事所毁，或为敌人控制，而外货进口，又感困难，铁之需要日增，不能不在后方另谋自给之道，故云南之铁产益形重要。

（3）食盐的分布及其开采情形。云南盐矿，在产销的分布上，共分三区，即滇中区（包有广通、盐兴诸井）、滇西区（包有盐丰、剑川、兰砰〖坪〗诸井）与滇南区（包有普洱、磨黑诸井）是也。三区每年共产一百万担左右，每区各占1/3。大抵滇中区，因地近公路，运输稍便，然因煎煮困难，盐量常感不敷运销；而滇西与滇南两区，因位置偏僻，运输困难，所制成品，时有积存，适与滇中区，供不应求之现象相反，来日石佛铁路完成，于滇南区之产销运输上，当有莫大之裨益。盐为人生所必需，值此战期，沿海沦陷，海盐断绝，滇省盐产于我西南后方之价值，不言而喻。

乙　建设之问题

以上所论，系就云南之地理环境，仅言其经济发展的可能基础而已。若实际从事建设，尚有若干困难问题急待解决者。兹将其□者三端举例据实略为证明之：

（1）地形艰险，交通梗阻，产销两难。云南经济建设的基础虽甚富厚，而可发展的事业益多，然均须运输便捷，始能开发，否则是绝难求其实现。如顺宁的茶，现虽有中国茶叶贸易公司在该处惨淡经营，制成红茶，以冀向外国推销，惟因运输不便，故进展甚难，因顺宁茶由顺宁经下关至昆明市场上，运费已大于成本，即或滇缅与滇越之交通未断，若再运至海外，售价过高，绝难与外货竞争。即昆华铁业公司在易门东山开采熔炼之铁，运至昆明成本，铁砂开采费仅占百分之一，燃料占百分之十之十一，熔炼人工费百分之六至七，而运费竟过百分之七十，故运输实为当前最大之问题，即炼铁、煮盐等之燃料问题，并非以柴炭绝对缺乏，实由无便利之交通，较远□柴炭不能作有利之运用所致也。是以便利交通，确为云南一切经济建设与富源开发之先决问题也。

（2）地旷人稀，人工缺乏，建设不易。云南地广而人稀，一切建设事业，所需人工，颇成问题，如开矿、煮盐、筑路等，莫不以人工困难为其问题也。加以近年来壮丁之服兵役及外移，于人工之影响尤甚，到处大感人工缺乏，此不但影响一切建设事业之推动，更有碍于各地原有农耕工作之进行，是以农工均受影响，以是如何解决人工问题，亦为云南经济建设先决条件之一。

（3）农民贫瘠，时令不一，适应困难，以上吾人已申言之矣。云南一切之经济建设与启发事业，当以"因地制宜"为目的，农人耕种应从事经济作物，工作时期，要与季节时令，调整配合。但是在农民贫瘠、时令不一的云南，适应得当，谈何容易。譬如，元永井盐矿的开采与煎煮，季节影响至巨。如雨季卤水之含盐成分，常比平时减低一半，因之煎煮所需之时间与柴薪、人工等费，均较平时为多，且井洞排水困难，致成本大增，农忙季节，人工缺乏，采矿取盐均告困难，是以开采煎制之时期，确有配合调整之必要。再者，种蔗之利益，较种其他作物，原为优厚，然不见发达者，推其原因，固不外□交通困难，销场狭小，然农村凋敝，经济困难，农民缺乏资本，亦为其主因。因植蔗收益虽大，然须一年之后，方可见效，且需工较多，施肥之费用亦巨，故一般农民只能挖肉补疮，暂顾目前，均无力作久远生息之计划，是以植蔗者日少，而农民之生计日蹙，地不能尽其利，货不能畅其流，本为一般农村衰弱之原因，是以如何解决民困，实行农作贷款，及使工作时期与季节配合调整，均为云南经济建设急待解决之问题也。

综观上述，开发云南之重要基础可知，若欲从事建设，必须在此基础之可能范围内妥定适切之计划，并针对此困难问题，预谋解决之途径，庶乎其有成功之望。

《边政公论》第 2 卷第 1、2 期合刊，1943 年 3 月

西南经济建设与水力利用

鲍觉民

一

一国工业之发展,其最重要之条件,厥惟原料与动力之供给。有原料而无动力,则原料无法加工制造,不足以供世人广遍之应用;有动力而无原料,则力源惟有弃而不能施其效用。两者间之关系,实为决定一地工业发生之主要因素,其于古代手工业时代为然,其关系于近代大规模之制造工业,尤历历而不爽。十八世纪末叶工业革命发生后之最大特点,一面固为各种农矿物原料(如铁、棉花及羊毛等)之大量的应用,一面则为煤之生产的骤形增大。

迨及二十世纪,工业上之一新的特色,乃为电气事业之兴起与夫电力在工业方面之广遍的应用。其实,除工业外,人类日常生活各方面对于电力之使用,更不胜枚举(注一)。人之于电,几有不可须臾相离之势。此所以最近学者有称二十世纪为电气世纪者(Electrical Aye [Age])。虽然,近代电气事业之迅速发展、用途日广,固为由于电学之进步,俾能利用高压电流,运输应用,而水力之利用,要亦为重要原因之一。

二

近代工业之发展,一日千里,原动力之需要,亦益增重要,举凡原料品之输运，机器之转动，制造品之运销，以至工厂内之升降机、起重机及光、热等之供给，几无往而不借助于原动力。故原动力之来源，最能影响工业之分布，盖多数工业，均随价廉动力供给之中心，而趋赴之也。考原动力之来源，大致不外人力、兽力、风力、水力及燃料数者，但人力、兽力，古代虽甚重要，对于近代工业，其可能之贡献，殊为有限；风力之利用，亦因时因地，而有不同，自古迄今，大半仅利用之以驶行帆船，以及少数地带之赖以转动风车而已，良以地面上之风，其风向与风力，每不固定，虽曰天惠，应用究难广遍（注二）。故近代工业上所需之原动力，其来源殆不出于水力及燃料二者。主要燃料之中，大致又有木材、煤及石油三种，但木材燃烧之热力微，而来源亦较有限，自煤之应用发达以后，即已失其对于工业上之价值；煤之应用，自十八世纪末叶以来，雄踞工业上原动力之主要源泉者，殆百余年；虽石油之开采与应用，自十九世纪中叶以还，亦已八十余年，但迄今仅止于几种特殊工业，远非煤之匹敌。至于水力之为人类所利用，为时虽极久远，但其施之于大规模工业上之动力，则为二十世纪以后之事；尤以欧美诸国，自利用水力发电事业勃兴以来，工业上之原动力，取给于水电者，日渐增加，而发展水力，亦几为振兴工业必由之途径。

但水力之与煤，表面上似处于竞争之地位，实际则颇有相辅相成之功，因每当时届干季或冰期，水力弱小，各电力公司多利用煤力，以补水力之不足，故火电与水电，且有互相合作之必要。据专家估计，平均每年由水力一马力所发生之电量，约可节省煤二吨至四吨，故即在目前煤藏丰富之国家，为基于国富保存主义，如有水力之供给，亦莫不设法予以利用，而节省煤之消费，或保存之以为后世急切需用也。

三

自近世科学进步，水力发电之利用，乃成为国家之大富源。水电力者，乃为利用水之自高处下流冲动，使水轮发生旋转，水轮则连接于发电机，机随轮之转动而发电，于是由电线而传达于四方或供给城市中家庭及工业、交通诸方面之应用。综其优点，约有下列诸端：

（一）水力利用可以永久。盖煤之为用，一经燃烧，便成灰烬，故自近代各国工业发达以来，煤之供给，日益减少，石油更不待言。矿藏之供给有限，而工业之发展无穷。煤在近代工业上之地位，固极重要，无奈藏量有限，愈用愈少，终有用尽之一日。而高山流水，江河流洪，虽数百千年，殆少变化，故就永久性言，水力直可取之不尽，用之不竭，殆决非煤与石油，所可望其项背也。（二）水力发电费用较廉。以近年各国水力发电之建设费言之，虽较一般蒸汽机之发电费用较巨，但由水力发电之产电量，较诸火电，则高达六倍之多，且其一经发电以后，无需购煤运煤之烦，维持费用，极为微小，故各国水力发电之电价，恒较火电为低廉。（三）水力发电可以传远。水力发电，可以利用高压电线，能将电流输送至中央电厂四周五百里之距离（注三），在此范围以内之地，均可利用其电流。故各种工业之分布，可以较为均匀，而不必过分集中于一二城市，此在军事上及国防上计，固可减却不少之危机；且因工业分散之结果，又可稍减人口过度集中都市之弊端，而逐渐使其分布于乡郊，对于农村发展，既有莫大之裨益，即于国民精神上、体质上之健康，亦有无穷之利益。（四）水力发电较为卫生。假令世界上之煤藏丰饶，可以历久不断之利用，但煤矿工人之牺牲（如日光与新鲜空气之不足，地层之陷落，水陷之淹没，以及煤气之生火等）及煤区浓黑煤烟之缭绕，空气之恶劣，在在均足造成世间无数之悲剧；而水力则清洁卫生，直接可以减少或避免此种不幸之存在，间接即所以增进国民之健康与幸福。（五）水力电厂管理较易。

水力之优点，既如上述，可知其不特可以减少对于煤荒之恐惧，而效用之大，较之煤及石油，实有过之而无不及。故西人称之为"白煤"（White Coal），更有因近代水力利用之广遍，而谓近代文明为"白煤文明"者。

四

世界水力富源之分布，各地不一，盖其分布之地带，须同时具备适宜之地形及丰沛之雨量两条件。就地形言，当以崎岖不平之地形，倾斜大而水流急，富有瀑布与峡谷者为最宜。故在同一河流，上流之可用水力，每较下流为大。如以美国之密士失必河言之，其上下流所流经之距离约同，但其下流可用之水力，仅及十四万七千匹马力，而上流之水量较小，反可供给六百四十万匹马力，大小之差，约达四十三倍之多。又地形中之富有湖泊者，亦每为重要条件之一，因其可以节储流量，俾能调剂水量季节之变化，而使水力可以终年利用也。除适宜之地形外，又须具有充足而有规则之雨量，庶水量可以有恒而不间断；但世界上亦有因雨量不足，而得有高山冰雪融解之供给者，亦可利用。

　　由上可知，一地之是否俱有充分可用之水力，胥视其自然环境之背景是否适合而决定。但一地之已有水力，是否能被利用，又须视其他条件而有不同。大致言之：第一，须视水力位置之所在，其距离人口稠密及原料产品地带之远近。大概距离愈近，工业亦愈发达，则需要水力之利用亦愈多。良以电力之用途，不外工业、交通及家庭诸方面，但此则均非有稠密之人口，适宜之市场不可。且因水力之为物，并不能如煤之可以相当距离之输运，虽电力可因高压而传布，亦自有其一定之限度，故水电力之利用，惟有在水力所在地之附近，苟在万山丛岭、人迹罕至之地，即能富有伟壮之水力，亦莫由而利用之也。第二，又须视水力所在地附近之煤及石油等燃料供给之有无及丰啬。因水力发电，亦如其他一般商品之具有竞争性质，尤以煤及石油二者为最重要，故此种燃料供给之难易与价格之高低，均足影响水力之利用。大概煤及石油之产量多、价格低，则水力利用之机会亦愈少，或竟暂时弃而不用。第三，一地文化程度之高低及经济状况之不同，亦足以影响水力之利用。如非洲中部，地形复杂，倾斜极大，雨量亦至丰沛，故飞湍急流、峡谷瀑布，所在皆是，可用水力之多，推为世界之冠，计达一万〖万〗九千万匹马力，占世界可用水力总数百分之四十以上，诚可谓天赋独厚矣；然而其已利用之水力，不过三万余匹马力，不及世界已用水力总数千分之一，其故乃以人口稀少，文化落后，需用电力不多耳。反之，如北美洲及欧洲，其可用水力各在六千万匹马力左右，而已经利用者，亦各达二千万匹马力左右，合占世界已用水力百分之八十五以上。

五

　　我国可用之水力，尚无精密之调查，详确数字，殊难断言。据年前世界动力会议之报告，我国可供利用之水力，约达二千万匹马力。又据某德国专家之估计，我国可用之水力，约在三千万匹至四千万匹马力之间（注四），甚至有估计为一万万匹马力之多者（注五）。其水力富源之丰饶，殆无义疑。当一九二四年第一次世界动力会议中，翁文灏先生曾论列我国未来水力利用之重要及主要水力地带之分布（注六）。所惜至今水力之已利用者极少，实属微不足论。

　　我国水力之分布，大概言之，南部各省远较北部各省为宏，而西南诸省又较东南诸省为多。良以我国雨量之分布，自南至北，逐渐减少，而西南诸省，崎岖多山，急流瀑布，所在皆是。据专家估计，我国西南区之川、滇、黔、桂四省，其可能发展之水力总量，占全国水力总量百分之六十以上，其中尤以四川及云南两省，即占约全国水力总量之半。故我国未来最有发展希望之水力区域，自亦为西南诸省，而尤以宜昌以上之长江三峡。自重庆至宜昌间，计程约六百五十公里，江流坡度甚大，其低降度数为一百二十八公尺，而在三峡中之江面宽度，仅在千尺上下，两岸连山，江流下注，成倒泻之势，就水力言，尤为我国最可宝贵之动力资源。至就云南水力之分布言之，则东有滇池西岸普渡河之急流，路南大叠水之瀑布，西有大理以西怒江及澜沧江上之滚滚洪流，如能善为利用，力宏利薄，可不待言。他如贵州之乌江、广西之西江，以及黔桂间之柳江及红水河等（注七），不乏峡谷急流，可供利用之水力至多。

六

　　我国西南诸省，居扬子江及西江之上游，以土地言，川、滇、黔、桂四省之面积，计达一百二十万方公里，占全国总面积百分之十一；以言人口，则比［此］四省之人口总数，达八千六百万以上，占全国总人口百分之十九，地大人众，较之欧陆之任何一国（除欧俄外），殆尤过之。至于物产方面，则以农业为主，除地形上因一部分为高山深谷，不宜农作外，其他则无论盆地高原，均适耕种，加之雨量丰沛，冬季亦甚和暖，作物之生季既较久长，作物之种类亦最繁多，大概南及闽粤，北达吉黑，各种作物，在此诸省，几于无不具备。故除谷物中之稻米、小麦、玉米、大豆、甘薯数者以外，经济作物中之桐油、蚕丝、茶叶及甘蔗等产量，均居全国之主要地位。农业以外，地下更有丰富之矿藏，尤以金属矿物中之锡、铜、锑、□、汞等，及非金属矿物中之井盐，赋藏最富，具有经济上之重要价值。

过去因交通困难，大好资源，未能尽量利用，而工业之发展，尤为落后，一般人民所需用之制造物品，大半恃国外及沿海各省之供给，漏卮之数，与年俱增，而为造成民生贫困之主要原因。自七七抗战军兴，七年以来，西南诸省，成为抗战建国之中心区域，农、工、矿业及交通之发展致速，集全国之人力、财力，以图从事西南区之经济建设，成绩极著，不特抗战之力量，日益增加，亦且为他日建国之久远事业，树其始基。但经济建设之物质条件甚多，其中动力之来源，实为先决之问题。我国煤藏之分布，集中于北部，近年煤产，亦以北部诸省为最多；西南区内之各省，则无论藏量、产量，均极有限。据最近估计，西南区之川、滇、黔、桂四省煤田储量，共约一百万万吨，仅占全国煤储总量百分之四，且大半煤层甚薄，分布疏散，不易集中采（注八）。他日农、工、交通各业，日益发达，煤荒危机，势所难免。所幸水力甚丰，可以大加利用。

七

近世各国水电事业之发展，用途虽甚广泛，但究以供给工业上之原动力为最重要。如就义大利、英国、荷兰、德国、挪威及瑞典诸国之情形言，电气之用于工业上者，均占全国总产电量三分之二以上。大概言之，水力发电，在工业上用途，尤以化学工业及冶金工业二者为最要。以言中国，则他日欲固国防，欲善民生，则军火必须自制，肥料必须自造，他如酸、碱及钢铁等基本工业，更不待言。但此等工业之建立，水力之发展，尤为当务之急。且既有大电厂，即一般工业，亦可因其原料分布之情形，而附丽发展；工业愈发展，电力之需要亦愈多，生生不已，所谓工业，于是可以自然于成矣。西南诸省之农矿林牧各业之资源，既甚丰饶，人口亦极众多，原料动力市场诸条件，无不一一俱备，则各种工业之发展，固为时日间事；尤以自抗战军兴，沿海口岸，遭敌封锁，工业及日用所需之制造品，来源告绝，尤为西南诸省工业发展之大好时机。

自十八世纪末叶工业革命发生以后，多数工业，悉集中于煤区中心或其附近，盖煤之为物，极为笨重，运费甚贵，故工厂皆依附煤田而发生，以此煤区以内，造成无数工业都市之兴起。乡村人民，麇集城市，五方杂处，生活困难，劳工问题，遂成为平时社会上之大问题。及至战时，因近代多数工业，直接间接为造成一国国防经济之主要部分，最易为敌方攻击及破坏之目标。故自二十世纪以后，欧美各国，新兴工业，多有分散化之趋势。如近二十年来，英国新起工业，逐渐向东南部分发展，以代昔日工厂密集西北部及中部煤田区域之情形。美国亦有相同之趋势，美国棉纺织业，原集中于东北之新英格兰诸州，今则逐渐南移，沿阿帕拉契山东麓之瀑布线（Fall Line）一带而发展。凡此情形，一面固由于交通工具之日新月异，原料及市场之要素，日臻重要；一面乃为水电事业之应用，白煤代黑煤而兴，工厂位置，固不必麇集于煤区一隅。如义大利，煤藏贫乏，但水电事业，极为发达，工业上所需之动力，大部取给于水电力；又因该国水电大部集中于北部昂白山（Alps Mts.）麓，故工厂亦多广布于波河（Po River）流域平原，且往往设于乡间桑田麦垄之中，虽米兰（Milan）、都林（Turin）诸市，亦不失为重要之工业中心，但如工业革命发生较早之英、德诸国工厂密集于煤区状态，迥乎不侔。

由此可知，工业分布之分散化，实为今日各国新兴工业发展之一般趋势。我国过去数十年新工业之发展，几完全集中于沿海及沿江之少数城市，识者固早讥其为畸形之发展；果也，七七变起，不数月间，沿海重要都市，先后沦陷，原有工厂，或为敌人炮火摧毁，或为敌人强夺占有，损失之巨，自不待言。所幸后方中心之西南几省，工业发展，突飞猛进，且多分散各区，他日抗战胜利后西南工业化之基础，今已奠定。虽目前因交通阻滞，煤产又极有限，煤荒现象时所闻，一俟各地水力分别利用以后，则动力问题，自可迎刃而解；且因电流可以远输应用，则他日各种工业，正可自由分散的发展，而不必过分集中于煤田区域或一二通都大邑，如此不但可以减少国防上之忧虑，即对于工人之道德及健康，亦有莫大之裨益。

八

电气之为用，固不止工业上一途而已。其于农业上之应用，可以戽水灌田，抽排积水，防治害虫，为价既甚低廉，为力亦甚宏大。年前我国江浙一带之武进、无锡及吴兴诸县，实行电气戽水灌溉田亩，开我国农业电化之先声。其在欧美各国，对于电气在农业方面之利用，历有发展，如在义大利之农村中，已有百分之九十以上，均有电气之设备，而此种设备，极为复杂，盖已遍及于各种农作工事，其中包括有电力之灌溉田亩、抽干潮湿、打穗、割草、磨谷及耕地诸项，其用途之广，洵非他国可比。至如瑞士，则凡属水力电厂，在夏季均有大减价之举，其时适在农作物生长发育之生季中，裨益农村，良匪浅鲜。我国数千年来，经济基础，迄建立于农业之上，农产物之丰歉，直接影响农民购买能力之增减，间接关系国家经济力量之大小；而一地农作物之歉收，又大半由于水旱灾荒或虫害所致。将来我国水电事业发达以后，逐渐推广及于农业方面之利用，则我国水旱灾荒，可以自然减少，农作物之产量，可以逐渐增加；不特农村可以复苏，整个国民经济之能力，亦可大为增进。

西南几省，地形复杂，农田分布，多在江河两傍之冲积平原，及高原中之局部盆地（俗称坝子），或低缓丘陵。其在较为高峻之坡地，纵能勉辟梯田，以事耕种，但灌溉至难，收成极不可靠。年前德国工程师巴尔克氏考察西北水利后，据其估计，仅就陕西宝鸡山谷一处积水，以供电力，即可以其电力，将渭水引灌北岸高原田地，约五百万亩；且可将所余电力，供给各种工业，及将来陇海路西兰段火车发动力之用。此种情形，施之西南高原，尤为切当。

九

至论电气之应用于交通事业，亦有多端，举其著者，则有电车与铁道二者，城市中之电车，价廉行捷，实予今日各国都市人民以极大之便利；至于任重行远，则有电气铁道。今日欧美各国及日本，电化铁道之发展，与日俱进，推其原因，约有数端：第一，利用水电，以供给动力，燃料之消费，可以节省。第二，电动机车，无需加煤给水等设备，操纵控制，均极便捷。第三，在停车或启动之时，电流可由电机之启闭，而动停敏速，电力可全不耗费，而当下山坡时，动力之收回，尤为电动机车之特色。第四，铁道电化后，速度较高，在业务上大为便利。第五，电化铁道，最为清洁卫生，可免煤灰之尘污，尤以穿行山洞隧道时为然，于乘客之健康，有莫大之裨益。

电化铁道之推行，殆为二十世纪以来崭新之事实，在世界交通史上，开一新纪元。此种电化铁道之应用，尤以欧美之山地区域，最为显著（注九）。电力之发生，虽有火电与水电之分，但山地区域，落度峻急，水流湍激，尤多峡谷瀑布，天然水力，每甚丰富；反之则以地势崎岖交通不便，煤之取给甚难，成本太高，因此多山地带之电丰，殆以水电为主。此种情形，欧洲之义大利与瑞士，及美国西部之落机山区，可为最好之例证。义大利之北部与瑞士之大部，同属昂白山区，地势多山，河流湍急，湖泊甚多，冬季雨量既丰，而夏季又可利用昂白山上冰雪之融解下注，故可用之水力，至为丰沛；反之，则两国煤藏均极贫乏，每年煤产，远不敷工业上及交通上诸方面之消费，故水力之利用，尤为欧洲各国之冠。据一九三七年之统计，义大利全国已利用之水电力，达六百万匹马力，居欧洲之第一位；瑞士全国已利用之水力，达二百六十万匹马力，以每方公里所得之水力计，瑞士且列为世界之第一位。该两国水电之发展，固大部用之以为工业上之原动力，而两国铁道电化之程度，亦远较他国为甚。其实，义、瑞两国铁道电化之需要，固不仅由于煤藏之贫乏，水力之丰富，凡地势多山之区，铁道建筑之特色，一为隧道之多，一为坡度之大，电动机车，速度较高，负荷较大，于山行登坡，最为相宜；且车行隧道中，无浓烟窒闷之虞，清洁卫生，又其优点。今日贯通中欧与南欧间之国际铁道，必需穿行昂白山中，一律已予电化，非偶然也。其在美国横贯大陆之铁道，当其穿行西部落机山间，亦全采用电动机车，取其行速重负而适于山行也。

我国西南诸省，物产丰饶，但过去因交通落后，地固未能尽其利，货更未能畅其流。论今日西南经济建设者，每将交通列为首要，实有至理。兹姑不论水道之疏浚，及公路之修筑，仅就铁道一项言之。其在兴筑或计划中者，计有滇缅、叙昆、成渝、川广、湘黔诸线，其所经地带，除成渝线外，余均山岭重重，坡度既大，而隧道之建筑，尤为工程上所必不可免。试就滇越铁路为例，该路之在云南省境内者，共长不过四百七十公里，但因沿线多高山峻岭，隧道多至一百五十左右，其最长者，为六百五十公尺，工程之艰巨，迥非沿海各省铁道所可比拟。加之我国煤藏分布，既多集中于北部，且煤产亦以北部各省为最多，西南几省，藏量既少，年来产量，亦供不应求，将来铁道次第兴建后之动力取给，自以利用水电，既较经济，又较便利。昔美国于十九世纪末叶建造横贯大陆东西之铁道时，其于西段山地区域，亦采用煤力蒸汽机车，其后改为电动机车，所费至巨（注十）。深望我国当局于进行筹建西南铁道网之初，能同时着手发展水力，庶几可一劳永逸的解决其原动力之供给问题，而为我国之铁道电化，开其先声焉。

十

当三十年前，孙中山先生于规划其伟大周详之建国方略中，即将水力之开发，列为主要建国纲目之一，其远见卓识，迥非常人所及。然而水力发电之建设费较大，如蓄水池、滚水坝等之永久建筑，需款甚巨，殊难望于三五年乃至十年或二十年内，收益获利，故私人资本，不特不易集此财力，且多不愿作此投资；且自另一力［方］面言之，欧美各国，自工业革命以后，煤、铁、石油等矿产之开采，及大部分重工业之建立，向由民间经营，每流为私人垄断及资本专制之弊，积重难返，改革殊为不易，而水电业则为新起之事业，各国政府思患预防，大都采国家经营主义。盖国家事业，应从久远着想，不特不能斤斤于短期间内之能否盈利；且纵能获得利益，亦应为人民所共享，不致操纵于少数资本家之手。国民政府建国大纲中，规定主要矿产及水力之利，皆为地方政府之所有，而用于经营地方人民之事业。良以欲达到国利民福之真正目的，非行此不可也。

西南可用之水力，至少可在一千万匹马力以上，虽目前我国不特无此全部举办利用之能力，亦且无此急迫之需要，但不妨选其地位适宜，规模较小，需要最切之水力区域，仅先举办，既可有益于农、工、交通诸方面之发展，又可借以增积经验，训练技术人员，以为将来逐渐发展之实验，及巨大工程之准备。说者分析苏联于过去十五年之建国过程中，乃以水电事业为其提纲挈领之工作，而倡言水力利用，应为我国经济建设之中心大计，可谓扼要之论（注十一）。

注一　"Electricity: Humanity's Servants in a Thousand Forms," in *Daily Telegraph* and Morning Su□lemenk Electricity, March 21, 1938, London.

注二　年前苏联曾于欧俄南部黑海北岸之克里米亚地方，建立直径三十公尺之风车发动机三架，可经常发生一百瓦之电量，实验成绩，殊为良好，甚为世界一般动力学家所注目。

注三　Jones, W. D. And Whittleseg, D. S., *An Introduction to Economic Geography*, Chicago, 1935, p. 310.

注四　*The Chinese Year Book*, 1935 – 1936, pp. 997 – 8, Shanghai.

注五　施嘉炀：《云南之水力开发问题》，见氏在民国廿八年十二月廿三日于中国工程所（？）学会年会讲词。

注六　Wong, W. H. and Sheng, T., "An Outline of the Power Resources of China," in The Transactions of the First World Power Conferenece ［Conference］, Vol. I, pp. 739 – 737, London, 1924.

注七　见丁文江、曾世英著《川康铁道路线初勘报告》，自五十五至五十九，北平地质调查所地质书报乙种第四号,民国廿年十一月。

注八　经济部中央地质调查所:《第六次中国矿业纪要——西南区》,民国三十年四月,四川北碚。

注九　Burtt, P., *Railway Electrification and Traffic Problems*, London, 1929.

注十　Wong, Y. Y., *Economic Problems and Results of Electrification of Steam Rail-roads in the United States*: *A theirs*, (?) Philadelphia, 1931.

注十一　陈祖东:《从电力水力说到苏联建国与中国建国》,《新经济半月刊》第二卷第八期,民国廿八年八月一日,重庆。

　　　　　　　　　　　《云南建设》第1期,1945年1月30日

滇缅铁路沿线主要矿产之分布及开采现状

张印堂

（一）煤

滇缅铁路沿线煤矿分布尚广（详见下表），惟大部皆为泥炭（Peat）与褐炭（Lignite），层薄质劣，蓄量不大，少开采价值。其他仍以无煤烟（Anthracite Coal）为多，烟煤（Bituminous Coal）绝少。据调查所得，沿线烟煤，仅有一平浪一处与云县之近似烟煤之上等褐炭，其中就质量与位置而言，当以一平浪之煤为最重要，祥云之无烟煤次之，外有云县之上等褐炭，尚有价值。至公郎与耿马之无烟煤，质地尚好，在分布位置上亦颇重要，惜尚未详细调查，藏量多寡尚难预料。

沿线之煤，开采全系土法，现经开采者仅有一平浪、祥云与弥渡三地。因交通运输之不便，产销困难，惟其重要，当随滇西交通运输之发展及工业建设之进步而与日俱增。兹将沿线主要煤区之分布及开采〖情〗形，分别略述于后。

（1）一平浪煤矿

（A）一平浪煤矿之分布与开采

一平浪煤矿之分布计有羊桥箐、烂泥洼与新庄三处。前两处俱在一平浪附近两公里至三公里之东南山上，距滇缅公路一平浪车站虽近在咫尺，但山路崎岖，用牛车运载，运输颇感困难，现虽开采，然出产不多。新庄在一平浪南12公里，煤藏最富，因交通尤难，故尚未开采。兹分述于下：

（a）羊桥箐煤矿

羊桥箐煤矿分布于拔海1990公尺以上之近山顶处，高出一平浪120余公尺，现有工人卅余名，惟长期工作者仅廿人，分三班开采，每班六七人，每人每日工作八小时，日可出煤一·五立方公尺。现已开有煤洞八处，皆为露天明槽之浅斜洞，所产尽为煤末，供一平浪盐厂煮盐燃料之用，尚有一部售于资源委员会，由该会自运至昆明作炼钢燃料。羊桥箐煤矿共分三层：第一层共有二洞，洞口拔海为1990公尺，煤层厚薄不一，洞口煤层之厚仅半公尺，惟内部厚者有达二公尺者，煤层夹于灰黄页岩中，外为砂岩。煤层向东南倾斜，角度为十五度，有分布于粗粒砂岩中者，亦有分布于页岩中者，上层部分，煤质不纯，中搀有黄色薄土层。

（b）烂泥洼煤矿

烂泥洼在羊桥箐西南一公里处，煤洞分布拔海为1900公尺，煤层分布与前同，现开有数洞，所出之煤，一部分就地炼焦，供一平浪市民燃料之用。

（c）新庄煤矿

新庄煤矿位于一平浪南十二公里山上之南面，拔海1900公尺，交通极为困难，煤质较羊桥箐为优，极有开采价值。煤层倾斜为西北向，倾角约二五至三〇度。藏量最富，共分三层，煤质上层最劣，下层最佳，据昆华铁业公司之调查藏量如下：

    第一层为三〇二〇〇〇公吨
    第二层为一一七〇〇〇〇公吨
    第三层为二八六〇〇〇〇公吨
    共计四三三二〇〇〇公吨

上述藏量，如按百分之八十计之，尚有三六六五六〇〇公吨，惟据经济部地质调查所王恒升先生之估计，一平浪三处煤藏，最多为一千万吨。

（B）运输问题

一平浪之煤藏将来如能大量开采，交通为先决之问题。关于交通方面，若由一平浪筑一铁路支线至新庄，据滇缅铁路局之测量，必须攀越四道山岭，其高度为1968、1950、1955与1955等公尺，而犹需在1968与1950公尺之二山下，筑挖隧道，计前者长为400公尺，后〖者〗长200公尺，共长600公尺，预计支线建筑费共需三百五十万元。

（C）一平浪煤矿之重要

一平浪之煤田，现为云南财政厅一平浪盐厂所有，煤矿则为滇北矿务局所管理，现虽正竭力设法开采，惟因人力财力两感困难，故大量出产，最近尚难实现。然此处为滇西仅有之重要烟煤，又堪炼焦，将来沿线一切新兴工业之发展所需燃料，均将赖以供给，故各方对一平浪烟煤之早日新法大量开采，企望甚殷，将来滇缅铁路之需用尤为迫切，望有关各方，及早合作促成之。

（2）祥云煤矿

祥云煤矿之分布甚广，多在盆地之西北、东北及东南之山上，距县城自四五公里至四五十公里不等。其中质量当以云南驿妙村者为最重要，城东周家山者次之，城西北大湾箐者稍差。祥云之煤全系无烟煤，惟妙村者易燃火强，颇似山西大同之红煤，可供家庭燃料之用。现祥云城附近，因无山林，柴炭（木炭）缺乏，人皆以煤作燃料。现在开采之煤有周家山、大湾箐与妙村三处，均在秋收之后，冬干农闲时期采掘之，因此时人工较多，雨水几无，工作较易。煤洞多一年一开，或雨季为水所淹，自行塌陷，或故意自行填塞，并无永久之计划。

（A）妙村煤矿

妙村在祥云云南驿坝之西南部，北距前所五公里（前所在云南驿西高官铺之西南，距祥云20公里）。妙村煤矿（亦称煤炭山）在妙村南四公里处，其间有25公尺高之浑圆低邱。煤炭山高出云南驿约50公尺，现有煤洞廿余处，多分布于山腰。每洞有工人数名，每日可共产煤20至40驮不等，每驮重在100斤左右，价约五角，运至祥云每驮售价一元五角左右。由洞至城，日可往返一次。妙村煤层夹于重灰色页岩中，煤层厚约半公尺，间有杂质。因煤层为垂直状，煤洞分布乃成梯形。产煤之山为私人所有，惟因山旁有牛圈海子，为妙村及犁头村所公有，作蓄水插秧之用，故凡来开洞采煤者，须出五十元作淘取牛圈海子泥砂之用费，因山上挖掘煤洞，常致有大量土砂冲入海子中，为免致影响灌溉计，故定此权宜办法，以免淤塞。妙村产煤处距滇缅铁路之前所站不及十公里，距铁路线仅一低邱之隔，来日铁路通车之后，运输至便，开采易，质地佳，藏量又丰（据经济部地质调查所王恒升先生之估计，其蓄量约四百万至五百万公吨），为滇西中部最富最佳之煤，是以将来大理、下关、祥云一带工业上之动力，当以此是赖。

（B）东山及周家山煤矿

祥云城东，东山沿山麓一带，自此而南，煤洞遍布，多为昔日开采之废旧穴洞。据云在清光绪时曾行开采，后因缺乏支撑之林木，洞多倒塌，停止开采，距今已卅余年。现在开采者，仅有东山脚村与水晶坊村后之周家山两处。

（a）东山脚村

东山脚村距城二公里，煤洞位于东山麓，拔海1960公尺，高出祥云县城仅十数公尺。该矿煤层含于砂页岩中，作东偏南二〇度之倾斜，倾角为八〇度，几成垂直，煤质不佳，含有杂质，不易燃烧，人多搀以妙村之煤，和土混用之，因此现已停止开采。

（b）周家山

周家山城东禾大村水晶坊后，距城八公里，出煤之处名煤炭山，高出城坝约五十余公尺。周家山下部（山麓）组成之岩石为硬灰砂岩，圆滑低微，此与坝子西部之石灰岩矮山形势相同。以其岩质之坚，理应成高山陡坡，其所以如此者，或为断层陷落，经风化侵蚀所致。其走向为北偏东、南偏西三〇度，倾向东偏南二五度，倾角为三五度。山之顶部为松软之灰色粗砂岩与绿页岩。周家山附近一带为圆滑之矮邱，实际高出城坝约100公尺左右。周家山白龙庙附近之旧洞，共有数十处，均在灰砂岩之下，煤则夹于极薄之灰色页岩层中。煤炭山出煤之煤洞，深约50公尺左右，煤层倾向北偏东，倾角为五〇度。煤层厚约一市尺半，自上而下，层次之分布如后：（1）为灰砂岩；（2）为灰色砂质页岩，厚约10市尺，此层之下即遇水，故挖掘困难，须先抽水；（3）为夹有杂质之煤层，内含泥质，煤层所夹之页岩层，矿工呼之曰"腰带"，言其介于煤层之中腰也；（4）黑色页岩层；（5）黑色砂质页岩层。

煤炭山之煤矿为水晶坊一村之公产，村中共有四十余户，均有产权，以余姓所占地产最多。现有二洞出煤，工人约有五十名左右，仅十一月后工作至翌年五月雨前为止。每人日夜出煤十数筐（每筐约廿斤），得工资一元，平均每日共□出煤千余筐，日有驮子廿个来此驮煤，每驮重100余斤。在洞之煤价每百斤为六角五分，运至城内则每百斤值洋九角，每日驮子可来往洞、城二次。

（c）大湾箐

大湾箐位城之西北，在通宾川大道之东，距城十一公里，附近有象鼻村。大湾箐煤洞则位于村之东北山上，为一侵蚀小山谷，宽仅15公尺左右，有煤洞二，深仅一公尺半，拔海为2050公尺。出煤多成粉末，间有块状者。煤则夹于紫色页岩中，煤层厚约一公尺，作北偏东之倾斜，为三〇度。

（C）祥云煤矿开采问题

祥云煤矿，土法开采，每因不察煤层之倾斜，常有挖数洞，深数十尺而犹不见煤者，例如廿七年八月有某家集资开采至廿八年十一月，共开有六洞，出煤者仅有其一，废其五，所费不资。现每挖至十市尺深，于灰色砂质页岩层上即遇水层（Water Table），先须抽水始能下挖，因出煤之处多在十五丈深之地下，抽水多〔水〕水龙，分节抽提，颇感困难，是以雨季水多时，不能工作，且支撑洞道及通风等均属不易，故所挖之洞，经雨即行塌陷，次年开采，须另掘新洞，颇不经济，此亦滇西所有土法开矿之一般困难问题也。

（3）弥渡煤矿

弥渡之产煤地，有第三区之五台山与梨予〔子〕园（距城东南80公里）及城东叶子山、芹菜沟、利密酢等（均距城16.5公里），皆为无烟煤，质地与祥云周家山者同，惟不若妙村之佳。

由城东行至叶子山、芹菜沟等煤矿，须先经白总旗，东壁乡之邱陵，进入山地，后东南行，再越一拔海1390公尺高之石灰岩山口，沿途坡度较陡，均在二五度以上，及至顶部，稍为平缓，有桃梨果木园及旱地田舍等，然面积不大。由此再东越一高1550公尺之页岩山口，即为产煤之叶子山。山之顶部为若干灰绿色之薄页岩层，走向为北偏西、南偏东二五度，倾向东偏北二五度，倾角在四〇度以上，拔海1450公尺，距城十六公里半。此带山地林木尚密，多为松杉之类，惟树干不大，现被砍伐，用作支撑煤矿洞道之用。

（A）利密酢

利密酢位于拔海1360公尺之山坡上，现开有一洞，煤层夹于页岩中，厚约三分之二公尺。惟洞中有水，产量不多。

（B）叶子山

叶子山之煤矿，洞口拔海为1430公尺。煤层夹于页岩中，厚约一市尺余，出煤处斜距地面为十五丈。现有工人十名，每日出煤十五驮，计一千五百斤左右。在洞口之煤价每驮约三角，运至弥渡城内则每驮值一元三角，故每驮运价约为一元。由城至洞，每日驮子只能一转。

（C）芹菜沟

芹菜沟现开煤矿，在叶子山南半公里，在第三区水目乡芹菜塘旁，现有二洞，为叶子山煤矿之一部。叶子山、芹菜沟等煤田，均为附近村落所公有，有资本者即可开采，并无限制。此带废洞甚多，遍布山上，显示煤藏之多及分布之广，至弥渡城交通虽方便，但为距城最近之煤矿，比之五台山、梨子园等地尚属近便，因后二地距城尤远，约在卅公里之外，须二日始能往返一次。且叶子山至城之路，虽为山地，但系下坡，驮运较易，故为供给本地燃料之用，尚有开采价值。将来滇缅铁路通车之后，弥渡因距祥云之妙村煤矿甚近，故叶子山一带之煤矿或因开采较难，运输不便，其产销方面，似难发展。

（4）其他

（A）云县煤矿

云县煤矿在阿撒坝，位于北大河谷旁之片麻岩与花岗岩山地之溪谷中，距城西六公里，为滇缅铁路西段沿线已知之唯一上等褐炭，质地甚佳，几与烟煤同。藏量尚未勘测，惟据其附近之岩石推之，恐不丰富。因产煤之溪谷乃为云县、顺宁两县之分界，矿权常为两县所分争，就其位置言之，因地近云县，来日开采，当以云县为其主要销锡［场］。

（B）公郎煤矿

蒙化公郎之长虫街与下猫街二地，均有煤藏，皆为无烟煤，质地与弥渡叶子山者同，尚未开采。

（C）耿马煤矿

耿马锡宜大寨之咪哩有无烟煤矿，质地甚佳，分布于耿马、顺宁之交界，据锡宜大寨15公里，为南丁河流域沿滇缅铁路线已知惟有之煤矿。自其地位言之，颇甚重要，来日滇缅铁路西段沿线，因丰富之烟煤尚未探知，机车所需燃料或将取自公郎与耿马二地之无烟煤。职是之故，机车之锅炉构造，或须特制。此外在耿马之孟涧亦有煤产，质量不详，据云较锡宜大寨者为佳。

滇西褐煤泥炭之分布表

产地	煤别	位置	分布情形
禄丰	褐煤	西山山神庙，距城二公里	分布于西山山脚之溪谷旁，拔海1560至1580公尺，高出谷底三公尺，煤分二层，厚约三分之二公尺，间有泥一层。
镇南	褐煤	城东高峰哨，距城东南六公里	分布于公路之两旁，厚为三分之二公尺，夹于灰页岩中，向南偏西倾斜为三五度，倾角为三〇度，此外犹有五层，厚薄不一，似为地层错纵所致，向西偏北二〇度倾斜，倾角为七五度，其两侧之灰色页岩层向东偏南二〇度倾斜，产煤之岩层颇为复杂。再三区之一街亦产有煤，惟质量不详。
蒙化	褐煤	大窝村旁，距城东北四公里	分布于大窝村之溪谷中，拔海1710公尺，煤层厚为半公尺，夹于灰泥中（Marl），附近村民时至此取用，无正式开采。灰泥则用作陶土（Fireclay）。

续表

产地	煤别	位置	分布情形
得党	褐煤	在城东北角半公里之路旁	煤层厚约半公尺,夹于灰页岩中,倾向西北,倾角为六五度,拔海 1400 公尺,含泥质甚多,曾挖有洞痕,以不易燃烧,故停止。此外在得党之猛洪,户乃街间之河旁,亦产有褐煤,质量稍佳,尚未取用。
猛连	褐煤	在腾冲猛连北半公里路旁	分布于腾冲之猛连坝中,煤层厚约一公尺半,夹于冲积之砂层与页岩中。
腾冲	泥炭	在城东南二公里之稻田中	分布于腾冲之东南部,掘土 2/3 公尺,即见有泥炭,煤层厚及 20 公尺,开采者已有多处,在此木柴困难之地,人多用作燃料,冬干时开掘之,每人月掘百余担,可供一家一年之用。
保山	褐煤	在金鸡村北之茅山坡,距城东北十五公里	分布于保山坝边之邱陵上,五十年前曾经开采,后以木柴便宜故停止。现有废洞十余,均在拔海 1650 公尺左右之山邱上。洞深者约十余丈,廿七年金鸡村修建温泉时,挖得褐煤,质地尚好,因分布于村镇地下,故未开采。
		在福禄地,距城北十七公里	分布于福禄地北谷旁之山坡上,煤层厚约一公尺,昔曾开采,现只有附近一家茶铺采用之。

（二）铁

（1）云南铁矿与土法炼制的一般

沿滇缅大路、公路及铁路一带,各县均有铁矿,其中尤以易门、牟定、蒙化、昌宁、保山、腾冲六县之铁矿与矿产为最著。此外在东部的昆阳、宜良、路南、武定、罗次等县,铁产亦丰,因距滇缅路稍远,姑暂不论。

滇省炼铁,一向沿用旧法,故产量不丰。据调查,过去全省炼铁土炉,平时熔炼者,总共不过五十余座,分布于东部者约占半数,余则分布于滇缅沿线之易门、牟定、蒙化、昌宁、保山、腾冲六县。开采方法或为明槽,即小型之露天掘（Open-cut）或稍稍挖凿洞穴,将矿石运至炉旁,即可炼制。熔炼系用土炉,异常简单。至于土炉之筑造,乃用黏土及细砂混合制成之泥砖,堆砌而成,以柴木炭作燃料,将碎矿石置于燃料之上,层层密布,用风箱吹动使铁慢慢熔化，熔化后铁汁即徐徐由炉门流出，凝成铁块，即成生铁（Pig Iron），土炉建筑不良，炉灶经烧之后，常为熔毁。或因火力不足，铁与杂质不得完全分解，便成"生根子"（即不纯之渣滓，Slag），将炉门杜塞，以致全炉废弃，此种种障碍，损失甚大，此乃云南铁业不发达原因之一。再则交通运输之困难与夫销场的有限，亦为其主因。

炼铁之季节，多在冬春雨少农闲时期，当雨季与农忙时，便停火不炼。每炉每年熔炼日数，最多者达150日，少者仅80日。平均按百日计，每年每炉之产铁量，平均仅80吨，五十炉共为4000吨（据经济部地质调查所估计，仅1500吨，见《第五次中国矿业纪要》，第183页），故产量并不为大。过去滇省产铁用途，大半制作农具，其余则用以造马蹄铁与刀等用具，所需铁量不大，加以交通困难，无法外运，故铁产迄未见增。

（2）易门东山铁矿

自抗战军兴，沿海沦陷，我国东部原有铁厂，或因战事所毁，或为敌人控制，而外货进口又感困难，铁之需要日增，不能不在后方另谋自给之道。职是之故，有关之军政机关，应急谋增加云南之铁产。滇省已知铁矿最富之区，首推易门之东山铁矿，矿区幅员广大，藏量亦丰，开采较易，距滇缅公路与铁路又近，价值甚大。故中央对此铁矿最为重视，除由经济部资源委员会设有易门铁矿局拟用新法开采熔炼，专事经营之外，复有军政部兵工署与滇省闻人合资组有昆华铁业公司，资本共六十万元，采炼东山部分之铁矿，所产之铁，专供兵工署之用。

（A）东山铁矿开采情形

昆华铁业公司之矿区，在迤栖村东北四公里半之东山上，露头（Out Crop）甚多，大半均在拔海2100余公尺之高处，运输极感困难，且山坡坡度极陡峻，驮马上下，万分困难。现皆用明槽土法开采，所开采之矿脉长约300余公尺，厚约三公尺余，矿脉之深度，至少在200公尺以上。以是藏量尚称丰富，开采亦易。其他露头而尚未实行开采之处亦多。现采矿工人有卅名，每人每日可出铁砂一公吨，每日共出铁砂约卅公吨，将来计划，每日出铁砂可增至120公吨。查昆华铁业公司采、炼均系改良土法，为应目前之急需，颇见成效。该公司现有土炉廿座，将来拟扩充至卅座。铁矿系在东山顶处，惟炼炉因就山林燃料与水力之便，多分布于东山以西法本一带之山箐中，距矿区自四公里至十四公里不等，道途崎岖，铁砂运至各炉，颇不经济。现东山矿区之富厚部分，已划归资源委员会易门铁矿局。昆华铁业公司所得者，其藏量共约一百万吨。资源委员会所占之矿区，计包有庙儿山（即东山之南端）之军哨铁厂全部，及东山北端之一部藏，量约在二百万吨以上，现正筹划大量新法开采中。

（B）东山铁矿的分布

东山位于易门之东北，距县城有27公里，距禄胨18公里。最近村落为迤栖，约卅余户，为将成之安宁易门公路所经之地。由村东北上行四公里半，即至东山矿地。迤栖拔海1600公尺，东山海拔2100余公尺。东山乃易门与禄丰之界山，铁体多分布于山之顶部。计矿区（包括东山及庙儿山）面积为8835方公里。矿区地质乃前寒武纪地层，矿脉夹于千枚岩层中，为赤铁矿（Hematite Ore），间有砂岩及片岩等，折叠断层亦极复杂，矿体成脉状。大露头共有三处，走向为东北西南，矿床厚度约在一公尺至一公尺半，可能厚度或达100至300公尺。土法开采已有廿余年之历史，共分东西两大矿坑，西矿坑质地为百分之六八·一五，东坑者为百分之六四·四五，硫磷皆无，惟稍含砂质。据经济部地质调查所估计，矿量约有一百七十万公吨，矿质比重为五。据昆华铁业公司调查，各坑藏量分布情形如下表：

易门东山铁矿藏量之分布表

（甲）西矿坑区	铁砂储量（公吨）
打矿箐(1)	二二〇〇〇
打矿箐(2)	一九八〇〇
矿柴箐	七五四〇〇
新矿坑	二五二〇〇
★老矿坑	一五〇〇〇
★西矿坑	四〇五〇〇

续表

（乙）东矿坑区	铁砂储量（公吨）
新露头（1）	六七五〇〇〇
新露头（2）	七七四〇〇
新露头（3）	一二五〇〇〇
东矿坑	一二〇〇〇
共计	一六九四八〇〇

★带此符号者已划归资源委员会

（C）改良土法炼铁的现状

昆华铁业公司炼炉为改良土炉，炉底、炉口及炉筒之内部，均用耐火砂石砌成。所用砂石质地须均匀者，始能合用。禄丰腰站一带之红砂岩，以质地不匀，故不合用。现该公司所用之砂石，大半来自易门之下化区（易门北）与昆阳之粗砂岩（Arkosie［Arkose］Sandstone）及东山北部之灰砂岩。砂石之来源，距离最近者亦有十公里，余者均在十公里以外，是以筑炉石料，颇感困难。每炉之建筑费约需一千元。现该公司所建改良土炉之位置，为适合燃料，用水矿砂之便利，故未能集中，多分散于安易公路，迤西之山箐中，运输至不经济。（见第一图）平均每炉需工人70名，于廿八年底该公司决筑成炼炉20座，将来拟增至30座。每炉每日须木炭一千斤，柴三千斤，计两公吨，铁砂可出铁一公吨。照廿八年十月市价，炼铁成本每公吨仅为卅元，铁一公吨运至昆明，过去为200元，现已增至300余元。是以炼铁一公吨，铁砂费仅占总值之百分之一强，燃料费占百分之十至十一，熔炼人工费占百分之六至七，而运输费竟占百分之七十，故运输实为目前最大问题，将来滇缅铁路通车后，可减少现所耗成本之三分之一以上。

（D）东山铁矿运输的自然孔道

自滇缅铁路之禄腰站至东山最便之大道，为沿安易公路南行，越白龙坡（距禄腰七公里）顺谷南行经三家（距白龙坡3.5公里）、二街（距三家五公里）达迤栖村（距二街三公里）。东山即迤栖村东之大山。矿坑距村四公里半，东山西之河谷向南开展，宽自百公尺至数百公尺不等，沿谷农田肥沃,为易门、禄膑间之自然孔道。易门产物,即多经此北运至腰站、禄丰、安宁等地,建筑中之安易公路即循此线,将来完成之后,经此谷之交通运输,必更形重要。

(E)燃料问题

现每炼铁一公吨,须柴十吨(其中半数须先将其变成近炭,余者风干后始能合用)。现该公司计划每年可炼铁数千吨,则法本一带之林木,至多只能敷一年之用。因法本附木［近］诸山林,已全为滇缅铁路、昆华铁业公司及云丰造纸厂所分购。故将来因燃料问题,炼铁厂址势须移动。将来厂址之地点,当以安宁之螳螂川附近为适宜。因一方可借用一平浪或宜良可保村等地之焦煤,一方又可利用螳螂川之水力推动(?)风箱,且螳螂川可与滇池通,水运至便,在此发展熔炼东山铁砂工业,最为适宜。

(三)盐

(1)①云南盐产概况及其与滇西铁路运输之关系

云南盐井共分滇中、滇西与滇南三区。滇中区又名黑井区,包有盐兴县之黑井、琅井(详见第二图)与广通县之元永井、阿陋井等。滇西区又名白井区,包有盐丰县之白井及剑川县之乔后井、弥沙井,与兰坪县之喇鸡井等。滇南区又名磨黑井区,即宁洱之磨黑井。三区每年共产盐一百万担,每区各占三分之一。大抵滇中区因地近公路,运输便利,然因煎煮困难,盐量常感不敷运销,而滇西、滇南二区,因位置偏僻,运载困难,所制成品,时有积存,适与滇中区供不应求之现象相反。以三区盐产之运销范围与滇缅铁路之关系而论,以滇中区为最重要,滇中盐产运输,均以滇缅铁路之东段为其骨干。其他两区,关系甚微,仅其销场之尾闾,达至铁路线之西段而已。兹将滇中区各井煎制、产销、运输情形胪述于后。

---

① 此处有(1),但后文没有(2)、(3)等序号的内容,原文如此。——编者注

（A）滇中盐区各井产销之一般

滇中区之盐矿皆产于红砂岩下之紫色页岩中，为侏罗纪，年产共约三十万担（每担为一〇〇盐斤，等于五〇市斤）。其中元永井位第一，为十六万担，黑井占第二位为十三万担，阿陋井占第三位为三万担，琅井最少为一万四千担（关于各井产销盐斤变化情形见一、二、三三表），故元永井产者即占滇中区产量之半，约等其余诸井之和，是以元永井实为云南全省产盐最富之地。推原其故，不外因元井之矿卤原料与柴薪燃料较他井为富，加以运输交通比较便利，故产量较多。滇中区所产之盐，多运销迤东、迤西及贵州，运销昆明者为最多，由昆再转往他处，计销省之数年为二十万担，此外有少数西运可达楚雄、姚安，再西即为滇西盐区之销场，昔时开远、广南一带所用之盐，多由磨黑井供给，现因人工及驮马两缺，盐价过高，致走私海盐日增，乃改用滇中区盐。再自民国二十七年起，贵州用盐，亦由滇中区供给，拟每年供给十万担。滇省过去所产之盐，只足本省之用，此后增加生产，乃势所必然（详见第四、五、〖六〗、七表），故滇中区于滇黔之食盐供给上至为重要。

（B）滇中区各井含盐成分与盐质之比较（详见第八表）

滇中区黑井卤水，含盐量为百分之十一，须经八小时之煎煮，方可成盐。煮制之盐，白细坚实，为滇中区之最上品。黑井盐又分甲灶、乙灶与仓盐三种，甲灶盐系由上等手艺灶户煎煮者，乙灶次之，而仓盐又次之。此外黑井之位置，又分上下两井，下井盐含硝质甚多，食用过久，能令人头发脱落。煮盐若以卤水泡矿，则其含盐量可增至百分之三十，但煮成之盐凝结不坚。黑井所产井水纯洁，故煎成之盐，质地极佳。元永井盐，卤水每含有泥土与其他杂质，故盐质稍差。其矿卤含盐成分平均为百分之二十三（福元硐最下层为百分之二十六，平均为百分之二十二。既济硐为百分之二十四，惟每值雨季则降至百分之十五至百分之十六），经四小时后即可煎成，无等级之分，其品质在滇中区居第二位，仅次于黑井。此外元永井所产之盐，又就井硐之位置分内井（即永井之既济硐）与外井（为31%，即元井之福元硐），内井又称里井。其他阿陋井与琅井者最次，阿陋井卤水含盐成分平均高时为20%。琅井卤水含盐量最低为5%。

（C）元永井

元永井（又名猴井）平时有灶户八八家，而现在（二十八年十一月）实际从事煎煮者，只有四十五家，此因灶户受薪本过低之影响，赔本到［倒］闭（见下），或因直接受十月间山崩破坏之损失所致。元永井现在只有福元、既济二硐，出产矿卤，余者均因破损而封闭。两硐所产矿卤均有。福元硐最远之矿尖，距硐口为三〇〇公尺，平均为九〇尺，深藏地下约一三〇余公尺。济硐最远之矿尖，距硐口为四〇〇公尺，平均为一〇〇公尺，深度为一六〇余公尺，元永井每日产盐共约二〇〇余担（详见第十表），二十七年两井每日出矿为一千二百担，今年减为三百担。黑井每日产六〇〇担，琅井尤少，灶户所用矿卤，均由盐务管理局，每日发给，灶户合股曰丁（昔日掘井，出一人之工者曰一丁，故相沿成为股份之代名辞），资本大者占丁多，少者丁少，计外井（元井）共五十四灶，有 $216\frac{1}{2}$ 丁，内井（永井）为三四灶，丁数不详。局方每日即按丁分发矿卤，丁多者得矿卤亦多。每丁（股份）必有工人二名，故丁多者工人亦多，资本亦必遂之愈大。大约每煎一平（一锅盐谓之一平），即须灶丁一名。元永井各灶户之锅数，平均每家为三平至五平，其中以每家五平者居多。此锅乃专为煎"平"盐之用。此外每家尚各有小锅五十余，安置于"平"锅之两旁，作预热卤水之用，矿每一百斤约产盐二十五斤，四小时即可煎成，卤水亦然。普通灶户，宁愿用卤水而不愿用矿，因卤水分到，稍经沉淀，即可倾入锅中煎煮，而矿则必先锤碎浸泡之后，方可应用，故手续较繁，且卤水盐分较大。二十八年因雨量过多，至十一月元永井中之卤水仍丰，尚足供煎煮半年之用。元永井灶户自硐子倾出矿卤后，即煎制锅盐，然后将盐送至官仓，盐务管理局即发灶户薪本（按每担盐以三元计），因煎盐一〇〇斤需柴三百斤左右，视矿卤含盐成分之多寡与煎煮时间之长短而定。过去每百斤发价仅须五角，但目下已增至三元余，以柴薪太贵（详见下），故各灶户均有赔累，是以管理局于十一月（二十八年）加赠灶户薪本为每担七元，据云仍不足灶户薪本之用。于二十八年四月以前，灶户薪本仅 $2.325）局方若再不急起维持灶户，则恐将来尽为一平浪制盐厂所淘汰（详见下一平浪制盐厂节）。

（D）人工柴薪问题

井上采掘盐矿，均用人工，煎盐燃料纯为柴薪。现因征兵抽夫，及滇缅铁路与公路大量吸收人工之影响，致盐矿人工，大感缺乏。各灶户虽多自有山林，然素不培植，林木本自逐渐减少，柴薪来源又远（最近者，为三十里至四十里），故煎盐燃料颇成问题。政府虽曾责成地方植林，然迄无成效，柴薪燃料之供给，元永与阿陋两地尤感困难，黑井、琅井因有河运之便，柴薪来源较为便利。现各井煎盐墨守旧法，不知改良，如能用煤，当较用柴为易，且成本亦低，因用四百斤柴所煎之盐，用煤一百斤，即可煮成。况黑井附近产有烟煤，虽不及一平浪者，但尚可适用，而元永井距一平浪仅二〇公里，若采用一平浪之煤，煤盐交换，可收往返运输之便，产量亦可增加。元永井之煎盐问题不在原料，而在人工，急应设法调整。按二十七年元永二井有二千四百余人，日可出十二万斤盐，今年人工减为一〇〇余人，每日只能出矿三万斤；所有矿内之锤手（矿工），均系来自会理，师徒相传，秘不授人。至于灶户及其他工人，多系当地者。最近管理局因感锤手缺乏，特赴会理一带招收，然会理附近，现正开采铜矿，需工甚多，前往招募人工，恐亦难有圆满结果。至工资方面，昔时背运矿石者，每日工资为五六角，锤手为七八角，挑卤水者为三角；自二十年五月以后，锤手每日之工资增至一元，最近又须增至二元，其他照增。局方除每日给以工资外，犹供给其膳宿，待遇虽如是优厚，工人受他处高价吸收而离去者，仍时有所闻。是以盐产问题不在原料，乃在人工与燃料。柴薪与人工，苟无问题，盐之产量当可增至二倍以上。

（E）阿陋井

阿陋井在元永井西南五公里半之山地中，拔海为1890公尺，与元永井仅一山之隔，其间山口拔海为2240公尺。该井在一平浪西北十公里半，路尽崎岖，运输不便。盐硐大者有奇兴与丰济二硐。前者斜深70公尺，后者为100公尺，现在利用者仅为奇兴硐。此外尚有一硐，因含盐成分甚低，故与丰济井俱废而不用。阿陋井只产卤水而无矿，或系盐井深度不足之故。现卤水出自红砂岩中，其含盐量最低［高］时为47%，最高［低］时为25%以上。卤水系由人工以竹龙分节提吸，颇感烦难。

阿陋井现有灶户共十五家，每家大抵有煎盐大锅五口，预热小锅五十余。此地人工不感缺乏，情形正与元永井相反，其所引为重大问题者，为卤水产量之不敷分配，故有供不应求之势。平时盐务局方面规定阿陋井一年内须产盐三万担，过去盐产，曾达此数，或且过之，惟今年以卤水欠缺，故预料恐难足此定额。现局方已在阿陋井开启新硐，借增产量。

二十八年秋，盐务管理局开始在阿陋井实验加碘制盐（因滇盐缺乏碘质），待试实成功后，再推及其他各井。现在实验加碘之盐，含碘量为百分之五，然碘虽加入，而盐中之百分之十一至百分之二十之硝质，尚未提出，故仍有碍卫生；且阿陋井之盐经化验后，内含之氯化钠（Nacl）只为百分之七十八，离标准尚远，且元永井盐之氯化钠亦不足标准数额。按食盐影响生理至巨，滇中因食盐乏碘，致生颈瘤者大有人在。现时一平浪制盐厂所出之加碘精盐，实则尚未加碘，是以滇盐加碘，确为必要。

（F）蚂蝗井

此井在一平浪西北六公里处，井口拔海为1710公尺，位于西北东南向之小溪谷中，此谷东接于舍资坝，距舍资镇仅二公里许。据云此井之开凿，远在元永井以前，已距今约五百余年，虽文献无征，然时代之久远，殆无疑义。此井过去共有灶户十二家，即每家一灶，每灶三锅，其一锅用以煮盐，余则用以预热卤水；总计盐工平时共三十余名，每日合计能出盐千余斤，最多不过二千斤。过去因灶户私煮私卖，且因卤水含盐成分极低（为2〔%〕~3%，最高不过5%），故灶户时至元永井偷采盐矿带回搀于卤水中，以增盐分。为此已于二十七年六月由盐务管理局查封。以其位置接近公路，运输方便，将来或有由公家开采之可能。

（G）一平浪制盐厂

一平浪制盐厂为财厅所设，系用元永卤水煮盐，自井至厂，筑有卤水沟，共长20.6公里，水沟坡度共差300公尺，惟各段不同（详见第六图），近井处之坡度大，故水流急，而其他部分则缓，致水流慢，以是不但流卤量不若预计之大，且下部卤沟时有涨瀑之危险。按该公司预计，此沟日能流出卤水十六吨，而实则只能有六吨，故此为厂方增加生产之一大障碍。该厂所用卤水，亦系向盐务管理局纳税领取，故亦为管理局之一大灶户，原应按每担缴一〇·二八元之盐税，然盐厂以卤水自井至厂，消耗甚大，乃照七折缴纳，近因该厂扩充，又请管理局于七折之外，再从每担盐税中，抽出六角八分，作建筑新厂之用，是以管理局对之颇为优待。该厂纳税既低，加以运输与燃料之便，其成本较其他井上灶户者为低，因此日益发展，故大有统制各井之势。

一平浪制盐厂，现（二十八年十一月）煎煮只有二锅，锅为长方池，长为四公尺，宽为二公尺，深则半公尺，将来新池为长十公尺，宽四公尺，深则仍为半公尺，惟较之四川久大盐厂者之长十六公尺、宽四公尺之煎盐池，仍嫌过少。此厂煮盐燃料完全用煤，煤即来自附近之羊桥箐及烂泥洼，现煎盐一吨需煤一吨，将来或可改进至0.8吨。目下煎盐，先将卤水通于小圆锅内，预热一次，然后再倾入此大长方锅池煎煮蒸发之，蒸发后之盐，先自长方池底，捞起预干，再倒入模型中以制成筒盐，每筒长30公分，直径为10公分，重10市斤，然后再置于烘干铁板之上，以除去余藏水分，使其坚实，烘干系利用煎盐之余火，以省燃料。现在制盐厂仅有制盐房一座，内有两灶，每四小时出盐一次，日出三次，每日共出三公吨，即六千公斤，约当元永井所有灶户产之五分之一（元永井所有灶户每日共出三万斤），预计二十九年底新厂落成后，煎盐灶房可以加至八座，每房有二池，每池外有预热处及烘干处，每二房共用一烟囱［卤］以省建筑之费。每日产量可增至五万公斤，将超出井上各灶所产之和。如此新法制成之盐，成本极低，盐税约当成本之3/4，计每公担盐之成本共计为八元一角四分。自一平浪运省盐脚（即运费）每百公斤为六元至七元，而此时（二十八年十一月中）昆明盐价，每公担为六十元，计每担获利约四十五元，每车可运二公吨（合四十公担），共可得一千八百元，获利颇丰。该厂现在元永井开有新硐，建有蓄卤池、溶解池、沉淀池、过滤池、蓄积池等，并在一平浪尚拟筑一能蓄一千立方公尺卤水之蓄水池库，以供应用。如此则可完全统制元永灶户，而独享产销之利，果然，井上灶户失业问题，将不堪设想，故设法维持井上灶户煮盐生计，实为管理局之重大责任也。

（H）运输之途径问题

元永井所产之盐东运省城所取之途径，向以经禄丰、腰站、杨老哨三大转运盐站以达昆明。惟自公路开通以后，因以汽车运载较人背兽驮迅速低廉，故运省之盐，驮运至一平浪装车者日多。来日滇缅铁路完成后，改由铁路运输，尤为便利。查元永井距公路与铁路最近之点，均为一平浪，舍资坝乃为自井至一平浪之自然孔道（见一平浪舍资节），若建一轻便车道，运输自易；惟因该路所经之地乃为盐厂所圈有，且现在之卤水沟道除官盐之外，商家之盐即不允通行，将来铁路完成之后，如能与盐厂合作修筑通井支线，以利官商盐运，殊为要举。

再黑井距元永井为四十公里，琅井又距黑井十五公里，自盐兴至广通为六十公里，若筑一公路，接至滇缅铁路之广通站，计需款六十万元，查盐兴县人口仅二万六千余人，财力有限，恐难实现。故黑井盐产之运输途径，将仍循故道经舍资出一平浪为简捷。

（I）季节影响

季节影响盐产之数量至巨，如雨季卤水之含盐成分，常比平时减低一半，因之煎煮所需之时间与柴薪等费，均较平时为多，且井硐排水困难，致成本大增。农忙季节，人工缺乏，采矿、取卤均告困难，是以开采煎制之方法，确有更新必要。

（J）元永井煎盐灶址问题

元永井之煎盐灶户，均密集于井硐附近之溪谷中。该谷走向为南偏西，北偏东，谷深且狭，两旁山势陡峻，山坡倾角多急至六〇度至八〇度，山石为紫色页岩，非常松软，坡上又无林木之掩护，暴雨之后，极易坍塌，水洪山崩，为害至巨。于二十八年九月二十五日，山洪损失尤大（见第七图），伤亡四百余人，河流杜塞，房屋冲毁，煎盐灶房，几全停顿。此种天灾，影响盐产匪浅。故为元永井之灶户安全计，煎盐灶址，实有迁移之必要。就地形而论，当以邻近之舍资坝为最理想（见一平浪与舍资节）。

（K）运销情形

滇中区所产之盐，可分官盐与商盐两种，前者为盐务管理局所自运，后者为一般商人由井自管理局购得之后，分别自行运输者。

（a）盐务管理局自行经营之官盐，由井先运至一平浪，再装汽车运至昆明，转销贵州及滇边开远、广南、蒙自一带，以与走私海盐相竞争。昔时管理局在杨老哨、腰站设有官储仓，以便停储转运。自公路通车以来，即行撤销，后自备汽车十辆，改由一平浪起运，现汽车均经破旧，已停止行驶。现自一平浪运至省垣之盐，由中国煤汽公司、大业公司、滇缅铁路局之工程汽车等运输之。

（b）商盐运销情形

盐务管理局在各井课税，购盐商家先领税单（每百盐斤缴纳十元二角八分），再凭单至仓取盐，从即自行运销，局方不加限制。商盐销场亦以省垣一带为最多。大量经营者，多先运至一平浪，改由汽车运输，惟小本商贩，则仍以背驮，取道舍资、禄丰、杨老哨者为多。

现时因供不应求，领盐不易，为奖励灶户生产起见，元永井灶户可自由发售其所煮盐十分之三，惟仍须照章纳税，自官仓领取，再自由售卖。迩来因井上盐产不足，加以盐之运销利大，拥有大资本之盐商，包运包销，在井上常以高价向灶户收买，致小本盐商不能与之竞争，坐失其利而倒闭者，时有所闻。

（L）运盐方法与运价

运盐方法，可分人背、兽驮与车载三种，背、驮运价略同，而均较汽车运载为昂。据二十八年十一月之调查，自一平浪至昆明，背、驮运价，每百盐斤为十元，汽车运价则仅合六元五角至七元（二十七年同月汽车运价仅为四元），约省三分之一。现驮运管理局有驮马700匹，专供运盐之用，运价较一般之驮价稍低。自元永井至一平浪运盐驮脚每百盐斤为一元九角。以上乃为当时运盐之官价，但在需要迫急时，各商号私加脚价，以求先得之利者，时有所闻。

（M）禄丰辖运盐之情形

滇中区所产之盐，向外运销时，约有十分之八，东行禄丰县境，一部经禄丰县北部入武定、禄劝，一部经禄丰至罗茨（上述各县每月用盐不过五万余斤），一部供销于禄丰全境（现全县每月用盐约四万斤左右），其余大部系经此转运至省。禄丰现有转运盐号八家，每家代理盐商自数家至数十家不等，其中最要者有同兴公、万丰号、义泰号、三合祥、明和号、同益号等；各盐号所代理之盐商，时多时少，盖因贩盐商家多为小本少数人所组成，时作时停，长期经营者甚少。各号代商转运，过去每百盐斤，收转运费一角，至二十八年十一月，已增至二角，运费在外，惟所运之盐，中途若有损失，则由转运商号负责赔偿。经禄丰转运之盐每年约两万九千余担（见第十二表），多直接来自盐井，不经一平浪，其中尤以来自盐兴黑井与琅井为最多。运出之盐，直接至昆明者较多，多系经由杨老哨、腰站，并不停留，即行转省。运往省城之盐，又可分为昆明城、高峣与海口三终点。高峣与海口均位于滇池之西岸，在盐运上颇为重要，平均运至高峣者占十分之五，至海口者占十分之二，至昆明城者占十分之三。

  运输之方法，可分汽车、人背与兽驮三种，由一平浪至禄丰一段，公路险峻，雨季且时有山崩路阻之患，故于此段公路阻塞不通时，由禄丰装车起运者特多，否则仍以背驮为主。总之，由禄丰起运之盐，直至省城者，多用汽车，惟值昆明需盐紧急，盐价高涨之时，车运之商盐甚少，因汽车公司乃均自运取利之故。直达海口与高峣者均由兽驮人背。自盐井至禄丰一段，亦系背驮，其中驮运占十分之七，人背占十分之三，人背多于农闲时方有之。至于运价，过去自元永井至禄丰，每百盐斤，驮运价为一元八角，自禄丰至高峣，驮运之价为一元八角至二元，至省城为二元七八角，人背与驮运同。然因物价续涨，至二十八年十月，运价大增，由井至禄丰已增为四元，自禄丰驮至高峣每百盐斤运费为五元至六元，至海口为六元一角，至昆明为六元五角。背运较昂，然损失至微。汽车直运省城每百盐斤运价为四五元至六元不等。以上运价，均以当时供给与需要之关系，而时有伸缩，概而言之，背运之价最高，驮运次之，车运最低，然背运、驮运，毫无损失，车运则破碎颇多，故互有利弊，异日铁路通车，则盐运当可日趋便利。

(N)腰站转运盐之情形

腰站位于禄丰与杨老哨之间，距杨老哨仅一山之隔，翻山小路仅四五公里，惟绕道公路须行二〇公里。昔日公路未通，一平浪未设盐庄时，盐多运至腰站囤积，为滇东区最重要之堆盐站。及公路通车后，汽车运盐多自杨老哨起运，既省汽油，又保车机，因腰站至杨老哨高低相差 400 公尺，坡度极大，不便攀登，不若径由小路背运之为便。故腰站至今仍不失为堆盐之大站。现共有转运盐号十六家，每年经此转运之盐约七万余担（见第十三表），腰站最宜堆盐，因出盐各井及一平浪、禄丰等地，均甚潮湿，不宜储存，惟腰站地层为轻松之砂岩，属白垩纪，渗透性大，无潮湿之虞，故为存盐最佳之地。来日盐产增加，井上所出之盐若供过于求时，腰站于滇东区盐产之囤积上，仍占重要地位。

过去盐井至腰站，或由腰站至杨老哨，均系驮背，而驮者尤多，至二十八年始有汽车运输。腰站之盐，来自元永井及阿陋井者，均系由一平浪转来，其他各井之盐，均系循大道运来。驮运自一平浪至腰站往返须四天，自元永井至此运价为四元五角，自腰站至高峣，运费每百盐斤为五元，至昆明为六元，至海口为四元八角。汽车运省每百盐斤为四元五角，自此至杨老哨每百盐斤为五角，日可运二次，自黑井至此为六元。自汽车直达腰站以来，背驮至杨老哨转省者日少，由汽车直运省城者渐多，惟最近自腰站用车运省之盐，又见减少，背驮至海口、高峣者又见加多，因用车者，多改由一平浪起运之故。

（O）杨老哨转运盐之情形

杨老哨位于一山口上，西距腰站沿小道仅 4.5 公里，如经公路，则须绕 20 公里，自腰站至杨老哨一段，路短艰险，往昔运盐多背驮至杨老哨再转车运省。杨老哨纯为一转运盐站。过去有盐庄七八家，现只存二家。自一平浪设庄以来，由此起运者，大见减少，过去杨老哨最少每日有车五辆运盐至省，每车可运 4000 至 5000 斤左右，每年经此转运盐约四万三千余担（见第十四表），然运量与产量成正比，雨季有车无盐，冬春干时，则常有有盐无车之感。运价昔为每百盐斤七角三分，现时涨时落，视民间生活之高低，及汽油价格之涨落而定，现每百盐斤运价为三元（二十八年十月）。自此东运之盐，车运占十分之六，背运占十分之一，驮运占十分之三，运盐车辆，尽为云南汽车公司者。

(P)一平浪转运盐之情形

自公路通车以来，一平浪在滇中区盐运上之地位，日趋重要，自各井至一平浪之盐，全系驮运或背载，以元永盐为最多，黑井次之，琅、阿最少。由一平浪运省之盐，纯系由汽车运输，现每年经此运之盐约四万七千余担（见第十五表）。一平浪运盐商号有大业、德厚隆等。运盐之汽车，多为云南汽车公司及公路局者。过去元永盐之运一平浪者，月约二百余万斤，今则减为百余万斤。次为黑井盐，每月运至一平浪者，约五万斤左右。云南汽车公司于二十八年上半年平均每月运盐三十万盐斤，官盐尚不在内（该公司是年上期共运官盐八十万斤），运盐汽车时多时少，每车之载盐量为4500至5000盐斤，惟至二十八年十一月间，车辆减少，平均每日四辆，故一平浪各栈号内积盐如山，无法运出，盐运极感困难。云南全省公路局一平浪分站，于二十七年末成立，其目的专为转运堆积之商盐，有时亦代运官盐，然为数无多。车数不定，多则日有六七部，现因汽油价贵，改用柴油车，在二十八年九月份，共运出二十万盐斤，十月份为十二万盐斤。

（四）其他

滇缅铁路沿线附近之矿藏，当以盐、煤、铁三种为最重要，其分布及开采情形，已如上述。此外铅矿（Galena）与铅银矿（Galena Argentiferous）分布亦广，旧矿开采，远在明末，废洞甚多，惟现除弥渡尚有土法炼铅之外，余皆弃置未开。据作者表面之观察，有开采价值之矿藏甚多，如姚安葛苴坪之方铅矿与石棉，回龙厂老街子之银矿，镇南、姚安交界处白马苴之黄铁矿（Pyrite），楚雄瓦房黄草地永盛厂之铅银矿，歪头山与郭义村两地之石膏，黄草地之黄铁与萤石（Fluorite），镇南二区石官山之黄铜矿（Chalcopyrite），大古木之石棉，弥渡黄矿场之铅银，蒙化南涧之铅，公郎之闪光赤铁矿（Specularite），耳左村密马郎与密海底之铜，滇中盐区之芒硝，凤仪之雄磺，得党之锑（Stibnite），班洪之角银（Ceragerite [Cerargyrite]），顺宁之银、辰砂（水银）与铅，龙陵大坪子附近之石膏，保山大田坝之铁，银厂坡之铜，分布均广。除凤仪旧开之石磺少数出口运销于印缅，及金厂箐之金，漾濞、洱海、澜沧江之砂金（Placier [Placer]），稍有淘取之外，余皆未开采。值此抗战期中，为充实国力计，似均有开采价值。惟作者因时间所限，未克一一详作勘测，兹特略举于上，用作绍介，异日有关机关，如能详为探测，从速采掘，则对我国资源之启发，当有甚大补益。

上文附表：

第一表　云南黑井区各场产销盐斤盈亏比较

盐井别 \ 产销数比较	产数	销数	盈	亏	说明	年份
元永井	16187130	14800250		短销 1386880		民国廿五年份
黑盐井	14297073	14135607		短销 161466		
阿陋井	3067785	3079785	长销 11915			
琅　井	1693089	1726046	长销 32975			
合　计	35245077	33741603		短销 1503474		
元永井	19609695	12968300		短销 6641395		民国廿六年份
黑盐井	14052738	12683812		短销 1368926		
阿陋井	2801995	2809600	长销 7605			
琅　井	1224823	415880		短销 808443		
合　计	37688751	28875592		短销 8811156		
元永井	16505558	10688925		短销 5816633		民国廿七年份
黑盐井	12659707	13018486	长销 358779			
阿陋井	3064025	3062750		短销 1275		
琅　井	1428152	1530650	长销 102488			
合　计	33657452	29300811		短销 5356641		

二十八年六月三十编

第二表　黑井区各场盐斤产数表

（民国廿八年 1、2、3、4、5 月份）

井别＼月份产数	1	2	3	4	5	说明
元永井	2016048	1617759	2000461	1965783	1650547	
黑盐井	1158992	1193626	1139903	1027665	896287	
阿陋井	244630	228761	224130	197270	205171	
琅井	154385	153147	140471	134010	133557	
合计	3577055	3183293	3504965	3324728	2885562	

第三表　元永井最近三年月产平均数

（民国 25、26、27 年份）

单位：担

一月	二月	三月	四月	五月	六月
19000	12000	19000	15000	12000	11000
七月	八月	九月	十月	十一月	十二月
12000	13000	13000	11000	13000	20000

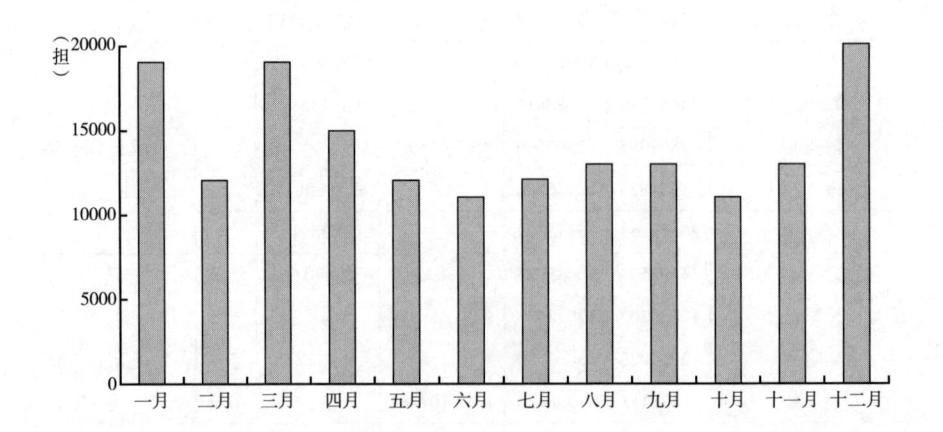

第四表　云南黑井区各场规定常、增产盐额分配图

年产额数	48600000（担）
元永井	31000000（63.79%）
黑　井	13200000（27.16%）
阿　陋	3000000（6.17%）
琅　井	1400000（2.88%）

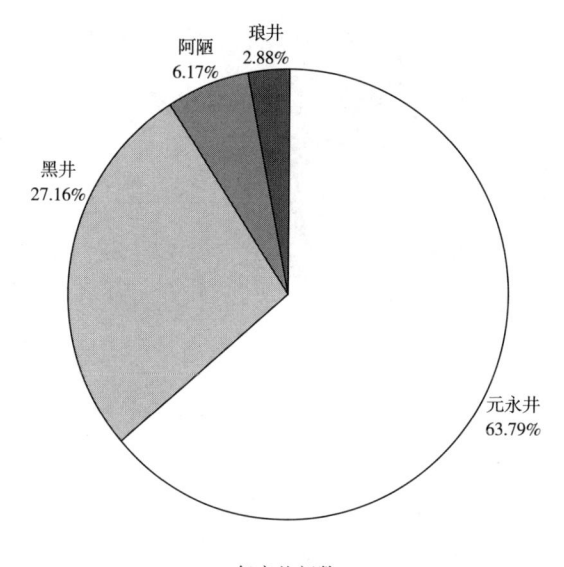

年产盐额数

第五表　云南黑井区元永〖井〗常、增产盐额需用矿卤数量表

（民国二十八年六月份）

规定常、增产矿额	常产	1066600 担	说明
	增产	1000000 担	
本月矿卤煮率	矿	25%	以本月实产矿数比较,不敷矿二八○四七一五担
	卤	20%	
应需矿卤数量	矿	4601180 担	
	卤	4581525 担	
本月实产矿卤	矿	1796465 担	
	卤	4581525 担	

第六表　云南黑井区各场规定常、增产盐额分配表①

年产额数	48600000 担	
元永井	31000000 担	63.79%
黑　井	13200000 担	27.16%
阿陋井	3000000 担	6.17%
琅　井	1400000 担	2.88%

①第六表与第四表并无区别，因原文如此，在此照录。——编者注

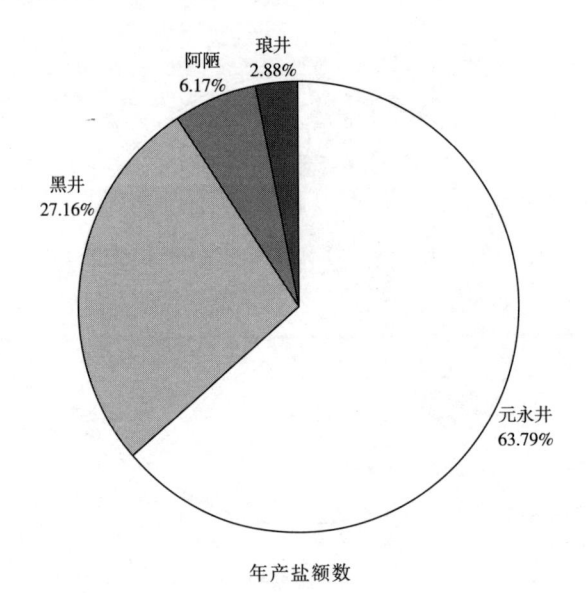

年产盐额数

第七表　云南黑井区规定增、常产及实产盐额盈亏比较表

（民国二十八年六月份）

盐别＼项目＼盐数	规定常、增产担数	实产担数	比较 盈	比较 亏	说明
元永井	常 1066600 增 1000000	960943［960948］		1105652	
黑盐井	380000	334461		45539	
阿陋井	200000	215393	15393		
琅　井	93000	81892		11108	
合　计	3239600	2092694		1146906	

滇缅铁路沿线主要矿产之分布及开采现状

第八表　黑井现有硐出产矿卤情形表

井硐名称	开辟年代	位置	形势	深度（公尺）	产矿或产卤	平均每日产数（担）	采汲方法	含盐成份（%）	附注
上硐	元朝中叶	正井西面山麓	斜坡势	126	卤	52	竹竜拉汲	21.5	
新井	前清雍正元年	龙川河西岸	垂直势	20	同上	420	同上	14.5	
德洋井	清乾[隆]末年年间	金泉山麓	斜坡势	63	同上	520	同上	15	
龙井	前清咸丰年间	龙川河西岸	垂直势	74	同上	1040	人工背运	9.2	
底龙井	五代末	正井上硐下层	斜坡势	24	同上	630	人工背运	7.2	
大子井	前清嘉道年间	正井西山麓	斜坡势	50	同上	2500	竹竜拉汲	8	
新山上井	前清嘉同治年间	龙川河东岸	垂直形	17	同上	420	同上	8.8	
里连连井	前清同治年间	新山下井箐内北面	垂直形	8	卤	180	自然流出	24	
祝国井	同上	里连升井对面	垂直形	21	同上	27	竹竜拉汲	11	
新尖子井	同上	里连升井东侧	斜坡势	46	同上	60	同上	3	
六合井	同上	新井下井南面	平行	28	同上	4	同上	9	
岩泉井	同上	新井下井北面	斜坡势	30	同上	18	同上	18	
天戍井	同上	岩泉井东	同上	77	同上	18	同上	8	
外连升井	同上	六合井东	同上	同上	同上	11	同上	8	
沙井	民国十三年	五马桥头	垂直形	14.6	同上	93	同上	7	
裕漕井	民国二十二年	德洋井左侧	斜坡及垂直	247	同上	60%[担]	同上	23	
元升井	前清嘉庆年间	龙川河西岸	垂直及斜坡	122	卤	46	竹竜拉汲	7	
天恩井	前清康熙年间	同上	斜坡势	98	同上	9	同上	12	
乾元硐	前清乾隆年间	同上	同上	184	同上	34	同上	12	
同济井	前清嘉庆年间	同上	同上	95	同上	50	同上	12	
合计						6192			

二十八年六月编

第九表　元永井最近三年月产平均数①
（民国二十五、二十六、二十七年份）

单位：担

一月	二月	三月	四月	五月	六月	七月	八月	九月	十月	十一月	十二月
19000	12000	19000	17000[15000]	12000	11000	12000	13000	13000	11000	13000	20000

①第九表与第三表并无区别，因原文如此，在此照录。——编者注

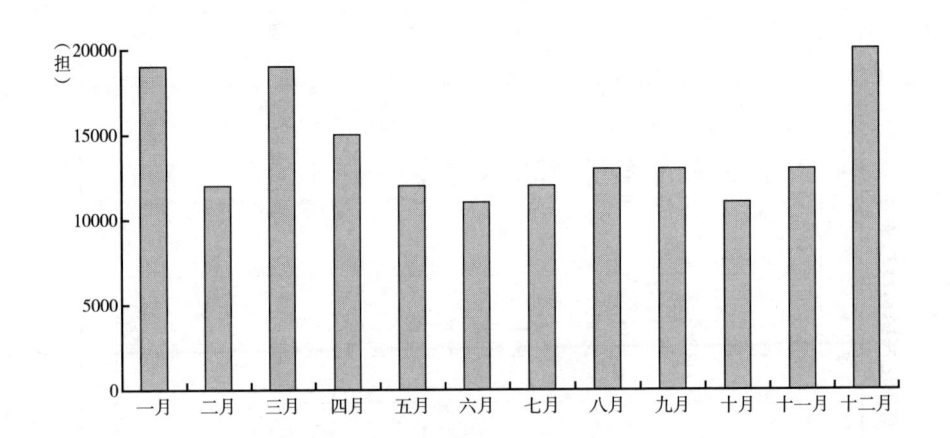

第十表　云南黑井区盐场公署全区场情一斑

黑井区公署设有：羊［杨］老哨官仓办事处(已取消)
　　　　　　　　腰站官仓办事处(已取消)
　　　　　　　　一平浪官仓办事处
　　　　　　　　黑井场务所
　　　　　　　　阿陋井场处所
　　　　　　　　琅井场务所

元永井现有井硐出产矿卤情形表

场别	元永井					
井硐名称	福元硐		利井硐		既济硐	
开辟年代	民国三年至十六年		民国十九至廿五年		民国八年至十七年	
位置	镇龙桥下		土主庙脚			
形势	斜曲坡形		斜曲坡形		斜曲坡形	
深度(公尺)	269		220		400	
产矿或产卤	矿	卤	矿	卤	矿	卤
平均每日产数(担)	330	1400	30	30	300	100

续表

场别	元永井					
采汲方法	人工采取	竹龙拉汲	人工采取	人工背取	人工背取	竹龙拉汲
含盐成份(%)	23	20	23	22	28	20
附注	该硐有矿尖四十余个,水淹十余个,最盛时每日产矿二千担零,近因人工稀少,矿尖危险,致产量锐减	该硐产卤数量,原不止此,因底层龙路太远,不能设龙,以致久蓄洞[硐]内矿尖反被淹及	现有矿尖二个,日产三十余担,倘增加人工,多拨矿尖,足资尽量开采,供给大量煎盐		现有矿尖四十余个,最盛时每日产矿千余担,近因工人稀少,硐身险处甚多,且雨季不通空气,致产量锐减	

第十一表　阿陋井及琅井现有井洞[硐]出产矿卤情形表

场别	阿陋井				琅井				
井硐名称	大诺井	丰济井	奇兴井	合计	开化井	生生井	兴隆井	正兴井	合计
开辟年代	明洪武年间	明嘉靖年间	明万历二十四年		前清康熙年间	民国十一年			
位置	四方街	黄家桥	水磨河						
形势	方形吊井	斜曲坡形	斜曲坡形						
深度(公尺)	10	100	85						
产矿或产卤	卤	卤	卤		卤	同左	同左	同左	
每日平均产数	155担强	206担弱	187担弱	548担	572担	120担	46担强	30担	768担
采汲方法	竹龙拉汲	同左	同左		竹龙拉汲	同左	同左	同左	
含盐成份	5%	8.8%弱	20.9%弱		4%强	13%	10%	10%	
附注					因盐政史略保存黑井,无从查填	同左	同左	同左	

第十二表　禄丰转运盐量图表

禄丰转运盐量表

单位：盐担

季	盐量
春（三月中至六月中）	6627.04
夏（六月中至九月中）	8112.28
秋（九月中至十二月中）	6956.72
冬（十二月中至三月中）	7621.14

自民国廿七年十二月至民国廿九年十一月
注：每百盐斤（1盐担）=80市斤

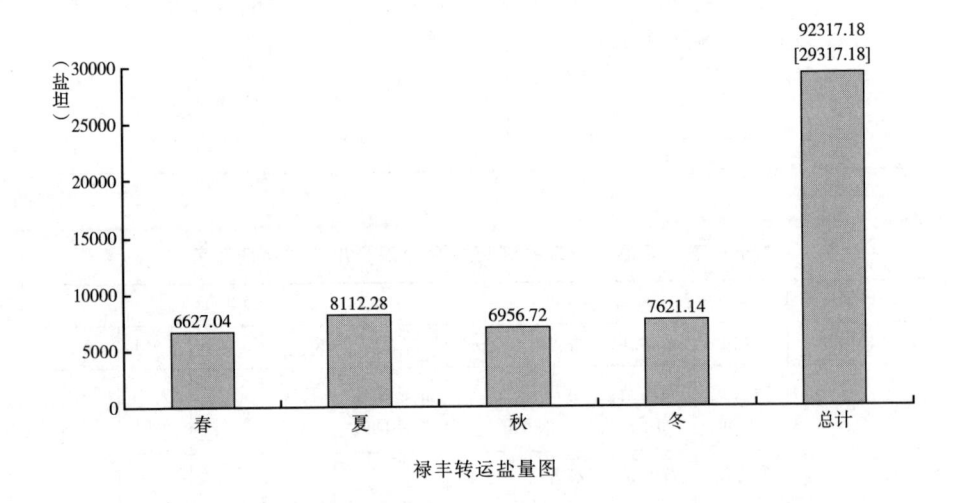

禄丰转运盐量图

第十三表　腰站转运盐量图表

腰站转运盐量表

单位：盐担

月份	盐量
十二月	12000
正月、二月	17308
三、四月	17508
五、六月	12114
七、八月	10800
九、十月	1080
十一月	

自民国二十七年十二月至民国二十八年十一月
注：每百盐斤（1盐担）=80市斤

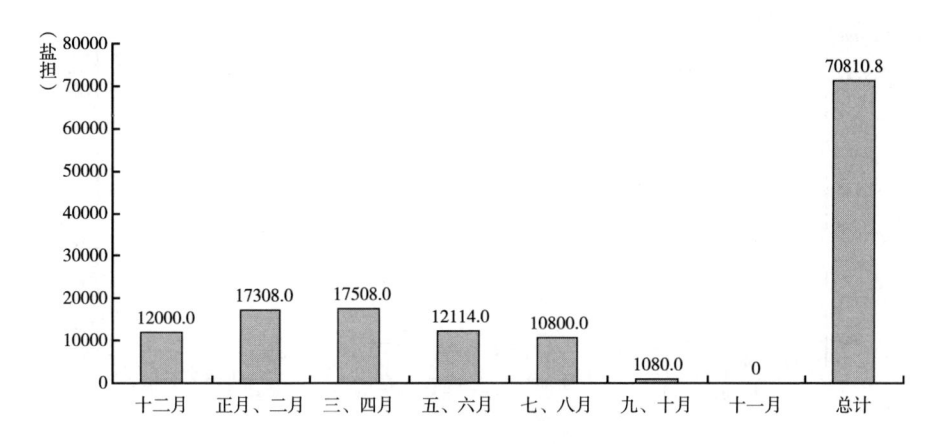

腰站转运盐量图

月份	盐量（盐担）
十二月	12000.0
正月、二月	17308.0
三、四月	17508.0
五、六月	12114.0
七、八月	10800.0
九、十月	1080.0
十一月	0
总计	70810.8

第十四表　杨老哨转运盐量图表

杨老哨转运盐量表

年份	月份	盐量（盐担）
民国廿七年	4	15934.49
	5	10146.37
	6	1935.18
	7	4995.54
	8	10587.42
	9	8405.79
	10	2269.63
	11	2863.08
	12	4936.90
民国廿八年	1	6275.72
	2	3480.41
	3	4662.58
	4	3664.50
	5	4746.51
	6	2237.42
	7	3881.63
	8	2079.08
	9	2164.12
	10	522.33（1日至□日）

注：每百盐斤（1盐担）=80市斤

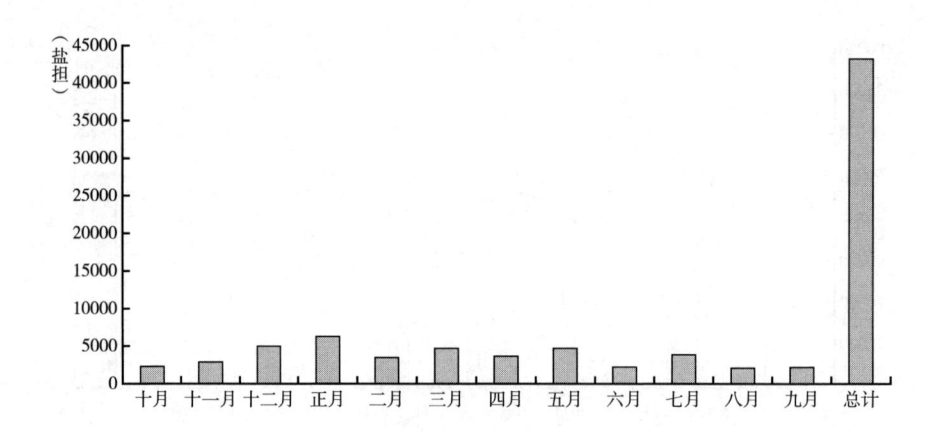

杨老哨转运盐量图
（自民国二十七年十月至民国二十八年九月）

第十五表　滇中盐区各地转运盐量图表

滇中盐区各地转运盐量表

（民国二十八年度）

单位：盐担

一平浪	47200.00
禄丰	29317.18
腰站	70810.80
杨老哨	43399.59

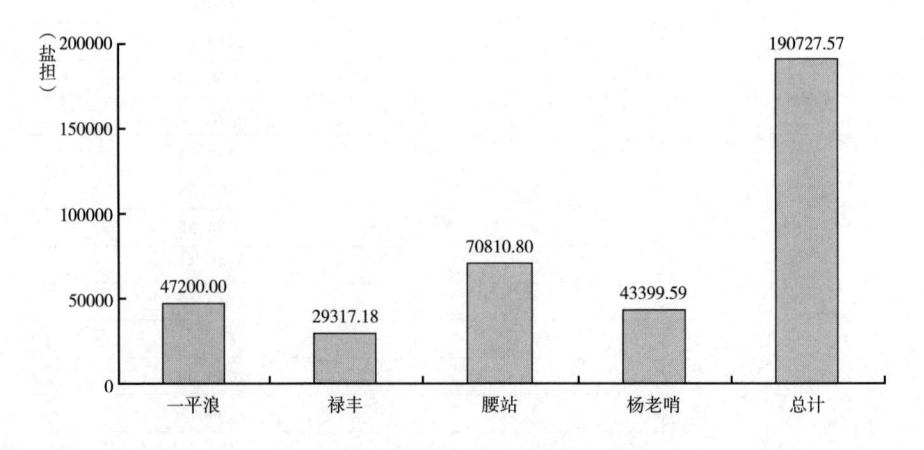

滇中盐区各地转运盐量图

附图：

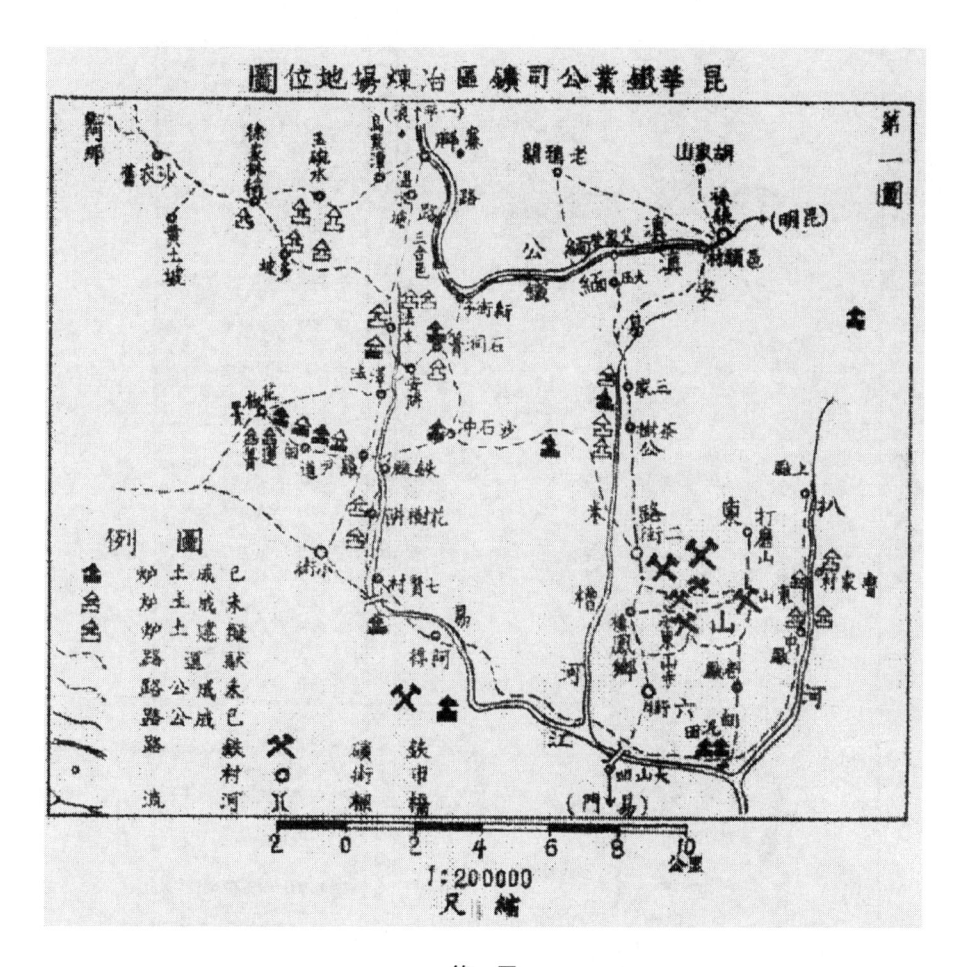

第一图

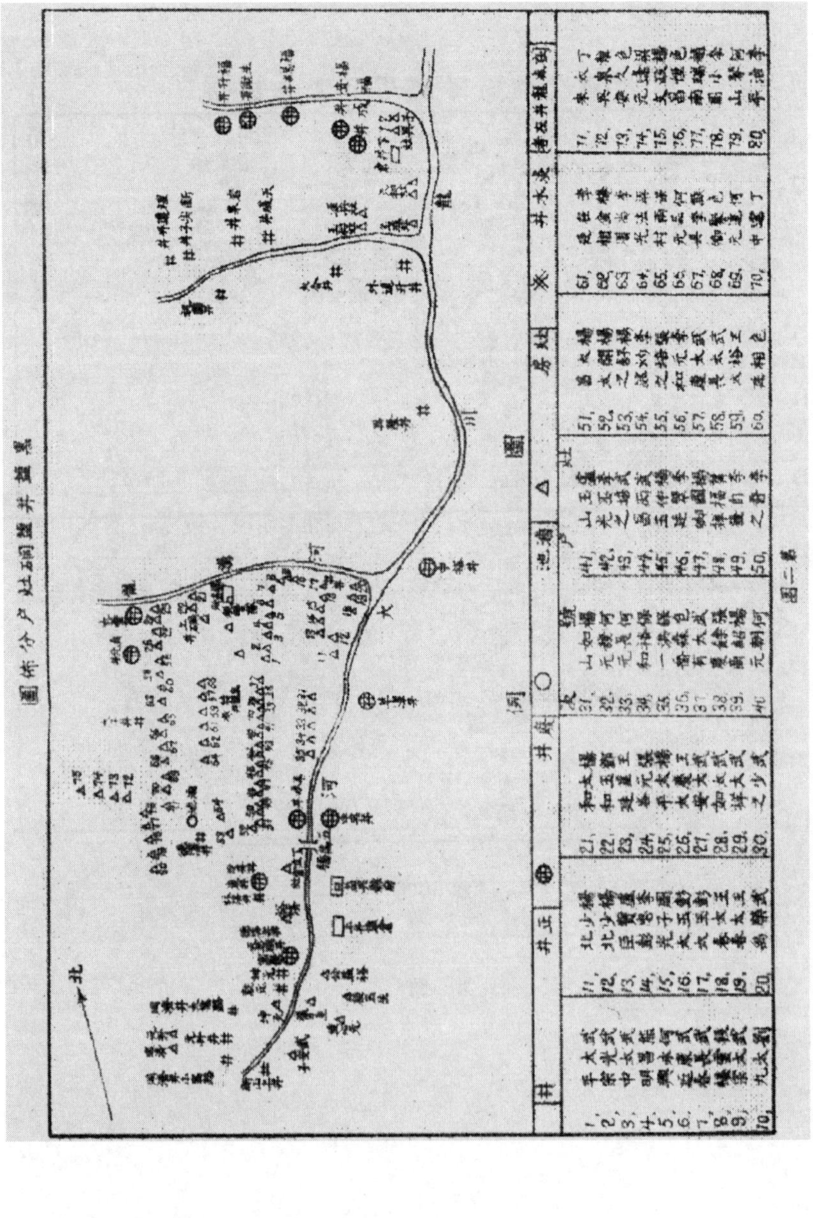

第二图

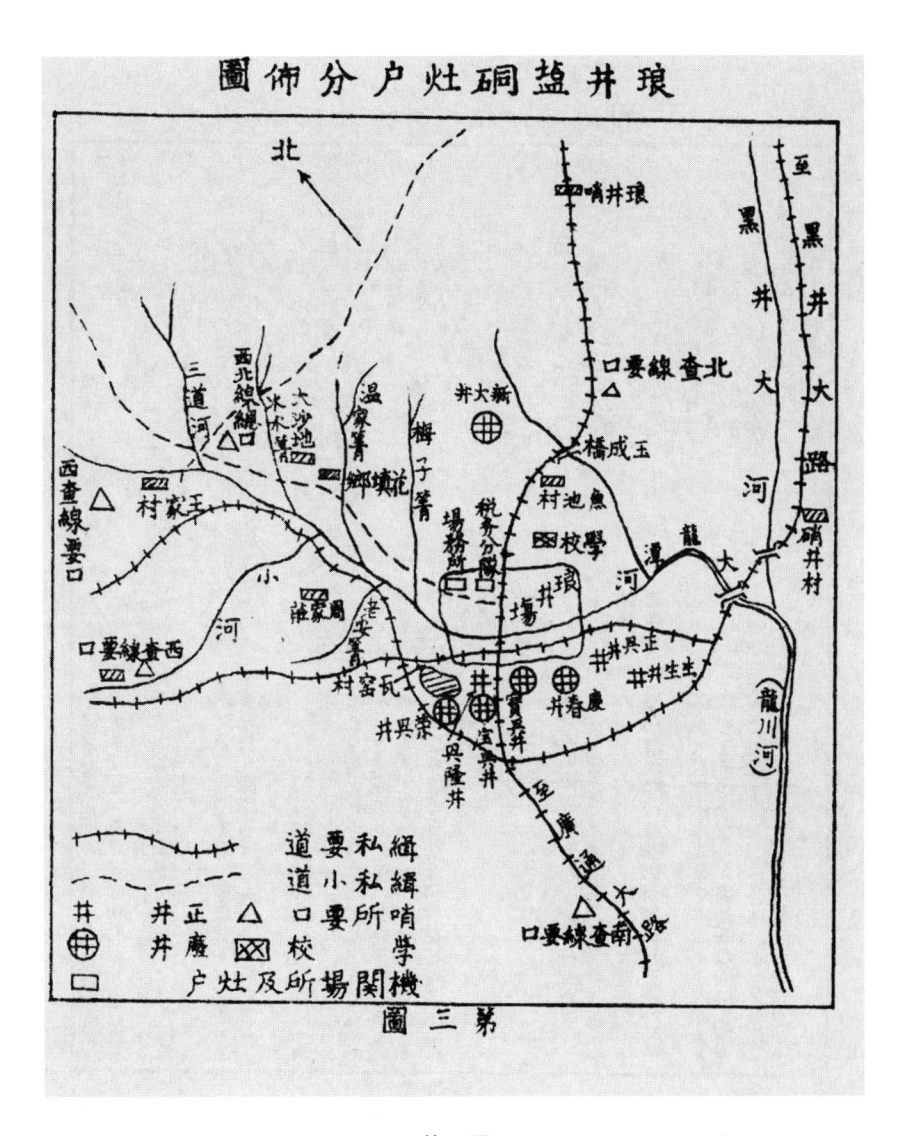

第三图

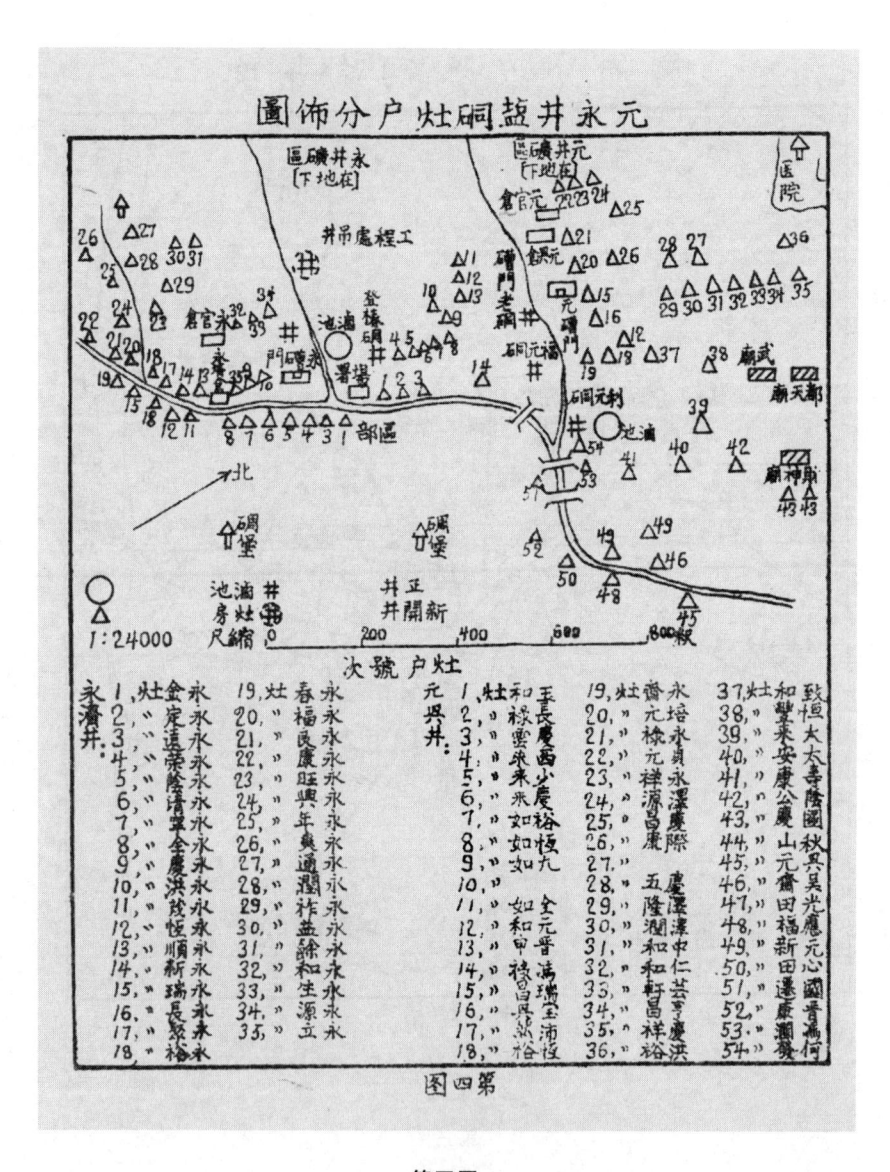

第四图

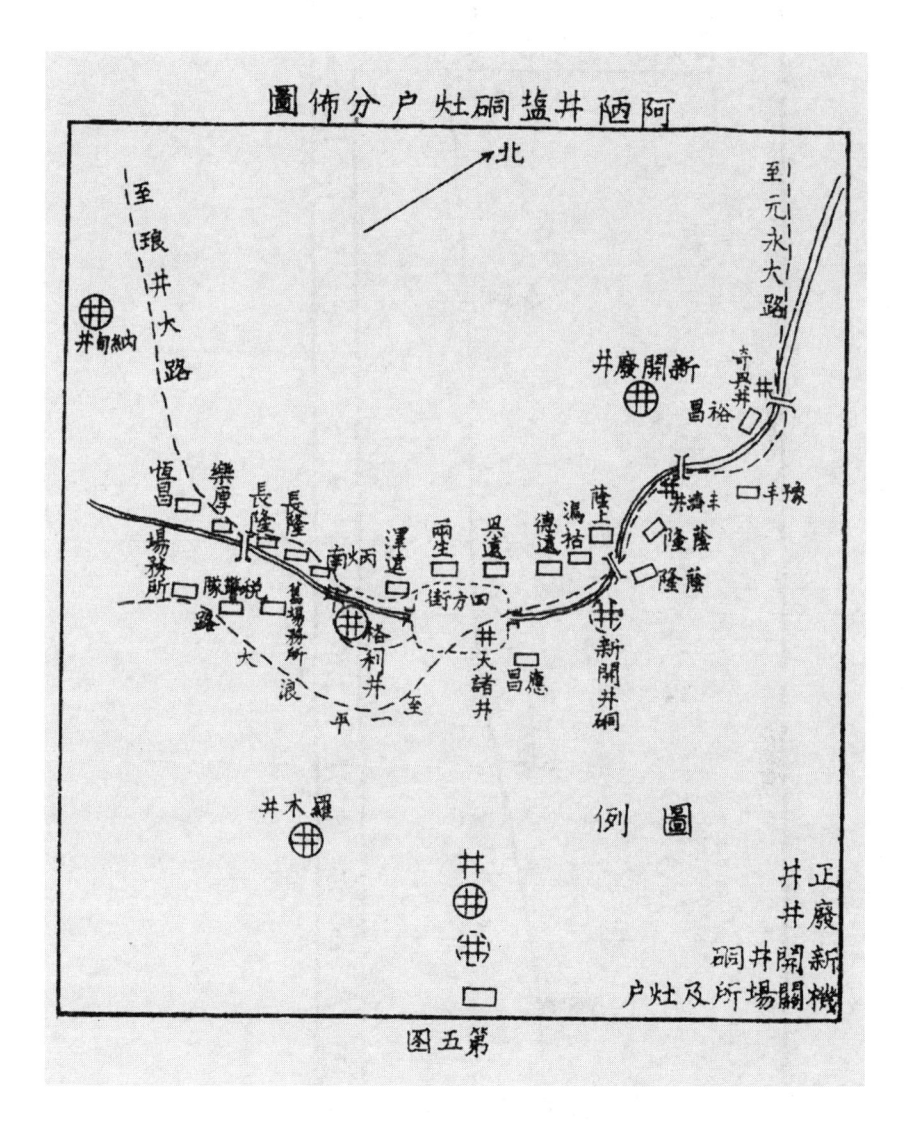

滇缅铁路沿线主要矿产之分布及开采现状

阿陋井盐硐灶户分布图

第五图

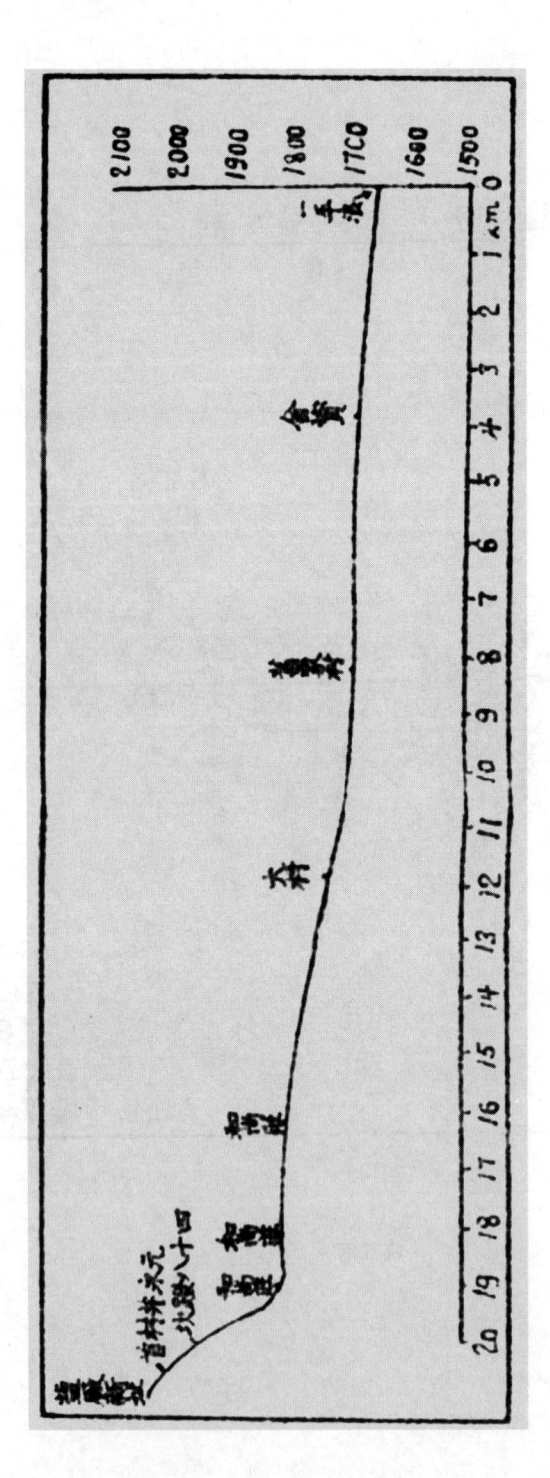

第六图

第七图 元永井灾区略图

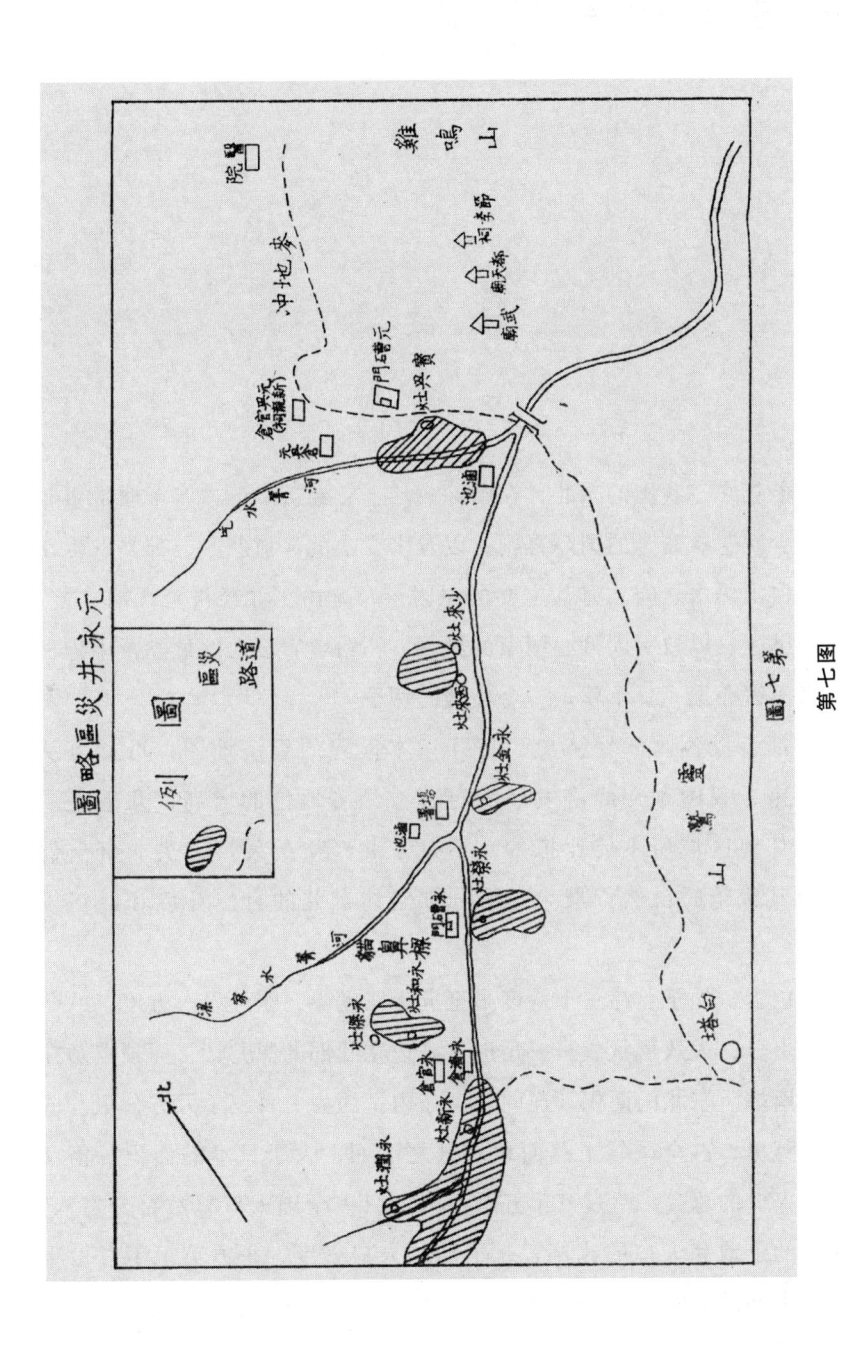

东北经济发展的自然基础

鲍觉民

最近五十年来，我国的东北，在国际政治上、经济上，占有了非常重要的地位。多少次悲欢离合的国际喜剧，以及多少次的流血悲剧，都是发生在我国东北的白山黑水之间。究其主要的原因，乃是由东北经济资源的丰富，经济发展的迅速，以致引起野心国家的觊觎，不惜冒着极大的危险，用种种的方式，来侵占夺据，日本就是一个显著的例子。

翻开一部近世各国的经济史，打开一本世界的经济地图，可知自从二十世纪以来，我国东北经济发展的迅速、经济地位的增高，几乎是同一期间世界任何区域所不能比拟的。不过东北经济的发展，决非事出偶然，而是有其优越的自然背景。兹请分别略述东北的自然环境和经济发展的关系。

东北的位置，处于北纬三十八度半至五十三度半，东经一一五度二八分至一三五度十分，大致形状成一三角形，底边在北部的黑龙江，而顶点乃在远东半岛的南端。东北的面积，连同热河在内，约为一百三十万方公里，或为五十万方英里，占全国领土总面积百分之十四，大于日本的面积三倍又半。而东北人口的总数，不过三千五百万人，只占全国人口总数百分之八。如果就东北的土地和人口的比例言，平均的人口密度，每方英里不过七十人，而我国本部的中原一带，平均人口密度，每方英里多至五百人左右。所以今日的东北，仍然可说是地广人稀。据翁文灏先生的估计，东北最少还可容纳三千万人以上，至于像前日本南满铁道会社调查课的估计，东北共可容纳一万万二千万人，就是除去现有的人口，还可增加八九千万人。东北在十九世纪末叶以前，清庭［廷］一向视为禁地，不许关内人口前往移殖，因此人口极为稀少，当一八八〇年的时候，东北人口总数，不过一千二百万人，其后汉人移殖关外的禁令，虽经撤消，但在晚清政府时代，东北交通不便，政治腐败，出关入口，亦很有限，直到辛亥革命发生以前，东北人口总数，亦不过一千五百万人。自此以后，东北人口，增加极为迅速，由山东、河北诸省每年渡海和出关到东北去的，总有几十万人，多的时候，一年可到百万以上，所以在民国廿年九一八事变发生的时候，东北的人口，除热河外，已有三千万人。在各国近世史上，这样移民的速率、移民的规模，可以说是空前。他们几乎都是赤手空拳、衣服褴褛，远去关东，事前既没有政府的怂恿和指导，事后也未得政府任何的协助和优待。但是他们一经到达东北以后，本其吃苦耐劳的精神，勤奋耕作，将东北几千年来的边荒地带，开发成为国家的农业仓库。九一八前，日本眼看着这群拓荒的勇士，势如潮涌的移殖东北，由嫉妒的心情，而想用武力来加阻止。所以九一八后，不但出关的人数逐渐减少，而且原在东北的同胞，因为不堪压迫而回到关内的，反过来年年加多。现在东北既已收复，今后当然只是我中华民族的拓展地带，而决非任何其他国家所可阻止的。

东北的气候，因为位置偏北，纬度较高，冬季异常寒冷，有霜期长，而农作之生季较短；不过夏季还温暖多雨，足够农作物之需要。东北冬季因西北大陆的寒风吹入境内，温度酷寒，各月温度低于摄氏零度以下的，除了辽东半岛的沿海外，均在五个月以上。因此一至冬季，东北各河，完全冰结，而且冰结期间，越北越长，约言之辽河有四个月，松花江有五个月，黑龙江有六个月。河流航行期，虽只限于夏季，但是当结冰期间，各河冰冻，厚达数尺，车马通行无阻。在东北铁道及公路，尚未大规模展开建筑以前，东北交通，夏季虽略有航运之便，但到处泥泞沟渠，反不如冬季冰结期间，车马交通，更为便利。东北霜期，亦为越北而越长，辽东无霜期间，每年平均在一二百天以内，哈尔滨以北则减至一百五十天以下，对于农作生长期间，大为减短。所幸一入夏季，温度增高，极为迅速，东北各地七月份之平均温度，约为二十三至廿五度，甚至绝对最高温度，可到四十度左右。至于东北雨量的分布，由东南向西北递减，鸭绿江下游约为一千，□渐向西北逐渐减少，至辽河上游及兴安岭以西一带，则减至三百粍左右；不过降雨时季，则多集中于夏季，尤以七、八两个月为最多，因此东北农事最盛之地，乃在中部及东部，夏季温度既高，雨水又多，至于兴安岭以四〔西〕之呼伦贝尔及旧辽宁省的西北部，接近内外蒙古，全年雨水，多在三百粍以下，为蒙古高原的东延，农业虽不适宜，但草原广遍，宜于牧畜，为我国边区主要牧畜地带之一。

东北的地形，很为复杂，有高山深水，有低岭广谷。大致言之，东北的东部为长白山地区，北部为向北突出成"弓"字形的兴安岭山地，西部为热河邱陵地；介于山地与邱陵地区间的，乃为嫩江、松花江及辽河等水所造成的东北大平原，面积约达十二万方英里，占东北总面积四分之一，为东北农事最盛的地带。又东北的冲击土及由火成岩风化而成的土壤，本来已够肥沃，加上几千年来因为被〔残〕枝败叶腐烂而成的有机土，深厚色黑，肥性特强，更适合农作物的需要。

东北的主要农产，有大豆、高粱、小米和小麦等，其中尤以大豆一项，最为重要，平均每年产量，约有五千万担，占我国大豆总产量的半数；但我国本部各省的大豆生产，几乎全供国内的消费，而东北的大豆，则大部分用作输出。九一八前大豆的输出，为我国出口的最大宗，占全〔部〕出口贸易总值百分之廿以上。东北大豆生产的分布，虽极广遍，但以北部的松花江流域平原，产量多而品质优，而以哈尔滨为产豆区域，大豆集散的中心。除大豆外，东北的高粱产量，占全国三分之一，小米产量，占全国四分之一。以东北土地的肥美，农作生产，特为丰盛，而人口有限，消费以外，可以用作输出。我国各地农产的供求情况，颇不一致，大致来说，本部各省的农产，多为供不应求，唯有东北一区，却是供过于求，以东北多余的农产，供给本部各地的不足，此后当为我国国内贸易的正常现象。

东北山地及邱陵地区，因为土性瘠薄，地形崎岖，农业虽不适宜，但树木甚盛。我国的主要森林区域，共有四处：一为南岭区，一为北岭区，一为西南区，一为东北区，其中尤以东北的森林面积，最为广大，占全国森林地区面积三分之一以上。如旧吉林省及辽宁省东部的长白山区和黑龙江省的兴安岭，都有很大的森林，久有"树海"之称，将来我国木材需要的供给，当然是以东北区的希望为最大。

从地质构造上言，东北是个古陆区，最古的变质地层，分布甚广。矿藏分布，至为丰富。其中尤以铁矿蕴藏，占有全国之首位。据战前我国地质调查所的估计，全国铁矿储量，共约十三万万吨，而辽宁一省即有八万〖万〗八千万吨，占全国铁矿总储量三分之二以上；东北煤的储量，以抚顺煤矿为最大，九一八前后的几年期中，抚顺一矿的煤产量，占全国煤产量总量三分之一以上，规模之大，全国第一。东北又有大量石油的蕴藏，其中尤以抚顺煤矿区的油母页岩，所含油量，共有三万万吨之多；九一八后，日本人曾在抚顺设置远东规模最为宏大的炼油厂，从事提炼油母页岩的石油，将来我国正可大加利用。其他如黑龙江上的金矿，亦已早有长久开采的历史。

东北的南部，有辽东半岛，伸延至黄海和渤海之间，沿海一带，渔盐之利甚为发达。辽东半岛与山东半岛间之长山八岛，一名庙群岛，为我国北部最大之渔场；至于辽东半岛的盐业，更为发达，九一八前，辽宁省每年产盐八百万石，占全国总产盐量百分之十五，除由辽河上航运供东北各地消费外，每年尚可大量输往日本。除渔盐外，辽东沿海更有不少优良之海湾，可以利用作为贸易港口，四十年前，营口原为东北对外贸易最大之商港，但因河水太浅，冰期又长，商务逐渐衰退；安东距鸭绿江口四十公里，港内水浅，且冬季封冻，均各有其自然的障碍。目前东北主要之对外贸易，完全集中于大连。就东北诸港之地理情况，比较言之，大连乃为首屈一指的商港，港内水深，可容海洋巨轮，冬季又无结冻之患，更有铁道通达东北腹地，海陆联运，最为便利，附近更有旅顺军港，可资护卫。五十年来，日俄两国，曾先后分向我国租借旅大使用，良好港口，供人利用，对于我东北经济的发展，国防的安全，自为极大的缺憾。

总之，东北的自然环境，极为优越，东北的经济资源，极为丰富，值兹河山光复之时，我们应即立下决心，对于开发东北，建设东北，保卫东北，各□每一国民的天职。

《再创》第 2 期，1946 年 3 月 29 日

·政治地理学研究·

地略与国策：义大利

洪思齐

> 自从去秋苏德协定以后，用意识形态的方式来判定国际大政治的学派逐渐衰微，而用地理政略学（Geopolitik，我们想简译为地略学）的看法逐渐抬头。地略学在欧陆学界近年来已取得显著的地位，是一种道地的大政治科学。我们一味英美化的大学课程，对此道自来是漠若无睹。本刊特请洪先生把列强的国策与地略关系作简单的个别分析，自本期起陆续发表。
>
> ——编者

一个国策必须与她的地略配合。遵循这个原则，才能够生存、发展，否则不是招致亡国的惨祸，亦要沦陷于半殖民地的孽境。

这个世界还是充满了战争的，去大同境界，远甚远甚。过去三百年间英国经过了一百四十四次的战争，法国经过了八十九次的战争，普鲁士——德国经过了三十九次的战争。一个国家经过了这许多次战争，而还能够发然存在，不是容易的事。常常决斗的人必须眼明手快。同样地，在国际逐鹿场上，一个国家必须明了自己天然弱点所在，想法补救；必须明了自己天然优势所在，充分利用。所谓国策必须与地略配合，就是这个意思。

现在世界强国之所以为强国，基本条件，除土地人口、经济发展外，还要国策能与地略相呼应。所以要了解各国的国策，必须先知道她的地略的位置和需要。法西义大利就是一个好例子。

就地略看，义大利的地位有两点是很不利的：

第一，她完全是个地中海的国家。黑衣宰相谓为"地中海的囚犯"，的确是形容尽致。地中海有三个门户：西部的直布罗陀海峡和东部的苏彝士运河都在英国控制之下；第三个出口——黑海的入口——又在英国的同盟国土耳其控制之下。假使墨索利尼安分守己，老老实实地跟着张伯伦或丘吉尔之后，高坐上第二把交椅即便心满意足，那么，有了强大的与国代为看守门户也未尝不是方便办法。却是，义大利有了罗马帝国的历史背景，不愿意做个附庸国，而要做个自主的列强，问题当然就来了：

（一）她最重要的殖民——阿比西尼亚——是在地中海以外的红海沿岸。义大利一旦参战，就不易保持得住。

（二）她军需工业的供应线——即普通所谓"生命线"——也在地中海以外，并且必须从英国炮台底下经过。近代军需基本原料约有以下二十余种：煤、石油、铁、棉花（制炸药用）、树胶、铜（军械、电器）、铅（子弹）、甘油（炸药用）、赛璐珞（无烟弹用）、水银（雷管）、铁矾土（飞机制造）、石棉、云母、硝酸盐、碳酸钾、硫磺和制合金之镍、锑、锰、钨等。在以上战时必须品之中，义大利能自给的只有水银、硫磺和铁矾土，其余的都要靠输入；并且除了碳酸钾、赛璐珞以外，都要从地中海以外输入。尤其严重的是煤、石油、铁、棉花、树胶五种，体质大而消耗快，囤积不便，必须源源输入，倘被封锁半年，一定陷于绝境。世界七大强国中，义大利是最容易受封锁的，她绝对不能对同盟国支持一个长期的战争。

义大利在此次欧洲大战所以迟迟未敢参加，主要的原因就在这里。在上次欧战，所以投入英法怀中，主要的原因也是这一个。

这当然不是说义大利绝对不会对同盟国作战。假使它觉得有速战速决的把握，在敌方封锁生效以前就能够把敌人打败，它是可能参战的。

义大利地略上的第二个弱点就是她的重要工业过分集中在一个区域，很容易被轰炸。我们知道苏联为避免空袭的危险，特意把重工业从多尼兹煤田和莫斯科盆地搬到远离边界的内地；德国整军后，也特别将从前很集中的国防工业尽量地作一番地理上之分散，使不易成为集体空袭的目标。义大利则不然，她的工业全在北部平原，特别是集中于米兰、吐林、热内亚三角地带，贴近法境边上，由法飞机到此，往还不过半小时至一小时的航程，只要暂时失去制空权，就有受到致命打击的危险。

同时北部平原也是最容易受陆上攻击的。平原以北，有著名的布累纳隘，乃历史上北方民族侵义的惯用路线。平原以西的阿尔卑斯山并不能够发生阻止敌人的作用。汉尼拔和拿破仑攻义都是从这方面下降的。北部一经失陷，义大利的命运，便要告终。

简言之，怕封锁，怕轰炸，这是义大利地略上的两大弱点。

墨索利尼上台后义大利所推行的外交政策和国防政策，主要的鹄的就是要补救这两个大弱点。

（一）她在近东积极活动，目的就是要削弱英国对于苏彝士的控制权。

（二）她援助西班牙叛军的主要目标，就是要企图直布罗陀。

（三）一九一一〖年〗义土战争时，它就占领着多得坎尼士群岛。因为从这里不但可控制爱琴海，威胁黑海航路，并且可使转变为侵土的根据地。法西革命以后，它重新表示要继续占领该岛。这就是墨氏地中海政策的一部。

（四）她必须有一个完全受她控制的属海。所以一九二二年宣布阿尔巴尼亚为保护国，去年正式加以占领。从此意大利半岛和阿尔巴尼亚双双对峙，几乎把亚得利亚特海完全包围。该海的出口不过八十公里，在战时很容易阻止敌舰驰入，而自己舰队可以自由进出。在这种形势下，敌方海军要扫荡义大利舰队是很难的。

（五）为抵制假想敌方的优势海军，她积极建立了一个很大的潜水舰队。她在国际裁军会议里总是不肯对潜艇方面让步的。她的目的，盖达说得很清楚：如果战时义大利不能航行地中海，她最少也要使别国不能利用地中海。

（六）她不能作持久战，所以最要提倡"闪电战"，即所谓"杜黑"主义者。她之所以极力扩充空军，第一是制空，第二是以空制海。最后的用意还是要实行杜黑主义,以达其速战速决的战略。

（七）义大利目前之所以能够和德国合作,就是因为从义的地略看去,地中海比大陆重要,她可以在大陆上对德让步（如让德吞并奥大利）,以换取德国对她的地中海愿望的支持。

（八）义大利目前之所以不容易和英法妥协,就是因为:（甲）她所要控制的地中海门户全在英国手里;（乙）她所要企图的殖民地全在法国手里。英法要满足义大利的欲望,必须放弃自己的地略优势。

墨索利尼的地中海政策不是主观的个人幻想或主义演绎,乃是完全根据在义大利地略的位置和需要而铸成的。反而观之,我们要测验义大利在国际大政治上行动,比较最可靠的方法也应当是由地略上作推敲。

《战国策》第 4 期,1940 年 5 月 15 日

滇缅沿边问题

张印堂

值此抗战期中，云南已成为我国后方的重要省区，滇缅接壤的沿边一带，在我国后方的经济建设上及我国对外之国际交通上尤为重要。这个有关整个国家生死存亡的地域的一切的重要既成了大家公认而不可讳言的事实，亦无向诸位赘述的必要。然其中仍不无困难之处，及应行注意之点。兹将明显而重要者，列举数端，以期促起诸位之注意，尤望滇籍诸君，因桑梓关系更应设法解决之，此不仅滇西一隅之福，实为全国之一大幸事也。

（一）沿边气候问题

北纬二十四度半云县以南之河谷低坝，如孟撒坝、孟定坝、户板坝、孟底坝、孟黑坝、镇康坝、遮放坝、芒市坝等地，滇中人士，称之为"夷方"或"烟瘴区"，因尽为摆夷人所居，故一般人均视之为死窟，畏之若水火，故有"穷走夷方急走厂"（夷方即瘴区，厂乃沿边之银矿厂）、"出门要去卡斯瓦，先把老婆嫁"（卡斯瓦即保山以南之瘴区坝地，言如去断无生还之望）等谚语。因为有这些瘴区的种种传说，故非至山穷水尽，率皆裹足不前。因之滇缅边区，人迹罕至，真象莫明。据该处土人云：瘴气之由来，由于瘴风，其风声色之奇异不下数十种，神秘不可言。但是近代医学昌明，知道瘴气不过是一种恶性疟疾，并没有甚么神秘；并且瘴气之由来，与地势、气候等均有密切之关系，因疟蚊之滋生，与温度关系最大，在摄氏十四度以下，疟蚊决无滋生之可能，须在十六度以上，方能蕃殖，以二十四度以上为最盛，然至三十度以上则又渐衰减。滇缅沿边温度不幸常在十六度以上，故宜于疟蚊之生长，且因地势低下，气候湿热，水道不畅，故蚊虫特多；人民又无卫生设备，故常罹恶性之疟疾，绵延愈广，死亡日增，人咸畏之。如云县于二十八年十二月十七日午后四时阴影气温为二十一度，日光下气温高达二十五度，几等于昆明夏季最高之气温，云县夏季之闷热，于此可见。云县原有十五万人口，在近五年内，因疟瘟而死亡者，在三分之一以上，城内在二十七年有四千人，当年因疟瘟而死者，即在一千五百人以上；城东二十公里之孟浪村（现名茂兰）对内有三百户，于二十七年一年中，死绝之人家，竟达七十户以上。死亡多在秋冬之际，因夏季已种病源，秋深即行爆发，故临近各县之人民，大都不敢前往，人工非常困难。当鄙人去年十二月中到达云县城（为我国最南有城垣之县城，再南之得党等县坊无城墙）时，见人烟甚稀少，远不如昆明附近村镇之繁荣，且市面人民均面黄肌瘦，十之八九穿白带孝，户户均贴蓝白丧联，景象至为凄惨，偶有少数结婚红联，据闻系恐子嗣断绝而提前结婚者。由此可见恶性疟疾为害之烈，确有过于洪水猛兽。滇缅间之贸易，一向限于冬季，大约均系霜降后去，清明前归，每至雨季，无人往来！此种现象，对滇西经济建设与滇缅贸易上影响至大，但此种障碍，可借助于砍伐丛林，开垦荒芜，疏通水管薮泽，广施医药，改良饮食起居，添增卫生设备等，而渐以消除。关于滇缅沿边经济启发上，应注意之问题此其一。

（二）人工问题

滇西外移之人口，为数颇多，每年结[经]得党出滚弄，一路至缅甸之工作人数，约在万人以上，多来自祥云、镇南、牟定、保山、昌宁、顺宁等县，皆系霜降后去，清明前归，颇似东北开垦之初期，冀鲁农民春去冬返的季节移民之情形。前往之人，多到班海充矿工，或任休木修路及建筑等土木工作，当时每人可购数十至数百卢比不等，迩来以外汇高涨，尤为有利，在平时不无小补。然值此抗建时期，前后方需用之壮丁甚多，尤以滇西铁路、公路等修筑之需要更为迫切。因招募甚难，乃施行征调，加以征兵实行后，人民之智识水准过低，故多相率潜逃。缅甸近在咫尺，出境又无限制，人工多一去不返，致过去有利之人工移动，反而变为国家重大之损失。因此滇西路工及一切其他之经济建设事业，人工缺乏，颇难迅速进行。按平时各县，均为田多人少之地，一般农户，尚属富庶。自抗战以来，因抽调壮丁，征募工夫的影响，各地农户皆感不敷分配，例如禄丰全县共六千九百户，截至二十八年底止，共抽去一千二百人，计约每五户抽去一人，且抽去者多为有耕作经验之农民，致使生产及农工，均受影响。又抽调壮丁之方法，未臻十分完善，由此农民之负担，亦颇有增加，如保山县北之凤仪镇，至二十九年一月止，已出兵役十六人，镇内共有九百余户，所出之兵，每名须给予伙食费三十元，治装费一百二十五元，每户之负担已达三元，农民之生计，因之颇感困难。但在此抗战时期，人力物力，均应贡献于政府，在战时此种现象，乃为无可奈何之事。惟自行逃往外国之壮丁，实为国家之败类，似应严格制止，以免减少抗建之力量。

（三）居民迁徙问题

滇西边区，向以产烟著称，驰名各地之"云土"，即产于滇缅沿边各地。种植婴［罂］粟所获之益，常数倍于其他农作，即从事贩运之商人，亦获利甚丰。然鸦片之毒，举世皆知，故政府乃厉行烟禁。滇中自限期禁种以来，颇著成效，惟邻近沿边之一般愚民，以大利所在，不肯放弃，多相率迁移，有移至沿边半自治之土司地者，有移往滇缅边地者，继续种植，以收厚利。在初时沿边夷方，因地旷人稀，欢迎外人移入，极尽提倡之能事，始则须全家移入，方得领地种烟，继则非全寨户口移入，不准入境；然不多时，夷方土司官及缅境土司地，忽感外来之人口若多，不但不能增加生产，且对土人之生计有所威胁，乃一变以往之态度，而禁止入境，但终因边陲交错，防不胜防，加以我方征兵征工之繁重，故相率潜逃前往种烟者，仍有加无已。结果边民冲突时起，盗匪丛生，滇缅双方因此而引起之政治纠纷日多，此与我国边沿之一切政治设施及经济建设亦不无影响。

（四）民族问题

滇缅沿边，素称夷方，居民多非汉族。沿边夷民，向以种烟为生者为数颇多，如腾冲县属之野人山地，及澜沧县属之班洪地，及南段未定界之葫芦王地，种烟均甚炽。种者多为夷民，居班洪与葫芦王地者为卡瓦人。滇边之地势与民族，与缅甸北境，大致相同，有不可分离之连系，野人山之山头人与缅北喀钦人，原为一族，且均受英人之军训（即所谓英缅之来福枪队），现因我方突禁种烟，彼等感于生计之断绝，故不听命令，继续种植，我方若以武力解决，则恐引起反感，致夷民团结作不利于我国之政治运动，若置诸不问，则又有损我行政之主权，此正为我国沿边行政长官所踌躇不决之一大问题也。

（五）未定界地政治问题

滇缅沿边，疆域毗连之处不下数千里，且南北均有长大之未定界地，例如滇缅铁路西段路线所经之孟定以下，须经户板，始达滚弄而接缅境，户板及其以东之葫芦王地，同为中英缅南段未定界地，该处虽经中英双方数度之勘查，但迄未划定。此未定界之地域，虽向为我国藩属之一部，且住民亦多愿归顺，然因我方实力欠缺，大有鞭长莫及之势，爱莫能助，坐令强邻窥视，不能行使主权，殊为可惜。此于滇缅沿边之经济启发及治安之维持，关系尤密。且英人对此一隅，早已视为所有，锐意经营，具工筑路，维持治安，对民众则不榨取，不压迫，施以小惠，尽量优待。窥其用意，无非欲收买人心，供其驱使。且派兵深入，驻守各地，如炉房、班弄、班角、户篢等地，均搭有营房堡垒，监视森严，其驻军地点，侵入滚弄北已有百里之遥，而其经济势力扩展之地域，尚不止此。而我国置若无睹，且有默认之势，太阿倒持，言之痛心！况未定界地，虽居边荒，然对我西南边陲国防上及滇缅铁路交通上之关系，至深且巨，早日设法恢复为宜，断不能遗诸他人；供其为吞食之阶梯，关心滇缅沿边前途者，更不容忽视此问题也。

（六）货币问题

沿边各地，因政治上之紊乱，及管理上之不统一，故市面上行使之货币，极为复杂。如得党境及顺宁境之耿马地，尚用半开银币，呼曰"花钱"。孟定、户板一带，花钱及卢比混合使用，及至户板以南，则全用卢比。交易不便，折合困难，此货币不统一之现象，实为沿边贸易上之一大障碍，于沿边之经济建设上，影响亦巨，此亦为沿边应注意重要问题之一。

（七）语言问题

沿边居民复杂，语言不一，即滇西内地，亦莫不如是，如弥渡、云县一带，以土家、罗罗及苗人为最多，再南如耿马、孟定、户板等地多为摆夷，且摆夷区之山地上尚有山头、栗苏、本人、崩隆、卡瓦等，故在沿边各地，每至街期，各族盛集，多至十数种，颇似民族之展览大会。各族各有其语言，故甚为复杂错综。因语言为交际之媒介，于通商贸易上尤为重要，现语言既不统一，不但有碍贸易，时起纠纷，且于整个沿边之启发上，关系亦大，此问题亦应注意之。是以为便利沿边之行政与启发边地之富源计，于我国大学之语文系中急应添设边地夷语课程，于我国当前之需要，比之其他东西洋之各国语言，或尤过之。

（八）国际政治问题

我国为支持长期抗战争（？）即国家之独立与生存，故在万分艰难中开发滇西富源，兴修滇缅交通。然大部之建筑器材，不能自给，须由外国输入，其输入之路线，过去不外越南与缅甸，故须依赖英法之协助，方能奏效。但各国为其本身利害之关系，对我之态度时有变更。法国以往对滇缅问（?）间之经济启发与交通之修筑，即不同情，因恐滇缅间之贸易关系与交通方法改进后，滇越贸易与货运，为其所夺，是以法方对叙昆铁路材料之运输，予以种种之便利，而于滇缅铁路材料之运输，则反加阻止。此因叙〖昆〗路能早日通车后，于滇越路货运，可更趋有力之故，加以倭寇曾经对滇越路施行数度轰炸，尤与法人以借口。在欧战未爆发前，滇缅铁路所需材料之运输，即无补益；后法国战败，越南因受日寇之压迫，滇越货运，全部停顿，致滇缅、叙昆两路所需之材料及我国经滇越整个之对外运输，遂告中断。后因欧战紧张，英国形势孤立，无暇东顾，故亦曾对倭一度屈服，而断我滇缅公路间之货运三阅月（自二十九年七月十八日至十月十七日），于我滇缅铁路修筑上及整个对外之关系上不无影响。由此可证，借列强之援助启发后方富源与发展对外的交通等甚不可靠。故处此无可奈何之境，除自力更生外，滇西的富源与对外的交通恐无利用维持之希望。

（九）走私问题

滇缅沿边，绵亘数千里，地势错综，交通路线繁多，通商官路虽由腾冲海关明令指定，限于腾冲经牛圈河至密支那，或由腾冲经蛮允至八莫，或由龙陵经畹町至腊戍，或由南伞通麻栗坝，或由孟定经滚弄至腊戍。且于各路要隘，设有关卡，以维正常贸易。惟往来贸易绕道走私者仍盛。据海关人言："缉私虽严，但滇缅沿边走私之贸易数额约占总贸易数额百分之五。"为数不为不巨。按走私原因，固为避免关税，而其主要之原因，乃为偷漏消费税，因消费税较关税为重。关税乃保护本国工商业发展之壁垒，且为国家主要税收之一种，如常任其散漫，不独影响国家之税收，亦妨碍工商业之进展，望有关当局，注意及之。

（十）地名问题

我国边地，因地名之不划一，致引起之国际纠纷颇多。中英滇缅未定界地，即因孔明山与公明山及高黎贡山与高良工山等地名上之争执而引起，似此情形者，多至不胜枚举，查诸重复之地名，多因民族迁移所发生，且地名相同，而距离有达四百公里者，如云县之孟浪（现改为茂兰）与得党之孟浪（现改为明浪）相距二百公里。于滇缅铁路西段所经之处，因民族复杂，且又迁移不定，故地名之重复混乱尤多。此种现象，在沿边未定界地方，更易引起国际之误会与纠纷。如孟定东二十二公里与班洪交界有一寨子名南涧，此外在弥渡南四十公里亦有寨子名南涧，两地相距四百公里。再滇缅铁路之终点，有指为南大者，有指为苏达者，且又称南大、苏达为一地者，含混不清，莫知所指。殊不知南大位户板东北高山上，拔海一千七百余公尺，而苏达乃居户板坝中，拔海在五百公尺以下，两地相距二十公里。凡此八地名之混乱与不划一，我如置之不理，则恐又贻英人将来侵占之借口，故此种划一地名，明定疆域之工作，确为刻不容缓之急务。（张印堂教授在联大云南同学会讲）

《西南边疆》第 12 期，1941 年 5 月 30 日

地理与我国边政和外交

张印堂

吾国常言"因地制宜",此虽俗语,但确为治事成功之要义。所谓"地"者,即随地之地理情形也。一地之行政设施及经济建设如能适合其地理环境,困难自少,无不成功之理,此论与所谓"适者生存"之天理,如出一辙,为定而不可疑者。职是之故,唯有先明乎"地"始能"宜其制"。若一地之地理情况不明,而能治之得宜,实不可能事。一地之事如此,一国之边疆行政□然。

当前我国边疆之行政与建设工作,除于各地民族社会、语言风习,急应认识之外,移民垦荒与土地利用,及富源之启发和国防的建设殆为其最要者。边疆各地,有何富源并有何天险足以利用,建设国防,均为急待调查者。而地理于边疆国防上之关系,尤深且巨,盖地之远近、广狭、险易,有关军队之死生,所谓"不知山林险阻沮泽之形,不能行军","非得地形而不战","审地形而立胜"等法,足以证明。我国经四年抗战,地形对于作战胜负之影响,早为国人所洞悉,如中条山脉之崎岖曲折,晋陕间之黄河陷落谷之地堑,潼关及长江三峡之天险,阻挠强敌不能轻越雷池一步。又如鄂北与湘北大捷之利用山川湖沼地形及南岭为我华南战局之命脉,等等事实,可以证明。胜利之来由于我前方将士之忠勇效命,固不待言,但地形之为功,亦绝不可抹煞,且我方利用地形予日军以致命之打击,已早为敌人所识熟,不容否认。现在后方边疆一带既已成为争取最后胜利之根据地,则除资源方面的调查而外，战略方面的认识，有待地理研究者正多，如攻守的据点，行军之捷径，炮位的选择，掩护进退的形势，练军的场所，阵势的排布等，非具有地理知识者，预为实地考察，先有认识，不能为适当之分配与充分之利用，可以断言。此即所谓"知彼知己而不知地形，亦不可全胜"。由此可见地理于军事上之重要性矣。

边疆土地之利用。用之于农，抑用之于林或用之于牧，随地不同，均须预有详细之地理调查，知其地势土质之分布，四季气候之变更，居民之多寡与夫交通及运销等情形之后，始得设计进行。概而言之，我国边荒，种类繁多，有如西北半干燥地之盐荒与碱荒者，天雨不足，而雨后地面流水不畅，以蒸发过强，地下之盐碱质借毛吸管作用，聚集地面致不能生产。此种荒地之利用，一面需修理水道，使土中之强盐碱性得以借雨之淋刷使之消失，一面又须兴办水利以补天雨之不足。如无水利之便，则又须采行旱农制或径而发展牧畜业，始可获利。有如黄河上流之沮洳□者，此种卑湿渊薮之利用首在沼泽疏导，再就各地土质之分布与气候之限制，以作农牧之分配。而我国西南之山荒，又感夏雨过多与过急之患，坡上土质，多为所冲去，以致硗薄荒芜。此种山荒之利用问题，不在雨少与水流之不畅，而在如何利用地形，蓄积夏季过剩之雨水，以备冬春干季之用，并如何加辟梯田，以减少土质之冲刷与土中矿物质之淋失，以免土质硗瘠。西南山荒，地处副热带，开辟之后，于农于林，或种以经济植物，熟［孰］为有利，仍需先行实地考察始能断定。移民殖边应行注意之点，除如何设法变边荒为有用之地外，更须顺各地之自然环境而决择，以何地之过剩居民移垦之困难最少而收效最大，尤当注意。

我国边疆一带，矿藏种类繁多，如滇西之铜、银、铅、铁等，开采历史远在明清，昔日之矿硐、炉址以及熔炼之矿渣，迄今犹存，且常为乡民所□称，此种废□之遗迹，都是调查边区矿藏最好之线索，如能按图索骥，不特节省金钱与时光，有恢复价值之富源，实亦不难求得。不宁唯是，地理对于启发边疆富藏后所引起之无穷的经济发展，莫不有以贡献之处，如何地为工业区，何地为农工区，何地为工商区，以及宜兴办何种工业，何种交通，厂

113

址应设于何地等等，的确需要全部的调查，□能作一通盘的筹划，否则断难为功。于一地所出之原料，所需之燃料、人工、运输、销场，以及战时防卫的设备等之综合的调查工作，舍从事于地理工作人工作之外又将谁属？作者尝谓吾国之汉冶萍钢铁厂之失败□，由其管理之不善与组织之不良，固不待言，□其与厂址选择之不宜，亦大有关系。盖因汉阳既不产煤又不出铁，何以竟定为厂址？若言其地临大江，交通便利，大冶何尝不然，最初何不选大冶以代之？况以煤铁运费之比较，当以萍乡为最宜。而清廷因昧于工业地理基础之重要，竟错置于汉阳，其归于失败者不亦宜乎！当今后方负行政建设职责者，实应不忘此前车之鉴。再如西康与滇西之横断山地之水力，真是用之不尽，取之不竭，用以发电确乎易易，人所共知。是以该地之启发，急待调查者不在水力之有无，乃在有无使用水力之地。概以我国之横断山地一带，山高谷深，水长流急，形势险峻，交通梗阻，运输绝难，居民稀少，人工困难，一切建设不易推动，其气候大部虽为温湿，林木亦称畅茂，惟因其拔海高低县［悬］殊，低谷、半山与岭部之气候，随地不同，用以种植经济植物虽为有望，但如何分配之，仍需先有地理上之认识，始能收"因地制宜"之效，无便利之交通，即或使之生产，亦复何用？总之我国边疆各地，环境复杂，行政建设计划，随地而异，无精确之地理认识，欲谋"因地制宜"之行政与建设，诚无异空谈。况边政与外交相互连系，一经处置失当，遂处足以引起国际之纠纷，以致危及国家安全，过去重要如此，将来尤甚。观乎此，我国之边政和外交于边疆地理，更不当忽视。东西列强因有鉴于此，故于地理之调查研究工作，莫不大事提倡，善为利用。当代地理工作于行政之功效，早为欧美各国所公认，举凡行政机关与地理有关者，多聘有地理顾问，辅导设计工作，例如美国地理学会会长鲍氏（Bowman, I.）之受聘为美国政府之政治地理顾问，并曾参加第一次欧洲大战后巴黎和平会议，为决定新国家疆界之顾问；英国利物浦大学地理学院院长罗氏（Roxby, P. M.）之为大英帝国之远东问题专家，伦敦大学大学院地理教授傅氏（Fawcett）之为英国都市行政区划之计划指导委员等。行政之建设机关亦有径以地理专家司其事者，例如英国之土地利用局即由伦敦大学经济学院地理教授斯氏（Stamp，D.）兼任之。且凡有关之公务员，必须受有地理训练，对其工作地或工作之部门，先有地理之认识，始准录用。所以英国海外领事馆之领事、参赞及派驻各殖民地之文武官员等，莫不先受有地理上之训练，对其工作地之地理具有充分之认识。彼等不但能胜其任，尽善尽美，且对地理的调查工作常有惊人的著述，令人叹赏不已。如英人霍氏（Sir Hosie，A.），当其任牛庄领事时，著有《满州［洲］》一书（*Manchuria*：*Its People*，*Resources and Recent History*，1901），后调任重庆领事，又著有《四川》一书（*Szechwan*：*Its Produets*［*Products*］，*Industries and Resources*，1922）；再北平英国大使馆之参赞德氏（Sir Teichman，E.）遍游我国各地，并作有《中国西北》与《康藏游记》两书（*Travels in Northwest China* and *Travels in Eastern Tibet*），以及李氏（Little，A.）所著之《远东地理》（*Far East*）等，皆为英国驻我国使馆人员对我国地理研究之珍贵文献，迄今常为中外人士所赞许。除去上述者外，来我国之英国武官对我国之边疆地理贡献亦颇不少，如蒲将军（General Pireria）所著之《自拉萨到北京》（*From Lhasa to Peking*）及达队长（Mator Davis）所著之《云南为长江与印度之连系》（*Yunnan*：*The Link Between The Yangtze and India*）两书，都已成为我国现在后方发展经济与建设交通之蓝本。我国在抗建中赶修之有关国命生死□续之滇缅铁路，其路线即系根据达队长昔日之调查所决定者，其贡献之重要可想而知。再如英国政府贸易部所出之大英帝国贸易报告书（*Trade Report*），亦皆为其各殖民地之文武官员及海外领事搜集报告所编成者。此种贸易报告确为当代世界经济地理之善本材料，其价值之珍贵，凡参考引用者，对之莫不深致崇羡。即欧美一般公务员所作之地理图籍，真是汗牛充栋，献替甚宏。反视我国之公务机关（如最高国防委员会、经济部、交通部、外交部、农林部、蒙藏委员会等），与地理多具有不可言喻之关系，请问对地理之重要已经痛切认识否？一般公务员诸君均曾受此训练否？对国家已有此种贡献否？言念及此，曷胜慨叹！

地理学识与一般行政关系之重要已如上述，其于我国边疆行政及外交实施上，尤为必不可缺乏之工具。既因我国边疆素为国人所不注意，适合边地

115

情形之施政，难于设计。然唯其暗昧困难，更需彻底考察认识。况我边区各地，多与强邻毗连，对于国防，关系至巨，而边疆之行政，与内部迥异，一切设施，多与邻邦有关，如滇缅年年所举行之中英会审，即一例也。边沿问题，措置失当，常可引起重大纠纷，我国近代边疆领土之丧失，即多肇端于此。况我国内陆边沿，俨然已为人所包围，强邻对我边疆时在虎视眈眈、垂涎觊觎之中，防范一弛，便予窥伺侵略之机缘。职是之故，于我国边疆之行政人员，更须审慎遴选，否则清廷失地之悲剧，将重演不息，直至国本垂危不可收拾而后已。

查我国的边疆，自清中叶以来，相继丧失于外强者，其地域之多与面积之广，至为惊人。且此等失地在我国经济建设上及国防上之重要，亦诚有万绪千头、一言难尽之概。关于此种损失之可惜，尽人皆知，毋庸赘述。但其丧失之原因，甚为复杂，请概而言之。或谓因我国之军备不及人以致战败而丧失者，或谓因我国之内政不修致肇外侮为人夺去者，亦有谓因我国之外交不明致为人所愚而割予者，惟我们若从地理的观点来追溯我国过去失地之原因，又皆具有一共同的基因，质而言之，即是我国政府过去对我边疆之漠视。国人对我边疆之不认识，而驻边疆行政大员对当地之地理情形隔膜，未明乎"地"自不能"宜其制"。边政外交焉能不败，领土主权又何能保持耶？兹将我国过去以昧于边疆地理而致丧权失土之处，略举数端于后以资惩前毖后焉。

（一）因不明了沿边之自然形势及其变迁而致起国际纠纷者：甲午战后，朝鲜独立，继则日俄战起，俄为日败，日则又迫我承认朝鲜为日所并，并订图们与鸭绿二江为中日之分界。孰知图们江上游有地下水道一段，长约四十里，名石乙水，因江水潜流地下，地面无明显之水界，致双方常有越界事端发生。图们江上游之豆满江中之冲击洲，亦即中日"间岛"问题之焦点，此皆由自然水界之变迁所发生之问题。设预有明文根据，当可免敌人借端生枝也。

（二）因不明了边疆标识而致丧失者：当帝俄与我国订界约时，多以卡伦与鄂博为界。如雍正五年（一七二七）《中俄恰克图界约》曾以"中国卡伦之中央地方为中俄疆界"。查卡伦与鄂博虽俱为我国西北沿边之标记，卡伦为木棚，鄂博则为石垒，但其分布又随冬夏游牧之徙移，分常驻、移驻与添设三种。移驻者，无一定之位置，或为春秋二季放牧而移置者；添设者为一定期内为特殊事故所加添者，过期则撤，亦无定址；惟常驻者有一定地点，多在界内，距境内之城镇不远，不似移驻与添设者之远在边陲甚或界外之地。若照条约所限，以常驻者为界，则移驻与添设两种所在之地域便无形拱让诸人矣。

（三）因回避难险之复杂地形而致丧失者：一国之疆界常随自然之形势而极尽其曲折。昔日我国之划界代表为避讳地形之艰险常弃曲屈而就简直之界线，如科布多界约所订者，殊不知自然疆界多蜿蜒折曲，若裁湾［弯］取直以免麻烦，不独丧失领域且常失掉沿边之险要据点，予强邻入侵之孔道，危及国防，例如：

（1）萨彦山西南行至沙宾达板（山口）一段，就地形言之，如沿山岭外支之分水划分之，乌鲁克穆河下游即业尼塞河上游之肥沃平野，便不致失于外人之手矣。

（2）自阿尔泰山系奎屯山起西南行之一段，应沿外支之纳里木斯基山直迄塔尔巴戛台山之西端，始合自然之形势，否则如现在所划，经塔城附郭，横切毫无天险可守之喀喇额尔齐斯河，不独丧失紊□诺尔盆地之全部，且予外人入侵我阿尔泰盆地之自然孔道，阿尔泰之背我外倾，盖由此也。

（3）自塔尔巴戛台山西南行之一段，若能直趋阿拉套山西端之戈帕尔城，越伊犁河下游经艾佛尔尼城，再沿可克塔尔山至葱岭之阿拉山，果尔如此划之，不但可保有塔尔巴戛台山南之阿拉□尔肥美盆地之全部，更控制联系中亚与我新疆间之伊犁河谷自然孔道及天山迤北外围之伊斯色克库尔高盆地之天险，天山北路之准噶尔盆地亦必借以高枕无忧矣。

查中俄订恰克图与科布多及伊犁界约时，适当清廷盛时，非军威不足与政令不振也，而仍失丧偌多之□域与险隘，推原其故，无他，概由我国划界大员昧于边疆形势，畏避实地勘踏之艰苦，竟深处内地帐幕之中，将主权断送于人以致煽惑势力深入，我则无法拒之。今日外蒙古与唐努乌梁海二共

117

和国之相继独立与科布多及新疆之貌合神离，盖势所必然！

（四）因清廷政府漠视边疆而轻自放弃者：我国过去常以边疆远处荒际，向不为人所注意。如一八五八年英人由喀什米尔窥我西藏，途与拉达克官吏相争，清廷则睹若无闻。拉达克原为我国边藩之一，地虽遥远，实亦挟屏障之重，而当时政府不起而交涉捍卫，终于一八九〇年为英印所并，今日始知拉达克乃自英印喀什米尔入我新疆与西藏通商之要冲也。

（五）因不明晓我国边区各地之位置关系而肇强邻愚弄所丧失者：

（1）江洪与野人山地之丧失：光绪十二年英国并我缅甸，一方曾允还我江洪，但声言中国不得转让予他国，而另一方则又密许法国占领之，因江洪地近安南实为当时法人所必争之地，英国为缓和英法在印度支那之冲突乃密许之。后法人果尔进占江洪，我虽屡次交涉，于光绪二十一年卒因甲午战役，为法国参预迫日还辽事件而允之。因而英国又借口我割让江洪予法，迫我割野人山地以维英法受惠之均等。

（2）西藏问题之发生，当我割缅甸予英时，曾以英人允许不入侵我西藏为条件（见光绪十二年缅甸条约第四条），后因甲午战后俄藏勾结为英所反对，迨日俄战后，俄为日败，英人乃乘机进兵西藏，于是达赖乃奔走帝俄卵翼下之蒙古，结果英人乃迫藏订英藏□和条约。及至民国成立，英人乃以我承认西藏自主为承认我民国政府之条件。

（六）因边疆地名不清致起争持而丧失者：

（1）孔明山与公明山之争：查滇缅之东卡至那牢一段中英界限之争乃起于孔明山（Kung-Ming Shan）与公明山（Kung-Ming Shan）名称之误会。孔明山系在南卡江与南□江之间为二水之分水岭，而公明山乃在潞江（即怒江或萨伦河）之东，南滚河之南与南卡江之西。英人与我交涉时，竟擅指孔明山为约中之公明山，将界线东划，致成中英相持之滇缅南段未定界地，迄今年（三十年）六月始告解决。

（2）高良工山与高黎贡山之争。查高良工山（KaoliangKwng Shan）乃在龙川江之西北，而高黎贡山（Kaolikung Shan）乃位于该江之东相距数百里，但英人向我交涉时，竟□高黎贡山为高良工山（亦名扒拉大山），我如许之,则所谓片马与江心坡两地必无形失去矣(见下)。

(七)乘我政府对边疆形势朦胧之际拟攫略我边地者:昔日英人为野人山地,向我交涉时,不言野人山,而妄指为片马问题,查片马远在野人山之东,位迈立开、尖高山与恩门开江之东,如为所愚,不但野人山地为所攫去,即所谓未解之江心坡地亦必为其不劳而获矣。幸我当局未为所蒙蔽,致相持多年,迄今仍为中英滇缅北段之未定界地,北起自西康察隅县南之江心坡地,又名三角地(The Triangle Area),南迄尖高山。此等未定界地,尤需作地理工作者前往调查,以备政府来日交涉之参考。

综观以上所述,地理与边政外交关系之深,实不可言喻,方今我国全力抗战建国,一切国防经济建设莫不以我国之后方为根据地,是以内陆边疆一带实为奠定我国胜力之基础地。一切建设正在开始,其有待地理学者之研究调查者正殷,□有关各方,急起合作努力为之。

《边政公论》第1卷第5、6期合刊,1942年1月10日

论战后的国都问题

鲍觉民

我国历史上之重要国都,计有六处:其在黄河中下游者,有长安、洛阳及开封三地;其在大江下游者,有南京及杭州两地;而在大运河北端者,有北平。二千年来我国之历史,大概可分秦汉隋唐为一期,宋元明清为又一期。前期中国历史之发展,其重心乃在黄河中游一带;而后期中国历史之发展,其重心则移向东南,而为大江及黄河之下游。因此各朝都城之所在地,亦每随当时全国经济文化之重心,而播迁更迭。前期中国之国都,多在长安与洛阳,而后期中国之国都,则为北平与南京;其在前后两期之过渡期间,北宋虽曾建都汴京,而宋室南渡之际,又一度定都杭州,但二者均为昙花一现,未能取得常为全国国都之资格。

秦汉隋唐之前期中国,其立国重心,初为关中之渭水流域,继乃逐渐东展,而及汴洛之间,试[诚]如太史公所谓:"关中之地,于天下三分之一,而人众不过什三,然量其富,什居其六。"此就经济而言;又班固曰:"自秦汉以来,关东出相,关西出将。"此就人才而言。可知其时全国之重心,乃在黄河中游一带,为全国文物荟萃之地,而咸阳、长安、洛阳,所以先后为建都之极选。其实自东汉魏晋以来,全国重心东南移转之势,业已显然。三国时吴都建业,集东南之人力物力,以抗曹魏;而西晋之末,五胡乱华,洛阳沦陷,宗室南迁,中州士女避乱江左者,十居六七,盖其时大江中下游之开发,当已略具规模,故《隋书·地理志》有云:"天下之能言,惟金陵与洛下耳。"隐有南北对抗之势。隋代之开凿运河，借运江淮之米，以济洛阳；而隋炀帝竟至流连江都，乐而忘返。北宋建都开封，西通黄河，东达江淮，虽有"大梁居天下之中"之语，无奈河患屡作，而汴河水运，日就淤塞，一时人造之国都，终因自然环境之未能相与配合，其不能长久为一国首都之上选也宜矣。及至金人入寇，汴京陷落，宋室南渡，建都杭州，固属一时权宜偏安之局，但其时中原人士，亦相率随之南下，而全国经济文化重心移向东南之势，为之加剧，顿使南北形势之优劣，为之倒置。至于辽金以降各朝之所以舍南就北建都燕京，则又别有所由，盖辽金元清，悉为外族入主中国，且皆崛起北方或东北方，当其进瞰中原、临制全国之时，仍必倚凭其原有之部族武力，而不能远离其老巢，故其建都燕京，进可以借之以为控制全国之据点，退可以回其巢穴。及明太祖恢复中原，即定都金陵，而命燕王（即成祖）镇守北京，以防元人之卷土重来，后成祖卒迁都于此，虽当时首都之北迁，乃置国防考虑于经济条件之上，终仍未能避免为来自东北方之满清游牧族所覆亡，亦可慨矣。

中国二千年来之历史发展，其文物重心，既自西北而移向东南，自黄河流域而移向大江流域，故元明清三朝，虽均建都燕京，但其统治国家之人才与物力，则不得不仰给于东南，观于清乾隆帝之"东南财赋地，江浙人文薮"语，可知其概。据近人研究明清以降数百年全国人才之地理分布，泰半均为江南人士，南北文野之悬隔，殊为可惊。又如明初开国之元勋，皖浙之籍居多；及明之亡也，反抗满清之人物，亦以大江以南产生最多；而近百年来致力实际革命运动，颠覆清室者，亦以东南人士为最多，大河南北，殊为寥寥。再就全国之物力论之，自宋元以降，江南各地之开发，日臻繁盛，元时凿会通河，贯通长达三千里之大运河，借输东南之糟米，以济京都，明清因之。迨十九世纪中叶雅片战役以后，轮船铁道，相继输入中国，沿海以外，大江两岸各地经济之发展，突飞猛进。即西蜀之天产，亦因川江试航之成功，而日益繁盛。长江流域，以其土地之优美，面积之辽阔，人口之稠密，物产之丰饶，地位之适中，一跃而为全国经济文化之重心。是以清室倾覆之际，中山先生毅然就任临时大总统于南京，显有迁都南下之意，无奈袁世凯包藏帝制野心，坚持都城仍设北京，其后国是混沌，迁都大计，无人重提，直至民国十六年北伐成功，始决定奠都南京。七七变起，全国奋起抗战，以淞沪之不守，政府为贯彻持久抗战之国策，于是撤退南京，西迁重庆，以陪都之地位，而权为战时之中枢。顷者抗战胜利之日，已不在远，他日驱出倭寇，还我河山，则政府是否仍还南京，抑将另选新都，实为目前国家之一重大问题。兹就地理形势之观点，略论武汉之地位价值，及其可供选择以为我国首都之理由。

就交通地理上言之：武汉位于大江中流，当江汉交流之会，东距海口约为一千公里，西距重庆亦约为一千公里。扬子江为世界最完美之水道，亦中国交通地理上之大动脉。而武汉适居于扬子江上沪汉渝三大重镇之中央，为我国东西水上横线交通之中心地位；每当夏季水涨之际，万吨左右之海洋轮，可以直泊城下，故汉口不特为内河水运之中心，亦为海洋航程之终点，实为河港而兼具海港之形势。自平汉、粤汉二大铁道相继完成以后，均以武汉为其终点，可以北通平津，南达港粤，又适居于我国南北陆地纵线交通之中心，而为全国水陆交通之最大枢纽。民国十八年中国航空公司成立，翌年欧亚航空公司亦继起创设，我国空中交通之发展，突飞猛进，其时沪蓉及平粤诸空航干线，即以武汉为居中联运之站。就武汉之天然位置论，北距平津，东通京沪，南达港粤，西距重庆，西北距西安，均约在一千公里以内；而西南之昆明，西北之兰州，东北之沈阳，以及朝鲜、台湾，则又悉在以武汉为中心之一千五百公里之圆周内，就目前各国民用航机之速度言，五小时内，均可由此直达。以我国幅员之广大，一般水陆交通之落后，抗战胜利以后，空运事业，定将超越其他各项交通建设，而有飞跃之发展，则他日全国最大之空港及空运联络站，必为武汉无疑。中山先生尝论兰州堪为我国之陆都，南京宜为我国之海都，而武汉则不特能具陆都海港之形势而兼有之，且可为全国最适宜之空都。

又就政治地理上言之：一国首都之位置，实为一切国防计划之先决问题，必须能统筹全局，而为一国行政之神经中枢。战后远东之形势，可得而言者，一则为我国东北领土，必须收复，主权行政，必须完整；一则为南洋各地与欧美之政治的及经济的关系，必将有所调整，而我千百万侨胞在南洋之地位，必将有所改善。东北为我中华民国之生命线，南洋则为我中华民族之第二故乡，战后新中国之建设，必须同时注意于东北及南洋；建都武汉，可收兼筹并顾之效。良以战后香港之收复，应无问题，将来香港与武汉之交通，广九、粤汉两路接轨以后，二十四小时之火车，即可互相通达；而武汉、沈阳之间，亦可借平汉、北宁之联运，仅需三十六小时，即可直达。加之以中国面积之大，等于欧洲全洲，将来国防之设施，尤宜采行军事分区负责之制，而不易集全国军力于一地，他日武汉中枢之外，可就北平、南京、广州、重庆、兰州诸地，设为陪都，于全国号令森严整齐之中，仍有分区负责、脉络贯通之效。庶各能以其地理之个性，而发挥其区域的及时代的使命，如北平应为开发东北之前哨，南京可为东海海防之基地，而港粤既可成为南海海防之据点，亦堪为开发南洋之大本营，至于重庆与兰州，则可分负西南及西北经济建设之中心与大陆边防之重镇；如此则国防计划，方为振衣得领。自滇缅公路完成以后，滇缅铁道，亦正在筹建中，此种交通形势之改观，业使中国之原为太平洋上之国家，进而取得印度洋上国家之资格；他日中国与欧洲之贸易往还，可以不必绕越新加坡以达港沪，可径假道仰光或孟买及加尔各答，以为出入之港口，而中印、中缅未来关系之日臻密切，亦无疑义。为应付此种远东之新形势，武汉适为首都之上选，断非全国其他各地所可比拟。

至就我国之经济地理上言之：扬子江流域，居于全国南北之中，大湖平原又为扬子江之中心区域，而武汉三镇，更居于大湖平原之核心地位。扬子江流域，西起川蜀，东止江浙，为今日中国经济重心之所寄，人口达两万万之多，物产富饶，农产物中之稻、麦、棉、丝及茶叶、桐油数者，产量至丰；至于地下之富源，则有四川之煤、盐与石油，贵州之汞，湖南之锑，江西之钨，皖鄂之铁藏，而长江三峡之水力，尤为国家最大之宝藏。抗战胜利之后，经济建设，应为举国一致努力之标的，举凡农业之改进，矿产之开发，交通之建设，以及工业化之推行，彼此息息相关，互成表里；但以全国面积之广阔，建设大计之艰巨，人力财力之限制，尤宜权衡轻重，事分先

123

后，而为有计划的逐步推行，并应选择一二区域，集中力量，加速进行，一面可收工作最之大［大之］效率，一面又可树全国各地建设之楷模。如此无论就经济上或国防上着想，大湖区域似为最理想之地带，尤以重工业之发展为然，既可获得原料供给之便利，复可兼具国防安全之顾虑。过去八十年来我国新工业之创设，矿产之开发，铁道之建造，悉以沿海各地为中心，而上海、天津、香港诸城市，遂成为外国政治经济势力入侵之根据地。此种偏重沿海、忽视内陆、及在外力导演下之经济发展，议者固早讥其为畸形；果于此次抗战之初，即遭重大之损失。战后之建国大计，自当以全国各地之均衡发展，为其最高之指导原则；以武汉位置之适中，形势之优良，他日如能选为国都，不难于政治首都之外，兼施全国经济首都之功能。

一国首都之所在地，应为全国政治经济之中枢，亦为一国精神文化之所寄，其选择之条件，因之亦最为严格；但每因时势之变迁，国都应具之条件，随之有所更易，故为适应时代之需要或国家之环境，而每有迁都之举。征之史例，如莫斯科原居俄国地理之中心位置，而为全国之首府，及彼得大帝时代，因欲极力效法西欧，不惜迁都于波罗的海沿岸之圣彼得堡（即今之列宁格勒），及一九一七年大革命后，复弃圣彼得堡，重行迁回莫斯科，而为今日苏联之政治中心。又第一次大战后之土耳其，亦毅然由君士坦丁堡（今名伊斯坦布尔）迁都于全国中心位置之安喀拉，二十年来之埋头建设，顷已一跃而为世界强国之一。至如远东之印度，原以加尔各答为首府，盖初取其位于恒河之口，有海运之便利，但终以其地位之太偏，而迁都于全印中心位置之新德里。此类例证，在近世世界史上，固为屡见不鲜，无足为奇。我国此次奋起抗战，堪称为中国史上划时代之大事，战后之建国工作，极为艰巨，边防内政，同其重要，自应集合全国之人力物力，一面应付此次战后世界及远东之新形势，一面努力创造未来之新中国。则为增进行政之效率，促进经济之发展，而迁都于全国交通地理上中枢位置之武汉，实有其事实上之必要。

武汉三镇，居江汉之交。武昌居大江之东，汉口居大江之西，汉阳居汉水之南，互成鼎足，其形势之优良，诚为世界所罕见。武汉三镇人口，在抗战前约为一百五十万人,为全国第二大都会,每日平均渡江人士,多至四五万人。武昌昔为鄂省省会之所在地,为全省政治之中心,汉阳则以汉阳铁厂及兵工厂之设立,及其他纺织业、面粉业、榨油业等之兴起,为大江中游之最大工业都市,而汉口则为鄂、川、黔、湘、赣诸省及陕、豫南部货物之集散,亦水陆交通之中心,为大江流域之第二商港,似此分工合作之效,不特国内各地无与比伦,即在世界地理上,亦为绝无仅有之例。他日如能建为国都,更可就其优良之天然形势,益以近代都市之人工设施,而以武昌建为全国行政之中枢,而使汉阳与汉口分任工商与航业之功能;又武昌城外东湖湖滨之珞珈山上,有国立武汉大学之校址,湖光山色,风景幽静,亦他日文化教育区域之良好所在。

时贤近于战后之国都问题,颇多论列。或则着眼于东北问题,萦心于白山黑水之间,而有国都重返北平之议;或则置念于西北边陲,着力于大陆国防之申论,而倡以汉唐故都之长安,作为战后新首都之极选,固均各具卓见,而非仅据怀旧之蓄念已也。窃意一国首都之所在地,既为全国政治军事之神经中枢,亦全国经济文化发展之指针,敢就地理上之形势,略论武汉三镇将来在中国之地位,或亦可为国防设计及国都选择者之所参考。

《当代评论》第 3 卷第 14 期,1943 年 3 月 14 日

战后中国国都位置之商榷

张印堂

一　序言

我国国都自民国成立以来，虽相沿定于北平，惟以内政未趋统一，军阀据地自雄，各行其政，北平徒有国都之名，实未能发挥其所以为"一国之都"之功用也。逮国民革命成功，国都初设武汉，其后乃奠都南京，而以西安为陪都，北平为故都，规模大备，内政一统，新都南京，始为全国重心所在。民国二十一年，淞沪战起，因我国力未定，当时南京颇为敌人威胁，遂以洛阳为临时国都，中枢西北移，论者乃有南京不适为国都之议。第不旋踵而和议告成，国民政府迁回南京，此论亦寝。二十六年芦沟桥事变发生，国家为持久战起见，乃暂迁都重庆，此不过临时之计，故国府仅以重庆为陪都，一般则称之为战时首都，非为久远谋也。综上所述。当代我国首都之位置，犹在变迁未定之中；战后，逐寇出境，失地收复，究应以何地为国都实有商榷之必要，爰略贡所见，以备国人之参考。

二　中国历代国都位置之变迁

我国历代国都之名称及其所在地，极为繁多，而变迁又至频仍，例如自夏代迄今，为时数千载，国都多至十余处。吾人今日所研究者，当以统一时代之情形为准，其割据建都之国，或因战乱而迁移者，皆偏安一隅，无关重要，略而不论。究其统一时代，国都地理之分布，可别为四个建都区域：一为渭北平原，或称为第一渭北建都时期，所建之都有西安、长安、咸阳、龙首等；二为河南分水（黄淮之分水高地）即指历史上所谓之中原发祥地，所建之都有洛阳、开封、亳等；三为华北平原之北部，所建之都为燕京、北平、北京等；四为长江三角洲，包括钱塘江下游，所建之都有临安（杭州）、建业、南京等。至其位置变迁之先后，当以渭北平原为最早，河南分水次之，华北平原较晚，而长江下游为最近。统观演变之迹，于每一建都地域安定之前，常有一不稳定而具有试验性之变换期，此变换期建都之地域，与前后稳定期建都之地域略同，例如建都渭北平原之前，我国国都之所在，或分布于渭北平原，或分布于河南分水高地，不一而足；由第一建都区转至第二建都区时，我国国都之所在，或分布于渭北，或分布于河南，类相递嬗，以迄于今。民国以来，可称之为一由华北向长江下游之变换期。惟战后，国都究应设于何处，确为我国历史地理与当代政治地理上，极有意义之一问题，在探讨未来国都位置之前，笔者愿首将过去国都变迁之主要原因，参以地理环境之演变所见，略述于下，以便研究。

关于吾国建都之条件及变迁之原因，柯氏（Vaughn Cornish）言与抵御外患及边防设施之关系最大，可称之为"建都边防论"（Frontier Defense Capital Theory），见柯氏所著之《世界都市》一书（Vaughn Cornish: The Great Capitals），即谓吾国国都，常迁于邻近边患最紧张最密迩之地；彼更认为国都位置，初由西安，继而北平，最后而至于南京，实与外患初在西北，转而东北，更转而在东南沿海同一路线；惟据笔者观察，过去国都之位置，固与镇压边防有关，然此决非第一重要之条件，例如，我汉唐盛时，开疆扩土，领域之辽阔，西达中亚里海附近，而东北边界又远逾白山黑水之外，当时国都之位置，并未随领土之开展而外移，建都于渭北平原之西，或华北平原之北。从此，吾人可知吾国建都所在，尚有地理上之基本限制，而不完全在于镇压外患一因，此理至明。

笔者所谓地理上之基本限制者，即一经济地理之限制是也。盖渭北之西与燕京以北，辽阔平坦之冲积平原，既不多见，而已进入季风气候之尾闾，雨水稀少，年量尽在二十吋以下，且分布不均，降雨强度太大，降落又至不可靠，对于农作极不适宜，乃为困难之贫瘠区，繁荣之都市，且不可得，遑论国都？故从各代建都区域比较研究，国都必然在一生产富足之地，是可断言。当吾国建都渭北平原时，其环境远较其他各部为优良，既无华北平原之泛滥泥泞，又无长江下游之薮泽沮洳，而地势空旷，土质为次生冲积黄土，肥沃膏腴，灌溉便利，于农最宜，兼之气候较现在为温湿，适于人生，物产丰裕，为吾国最早之仓库地，又为古代文物荟萃之场所，文化之发祥地，全国政治之重心，故极适于国都之选。及至唐代以后，一面因河流之淤积，低湿原野，变为陆地良田；一面因人口之增加，东部沿海丛林，得以砍伐，薮泽得以疏导，于是昔日之泥泞沮洳，一变而为广平沃野，旧日不适人之处，一变而为人类乐园，加以西北流沙东展，气候渐干，雨量减少，过去之仓库都市，浸假变为废墟荒野。于是我国国都，自然由西向东，逐渐迁移，所以自西安、洛阳，而迁至华北燕京，其故在此；加以外患确亦由西北之匈奴转而为北方之蒙人及东北之东胡，设都北平，御侮防边，皆甚便利也。其间外患深入，北方鼎沸，偏安之局，往往又在江南立都，其名虽为"王室"，其实已不能统驭全宇，此种国都之播迁，在华北建都区域中，例最显著，如晋之建都建康，宋之定都临安，皆势迫处此，非盱衡全局之谋，与本文所指建都区域，固为例外，但亦不能影响吾人之立论点，读者当可思得之。综上以论，吾国国民革命北伐成功之后，国府之不在北平，而设于南京，实亦可称之为一国都未定之变换期。

三　近代都市位置选择的趋势

考诸历史，列国建都，过去似注重内地，近代似又注重沿海，盖世界各国海禁开放之后，为对外交通便利及海防巩固起见，建都多取海港都市，或建都于邻近海口之处，势所必至，非随一二人之意见所可决定也。如帝俄革新成功后，迁都于滨海之圣彼得堡；日本明治维新后，由西京旧都，迁往东京新都，此种趋势，显然可见。惟经过第一次欧战，国都之位置，复有内迁之趋向，例如苏联革命成功后，反将国都自圣彼得堡迁回莫斯科；土耳其革新以还，国都之在君士坦丁堡者，内迁而至于安古拉，以避免海上敌人之威胁。由此观之，一国建都之位置，并非有一共同绝对之标准。为边防计，设于沿边者有之；为安全计，设于内地者有之；为交通计，设于沿海者更有之。总之，其选择决定之条件，乃视该国当时建国之地理环境与其发展之情形及对内对外之关系而定，则为不易之原则。吾人常言，某国为一大陆国，某国为一海洋国，是对其地理环境而言，如英日两国确为典型之海洋性国家，国土狭小，而散布海上，岸线绵长，对内对外，均以海上交通为主，国家之安危，系于海防之强弱，而其人民之活动，又常遍于海外各地，强大海军，乃其自然发展之结果，亦为维持其国家生存所必需。欲求平时海上商业交通之便利，战时海防布置之灵敏，当以沿海之海港式国都为最适合，英都伦敦，日都东京，即根据此理而设。至如奥、匈、捷克等国，为纯粹之内陆国，自无尺寸海岸，对外海上之关系，须经异邦领土，受制于人，既无海防之需要，亦无建设海防之基础，其国都位置之选择，当然不以海洋环境为条件，而以内地为最宜，如匈之布达佩斯（Budapest），奥之维亚纳（Vienna），及捷克之布拉格（Prague）皆是。再如海陆性兼有之国家，如美、德、法、苏等国土庞大，海岸线绵长，对内对外，海陆交通，均甚重要，国家安危，系于海陆两防，决定此种国家国都之条件，与上述两种纯海纯陆者，迥然不同，若其国陆海军国防建设具备，则建都于与海外直接沟通之一内地河港上，如德之柏林，即位于爱尔巴（Elber）与欧得（Oder）二河之间之斯普瑞（Spree）与中部（Midland）运河上，西通汉堡港（Hamburg），东连斯塔町港（Stattin），既较安全，且又便利。法之巴黎，经赛恩河（Seine R.）通哈佛港（Havre），其理亦同。

我国地理环境，约与美苏同，与德法近似，疆域辽阔，而沿海岸线甚长，北由鸭绿江口起，南达北仑河口止，海岸直距有三千余公里，连同大小港湾折曲共计一万一千一百三十公里，与我全国面积比之，每方公里平均仅占海岸一·一公尺，与我全国四万〖万〗五千万人口比之，每人仅占二十五公厘（合一英吋长），较之英国（包括英、苏、威三区，沿海小岛之岸线尚未计在内），每方公里占有岸线三十七公尺，每人（按一九三一年人口统计）占有岸线一五六公厘（合六吋多），及日本（包有本州、九州、四国与北海道及所有附近小岛）每方公里占有海岸六六·六公尺及每人（据一九三五年人口统计）合占岸线三百公里［厘］（约合一英尺之多）者，相去悬殊。惟德、法、美、苏等国，则与我国略同。德国每方公里计有海岸四·四公尺，每人（按一九三三年统计）合占二十七公厘（仅合一吋多）；法国每方公里计有海岸六·二公尺，每人（按一九三六年统计）合占七十公厘（约两吋多），美、苏亦近乎此。所以我国所处之地位，其近于大陆性，而非海洋性，睹上所举，可以得知。故国都位置之选择及国防之设施，应重于内地陆上，而非在沿海岸上，其理至明，惟内地陆上，面积广大，地理环境优劣不同，都会重地，不一而足，究以何者始合国都之选，实有考察、选择之必要。

四　奠都之基本条件

选定国都位置之基本条件，要者有七：一地位适中；二历史悠久；三交通便利；四为一文化中心；五为一经济之中心或位于经济充裕之区域内；六为位置较为安全；七物质设备须较完善。兹再解述如次：

所谓国都位置需要适中者，并非指其地位须位于一国疆域内之数理地理上之中心地位，乃指该国已发展或可发展之重要地域之中心地位而言。例如以我国全国而论，当以兰州最为居中，而皋兰地位，实处我国繁荣区之最西北角。我国东西二部，大有不同，北起自兴安岭，经阴山、贺兰、祁连、西倾、邛崃，南迄大娄山脉，是为东西之一大基本分野，其东地势较低，拔海几全在一千公尺以下，其西除新疆之准噶尔与塔里木二盆地外，拔海均自一千公尺之七千余公尺不等。东则雨水较多，年量约在二十吋以上，对于农作，除西北黄土高原，稍感不足，其余大部地方，皆称充沛；西则仅有西南小部分多雨，其余大部地方，雨量甚少，年量约在十吋以下，或以缺雨，或以地高温低，种植农作，多不相宜。总之，我国东西二部，以人生基础，优劣不同，故居民集居于不到半数之东部一域者十之八九，是以我国国都处于此东部地带中，寻一适中之地点，方为确当。

所谓一国国都，须历史悠久者，并非指首都所在应为其国发展历史最古之地，乃指其有〖相〗当之历史背景者而言。例如据考古之发掘，我国虽以安阳、敦煌、楼兰之发现为最古，惟楼兰、敦煌早已为沙漠所湮没，变为历史上之废墟！该处现年雨量不到五吋，草木生长，尚感不易，人生尤难。发展农作，繁荣都市，更无从说起！今以河南之安阳，较之东部沿海环境之优美，何啻天壤！故建都之处，不在过去历史最悠久之故址，而在近代历史上具有相当重要历史之处，自不待言！

所谓交通之便利者，乃指首都之所在与其他各部重心及对外之关系上，现有交通，须甚便利而言。吾人前已言之，国都之于国家，正如一人之神经中枢与其全身，四肢百骸之指挥活动，肇端于此，国都之交通，如不便利，行政施设，当如何措置之耶？是以列国国都之所在，皆为交通之枢纽，陆海空之诸交通线，胥由国都而辐射于国内各角落，于是发政施令，无不便利。

其四，国都既为举国之首府，则关于历史古迹之陈列，政经之建设，教育思想之发达，常为其国冠。是以其位置，必不在于穷乡僻壤，而在文化最繁盛之地，殆无疑问。

其六①，国都位置，必须求其安全，此为列国建都之要点，惟此之安全非指绝对安全或最为安全而言，乃谓须比较安全之地，方可建立国都。即就国防建设情形，于适合其他条件之下，为抵御外患便利自卫计，择一较为有险可据，容易防守之地，设都于此，庶几敌人构衅，可免城下之盟。

至于物质设备之完善与否，对于国都，亦极重要，盖无论平时战时，现代国家势不能闭关自守，国际往来自甚频繁，所以关于道路运输、电讯交通、饮食供给、图书设备、文物陈列、居室娱乐、卫生设备等等，皆不可少，此非仅壮国际之观瞻，亦所以示大国之风度，不可忽视之也。

---

① 原文如此，没有其五阐述经济之中心或位于经济充裕之区域内的问题。——编者注

由上所谓，可知国都，不仅为举国政治经济之中心，抑且为文物荟萃之场所，交通道路之交点，而历史悠久，地位安全，位置适中，物质建设完备，尽为其应具之条件，缺一不可。明乎此，吾人当进而再论吾国国都之应在何处。

五　中国几个可能都会之比较

吾国可以作为国都之都会者，在一般计议中，约为故都北平、新都南京、陪都重庆，及曾经为临时国都之洛阳、西安，与武汉六处，兹试一一论之。

（一）北平

北平之为吾国统一时代之国都，当自元朝起，其时距今约六百年。北平位于华北大平原最北部之顶端，适当蒙古高原、满洲盆地、黄土高原与华北平原四大地理区接触处，其地位之适中重要，于此可见。北平距海约二百公里，距天津港仅一百四十公里，虽不为一海港式之都会，但对海外交通，尚称便利。再经通州沿北运河轻便水运可通长江下游各埠。清末民初以来，建设铁路，其干线如北宁、平绥、平汉（粤）、平沪等，皆以北平为出发点。就内陆交通论，北平实为交点，交通便利，今未稍改。再则，北平环境优厚，物产富饶，资源充足。如言矿藏，则有辽宁之铁，晋省之煤；如言农产食粮，则有松辽平原之豆麦，华北平原之五谷；如言畜产，则有漠南察绥宁之毛皮，凡此种种，皆非其他都市所能望其项背。至于轻便工业之发展，在近代历史上，亦为全国冠。而其地位，对川康云贵闽粤，虽有偏北之嫌而逊于南京，然于西北诸省及华中华北与东北之关系，则极为适中而为南京所不及；兼以物质设备，较为完善，故重建新都，自甚易易，吾人以为北平为国都地位之选，当有考虑之价值也。

（二）南京

南京滨临大江，位于极肥美之长江三角洲上，距海三百公里，距我国商业中心之上海仅二百余公里，对内对外，海陆交通，均甚便利。而与长江中下游之赣、湘、鄂、川、皖六[五]省一带均可通舟，关系尤为密切。四川盆地、江湖盆地及江淮平原，为吾国产米最富之区，沿江煤铁诸矿蕴藏尚富，商业发达，为我国当代文明之中枢地。况金陵建都，远在魏晋，六朝文风，至今未泯，历史可谓悠久，惜物质建设，不如北平之完备，对西北与东北各省之交通，更无北平之便捷。总上以观，南京在经济的基础上与历史文化之背景上，以及对内对外之交通上，虽不逊于北平，然值此国际风云不定与我国海防建设薄弱之下，纯就安完[全]说，建都南京，难免敌人海上威胁，确无北平之安全，此点察诸当前情形，实有注意之必要。

（三）洛阳

洛阳深处内地，距海几六百余公里，地位虽似较为适中，然对国内各地，交通极为不便，海外关系，尤有距离，此点较之北平、南京，不及多矣！洛阳原为中原重地，历史悠久，但自隋唐以后，在我政治经济上，既已失却其重要性，而北滨黄河，南倚伏牛，东据嵩山，西凭崤涵[函]，形势险阻，地位偏僻，文化落后，工商不振，建都要件，七缺其五，徒恃安全，将何所取？时人虽有所称扬，要非国都之选，似成定论。

（四）西安

西安为我国建都第一时期之故址，位潼关之西，渭水之南，南凭秦岭终南大山，东距洛阳三百余公里，在我国数理地理之位置上，虽较洛阳适中，为安全，惟对我国他部及海外之交通关系上，颇感困难。西安原为我国文化之发祥地，历史悠久，惟远自十二世纪宋朝以来，即无复有其往昔之繁荣重要矣。西安当渭水平原之中部，土质肥美膏腴，但雨水不丰，年均在二十时以下，旱作既无把握，而灌溉又极有限，现虽有渭惠与洛惠等渠之建筑，灌溉面积，仍属有限，农业发展困难，民生贫瘠，文化落后，往昔渭北虽曾有我国古代仓库之称，但以气候之转变，今已荒凉满目，废墟遍野，大有今昔不同之概。将来西安市容，随西北之开发，纵有蓬勃气象，恐终将以其地理基础之限制，而不能超出其局部重要之地域性，若使其成为领导举国政治之中心，不亦难乎？

（五）重庆

重庆深居四川盆地之东部，位嘉陵大江之会口，向为巴东重镇，而四川又素有天府之称，其经济基础之富厚，自不亚于我国其他之任何地理区域，如华北平原、松辽平原、江湖盆地、长江三角洲、珠江三角洲、黄土高原、云贵高原等，无一出其右者。且四川盆地，形势险要，防御安全，东有大巴、巫山、三峡之险，北凭米仓、岷山，西依邛崃大山，南障七岳、大娄、凉山诸脉，山岭封卫，掩护森严。惟以四围地形艰险，山势雄伟重叠，对外交通梗阻，故过去有"蜀道之难，难于上青天"与"天下下，而蜀犹未下"等谚语。其与外界往来之困难，由此可知。现四川对外之交通，虽大见改进，除大江通航之水道外，尚有川峡、川鄂、川黔、川滇及川康等公路之完成，惟以湍流滩礁，峰峦脊岭，迂回绵连，跋涉困难，出入均非易易，即以较易之长江水道而言，由渝至沪宁海上，航程一千八百公里，上水动辄八九日，下水亦需五六日，其不便也至明。现我国政府以战火外患所迫，为战时权宜计，迁都于此，并已明令定重庆为战后陪都之一；立都重庆，为战时安全计，自属妥善，惟于承平时代，若甘自后退，奠都于此，以享太平，徒为安逸，又有何价值耶？况重庆一市，既乏历史重要，又缺现代设备，较之新旧二都，相去远矣。

（六）武汉

武汉三镇位江汉之总会，为我国内地商埠之最大者。其地位适当我国发展重区之中心，距北平、上海、重庆、港粤、贵筑、桂林、西安等地，各约一千公里，沿江、汉、湘诸流，水运直通川、陕、湘、鄂、黔、赣、豫、皖、江、浙诸省，供应范围广大，为华中第一最大之商品集散地。在陆路之交通上，又据平粤铁路之中心，东西南北，水陆交通可谓俱便，复拥有广大富庶之洞庭盆地，与汉水平原，产米冠全国，故有"湖南收，天下足"之一说。言矿产，蕴藏既富，种类又多，如萍乡、新化及凉山、荆门、当阳一带之煤，大冶之铁，水口山之铅锌，新化之锑，皆其最著者。工商业发展基础之富厚与可能希望俱大。辛亥革命起义于此，国民革命北伐过程，亦曾建都于此，在我国现代文化及政治演变上，皆具有极重要之历史。于防卫上，武汉虽滨长江，为外舰所直达，但因深居内地，距海几一千公里（九四〇公里），屈曲纡回，航行需时，且沿江又有可守之天险数道，例如，除江口之海门吴淞要塞之外，上溯在江苏境内者，尚有江阴与钟山之险，足资凭借，在安徽境内者，有马鞍山、铜官山与望江诸关键，更供封锁之用，在湖北境内者，又有武穴、黄冈之险隘，苟能预为防范，善加利用，凭险据守，突袭偷渡，确非易易，绝无南京之易为外强敌舰所迫临所威胁之虞也。由以上各方观之，武汉三镇，定为举国首都，在地理位置上，对内对外之交通上，政经建设之基础上，及防御地位之安全上，较诸南京、北平及其他任何设计之都市，确有过无不及之处。于我海防未能充实之当前，建都武汉，尤为适宜。是以战后国人选立国都时，于武汉三镇实应予一审慎之考虑也。

综观上述，吾人可以要而言之，一国立国必须有其自然优厚之地理基础，统一局面之造成与维持，尤必赖一适当首都之奠定，能为举国政经之重心，文物之中枢，殆无疑也。况人生社会与人类文化，只有优美之地理环境，发展始有进步之可能。反而言之，繁荣市尘与高尚文化之产生于贫瘠荒野者，从未之见，古今皆然，中西一律。今若只为战时安全计，置国都于穷乡僻壤，甚而不毛之深山陡涧或广漠荒碛之中，其政令之不能运用与市容之不能繁盛，故无待言，而如此行之，实不异于故步自封、作茧自缚政策之至愚者也。

《当代评论》第 3 卷第 21 期，1943 年 6 月 20 日；

《地学集刊》专刊第 3 号，1944 年 1 月 10 日

重订滇西县区刍议

张印堂

凡行政区，不论为国际、省际或县际，其划分之适当与否，于该区居民生活、社会治安、经济建设，影响至巨。为求行政便利及促进社会发展起见，故确有研讨价值与设法改良之必要。我国现行省、县政区，多系沿袭历代故制，只能符合过去一时之权宜，而难以配合现在之需要，新划者则又多昧于实地情形，模糊不清，随便厘定，殊欠合理。总之，各省、县行政区域，以划分不适，致遭措置困难，流弊横生者，多不胜举，此不仅滇西县区为然，我国其他各省、县之划分亦莫不皆然，本文所论，特以滇西为例，不过借此促进社会人士之注意，阅者如能对他省他县加以引申参考，触类旁通，尤为笔者为文之初衷。

滇西现行政区分为县区与设治局区两种，前者为设有县府机构者，后者乃为拟设县府之行政区，其组织规模虽稍有差异，但均为省政府下之基层行政单位，本文范围，两者兼论，并为探讨。以上两种政区，以划分失当，所生之流弊甚多，据笔者所知，约有七端，兹将其详细情形及改进办法分述于后：

（一）县区面积，大小不一，负担轻重悬殊。

（二）各县人口，众寡有别，兵役分配不均。

（三）县区界限与建设范围不符，有碍经济发展。

（四）县区地域不连，社会治安不易维持。

（五）设治局之急应改县，以利行政。

（六）土司组织之急应废除，以铲积习。

（七）县境与自然区不符，措施困难，贻误行政。

（一）县区面积，大小不一，负担轻重悬殊。滇西已设县区之面积，小者如盐丰仅三千方里，而大者则多至九万三千余方里，如维西县是。县区土地，大小相差竟达三十余倍。一县土地在×千方里以下者尚有镇南、易门、安宁、禄丰、元谋、牟定、盐兴、广通等；面积在×千至×万方里之间者，有楚雄、宾川、永仁、大姚、漾濞、云县、凤仪、邓川、洱源、祥云、大理、永平等；而广大之县区，面积在一万至五万方里者，有武定、双柏、景东、缅宁、龙陵、保山、顺宁、镇康、云龙、姚安、蒙化、弥渡、中甸、丽江等；大至×万方里以上者尚有永北、鹤庆、兰坪、双江、腾冲诸县。按滇西县区面积之大相径庭，并非基于环境贫富与优劣不齐而划分，盖各县之荒野山地，占其全县面积之比数，均在百分之九十五左右。各县耕地亩积，所占全县面积之百分比，均在百分之五左右，生产情形与经济环境无甚轩轾。惟其生产之多寡及垦殖可能之大小，当随县区之广袤，有所不同，其差异与县区面积之较差成正比。在行政上，就其穷富，虽有壹、贰、叁三等县级之分，但于征购、征役之担负，照三等县级分配于实差三十余倍之县区，难免奇［畸］轻奇［畸］重之弊，其差异仍达十数倍。值此抗建期中，征购、征役急于星火之际，大县或可从容应付，小县恒疾首蹙额，疲于奔命，嗟怨不已。况县境过广，政令不易推行，社会治安不易维持，建设推动困难，此种流弊，于交通艰阻，民智不开，素称"山国"之滇西，尤感苦痛。

（二）各县人口，众寡有别，兵役分配不均。滇西各县人口，多寡不一，少者如漾濞、中甸、盐丰等，各县人数仅二万余，多者如顺宁可超至二十余万，腾冲则达二十九万余，而保山竟高至×××万之众，其他诸县，人口不及×万者，有禄丰、元谋、广通、盐兴、邓川等，多至十万以上者，有楚雄、澜沧、景东、镇康、祥云、云县、姚安、蒙化、弥渡、丽江、永胜、宾川等县。由上观之，滇西各县之人口，少者低至二万，多者几近四十万，众寡悬殊，判若天渊，值此国难严重，大军云集情形下，首当边防要冲之滇西，征兵征役，供应频繁，按县等级，摊工派夫，出差服役，各县所负担之额数，纵稍有差异，然仅以三等之县级为标准，而衡量其人口多寡相去二十倍以上之县区，欲求其公正分配，平均负担，殆不可能。

（三）县区界限与建设范围不符，有碍经济发展。迩来滇西各县以地下富源之开发与交通之敷设，致一地与原属县城之位置关系而起转移者，时有所闻。兹举两例以明证之。一为易门××铁矿之开采。查易门××矿区，乃为易门、禄丰之界山，又为安宁、易门公路必经之地，惟该地之一部虽属禄丰，但并不与禄丰县区本部毗连，其关系乃为禄丰之"飞来地"区，余则位于安、易两县之间，已开矿区位禄胜之南××公里，经禄胜西去禄丰为四十五公里，东至安宁仅××公里，自矿区至易门，西南行须××公里之遥。该矿开采事宜，有关土地人工者，须与易门县府交涉，然与禄丰地方政府亦有牵掣，而于运销方面反与安宁有密切之关系，因兴办事业，而与地方引起之交涉，头绪多端，梗阻频繁，其减少效能影响工作之处，自不待言。二为顺宁阿撒坝煤矿之争持。该矿系位于云县顺宁之道旁，适当两县之交界，素称顺宁煤田，而实为两县所公有，西北距顺宁几×十里，而东南邻云县仅×里，近在咫尺，前以计划之滇缅铁路，道经云县，阿撒坝煤田□□量虽属有限，唯以其为西段沿线仅有之烟煤之上等褐炭，于燃料之供给上，□价殊为重要，当时以矿区县区政权之不划一，两县互争开采，相持不下，致未挖掘。该区传统关系，虽为顺宁之一部，但以接近云县，来日铁路完成，关系益增，如改为云县治理之，启发奏效，较为权宜，其他似此之实例甚多，勿烦枚举。

（四）县区地域不连，社会治安不易维持。滇西县府政令范围与县境地域时有不能融会贯通之苦，而是种困难，有以县府新设，辖有名亡实存之土地，致县政权令不能遍及者，如班洪之与沧源县、孟定之与得党县是。班洪、孟定虽明定分别隶属沧源、得党管辖，但前者拥有王子，而后者则有土司，俨然旧制，各自为政，两地与主管县区，虽属毗连不断，但政令分划，势同鸿沟，类此一县政令不能通行县区全境之事实，于滇西沿边，多不胜举，此乃以组织犹未健全，影响行政莫此为甚。再一县政令之不易贯彻全境，亦有以其县区土地之不连接，间为他县所隔，致有越境传令之苦者，如耿马地是。照《云南分县地图》所示，耿马乃为双江之一部，实则隶属顺宁县管。但在地域之分布上，则又不与顺宁县区本部连接，间为云县、得党所隔，旅行一县之地，须赖两县之照护，安全始告无虞。外如孟定名为得党县管，但自得党去孟定则又须经行顺宁耿马地之木场。由此观之，一县土地之不连接，关于社会治安，政令传达，影响至巨，重订改划，使县区连续，实为必要。

（五）设治局之急应改县，以利行政。现云南全省未设具县府组织之设治局尚十有四，而分布于滇西沿边者，计有其十二之多，如德钦、福贡、碧江、贡山、潞西、盈江、莲山、泸水、陇川、瑞丽、梁河、宁蒗等。查各设治局土地之面积，自一万至五万余方里不等，较滇西县区为大，盖以滇西县区，面积在一万方里以下者，至少有二十余县（见上）。是以来日设县，如就现有设治局径改县治，在土地面积上，实有过大之嫌。若由人口之多寡论之，各设治局之人口自六千至四万余不等，惟多在万人以上，较诸人稀之县份（见上），一局一县，仍属不少。今以泸水设治局一处论之，该局共管六库、登埂、阿新地（又名大新地，为老窝土司地）、卯昭、鲁掌五土司地，面积二万三千余方里，居民一万七千余人，其中六库一土司之辖地，西起潞江，东迄碧罗雪山岭春［界］，东西宽约六十里，南北长途一百二十里，共约七千二百方里，居民××余人，土地之广，大于镇南、盐丰、盐兴、安宁、易门、禄丰、元谋、牟定、广通诸县。土司一地，设县有余，以是之故，将来设县，一局之地，可分数县，俾使管理，而利行政。

（六）土司组织之急应废除，以铲积习。滇西沿边，行政制度递坛［嬗］，改土归流，由来已久，但土司旧制，依然存在，在县治下者有之，如得党县属之孟定、顺宁县属之耿马等；在设治局下者更有之，如泸水设治局，辖有五土司地（详见上）。各地行政，则仍有其世袭土司分法，虽有县长或设治局长管辖，但诸事均仰乘土司之鼻息，过去土司之外，上有土知州、土知府、抚夷司等，行政监督尚严，自改土归流以来，土司以上之官级，名实俱废，而下部之土司，废而犹存，上部之督察既撤，下部土司之虽力图上进，拥护政府者颇不乏人，但贪赃枉法，各自为政者，亦复不少，加以强邻之乘机而入，施惠利诱，极尽拉拢之能事，无知土司，恒被愚弄操纵，于是易界移桩，丧我领土，失我权利，引起外交纠纷，危及国防，此皆以土司旧制积习之未尽铲除所以肇致，似应亟于改进，以固边陲。

（七）县境与自然区不符，措施困难，贻误行政。滇西行政区与自然环境不符之处甚夥，有以县区过广，一县包有若干不同之地理单位者，如保山县内之施甸、由旺、蒲缥三地，均自成一自然地理区域，生产基础富厚，土地之广，人民之众，不亚于凤仪、大理、邓川、洱源、漾濞各县，应行各别分县治理。有以行政中心，管辖地域超出其自然之边范者，例如滇缅北段中英未定界地之片马、拖角、罗孔一带，查片马原有登埂段土司辖地，拖角则为腾北大塘左抚夷所管，罗孔则又为腾北之滇滩关柴土司所有。片马位高黎贡山之两侧，而登埂则居该山之东，滨滩江边；拖角位小江中游南岸，罗孔则邻近恩门开江之下游，两地与大塘、滇滩均隔有尖高大山，穿山虽有隘路可通，但艰险异常，往来非易，管理困难。据云，往昔土司、抚夷每三年始派员前往巡视，征收粮银一次，关系疏远，致肇觊觎窥伺，成当前未决之局。有以交通发展，使县属一部之位置关系与县府分离者，如漕涧地方之与云龙县府，关系渐□分离，甚而恶化。查漕涧原为云龙县属，位澜沧江之西，为空河上游之一盆地（坝子），过去一度曾设有县佐，后则以故废止，漕涧邻近公路，云龙县府位于澜沧江之东，居此江之中游，由漕涧至县府，山岭艰阻，行旅困难，往来不便。云龙县共有十一乡，住〔位〕澜沧江西岸者为西区，共四乡，以漕涧为其中心，位江东岸者为东区，共七乡，以县府为中心。西区四乡居民近三万，几占全县之半，以地近保山，接公路，为边防要冲，故云县所负一切征夫、征购之摊派，几尽由漕涧附近四乡担任之。此不平均之分配，虽似地方与县府之人事有关，但实亦为其地理环境与位置关系使之不得不然者，恢复漕涧县佐，改由西区四乡为县为制，实为当前调整云龙县地方行政之急务。

综上所述，现行滇西行政区域，多欠合理，重订改划，实为急务。为求行政便利及负担平均计，应使各县大小得宜，人口比较平均。各县有其发展基地，县府地位适中，地域合乎地理形势，界限符合工商建设计划，方易治理。此皆为划分县区必要原则，司行政者，应悉慎考虑，据此原则，重订改划，其俾益行，造□地方，良匪浅鲜。

《云南日报》1943年11月28日，第2版

从地略论建都

洪 绂

　　国都是一国的国防中心，国家安危之所系，它的战略位置必须对外便于指挥攻守，对内便于控制统一。所谓地略，就是用战略地理的观点来考虑这个问题。讨论建都，当然以抗战胜利为大前提。宪法草案中有国都一条，在国民大会中将有一番热烈的讨论。现在接近决战时期，战后军民复员，交通运输，国防建设，财政金融，种种计划，在在和建都地点有关，所以现在讨论这问题，正是未雨绸缪。

（一）

　　在战略地理上，中国可以分为六大区：东北区（北古口、喜峰口、山海关以外的地方，以热河和辽东半岛为东西战略枢轴）；内外蒙区，即塞外（外长城以北之地，以张家口、库伦为南北战略枢轴）；中原区（外长城以内，潼关以东，淮河、大别山以北之地，以北平、洛阳、铜山为战略枢轴）；内外西北区（潼关以西，长城以南，祁连山以北，嘉峪关以东为内西北，以长安为枢轴；新疆为外西北，以迪化为枢轴）；东南区（滇、黔、巫山以东，淮河大别山以南之地，战略枢轴为澎湖、南京、江陵）；内外西南区（川、滇、黔和西康东部为内西南，西康西部和西藏为外西南，主要的战略枢轴为成都）。

论地理位置，东部的三区（东北、中原、东南）是中国精华所在，蒙古、外西北、外西南是后门边疆，内西北和内西南是中国的心腹内地。就国防上的重要性而言，东南是国民财富中心，易攻难守，防御以水□为主，陆上处于江海三面包围的形势。东北是中国军事资源的主要中心，但四面暴露，北面有西伯利亚铁路的半圆包围圈，西面侧翼上接外蒙，东面侧翼上有高丽，南面有海疆，西南经热河入中原，甲午战败以后，我们对东北方的国防，终始没有办法。要保卫东北，巩固中原，必须采积极的国防政策，扶助高丽独立，树立渤海海权，中苏长久谅解，日本解除武装。这种艰巨的建设，微妙的外交，就是将来中国安危所系。所以战后国防，要偏重东北。东北能保得住，中国一定成一个头等的强国，东南、西北不成问题。

要巩固东北，抚慰蒙古，最好以北平为首都，以中原为经营东北和抚慰蒙古的陆上根据地，以渤海、齐东为水上根据地，大量移民，屯垦充实边防，季节劳工往还，混一文化，东北军事、政治、经济务使其与关内完全混一。这伟大的工作起码需要五十年才能完成。

（二）

就对内而言，中原也是战略上最重要的区域，为历史演变的中心。中原之所以重要，第一是因为地理位置居于中枢，在东北、东南、西北和内蒙古各区之间，便于应付四方的事变。第二是因为地形，华北大平原是中国主要的战场，历来是最后决战的场所。第三是人口分布，最容易动员和集中，招募百万大军，毫无困难，因而在时间和数量上容易得到优势。因此，北方常能统一中国，南方很难统一北方。最大的例外，是北伐的成功。最后统一的完成，得力于东北军入关，开辟第二战场。

中原有三个主要战略中心，北平是对付东北和内外蒙古的枢轴，洛阳是对付湖广和西部的枢轴，铜山（徐州）是对付东南苏、皖、浙、赣、闽五省的枢轴，三大据点互为犄角，以北平为顶点，借平汉、津浦、陇海三路互相联络。中原内部的联络很密切，对东北和内蒙，内西北的联络也相当方

143

便，但是对于其他各区的联络仍嫌薄弱，要建都中原，必须以人工建设，补救地理上的阻碍。

西北与中原关系密切，但和其他各区的联络很不方便，对东北陆疆、东南海疆距离尤嫌遥远，有鞭长莫及之势。关中四塞，易守难攻，形势优越，但是规模太小了，近代人力物力的基础远不如中原或东南雄厚。所以西京只适宜做陪都，不够做首都。

东南建都有三不宜。第一是位置偏处南方，对中原的控制已感困难，对东北、西北和蒙古，平时休戚不相关，有事更有鞭长莫及之感。第二是地形破碎，做成许多小单位，人口分布很不平均，动员集中都不方便，推行兵役，素感困难，所以历史上南朝多是偏安之局，不易开展。第三是气候太温暖，文化气质比较文弱，热带和副热带不宜建都，可认为天经地义。南方尽管文艺、科学、经术、理财比较高明，但南方气候总不宜于建都。现代强国的首都没有一个是在北纬三十四度以南的，没有一个是建在热带、副热带的。即以古代而言，罗马虽然文明，终亡于北方的粗野民族。立国不能靠财富，有财富，无国防，反足以召亡。我国历代建都南方的，都是出于不得已。六朝南宋是兵败南迁的。民初建都南方是因为受不平等条约的压迫，北京不能设防，平津路上驻有外兵，北京政府等于在虎口之下。现在不平等条约已经取消，国都地点是值得重新考虑的。

（三）

从地略观点，北平最适于做战后统一中国的永久首都。北平地位，偏北偏东，对东南、西南和西北的控制力稍嫌薄弱，应以战略铁路线补救之。首先，要强化南北的联络，平汉、粤汉、平津、津浦、沪宁诸路添设双轨，以便利动员，并增进物资的流通、文化的交流。其次，应由平汉路中段的新乡增筑战略分线，经孟津、洛阳、南阳、襄阳、江陵、常德，以长沙为终点，如是则东南区西边的要害全在洛阳兵站掌握中。由铜山（徐山）添设战略铁路，直达怀宁（安庆），更由怀宁沿大别山麓，经潜山、黄梅，至九江，取道南昌，东入福建，以福州为东枝终点；南出赣州，入广东，以曲江为南枝终点。如是则东南要害之地尽在徐州兵站掌握中。对外作战则有内线运输之便。

控制西南，也可以洛阳为主要兵站，假道关中，筑宝成铁路，更由成都设分线，西入康藏，南入云南通缅甸，东至重庆分叉，接襄阳重庆线和贵阳重庆线。如是则西南要害，全在洛阳、襄阳、衡阳、长安四大兵站的掌握中。控制西北，也要建筑战略铁路，延长陇海、平绥，相交于兰州，由兰州西展，经甘肃走廊，天山北站，出国境，通苏属中亚。如是便可以有两条路线经营西北，兼筹并进，殊途同归。

这些战略铁路，和原有铁路线配合，成为统一的交通网，不特是消弥内乱的工具，而且是混一国内各区的媒介。战后建国似当以此为首急之务。战略铁路网完成，可以节省一半的常备军，因为军队调动灵敏，东南、西南、西北都可以不必驻重兵，国内治安完全由地方（县）保安队维持，国家的常备军则完全用以对外。这样的中央政府，才没有后顾之忧。

《大公报》1944年1月23日，第2版

漫谈几种建都的理论

洪 绂

首都位置的争论，不自今日始。大概历代每一次新的统一局面出现，就有一番选择国都的考虑。这一次抗战是旷古未曾有的大变化，战后恢复东北，收回台澎，国势与战前不同，究竟是否要迁都？如果实行迁都，究竟是要迁到什么地方？现因众说纷纭，莫衷一是，所以我特先把各种意见简单的分析一下。

一　地理中心论

所谓地理中心，大家观念就不相同。一、几何中心，即空中距离的中心点，是宁夏中部喀拜林海子湖附近，为沙漠区域。这里当然不适于建都。就是宁夏省城，因为偏处西北，距离东部军事、政治、经济、文化重心太远，也不适于建都。兰州也有同样的缺点。二、一部分地理学家以武汉为中国之心脏，但此系就关内而言，忽略了东北、蒙新和康藏。三、把以上各区计算在内，中国之中心点是在潼关，真正中央的京都在洛阳。汉初娄敬论建都说："洛邑天下之中，有德则易以王，无德则易以亡。"照现代地理学的看法，中国南北自然与人文分界在秦岭淮河，东西的分界在潼关，所以中国南北东西的交叉点是在潼关。中国形势背西面东，地理中心在洛阳而不在西安，历二千年并没有变化。

张良、娄敬当时反对洛阳建都的理由在今日仍是可以应用的。张良说："洛阳四面受敌，非用武之国。"洛阳因为处南北东西之冲，历史上曾经多次大破坏，每次损失不赀，这又是一个不宜建都的大理由。苟有一日天下大同，洛阳是很适宜的联邦首都，因为洛阳可以贯通东西、融洽南北。

二 交通中心论

国都设在交通的中心，确有种种的方便。但中国交通的中心究竟在什么地方呢？我国水上交通的枢纽在上海，陆上交通的枢纽在北平，空中交通最良好的中心在西安。天然形势如此，没有一个地方可以成为水、陆、空运的共同中心点。武汉为南北陆运和东西水运的叉点，空距位置也很优宜，但是由于地形的布置，武汉不宜，也不能成为中国陆上交通网的中心点。同时武汉还有其他严重的缺点：地多沼泽，都市面积不容易扩充；夏季太热，影响工作效率；四面受敌，比洛阳更坏；地位偏南，不便处理东北、西北和蒙新的大政。

国都最好设在铁路网的中心点，铁路最好是放射状的，这样形势最容易统一，最便于中央集权，内乱容易削平，割据无法存在。俄、法便是这样的国家，国形作盆地状，盆地中心亦即国都所在，本来是天然交通的集汇处，后来成功［为］铁道和公路的焦点。中国地形复杂，并没有一个天然的交通焦点，将来陆上交通网完成之后，北平、沈阳、西京、南京、衡阳都要成为局部的枢纽，但是其中最重要的仍然必定是北平，因为它是华北、东北和蒙古陆运的总联络站。

三 陆都和水都

水都便于通商，陆都便于防守。战后要建设海军，这是不成问题的。要兼顾海军和海外发展，国都不宜设在离海口太远的地点。

国都并不一定需要水运，在没有铁路的时候，漕运是一个大问题（宋都开封，便为迁就漕运），铁路把这问题解决了。海运究竟比陆运经济得多，大沽口冬季有短期的封冻，足以影响平津的运输，但这并不是严重而无法补救的问题。国都如设在西安或洛阳，因为全靠铁路运输，粮价和他种物价要比北平、济南、南京、武汉为高，自不待言。

四　西北建都论

中国历史上最光辉隆盛的时代——西周、秦、西汉、隋唐——建都于关中（长安、咸阳，即西安及其附近）。在这一千年期间，民族振作，国家富强，文事武功，比之罗马帝国，可以说有过之无不及！每次国都东迁——像东周、东汉、北宋——民族的团结精神便趋于散漫，这里面有什么道理呢？因为关中人民，富于组织力，有斯巴达、普鲁士之风，是很好的国民和兵士。西北农产，全靠灌溉，灌溉的成功又全靠民间合作的组织。唐中叶以后，藩镇作乱，水利失修，西北经济基础动摇，每况愈下，西北大部分乃成荒凉地区。现在主张西北建都的皆有再建西北，恢复汉唐盛代的抱负。

关中形势，是一个天然的堡垒，古称四塞，易守难攻。古代以关中作根据地，最容易控制天下，张良说："关中左淆（山）函（谷），右陇蜀，沃野千里，阻三面而固守，独以一面东制诸侯，此所谓金城千里，天府之国……"；现代战术虽有变更，关中周围山地便于设防，仍然具有陆上堡垒的作用。西安设都最便于维持内部一统的局面。

就国防的立场观看，唐以前外患常在西北，首部［都］设于西北起点的西安，殊合就近防御的原则。宋朝以后，外患常在东北，今日仍是如此，战后潜在的危险还是在东北方，由西安处理东北的事情殊感不便，这是一个极端重要的事实。

西安建都的第二大缺点是没有现成的大都市。现代中国的首都必须能够容纳百万以上的人口（西安人口四十万），没有现成的房子就要大兴土木，所费不赀。假使建筑新的首都需要五万万元的费用（战前价值），倒不如以这项资金来建筑五千公里的铁路，完成西北干线铁路网，对于建设西北更易收到实效。

五　防边论

这是与地理中心论对峙的学说：首都必须接近国防上最危险的地带，以便全力应付。唐以前，主要的外患在西北，建都关中是很适当的；宋以后，外患在东北方（辽、金、女真、日本）。明朝首都自南京迁北京，也是适宜的。战后潜在的威胁，仍是在东北方，所以首都应设于北平，就近处理，免得鞭长莫及。傅孟真先生指出这个历史教训对于建都讨论，很有贡献。

翁咏霓先生主张建都济南，经营山东半岛，树立渤海和黄海的海权，利用渤海运输以移民东北，利用青岛海运以发展华北。青岛、烟台都是不冻港，所以济南海运条件比北平优越。同时济南可以兼顾两海。

济南的缺点是：一、都市太小（战前约有四十万人），不像北平有现成的建筑；二、虽然有泰山、（旧）黄河之险，但在对外战略上仍是处于四面受敌的地位；三、离内蒙稍远，内蒙是华北和西北的后门。

建都北平必须对渤海海防，东北、内蒙和山西的陆防有办法。否则北平无法防守，比济南更容易受制于敌。

建都在国防前线，对国民心理有警惕作用，所谓"国无外患者，恒亡"就是这道理。

防边论的极端派主张建都长春，预备打一个折扣，定都北平。辽金清以辽阳为东都，以保护老巢，民国自无此必要。

六　定都北方论

我们本来是北方的农业民族，民性崇尚节俭扑［朴］素，后来到了南方，得水上运输之便，商业发达，中国财富乃集中于南方。中国历史上建都于南方的朝代都是偏安之局，无远大之志。一方面固然是因为南方河川地形，利于退守，而不利于进取；南方的气候太温暖，生活太舒服，也是一个重要的因素。南朝以清谈亡国，南宋一百多年萎靡不振。现在一部分舆论——以《大公报》为代表——鉴于历史的教训，提倡建都北方之说，是很有道理的。

现代强国的国都，没有一个是在北纬三十四度以南的，没有一个设在热带、副热带的。即以古代而言，罗马虽然文明，终不敌北方的粗野民族。立国靠尚武精神，不靠财富，无国防，常足以召亡。

我国历代建都南方的，大概都是出于不得已。六朝南宋是兵败南迁的。民初北平受不平等条约压迫，为不设防的都市，平津驻外兵，中央政府设于虎口下，所以国父提倡设政府于南京。现在不平等条约已经取消，国都问题似乎是值得国人研究，以供战后国民代表大会之参考。

七　论陪都

陪都是中国特有的制度。周武王经营镐京（长安）为西都，这是周朝的首都。周公又经营洛邑，为东都，因为它处"天下之中，四方入贡，道理均也"。这是西周的陪都，实在是事实上的首都。元以北京为"大都"，另有"上都"在蒙古。清以北京为国都，另有东都在辽阳。这都是陪都的性质。大概国都设在国防前线，就需要有一个后方的陪都。现在我们有两个陪都：西安和重庆。西安具有陆上堡垒的形势，前面有山西和洛阳掩护两翼，西通中苏国际运输线。七七抗战，山西失守，关中侧翼受威胁，于是又以重庆为行都。战后国都东迁，西部仍应设有陪都，西安固为其选，但为纪念抗战，同时不妨又以重庆为陪都，重庆有水运之利，比起西安便宜多了。

战后西北陪都腹地之建设，当以战略铁路网为先急之务，有了运输之便，便容易开矿山，兴水利，移民殖边。复兴民族，当以复兴西北为试金石。

结　论

防边的需要比行政的方便更要紧，我们赞同战后设首都于北平。北平便于对外；对内部的控制力比较薄弱，应有补救的方法。第一是强化南北的联络。平汉、粤汉、平津（北宁路）、津浦、沪宁诸路添设双轨，以增进物资的流通，便利动员。贯通南北文化。由平汉路中段的新乡增筑战略分线，经孟津、洛阳、南阳、襄樊、江陵（荆州）、常德以长沙为终点，如是则南方西边的要害全在洛阳兵站掌握中。由铜山（徐州）建筑战略铁路，直达怀宁（安庆），更由怀宁沿大别山麓，经潜山、黄梅以至九江，取道南昌，东入福建，以福州为终点，南出赣州入广东以曲江为终点，如是则东南要害之地尽在徐州兵站掌握中，而对外则有内线运输之便。津浦、平汉路线的选择没有根据国防的需要，必须以这三种新线补救之。

北都对西南的控制素感困难。战略铁路应以洛阳、西安、南郑（汉中）、成都为主要的联络站，更由成都筑分线西入康藏，南经宜宾，至昆明、大理入缅甸，东至重庆，南接川黔线，东接襄阳、重庆线，如是则西南要害，全在关中、洛阳、襄阳、衡阳四大兵站的掌握中。

北平居中原的顶点，当蒙汉之冲，处理蒙古大政最称方便，这是政治问题。至于经营西北，最好的路线是由平绥、陇海两线兼进，延伸两路，相交于兰州，更由兰州展至新疆，沿天山北路，出国境，至中亚，接苏联铁路。以北平、西安二京兼筹并进，经营大西北，无论在国防上、文化上、经济上都比较单由西安出发更容易推动。

北平至东北，除现在的两条铁路（北宁新线和平古热朝黑山线，为日敌新筑的战略铁路）以外，还需要一条经热河中部至通辽、长春的路线，以加强燕蓟和东北的联络。

国都位置和铁路网的型式有密切关系。唯有战略铁路网完成以后，国都才能兼顾各方，而这铁路网的最方便的枢纽是在北平。我们之所以由国都位置说到将来的铁路网，是因为铁路筑好之后，是不能移动的。

我们主张，保存陪都制度，而两个陪都之间，重点应置于西安。西北能够复兴，西安一定有一天再做中国的首都。

《东方杂志》第 40 卷第 7 号，1944 年 4 月 15 日

中国政治地理与省制问题

洪 绂

中国究属何种国家呢？根据政治地理学家之研究结果，国家由小而大，由简而繁，可分四种：

（一）城邦　大小等于中国之一县，西文曰：Paguso。中国虽与西洋文化系统异致，然而政治地理方面，则有相同处。西洋最早国家为城邦，中国亦然。例如三代之诸侯，即百里之邦，等于今之一县，禹会诸侯于涂山，执玉帛者万国。汤有诸侯三千，周有诸侯八百，皆以城邑为中心，周围有田园森林环绕。

（二）郡国　较城邦为大，等于中国之一府，拉丁文曰：Teritornin。春秋时代之列国即是。春秋时代之列国，共百余，每一国皆由城邦演进而成，今之马来土邦，即为一郡国。

（三）王国　有一国王，比诸侯大，拉丁文曰：Regunin。面积约等于中国之一大省，战国时代之七雄，即属此类王国。今之英、法、德、意本土，亦属此类王国。

（四）大帝国　拉丁文曰：Impernin，政治、经济、文化等发展达最高级，如法国是。法国在大革命后，不称帝国，但实质未变。其面积约等于一个洲，或相当于广大的地域。四周有海或沙漠或高原包围，无小国与之竞争，昔之中国，即属于此种类型。

西周时代，中国即已建立封建帝国（Feudal Empire），制度优良完备，吾人由周礼中，可以概见。秦汉以后，复演变成专制帝国（Absulate［Absolute］Empire）。此种演变，实由中国政治地理，根本与欧洲不同。欧洲自罗马帝国崩溃后，便成有各国割据独立的局面，不能统一。中国自周迄今，虽亦常有不统一的时候，诚如司马温公所谓："上下一千七百余年（自周至宋），天下统一者，五百余年而已。"然而，中国却能分久必合，成为一循环的。至于西洋，自罗马帝国灭亡后，便合不来了，拿破仑、威廉第二、希特勒等，欲统一全欧，结果皆遭惨败。欧洲非不愿合。欧洲人今仍崇拜古罗马之统一。彼时只一个法律、一个政府，被称为"太平时代"（Pax Ramana）。但是，欧洲终于不能统一。

中国较欧洲大，却能"分久必合"，却能统一。竟靠了什么呢？其原因不外是：

（一）文字　中国自大漠到海南，自玉门关到海，只有一种文字。欧洲面积，不及中国大，然而文字极复杂，姑言其重要者，即达三十余种之多。从前奥匈帝国告示，要应用十四种文字，增加行政困难，造成□种隔膜。文字统一，自然造成思想感情的混一，因为同文，彼此才不觉得是外国人。安南、高丽皆与我国同文，故亲如一家。

（二）伦理　伦理为文化之产物，中国人习惯于中国伦理，故不知不觉间，取着一种拥护的态度，中国伦理在政治之作用，等于罗马帝国之法律与宗教。罗马帝国之法律，只有一种，宗教只有一个，特此以维系帝国之团结与统一。然罗马帝国亡后，便无伦理，宗教也分成许多支。中国伦理，则只一套。中国之想政治改革者，未据伦理，鲜有成功。洪秀全要统一中国，反对旧伦理，结果失败。民初之新文化运动中，有一支要打倒"孔家店"，结果亦告失败。伦理为文化之结晶，是不易于改变的，在欧洲亦何尝不然。北欧在未有文字时，流行一首民歌，叫做 Havamal，后来给记载了下来。这首民歌，充分代表北欧民族之做人的观念，由这首民歌中，我们看出现今之英、丹、挪、瑞（瑞典）诸国人之观念，与昔日无文字时代之北欧人同，例如劝人饮酒后勿多言，多言则失体，又如劝人要胆大等是。故伦理观，即在西洋，亦属少变。

（三）爱好和平的国民性　中国为一农业民族。爱好和平，为农业民族之天性。此与欧洲不同。欧洲人本为游牧民族，即今日犹有游牧习惯。游牧民族，尚勇好战。今之欧洲文字，即有许多象征牧畜，如"钱"（Pecuno），原即"牧畜"之意。蒙古人、阿拉伯人亦皆游牧民族，对战争观念，与欧洲同。至于中国则不然，爱好和平，渴望太平，盖农业需要安定，余如工商业，皆恃农吃饭，与农业有关，故亦莫不如是。因为爱好和平，渴望太平，所以，莫不拥护统一。谚曰："宁为太平犬，不为乱世人。"无论士农工商各界，皆同此心，皆具此愿。

（四）政制　我国历代之能维持统一，亦与政治制度有关。西周恃完备之封建制度，而维持统一，把人与人的关系制度化，此由《周礼》一书中，可以明白看出。一旦封建制度崩溃，和平破坏，周也就归于灭亡了。西汉及唐宋盛时，皆恃健全之中央与健全之地方政治，而维持统一。而政治又恃健全之中坚分子，即有恒产的士大夫阶级，与健全的基层——农民以维持。制度一旦不能持久，国家即随之而告衰弱，而告崩溃。两汉唐宋之盛也由制度，衰也亦由制度，方其盛也制度健全，方其衰也制度腐败。

（五）理智　中国虽然历代重视制度，然中国政治地理，使中国政治制度建立不易。不过，中国人理智高明，能够建立统一大业者，莫不理智过人，感觉敏锐，采用七分政治三分军事之办法。商汤、周武王、汉高祖、唐太宗、宋太祖、明太祖等，莫不如此。反之，如军事天才之项羽、曹操等，因皆不知制度之重要，故皆失败。

综上所述，可知中国之统一，自有其所备之条件。

中国建立如此大一统之国家，在组合方式上，究属那一种呢？

国家之组合方式，自形式上、地区上，可以分为单一与复合二种。法国为单一国家，美、苏、加、澳，皆复合（联邦）国家。中国在法律上，非联邦国家，然事实上，则为复合国家。连西藏、外蒙、唐努乌梁海合观，则又为一联邦，此与苏联无异，苏联联邦有大小，中国亦然。中国内地（包括东北），为全国精华所在，民族性、语言、文字、风俗、理想皆同，故决不能再分为联邦或联省，一如苏联之俄罗斯，单独成一整体然。

至于我国省制,首创于元,元在中国,设十一行省,分天下为四大"汗国",中央政府设于北京,管辖政务,为"尚书省",相当于今之行政院。元虽分中国为十一行省,然难于联系,亦中国之地形使然。元人富于军事天才,熟知地理,故分设这许多小的行政院(行省),但非分权制度,乃皇帝(可汗)派出代表去治理,此实为一总督制度。吾人须知:元为一中亚民族,中亚之波斯帝国,三千年前即设有"副王",代表国王行使政权。其后,亚历山大、罗马帝国,皆有此类似之设置。故为一统一制度,希特勒及日本之作法,目的亦是统治。

元以后,此种制度,不合国情,帝国乃告崩溃。明继元兴,乃恃军事。国家之成立,影响到政治制度,君主独裁制乃告兴起,分中国为十五行省,内直隶省二,余由皇帝派出代表处理。

清又袭明制,惟对行省之统治,更为精细而完备,将十五行省改分为十八行省,仍行总督制度,也就是殖民帝国的统治制度,以统治中国各省,此与英、法、日、荷等国之黑暗的殖民地制度完全相同,每一省区皆为一军略单位。

中国历代以来,即重视政治地理,昔所谓"左史右图",二者配合,就是政治地理。清之行省,便是军事政治的复合体,双管齐下,压迫汉人。

以上所述是我国过去省制之大要。

谈到省制问题,重要有二:一为政区,二为政制。

一① 政区 我国现省区缺点很多,第一,面积太大,大危险。边疆省份,姑且勿论,内地各省中,有十一省,相等于欧洲中等版图国家,皆有□格为 Regunin,为战国七雄之一员。利用资源,割据独立。又有许多省,相等于欧洲小版图国家,如军事、财政及对外关系,调整得好,亦可独立,成为春秋时代小国,使中央治理,感到困难。第二,不合居民愿望,如江苏江南之太湖流域,为吴语系统,江北为南京国语系统。二区属于一省,每每不能合□。又如福建之南部与北部,语言习俗,全不相同,如开议会,则天然

---

① 原文为"(一)",此整理改为"一",以与原文中二级序号相区别。——编者注

成对立状态。对于地方自治与民主政治之进行，自为一大障碍。第三，不适于经济建设。如太湖，半属浙江半属江苏，整理太湖水利，则不能统一办理，洞庭湖亦复如是。中国为一农业国家，一省包括数个经济区，对于经建实施，自然不利。第四，不便于管理，如太湖多匪，由于省界位湖中，江浙二省皆不管形成。又如十万大山，距离粤桂二省的政治中心远。湘西距湘黔二省的政治中心远，乃变成"两不管"地带，自然易成汇［匪］薮。

清末，康有为曾著《废行省议》一文，列举八大理由，主张废省：（一）面积过大，不适于至纤至悉之治。（二）地方主义，有碍团结。（三）不适于地方自治。（四）阻碍人才发展。（五）分层过多，下情不能上达。（六）捐税过多，乡税，县、府税外，复有省税。（七）中央难于集权。集权中央，必须废省。（八）利于党争。康有为初主废省，后又改主缩省，可称为"缩省派"。

康氏以后，倡改革省区者甚多，但其［具］体方案，并不多，能为国人所一致赞同者尤少。民初袁世凯欲集权中央，废省设道，可称之曰"瓜分派"。道台无事，权集中央。民八，范源濂长内务部，草《改革全国区域意见书》，分全国为四十七省、七特别行政区。

今人亦有重划省区方案，笔者认为，改划省区，必须具有二大观念：

第一，须合于现代水利建设，现省区则不合乎此种要求，顾此又须顾彼，所以中国省区，必须全行重划缩小，但如江西，可以不必划分，盖利于赣江之水利设施。

第二，须合于现代地方自治，官僚政治必须推翻，民权必须提倡。

笔者之重建省区方案，划内地为五十四省，另有十个边疆省，尽量实行各民族之文化上自治，英之统治大英帝国即如是，不干涉其风俗习惯。不过，方案实不好做，一由各省不能一律，二由牵涉太多。现在姑举一例：如两广划为东江省，人口八百万，为一经济单位，恃东江以联系，居民多为客家人，文［勤］勉耐劳。如此划分，可使东江有一TVA式之水利建设，使之现代化，东江人民之纳税，乃为改善自己生活，发挥民权，亦至方便，且可从事于自己勤［文］化的研究。又划粤海省，以广州为中心，北江人亦多似说广州话。又划海南岛为一省，康有为亦曾有此主张，然笔者方案尚包括雷州半岛，使岛与大陆连，而无孤立之弊。划广西南部，为郁海省，人口三百万，桂柳省人口为四百五十万，广东西江与广西西江划为西江省，可实施西江水利建设，管理十万大山。潮州与厦门合并，因当地居民皆为华侨先锋，说潮厦语，称"福佬"，如此划为一省，可以促进侨务。

二　政制　先说总督制度，总督制度为区域代表专权制度，后演为督军督办，权限极大。有兵权、财权、行政权、外交权、立法权、司法权、监察权，总督占据一地，可自成一国家。因无代议制度，省民不得监督财政、参与立法、监督行政，也不准发言。此为黑暗的中古总督制度，为统治被征服人民的办法，官权代表皇权，至高无上。毫无民权可言。明及满清，皆行此种黑暗的中古制度，康有为曾有《裁督抚议》一文，列举五大理由：

（一）在从前闭关自守时代，治理粗疏，但求不乱，督抚可以胜任。今日万国往还，互相竞争，治尚纤密，以督抚一人，总绾相当于欧土一大国之一行省，虽有绝世之才，万夫之□，亦难以胜任。

（二）不革督抚，兵权不能统一，因督抚总绾文武，有地方兵权。

（三）省自为政，无国家之政，尾大不掉，政令不行。

（四）督抚在治内，宛若神圣，操生杀之权，督抚有失，全省默不敢言。

（五）督抚制为一殖民地制度，为对待被征服民族之道，今以之对待国人，野蛮荒谬，且又不能延用人才。

笔者以为新省区必须实行民权，采取民主制度。

第一，由议会以发挥民权。省民有财政及行政之监督权及发言、立法之权。

第二，省为高级地方自治，村镇为初级地方自治，县市为中级地方自治。

第三，须实现区域民生建设，兴水利以改良农业、交通、工业、商业。

能如是，不仅民权主义可以实现，即民生主义，自亦因之而告实现。

《正气杂志》第 2 期，1946 年 2 月

省区改革刍议

洪 绂

照地略的现实看法，春秋以后，中国的内战大致都是为了争地盘。并没有宗教战争，像中古的十字军和现在的印回之争；也没有过思想的战争，像欧美社会主义、资本主义、法西主义之争；也没有过真正的阶级战争，像古罗马富族与贫民之争，近代中等阶级与贵族之争，劳动阶级与资本阶级之争。因为所争的是地盘，所行的是极权制度，爱好和平的老百姓根本就没有说话的余地，所以内争除述［诉］诸武力以外，没有解决的方法。要是国民有投票表示意见的机会，民国以来三十多年的内战根本就打不起来！比方去年英国大选保守党失败，难道丘吉尔可以下令讨伐投反对票的国民吗？美国各州选举州长，有的州是共和党当选，有的是民主党当选，选到就上台，选不到就下野，只许公民表决，不准政党动武。一个地区的财货人力是民有、民享、民治的，不由战胜者统制剥削，就没有争地盘的内战了。美国立国一百七十年，内战统计只有四年，不及全部时间四十分之一。中国自商朝到现在，三千七百年间，几乎一半的时间是有内战或内乱的。

绝大多数的人民不愿意国家有内乱，更不愿意内战，所以民权主义是中国和平统一的保障。我认为要打破僵局，消弭内战，惟一的办法，就是实行民权主义和中央地方均权主义。"争地以战，杀人盈野！争城以战，杀人盈城！"如果实行各级地方自治，民权得以发挥，便不会有争城争野的怪现象了。我觉得中国民治主义的关键是在省级的自治。省的制度和人事健全，地方的治安、财权、生产、交通、水利、卫生、教育便有办法。省不健全，治安交通不能维持，市县自治是谈不到的。

国内遍地干戈，烽火连天，谈改革省制，似乎迂阔，但是不打破地盘主义，永远不能消弭内战，所以是要釜底抽薪，根本解决。现在反侵略抗战已经胜利，地方军阀之势力已经扫除，实为实行省区改革最适宜之时间。而且抗战八年复员一年中，各级地方政制与人事之弊病大都表面化，亟宜清理改革以副国民之期望，乘中枢与地方政府改组之际，重分省区，使制度人事同时刷新。

省区改制为国民党一贯之主张。民初宋教仁主张"缩小省区"。民十九四中全会议决："省区重行划定，并酌量缩小，其如何划分，及其实施办法，交由中央政治会议组织专门委员会，详细研究，拟具方案送中常会，以备提交全国代表大会或国民会议决定之。"全会宣言："此一议决，将为元明清以来行政上最大之改革，举国应不辞任何牺牲以赴之！"四中全会以来，党国多难，改划省区之议迄未实行，但是研究者并不乏人，据笔者所知，就已经有四个方案，供政府采择。

省制革新似应包括省权问题、行政机关、省区地域三方面。多数政论家和政治学者赞成确定省的地位为高级地方自治区域，与中央政府实行均权主义，一反元明清三朝专制集权的传统。美国实在亦是行均权制度；凡事务有全国一致之性质者，如与外国订立条约，铸造货币，发行纸币，招募设备陆海军，划一输入税与国产税等概限，皆依据宪法划归国会；凡属于地方之事务，则由地方机关办理。州议会与州长皆由州民选举，联邦不加干涉。在专制官僚制度之下，省县级官吏职位低微，实难罗致人才，惟有实行自治，始可由地方贤达管理地方之事。至于省级行政机关，自须配合地方自治，相当更改。笔者认为行政问题主要是在用人与管理方面，须根据事实与经验不断改进，不宜作呆板之规定。现在各机关之组织法多不切于实际。笔者学习政治经济地理，对省制问题最感兴趣者为省区之改革。我认为我国一般省区不特需要缩小范围以便于管理，也需要调整省界，以便于建设。例如江苏宜分为南北两省以便于管理，但太湖和洪泽湖的省界亦宜改划一湖归一省，以利

159

湖区之水利建设，并以便维持水上治安，免得共管而两不管之弊。

如果顾虑划界引起地方人士反对，有损政府威信，不妨将各种划界方案宣传于报章，征求人民意见，取人民复决之法，而不经由官府最后决定，此法最为合理，是改划省区所应取的。

划分地方行政区域，须考察地理形势、交通、水利、人口、财赋、方言、民俗、经济生活等项，权衡其轻重以求符合：（一）人民自治，（二）经济建设，（三）行政管理便利。中央与地方之连系应求简捷，所以省与中央之间不宜有类似总督府之机构；省与县之间不宜再设行政督察区。因此省的数目，不能太多，每省所辖的县也不应太多。

笔者所据修正草案，划全国为五十七省，一个西藏地方。美国面积与中国相仿，拥有四十八州，一个地方，管理并无困难，中国人口为美国之三倍，只多出九省，分省不算过细。一个学童很容易记着五六十个班友的姓名，记忆五六十个省名，当亦不致有困难。

新省命名，力求简单，容易记忆，例如河北、河南、河东、东川、西川、北川、淮上、淮中、淮海等。改划省区的名称，省会和分省理由和属县数详目见附表，兹不赘述。但有几点略需说明：（一）京海、平海两省为南北经济文化重心，国家安危之所寄，应直辖于中央，犹各国之联邦地区（Federation District）。京海省之划分含有战略意义，以策京沪之安全，其范围包括大江两岸，西自［至］芜湖广德，东至舟山群岛，南至杭州湾，此三角地带为江域要害，应统一防卫。京海人口二千七百万，富庶冠于全国，含有强干弱枝的作用，以免外重内轻。华北为中国政治重心，划平海省，北至张家口、多伦、赤峰，南至保定、马厂，东至渤海辽东湾，西止于晋北高原，此四角地带乃北方之要害，应统一防卫，故省区特大。（二）东北九省之形势，不便于防卫，兹照天然形势与水陆交通线改划为六省，以配合国防之需要。（三）新疆改名为西疆，不再分省以专责成，应付西域之民族与国防问题。复杂民族省区可以部落牧场乌苏村镇为氏族自治单位，统辖于省。西疆地域太大，省府管理不便，可设办事处或行署以资补救。青海、西康、西昌、宁夏、瀚东等边疆省区仿此。（四）闽台本为一体，台湾不可孤悬海外，兹特将澎湖列岛划入汕厦省，以为大陆与台岛之桥梁。（五）关中陕北与泾州合并为长安省，盖境内洛渭泾三川本为一体，治黄必先治三川，新省面积不比陕西小，是因洛泾流域太穷，不够设省之经济条件，拟附于长安，借关中之财富以开发洛泾河域。（六）江西盆地为一天然地理单位，以南昌为天然中心，不便析分，故赣省人士多反对析省。

笔者认为最理想的省区是自三万至十万方里，等于政治地理上（Territorial）郡国之面积。理想省区的人口最好在三百万至一千万之间，相当于丹麦、瑞士、荷兰、比利时等最进步的小国的人口。改划的省区中有一大半是属于道一级面积和人口的。其不能符合这个中庸尺度的，多因天然地势不能削足适履，或为边疆省份地广人稀。

关于缩改省区的步骤，笔者认为现在就可以逐渐试行，配合复员，结束训政，实行自治。至于实施之先后缓急，鄙意东北以外宜自东南省份粤、闽、浙、皖、苏开始。次及于中部及西南各省鄂、湘、黔、桂、川、康、滇，然后划分西北及边疆各省，最后再由国民会议对政府方案作最后之决定，以便列入宪法。

新省区表

序号	省名	省会	县市	备注
一	京海	南京	六八	是为畿辅省，由行政院直接管理。包括长江西岸太湖流域杭州湾以北之地，据长江之要害。
二	平海	北平	七九	由行政院直接管理，包括冀北、辽东、察热南部，介华北、东北与蒙古之间，为北方之要害。
三	浙海	宁波	三四	浙东沿海旧宁波、绍兴、台州、温州、处州五府。
四	浙江	金华	二七	浙江流域旧金华、严州、衢州，及徽州（现属安徽省）府属。徽州人文似浙不似皖。
五	闽江	福州	三六	闽江流域以福州为商业与文化中心，通福州方言。
六	汕厦	厦门	三四	闽南漳、泉、兴三府，永春、龙岩三[二]州与广东旧潮州府合组而成。通闽南方言，在粤称福佬。居民生活受山地与海洋支配，向外发展，移植南洋与台湾者甚众，澎湖划归本省，以为台岛与大陆之政治桥梁。
七	东江	惠州	二五	粤东嘉应、惠州,闽西汀州与赣南东江上游客家区域合组东江省，借以发扬客家文化，改善山地生活。

续表

序号	省名	省会	县市	备注
八	粤海	广州	四七	旧广州、韶州、肇庆三府与罗定州属,包括有北江流域,西江下游与三角洲地带。
九	雷海	琼州	二五	由海南岛与雷州半岛联为一体,借免做成政治上之岛屿。
一〇	淮海	淮阴	一四	天然环境颇似荷、比低地,以治水为要图,洪泽湖完全划入本省,以便于治理。
一一	徐海	徐州	三九	由徐州、海州、沂州、兖州组成。据津浦中段陇海东段,当南北要冲,形势天成。
一二	胶东	□县	二五	山东半岛,自成一省。
一三	济南	济南	四二	以济南为中心,借津浦、胶济、小清河与南运河以联络境内各区。
一四	同绥	归绥	三三	省名采大同绥远之意,晋北与绥远关系本来密切,采边疆制,支族分小区自治,统辖于省。
一五	燕南	石家庄	六四	以石家庄为中心,借平汉、石德、津浦连络省境各地区。
一六	河北	安阳	四九	调整冀、鲁、豫犬牙交错地区,将豫境黄河以北、鲁境运河以西、冀南突出地带合并一省。
一七	河南	开封	五九	豫境黄河以南、淮汝以北之地,划为一省,借陇海、平汉以资联击。
一八	淮中	蚌埠	一八	皖北独成一省,六安□属之。境内洪泽湖则划入淮海省以便于管治。
一九	皖江	安庆	二七	皖中、皖南、长江两岸合为一省,巢湖区域属之,徽州改划浙江,省内借长江、淮南、江南铁路联系。
二十	太原	太原	三五	五台山以南、□石以北,黄河太行之间,借同蒲、正太联络省境各地。
二一	河东	临汾	五五	晋南独成一省。
二二	南阳	南阳	二七	旧南阳、襄阳、郧阳三府,汉水流域独成一省,襄阳为历代战场,首府地位,逊于南阳。
二三	淮上	信阳	一八	豫南淮河上游独成一省,面积虽小,但颇为富庶。
二四	湖北	武昌	三三	以武汉为中心,借长江、汉水、平汉、粤汉联络境内各地,交通甚为便利。
二五	峡江	宜昌	二六	鄂西独成一省,三峡所在,取名峡江,省区包括旧宜昌、荆州、施南三府,及安陆府属之一部与川境巫山、巫溪。
二六	沅江	沅陵	四六	湖西独成一省,黔境沅江上游通航之地属之。

续表

序号	省名	省会	县市	备注
二七	洞庭	岳阳	一三	洞庭湖独成一省,借以治理湖水,发展滨湖鱼米之乡。
二八	湖南	长沙	四〇	洞庭湖以南湘资二江流域之地。
二九	江西	南昌	七四	江西为一天然区域,不缩小,但略为调整。婺源归浙,光泽归闽,萍乡归湘,东江上游归东江省。
三十	桂柳	桂林	五〇	广西北部桂江与柳江区域自成一省。
三一	郁海	邕宁	五四	桂南自成一省,由东京湾出海口,以钦州属改隶本省。
三二	贵州	贵阳	五五	本省缩小,调整边县,当较易于治理。
三三	滇东	昆明	四三	昆明为本省之地理中心。
三四	滇南	蒙自	一八	滇南设省,以集中注意力经营安南,促进中越之商业与文化关系。
三五	中南	景东	一七	居中南半岛之顶点,据湄公河上游,地广人稀,物产丰饶,设省以利垦殖,并以为经营中南半岛之据点。
三六	滇西	大理	三九	滇西设省,以资开发,并以经营缅甸。
三七	西昌	西昌	一二	西昌为著名农牧矿林之区,地位险要,设省□,并便开发。
三八	南川	宜宾	三六	滇边昭通处划入南川,以便治理开发。
三九	西川	成都	三三	以成都平原为经济中心。
四十	北川	南充	三一	
四一	东川	重庆	三〇	
四二	西康	康定	三八	行边疆省制,番胞分小区自治,统辖于省。
四三	汉中	南郑	二九	
四四	长安	西安	七六	泾渭洛三川属同一体系,合组一省〔的〕,以渭域财富人力经营泾洛。
四五	天水	天水	二〇	甘肃东南部,渭河、嘉陵江上游划出一省。
四六	甘肃	酒泉	三五	仍为走廊形势,沟通西域,移省治于酒泉以接近新疆。
四七	西疆	迪化	五九	行边疆省制,以乡镇山林牧场为单位,支族分小区自治,统辖转于省,西域二千年前已入中国版图,不得谓新,改称西疆。
四八	青海	西宁	二二	四川西北松潘等五县草地划入青海。支族分小区自治,统辖于省。
四九	宁夏	宁夏	一二	行边疆省制,支族分小区自治,辖于省府。
五十	瀚东	林西	一一	热北察北合组一省,蒙汉分区自治,统辖于省。
五一	台湾	台北	五六	

163

续表

序号	省名	省会	县市	备注
五二	辽东	辽宁	三九	旧辽宁省,形状偏长,兹分为辽东、辽北二省,辽东为国防省之一。
五三	辽北	洮南	一四	以洮南为中心,借四洮、洮索、长洮、洮昂、郑白、大通等铁路联络境内各区。
五四	吉林	长春	二二	旧吉林省南部之地,国防省。
五五	松花江	哈尔滨	三三	旧吉林省北部之地,加划松花江左岸之地,为国防省,中东路东段经省境。
五六	黑龙江	安北	二○	因国防之需要而设省,借呼海、北黑与黑龙江以资联系。
五七	兴安	龙江	二五	兴安岭与嫩江区域,呼伦盆地属之,中东路西段所经,为国防省。

《新闻报》1946年9月20日、9月21日、9月22日,第5版;

《财政评论》第15卷第4期,1946年10月

定都问题

张印堂

国大会议，旨在讨论宪法。宪法草案第七条"中华民国国都定于南京"一项，引起一般国人之注意。于会代表，尤为关切。有主仍设于南京者，有主迁立北平者，有主南京为东都、兰州为中都、疏勒为西都者，更有主张分设海、陆两都者。其中尤以南京、北平两地之争论为最激烈。按国都问题之论战，抗战期中，三十年冬，昆、渝两地，即有热烈的讨论。当时笔者于西南联大出版之《当代评论》亦曾供献刍议，题为《战后我国国都位置的商榷》，根据我国历代国都迁移之趋势，与当代一国国都应在之位置，对几个可能的国都地点，如北平、南京、武汉、西安等处，关其国防地位、交通关系、经济基础、历史背景，以及地形、气候与现代都市所需之公用设备等，从地理的观点，作有详细的分析与比较。熟思过去，审慎将来，周视国家现局，观乎世界动向，南京为都，无何优于北京之处。如言重新建设，全盘筹划，武汉、济南均有考虑之价值。今日重建既不可能，权衡需要，当以迁至北平为宜。其中详情，兹不再赘。惟仍欲一言者，即经此大战，科学的进步，武器的发明，时间、空间均已改观。任何一地一点，于未来的大战中，绝无往昔之安全。职是之故，未来之政治设施，军事布置，均须彻底革而新之，在国防上、战略上，始得配合奏效。

国防之革新，首在分区建设，防御设施，重在分散，不宜集中，已成公认之事实。政治之设施，亦应随之；过去以一都系全国之安危的观念，必须打消。政制要均权，国防要分散，减轻首都的责任，使我国成为数个国防区，由单一集体的国防，变为若干分区的体系，使之平时要自治自给，战时要独立独战，互相持援，始不致有一弹而命中之虞。故今后国都，除建首都之外，应重视陪都的发展，于不同的国防区，应各设陪都，加重建设，使首都仅为一平时象征的政治中心；惟有如此建国，始能追随时代，应付来局。今后我国走上法治大道，首都无须再为全国之惟一重心，正如澳洲自治领之首都坎伯拉，向不为人所注意，远无州际首府之悉得尼或墨尔钵之驰名重要。而各州自治，联邦团结，国防建设，无不在锐意进行中。如再审慎注视，即美、英与苏联诸强之发展，建国之方略，亦莫不向此分散体系之目标作去。总之，一国建都随安危而迁徙者有之，然因迁都而致盛衰者尚未之见。

一国未来之重心，既不全在首都，而首都之功用，又仅为一平时象征的中心，奠都北平抑或南京，严格言之，均无不可。惟北平确有优于南京之处。首都有关国际观瞻，市容要整齐，仪表须壮观，北平为世界有名都市，建筑富丽，规模宏大，设备齐全，文物古迹，不仅非南京所能比拟，抑亦举世无匹。北京宫殿之于中国，正如莫斯科克里米宫之于苏联，其与政体制度，社会思想，均无关系，惟其所代表者，在一国之伟大，艺术之精华，历史之光荣，民族之精神；为此一点，北平已足定为国都。况在位置交通上，北平适当东北、西北、华北三大国防区之交点，形势重要，无出其右。即对武汉、四川二大基地之联络，亦较南京为便捷。南京仅为长江下流局部之中心，无北平为数大基地所辐辏的重要。故与其说北平战时可以控制全局，毋宁说平时易于施政，有利于建设，有助于统一。而北平气候更非南京所及，无南京之溽湿闷热，令人萎迷［靡］不振。抑有进者，值此航空时代，世界之国际重心，仍多分布于北半球之高纬度一带，在北美与亚□者多在北纬四十度附近，在欧洲者，多在五十度之两旁，而北平适近四十度，不拘水陆，抑或航空，往来关系，均较南京为近；盖纬度愈高，航程愈近，故北京不啻为国内交通之中心，抑亦为对外之最近都会。

综上所论，值此航空进步神速，于超级空中堡垒，长距火箭、大炮及多量原子弹威胁之下，一国之都会，宜多不宜少，正如国防地基然。我国幅员广大，诚为天赋优厚，除以扼东北、西北与华北三大重工业国防区交点之北平为首都外，长春、南京、武汉、西安均应建为陪都，以作各区平时政经建设之中心。将来不幸如遇战事，更可用作基地，以谋应付。本乎国都遇事需迁则迁之原则，国都一项，无需明文规定于宪法之中。

《观察》第1卷第17期，1946年12月21日

·军事地理学研究·

挪威争夺战：地势与战略

洪思齐

挪威战争的意义异常远大，它表示着欧战的扩大，威尔斯和平使命的失败，经济战的白热化和弱小中立国厄运的开始。

挪威的海口和领海是瑞典铁砂运德所必经之路，亦即德国的"生命线"，一经截断，德国便不能够继续作战。英法要制德国的死命，不惜侵犯挪威的中立，在挪领海内设置水雷，阻止铁砂运德。德国当然不甘坐以待毙，于是发动闪电式的战争，占领挪威沿海的主要海口，并向内地挺进，借以巩固对于斯坎的那维亚半岛的控制。一个和平、进步的小国便这样地做了英德争霸战的牺牲品。德军既在挪威登陆，同盟军岂甘示弱。挪威横直都要成为战场，索性加入同盟军作战了。胜败谁属，此刻尚难断言，但是根据半月来的战事已经可以作一个初步的分析。

挪威之天然形势可以分为三区：西部沿海、东南低地和内地高原。西部沿海，挪人所称为 Westland，乃一富庶区域，港湾极多，［弯］皆为冰川侵蚀，海升陆降所成，称为峡湾。峡湾形势与普通港湾异致，皆深、狭、长而曲折，故易守而难攻。峡湾狭窄，所以岸上发炮和空中轰炸都比较容易击中目标。德军起初是以诈术运用闪电战而占据西部那维克、特伦德英、柏尔根、斯它文格和南部奥斯陆、克利斯提安桑德诸港的。诸港陷入德方之后，同盟军虽有优势的海军，而且使用了主力舰，但至现在为止（四月二十六）

仍未能夺回以上任何海港。

同盟国和德国都异常重视挪威海岸的争夺战，不惜使用舰队的精华。据英方广播德国为了挪威战事一星期内丧失海军吨数已经过半。据德方的统计，则英国两星期内沉没和重伤的军舰竟达五十七艘之多。双方何以这样热烈地争夺挪威海岸呢？这是因为：

（一）德国占据着挪威的主要海口，不啻是伸长本国北海的海岸，使同盟军的封锁更加困难，制海更不完全；德国可以充分利用了这个机会由海道输送大批军队和军需到挪威。德军征挪之初步成功就是靠这个条件。不然的话，一切重兵器、汽油和大部给养都无法输送，各地孤立的远征军在优势的同盟军压迫之下唯有坐以待毙了。反之，同盟军的战略显然地是要夺回这些要港，肃清沿海德军，绝对控制挪威的海面，使内陆的德军成为瓮中之鳖，再用优势的军队，由各港登陆，把前者包围歼灭。

（二）挪威的大西洋海岸是极好的潜艇根据地，海岸线长达二千公里，侵蚀成无数的大小峡湾，每一峡湾都可以利用为潜艇的供应根据地，沿岸复有十五万个岛屿掩护着峡湾的出口；英法驱逐舰虽多，也要感觉防不胜防了。德国潜艇如能由挪威出发，大西洋的同盟国商船将受严重的威胁。

（三）挪威海岸最近苏格兰，是轰炸斯卞［卡］拍弗洛①（英国主力舰队之根据地）最好的出发处，将一千八百公里的往返航程缩短为九百公里，使轰炸机队可以得到战斗队的护卫，又可以带着更多更重的炸弹，施行更有效的轰炸。同样的，苏格兰的造船厂（世界最大的）和工业都市也入有效轰炸圈之内。英国空军所以每日轰炸斯达完格就要阻碍德机的顺利出发。

西岸的陆上行军目前可分两区：（一）中部特伦德英低地区，（二）南部那维克区。中部同盟军曾在特伦德英以北之兰沙斯和特轮［伦］港以南的安达尔斯纳两处登陆成功，南北会攻特伦德英峡湾东岸铁路沿线的德军。该地德军尚未与南部军需根据地奥斯陆取得联络。同盟军如果能够有效地封锁特伦湾的入口处，德军颇有陷于"绝地"的危险，该区的天然形势显然

---

① 即 Scapa Flow，今译为斯卡帕弗洛。——编者注

169

是与同盟军有利。特伦港距瑞典边界不及一百公里，有铁路横贯半岛，直达波罗的海之波的尼亚湾，是一条重要的给养路线。占据这条路可以威胁瑞典，又可以截挪威南北的交通，战败时还可以由此退入瑞境。特伦港向南有两枝军略铁路直达挪京奥斯陆。现在挪京德军向北挺进的目标很显明的是要打通这条路，使中部和南部的德军取得联络。这一步如果做到，德军在挪威的地位便相当巩固了。相反的，同盟军的目标则为阻止德军的北进。双方目前正在铁路的中段紧紧相持。

那维克区的德军起初是由海路登陆的。以后同盟国海军封锁那港，德方增援的部队和军需都要靠飞机输送。同时联军则已在附近登陆，包围德军，并由海上主力舰发炮助战。种［德］军形势似乎很危险。那维克距瑞典界不及三十公里，有铁路越过国界通瑞典北部的铁矿区（加列瓦利矿山）和波的尼亚湾，它是瑞典铁砂主要的运输港，因为它是终年不冻的，而波湾的卢里港（属瑞）则一年中有半年冻结。同盟军如果能够逐出那维克的德军，便能控制瑞北的铁矿，以压力加于瑞典，逼其以铁砂全部卖给英国。假使瑞典仍以铁砂由卢港输德，则加列瓦利矿区就有受占据的危险。德国要保障瑞典矿砂的供给，除派兵占领矿区以外似乎没有其他妙法了。

目前同盟军在挪威登陆的地点，据吾人所知，只有以上二处，但是沿海可以登陆的地方很多，将来很有成立新战区的可能。

挪威东南部称为 Oestland，是一个低地区，交通便利，人口富庶，农产丰盛，工业发达，有宽广的河谷向斯卞［卡］革拉克①湾开展。挪威南岸和德军最近占领的丹麦海岸（遮德兰②半岛）隔水相对，不过一百公里。所以斯卞［卡］革湾虽有同盟军的水雷网和舰队巡弋，德国的运输舰仍能偷渡过海，虽然牺牲是相当大的。奥斯陆区德军的进展大概就是靠这条路接济的，挪京位于东南部奥斯峡湾的顶部。湾长一百公里，湾内没（？）有小湾，小湾口有岛屿保护，颇难攻入。奥斯陆城即在小湾的顶部。德军攻入挪

---

① 即 Skagerrak，今译为斯卡格拉克。——编者注
② 即 Jutland，今译为日德兰。——编者注

京据说是得力于德方伪造的挪王命令，叫挪海军司令不得向德国军舰开炮，德舰始能长驱直入，用十一小时的时间占领了固若金汤的奥斯陆港。同盟军要如法泡制，攻入挪京，恐怕不易成功。除非联军能绝对封锁斯卞[卡]革湾，要把德军从奥斯陆逐出是很难的。现在奥斯陆是德军主要的军需根据地和远征军主力之所在。奥斯陆距离挪、瑞交界不及七十公里，有铁路、公路贯通。其东北、东南邻近边界之地全已陷落，由此侵瑞是很便利的。

挪威内地属于高原地形，河谷宽浅，天然交通尚为利便。但荒凉实甚，故铁路线无多，主要为奥斯陆通特伦德英、科斯、柏尔根的三条干线。现在挪京德军正向通往前两处之铁道挺进，借以巩固中部的占领区域。挪威高原似乎并不十分适宜于游击战。

《战国策》第 3 期，1940 年 5 月 1 日

新几内亚战场之重要性

张印堂

　　轴心与盟国斗争的烽火，虽然日渐蔓延，敌对的阵列几遍于全球，嘶杀的怒吼更高入云霄，但是近两周来，大战的重心，却只有两处：一是东欧斯大林格勒的争夺，一是西南太平洋上新几内亚（以下简称新岛）的血战。在此二处双方都出动了陆海空的全力，彼此短兵相接。这不是突然的遭遇战，而是计划中主力战的序幕。因为两处的得失，不但于东西战场的胜败有关，抑且对世界整个战局的影响亦至深且巨，就中尤以新岛一地为重要。所罗门群岛瓜达喀拿尔敌寇与盟军之肉搏，实即新岛外围战之一部。据十五日电，敌人在瓜岛一处之损失，截至该日止，计有飞机一百六十五架，各种船舰有二十艘之多，内包含"琉球"号航空母舰一只，而盟方美国亦损失"蓝"号驱逐舰一，"克恩"号运输舰一。惟八日在科科达一段毙敌千人以上；于十二日，盟机袭击敌人据点普纳时曾投下炸弹廿六吨，用机枪低飞扫□二万八千发，毁敌机十七架并炸沉敌舰多艘，□事规模之大，斗争之烈，于此可见一般［斑］。战况虽渐沉寂，惟双方暗中均在增□厉兵秣马，酝酿再起。果然十七日大战又作，现敌寇与盟军在新岛拉锯战距莫勒斯比港仅卅二英里，较前尤进，压力顿增，局势严重空前，望我盟国，即出更大之兵力，驱敌人海，急拯新岛之危，以奠西南太平洋战场胜利之基石。吾人尝言，敌人攻陷了星洲只是军事上的收获，攫夺了荷印仅是资源上的掠得；二者之重要性不同，一为军略的，一为经济的，而新岛的重要是二者兼有的。

所以新岛战场的寸土尺地，都值得盟国来出全力用血肉来捍卫！

笔者于此，愿将新岛之人地概况，先作一扼要说明，进而将新岛在热带森林战场上的重要，在军略位置上的重要，及其在经济富源上的重要分别加以详述，以供国人之关心战局者之参考。

新岛之人地概况。新岛是世界上第二最大的岛屿，东西长达一百五十余英里，广约卅余□方英里，全岛面积之大次于北大西洋之格林兰岛。岛上土著居民共约廿五万人，为□状发之帕布阿黑族人，身体高矮不同，惟均甚强悍。帕布阿黑人，极不开化，分布于内部山地者尤属野蛮，人鼻常穿孔一二，插有羽毛为饰。人多裸体，文化幼稚。武器有弓箭、木棒及石斧、石锤等，故尚未离石器时代。以贝壳为其货币，乐器简单，仅袋鼠皮鼓与椰果壳□而已，崇信自然，拜图腾，仍为散居之部落社会。语言至为复杂，每十英里即有不同之方言。居民多分布于沿海与内部山地中，中间一带人烟稀少，居沿海者业渔农，居内地者则以狩猎为生。山地野人，虽知熟食，但尚无锅灶，人皆以树叶或竹筒裹食置于火上烧熟之，外界之影响迄未深入，是以内部山地野人仍有"食人"之恶风，如英领新岛之喀纳瓦克人，荷领新岛之吐格里人或喀亚喀亚人等皆其著者。

新岛在政治上分为三区：（一）西部为荷领，属荷印北□剌甲特尔特省之一部，人口面积均占全岛之半数以上；（二）东南部为英领，又称帕布□，现为澳大利亚政府所统治；（三）东北部为代管地，包有沿岸之俾斯麦群岛，在第一次大战前，原为旧德领属地，现由澳政府代管，面积七万方英里，居民约五万余。新岛全部之政治情形，可由代管地一区之行政划分推见之。代管地在行政上分为五种不同之地域：（一）为政府全权直辖地，指在政府全权统治下之地域；（二）为政府半权管辖地，指政府与土酋共管之地；（三）为政府影响到达地，指行政职权全部在土酋手中之地；（四）为政府巡察地，指仅为政府之武装警察偶而到达之地；（五）为无政府行政机构地，即纯粹之野人山地也。以上五区分布之次第与由沿海至内地距离远近次序同，即政府之势力影响与距海之远近适成反比也。

新岛之地势约分三种：（一）中部为一崇高险峻之山地区，总名之曰纳

173

斯山脉，多为变质岩所构成，走向西北西东南东，拔海在六千英尺以上，山峰多在一万二千英尺以上（与我西藏□萨之高原同），如其最高之阿伯特爱德华高达一万三千二百三十英尺，迩来报章所载之欧文斯丹莱山，即其一脉也，穿山之隘口，低者亦达五千五百英尺，是以山势雄险异常。（二）沿海一带为低微之平原与丘陵，多在二千英尺以下，平原多系新冲积所成，土质肥美，亦便灌溉，于农业及培植林场之发展最为适宜；丘陵则多为抬起之旧冲积与珊瑚岩所成，土质硗瘠，宜林牧。（三）为高原区，介于中部山地与沿海丘陵之间，拔海自二千至六千英尺不等，多由石灰岩所成之形势崎岖，为壮年之卡斯特地形，洞穴遍布，以其渗透质大，多呈干燥之草野景况与稀疏短小之灌木。

新岛之位置虽适当赤道迤南之热带，惟其气候多随地势之高低而异，沿海低地，终年湿热，一、二、三月雨水尤盛。薮泽之外森林茂密，疟蚊猖獗，入夜人皆须睡卧于特制之防蚊筐床中。钩虫病盛，其他之热带病症亦甚流行，总之极不健康。高原一带，地高气爽，极适人生，惟引水困难耳。中部高山的地势高崇，且又多雨，湿冷非常，丛林蔓生，加以交通之困难，除少数矿工外，外人率皆裹足不前。

（一）新岛在热带森林战场上的重要。由以上所论之自然地理观之，新岛上之热带雨林确为敌寇惯用之森林渗透战术的理想场所。新岛沿海，地势低下，泥泞不堪，薮泽之外，森林密布，蔓藤丛生，尽不见天日，视距远不过臂，摸索攀登，穿越极难，惟于敌寇惯用之热带丛林渗透战术，极为适宜。据澳洲电传，敌人潜伏深邃之丛林中，辄数时甚或数日不动，静待盟军进至十码之内时，猝然击之。这些森林中往往幽静异常，虽每至雨时始有滴打之声，此时尤为敌人所利用，随声前进，以达其偷袭之目的。过去敌人在南洋，马来亚、菲岛等热带的林区，曾收到很大的战果。此次盟军在新岛却□如能成功，便是战胜日寇的先声。因为过去菲岛的沦陷，荷印的丧失以及星洲、马来亚及缅甸的失败都是以盟军不谙森林渗透战术而为敌所袭的。今太平洋上盟国所有之热带森林区丧失殆尽，新岛已成硕果仅存，苟再不能于此击败敌人，不但新岛不保，即南洋与印度支那各地均将□恢复之望。盖以新岛一失，盟军即再无练习渗透战术之场所了！是以新岛乃为盟国在太平洋上最后之热带南战场，是太平洋战局的转捩点，此其重要一。

（二）新岛在军略上的重要。新岛适当澳洲大陆之北，为距澳陆北岸最近而最大之岛屿，与澳陆之约克角，仅带水之隔，间有托里斯海峡，窄处宽仅七十余英里，远在大炮射程以内。新岛形成澳洲北面之天然屏藩，而托里斯峡，便成了澳陆的雷地，据之不但澳洲可以高枕无忧，更可以为盟国进攻敌寇收复荷印与马来亚等地之基地，若不幸陷入敌手，敌人不但可以用作进窥澳陆之台阶，更可引为控制整个西南太平洋之跳板。且新岛与所罗门之间海水深邃，港湾交错，波平浪静，极便潜舰之出没，如岛东端偏北之巴尔特湾，深达三十余海浔，外如沿海之科科达、布纳、雷港、雷尔港、散拉□阿及莫勒斯比等地，皆系良港。这些据点多已沦入敌手，急待恢复，未失者如莫港、科港等抗守尤切。尤有进者，新岛与敌人在西南太平洋活动之其他基地如吉柔（为所罗门群岛之一）、罗科特、拉布尔（在新布列颠岛）等，隔海相望，进［近］在咫尺，关系密切。且新岛一失，必陷盟军所占之瓜达康奈尔与图拉吉二据点于孤立中，更断澳陆与英美之连系，终必置澳陆于死地。吾人既认澳陆为盟国在太平洋上反攻敌人收复失地之最后根据地，而新岛既系其屏藩，唇亡齿寒，焉容轻视！况吾人又尝言，敌人不下澳洲，即不能巩固其在荷印之地位，而新岛又适当澳陆与荷印群岛间之津梁，其在西南太平洋战场上地位之重要，更昭然若揭，是以坚守新岛乃稳定太平洋战局必采之手段，此其重要二。

（三）新岛在经济富源上的重要。新岛面积几等荷印全部之半，而其居民尚不及荷印人口二百分之一，地广人稀由此可见。职是之故，新岛与荷印虽同以产热带经济植物为主，但新岛之发展远非荷印所可比拟，殆无问题。况新岛现为盟国在太平洋仅余之热带经济植物产地呢！以是益增其经济地位之重要。盖自菲岛、荷印、马来亚等地沦陷后，盟国在太平洋上所取用之树胶、橡皮、椰子油、香料、硬木等之来源，当以新岛是赖。新岛内地更有丰富之金矿数处，已经开采者如莫□北、犹罗达河上游玛桑布区之菀伊底等场为其著者，曾经积极开采，成效颇著。战前以交通困难，为开采金矿之需要，特辟有航空运输，自撒拉姆，至金场航行，需时仅二十四分钟，而若背驮经行山径，需七日之多，由此可见内地交通困难，且在普拉里河与吉柯河上游曾发现有无烟煤矿，质佳量丰，分布亦广，并有丰富之油田，亦待开采。

新岛之农产有西米、甜薯、山芋、甘蔗、烟草、玉米等，中以西米与甘蔗为最，据云西米树一株可产西米三百至五百磅，于三千五百英尺以下之邱陵低地，野生者很多。果木以香蕉、菠萝、馒头果、橘、柑、柠檬等为最，上述产物，于军需之供给上有莫大之补助，此其重要三。

基此三点，故吾人认〚为〛盟军实有死守新岛，驱退敌寇之必要，西南太平洋战局之前途，亦将于是觇之矣。

《云南日报》1942年9月20日，第2、3版

蒙古在我国防地理上之重要

张印堂

国防之重要，尽人皆知，勿待详解，无国防，敌人可随时乘虚而入，国破家亡，殆所难免。国防之凭借约分两种，一为资源的，即人力、物力与一切之富源等；一为地理的，即山川要隘及所有之天险等。蒙古高原，环境贫瘠，于人生无他部之优越，除康藏之外，为我国最穷之地域，其经济富源于我国防上，除兽力与畜产外，无他贡献，惟在地理方面，其环境位置与形势，殊堪重要，均有国防军略之价值。军略形势之于国防，自古迄今，向为中外战争胜败之一因素。我国军事家孙子所言"审地形而立胜"（见军事篇），"非得地形而不战"（见谋攻篇）及"不知战地，不知战日，则左右失败，前后不接，兵虽过人，安知胜败乎"（虚实篇）的意义，在在都是表示地形于战争之重要性。此次欧战德军攻下登刻儿克后之不能长驱直入英国，即以一衣带水之隔，而我国之能以独自抗战数年，与我将士之英勇固属有关，但地形之为功殊非浅鲜，由沦陷之平原、丘陵与非沦陷区之崇山峻岭地形之对比，表示至为明显，以地形之有利于我，我武器虽劣，但仍能持久抗战，且有胜利把握，此无他，概由我天然之地理国防所以致之。兹就蒙古之环境、位置与形势分言其于我国防地理之重要，以飨读者。

（一）蒙古环境之动静与中原社会之安危

蒙古之自然环境是丰美的草原与半旱性的荒野及不毛之沙漠参差交错所

组成的，因而蒙人之生活不仅以牲畜为主，且须逐水草而迁徙，时时移动成一游牧的民族，故动便成了蒙人牲畜的常态，正如一般农业社会之需要安，耕作生产方能奏效。草原的游牧民族，生活满足，财富增加的时候，虽可使之有趋于安定之可能，但财富的增加，同时亦是加强其活动能力之因素，所以草原的游牧民族或者以水草的贫瘠缺乏，奔驰□放，有时为生活所逼，到邻近的平原沃野上抢掠觅食，或则以活动能力过强，涉及附近的农业社会。综之，一个固定的农业社会受其邻近草原上善动之骑士牧者的侵略蹂躏，便成各地历史上之常事，甚而由蹂躏抢掠，进而借势称强，以至保护占领者亦数见不鲜。以是之故，蒙古草原环境、游牧民族之动静与我中原之盛衰安危影响至巨，在历史上蒙汉关系之密切，明显昭著，从未间断，于我未来国防影响之重大，自不待言。

（二）蒙古位置之国防重要

蒙古虽以干燥沙漠与半旱性之草野占其大部，但其沿边地方不乏肥美之草原，畜产甚丰，向为强邻所垂涎。此高原东西绵亘几万里，北则环抱苏联之西比利亚，南则翼护我国之华北平原与西北黄土高原诸省，东则邻接我国之大松辽盆地，形成我国边防最长之侧面。证诸历史，蒙古高原与我国防之关系，确有"得之可以制人，失之则便受制"之概，如赵武得之，则攘地云中，进略西北；秦始皇得之，则筑城置郡，威镇匈奴；汉武得之，则北徙王庭，安靖边塞；北魏得之，则称强于华北；唐得之，则降服突厥、回纥，以安西北；明得之，则设三卫，以控蒙疆；满清得之，则入主中原。今日人鉴诸历史之可循，洞悉蒙古地位在中国国防之重要，所以入据我东北四省后，又首先西侵，以作占我华北之先声，故日寇之满蒙政策，实为实现其大陆政策之前奏。尤其进者，蒙古高原在日苏间所处之地位，亦有举足重轻之势，苟蒙古为日人所有，则日人可直捣苏联远东之后方，不独使西比利亚东部诸地，陷于孤立包围，即其中亚各地亦将大受威胁。以故，日方遂以积极拉拢蒙古为能事，唆其背我而自治，以便达到其侵我袭苏之野心。且也蒙古高原地势空旷，于新式陆空军事行动，为至便利，又为东亚与西欧陆空交通必经之自然捷径，只此一点，我国亦不能坐视其为任何外强所长期掠攘。蒙古以前之所以未被任何强邻所吞占者，乃因其向为东亚诸强族争逐之区，位置虽当要冲，然而距外强大国中心邈远，交通困难，地土又多硗薄，大都不宜于发展固定生活，故争夺者虽不断，而少有作永久占据之计划者，故能幸免于永久宰割。今则不然，交通便利，日本极易西犯，苟蒙古一旦为其所霸占，作军事行动之基地，则首当其冲者，非吾国而谁欤？况其在我国防历史上又具有"得之则强，失之则亡"之握有举国生死关键之重要乎。是以我蒙疆如为敌人所据，则西北之自然屏障即除，华北之门户洞开，所谓关中锁钥为他人所握，不但华北一偶［隅］之不保，即我全国将亦不能安枕矣。

（三）蒙古形势之国防价值

蒙古高原在军略形势上实具有三条并行之天然国防线，北为阿尔泰萨彦山脉；中为戈壁大漠，西起葱岭，东及兴安岭，横贯高原之中部；南为阴山山脉，绵亘高原之南与我华北平原与黄土高原诸省毗连；高原之东西又有兴安岭与葱岭的险要，足资凭借。萨彦阿尔泰山高出中亚与西比利亚平原千余公尺，扼居高临下之优越地位，且山势外向西北，变化急剧，陡崖峻坡，难于攀登，而内向东南一面，坡度缓和，上下易易，此种地形，就我国防止言之，易守难攻，只要把几处山口设置要塞，外来敌人即不易侵入，诚为我国北疆之一天然屏障；中部戈壁东西长近万里，南北宽约四百里，荒凉无际，岩碛之南，砂丘遍野，起伏不平，高出地面数十公尺，此种沙丘多呈半面山形，西北向风之一面，倾斜缓和，东南背风之坡，反较陡峻，对我造成一带自然的砂袋掩护堤，稍加人工便成堡垒；南部阴山更是我国历代所凭借，用以防御胡狄之重重堡垒，贺兰、大青、狼山都是古代的战场，英魂碧血，至今犹为国人所凭吊，"驾长车，踏破贺兰山阙"，"不教胡马渡［度］阴山"，均为千古名句，阴山于我国防的重要，史迹昭章，无容详赘。

综上所述，蒙古环境之动荡既为我国安危所系，蒙古地位之得失又为举国之存亡所关，其形势之险要又为国防之重重堡垒，其重要可知，加以边胞蒙人耐渴善骑，中央应本总理之边政原则，奉行总裁对边政之启示，一变以往之愚化怀柔，力事融洽边胞情感，扶植其文化，作合理之启发，使知体［休］戚相共，利害一体；善为抚育，化雄健之蒙人骑士，为边防之精兵劲旅，负起新的历史任务，不仅可以杜强敌之煽惑利诱，更可借以捍卫疆场，奠定国防矣。

《边政公论》第 3 卷第 7 期，1944 年 7 月

英美未来可能的战略联防线

张印堂

二次世界大战之前,美英两国均抱和平政策,不作侵略他国领土主权的企图,对于防御工事,未曾积极,更未注意到联防的必要,所有自卫的设施,都是消极的、个别的。所以大战爆发,遇到敌人的偷击和有计划的进攻,便顿陷于极不利的地位,幸而双方物资雄厚,终能致胜。经此艰苦的奋斗,一方面发现了旧有个别防御的弱点;一方面空战与原子弹的威胁,及战后民族独立运动的高潮,使美英两国对于未来的战略,不能不重加考虑,有所革新,并认为有联防的必要。关于美英两国旧有个别防御形势的弱点何在,此次大战对之有何影响,未来的战略应如何革新,及今后如果联防,阵线应如何布置,据点怎样选择等,以事关军事机密,无从探悉。惟就一般军略地理形势的演变,和美英两国所透露的动向,略作推测,聊供思索。

二次大战前,英美的军事目标,虽均着重于太平洋与东亚,对日本具有戒心,惟所处的军略地位,极为不利。自巴黎和会允许日本代管旧德领太平洋赤道以北诸岛,华府会议美国又允日本于东经一八〇度以西之领地,关岛与菲岛,不建军港,及英国允日于新加坡以东之香港亦不设防以来,美国在太平洋上之海防重心珍珠港,以无外围,一变而为突出海上的前哨,失却其为基地的重要性,致遭敌人的暗击,损失惨重。且距美国陆上后方基地,如普遮森与圣地亚哥及南北太平洋上的荷兰与土土伊拉二港,其远均在两千哩以上,供应困难,根据作战却匪易事;在近东亚之西太平洋与日本斗争,尤为不利。至于英国在二次大战以前，在西南太平洋上，平时虽不失为一主人翁，但在战时的军事根据地，只有新加坡一处而已。且自英东来，经直布罗陀、马尔他、萨蒲路斯、克里特、苏彝士、亚典、孟买、锡兰、新加坡，以至香港，虽有所谓英帝国生命线之称，防御尚称巩固，但沿线易受欧亚大陆陆上之威胁，随时随地均有被人切断之虞，于东亚更无保障。加以西南太平洋一隅，岛屿繁多，绵亘于亚、澳两洲之间，隶属政权不一，又无共同防范之计划，且又毗邻日本过去代管之诸岛，尤易受其威胁。本来英之新加坡与香港及荷印之泗水与美领之菲岛，四处联合，可建一小型之四边形防御线，以固英美荷在东亚的地位。惜三国未能及早利用此险要的形势，作适时之准备，大战即告爆发。迨日本势力深入南洋，先占英之斯巴蒂莱，继据越南之金兰湾，断此四据点之联系，陷香港与马尼剌于孤立，致两地迅速沦陷。南洋海权既为日本所握，荷印、马来与缅甸之先后被占，势所难免，更危及澳洲、印度与云南。战争失利与各地沦陷的原因，概以英国防御形势之为一直线形，缺乏外围据点，而防御工事又过于集中星洲一地，故星洲遭受敌人掇背痛击之苦，使东南亚全部大有防不胜防之概。嗣后幸美、英于中太平洋北自荷兰港，中经珍珠港过土土伊拉，南迄澳洲北部之达尔温港，形成一大纵的联防线，败日海军于珊瑚海，阻止敌人前进，军略颓势，始得挽回，美、澳交通方得维持，反攻基地澳洲大陆稳定后，盟方始得转危为安，由败而胜。其功之在美、英太平洋上之迅速联防，自不待言。

此次大战，盟方在东亚战场之赢得胜利，殊为不易。欲谋世界未来之安全，美、英联防实为必要。对美英之联防计划，美国参谋总长艾森豪威尔虽曾声言停止进行，但以国际风云大势所迫，名虽个别计划，实则合作设施，如美、加之联防，及美国与英澳西南太平洋防务之商洽等，皆为联防之事实，无容讳言。二次大战对美、英未来联防布署之影响，莫过于防御观念之改革。现代化之海空战，已使过去无人注意的北冰洋，成为北半球新旧大陆国际斗争必经的要冲。美、加两国之间，向为世界国际间唯一的无防地带，而现在亦加紧设防了。过去被视为英帝国生命线之地中海、红海与北印度洋一带，因过于临近大陆，易受威胁，已成了未来战争中的一带陷阱，失却其

英美未来可能的战略联防线

往昔的重要性。以二次大战的攻击测验,已充分证明近东、中东以及远东之印度可遭受欧亚任何部分之袭击。原子弹可以破坏苏彝士运河,使之变成沼泽,杜塞东西之海上交通,使之不复为英国作战之基地与通至东方之大动脉。沿线直布罗陀、马尔他等地之防御工事,过去曾视为维持英帝国不可击破之堡垒,而于此次大战中,虽亦曾胜过了强烈炮火的袭击,为牢不可破之据点,但将来于空战原子弹之威胁下,势难两保,只能用作新防线与新基地之外围前哨而已。往昔英之本部向视作捍卫英帝国之最后基地,今已不然。以土地狭小,与接近强邻,于航空原子弹战争下,已成为最易攻陷之目标,故未来英帝国之国际工业,势须分散于英帝国之他处,建成分散式之防御体制,乃为英帝国革新战略之首要原则。故英帝国之自治领,尤其距历代战源欧亚大陆远的南非联邦与澳、新自治领,形将成为英帝国新战略之后方基地,而英之本部与加拿太［大］,则将变成前方作战的根据地,已甚明显。

英国变更战略防线的原因,除空战原子弹威胁之外,民族自治运动亦有影响。值此民主高潮之下,任何民族,均不愿为外人所长期治理,诚以一个第一等之殖民地政府,尚不如一个第二等之自治政府为受欢迎也。以是之故,沿英帝国旧有生命线受治之诸异邦民族,如中东之阿剌伯人与远东之印、缅、马来人等,必将逐渐脱离英国政治上之关系,达其独立自治之目的。英国深鉴此一民族运动不可遏止,已决定准予独立自治之机会,如近已决定许印、缅组织自治政府,并拟将英兵撤离埃及等,皆为英帝国政策及未来防御军略改观之证明。

美国一向视同世外之桃源,但二次的大战,已使其于未来的战争中,深感不安;战外乐乡的地位,已成过去,惶惶之不安,促成了美、加的联防,使之注视了北冰洋的地位。关于美国未来的太平洋防务,亦加强了很多,并引起许多的变更。二次的大战,既加重了美国维持世界安全的责任,美国亦只好负起领导的地位,谋求联合国集体的安全,因此美国已由其以普遮森、圣地亚哥、荷兰与珍珠四港所形成之退守的四边形防线,进而恢复其以荷兰、珍珠、土土伊拉与关岛所构成之进取的四边形防线了。且深感若不拥有前日代管之马绍尔群岛的扎鲁特,加罗林之吐鲁克与马利安之塞班及帛琉雅蒲等据点之掩护，大四边形之防御，仍无保障，而美国与菲岛及东亚之海空交通，亦难安全。美国为了确保珍珠港为太平洋上之真正中流砥柱的地位，必须有周备的外围据点与前哨及通后方基地之便利交通与安全的驿站，始能为功。所以美国向英提出管制珍珠港东南的耶诞与其西南的康顿及福纳福第三岛之要求。按耶诞在英属芬宁之东南，为美领珍珠港之卫星。康顿为凤凰群岛之一，为美国与新西兰间之重要航空站。福纳福第在英属厄重斯群岛之东南部，为美、澳间之重要驿站。此外更向澳洲提出管制其代管之俾斯麦群岛的玛纳斯，以四处设防为完成美国未来太平洋防御计划所必备。盖耶诞、康顿、福纳福第之与珍珠港，其重要也正与中途、威克、关岛等岛相同。而玛纳斯形势之险，地位之要，美国认为系太平洋全部防务三大主要据点之一，其重要与珍珠和塞班两港等。三个据点形成一大三角形之新防御区。职是之故，美国为了控制整个太平洋的海空权，以维世界的安全，对以上四处之设防，实为必要，而欲达此目的，与英、澳联防，乃所必须。

根据新战略的观点，美英已各有其新的计划。但双方未来的战略布置，蛛丝马迹，形势连络，构成一大联防的新世界防御网。在此新的世界战略网中，对向敌人，究属何国，国际风云，变化万千，实难预测。惟假想的战端，无疑的仍将发生于北半球。是以战线的布置，据点的选择与基地的准备，已露刍［雏］形。略而言之，美国将为前方之基地，英、加为前方之据点，英之南非联邦与澳、新自治领，将为后方之基地。准此看去，美、加陆上之联防，旨在防止北冰洋空中的来袭，阿留森之荷兰、阿图□港，为前线之左翼，以作北太平洋屏障。而北大西洋之英美航线，如格拉斯哥、魁北克，或利物浦、纽芬兰，或南韩普顿、百尔母他、纽约等线，均将成为前方的斗争线；而冰岛与格陵兰，尤为必争之地，因为愈近北极，欧亚大陆与美、珊间之航线亦愈近故。是以英国本部将成为美、英联防对向欧陆之前哨，由此可与英之旧有生命线连接，以作防御欧亚大陆之前线，经锡兰至新加坡后，东南转以接美与英、澳设计之南太平洋联防线。自新西兰之奥克兰东北上，经英属斐吉之苏瓦，与美领萨姆阿之土土伊拉，及凤凰群岛之康顿以至夏威夷珍珠港，成一大斜绕地球之防圈。由新西兰威灵顿东行经合恩角,更可与英帝国南大西洋之南非联邦通。此为英帝国新战略中沟通南非联邦与澳、新自治领两大后方基地,最安全之供应线。按威灵顿与合恩角之航程,为四六一四浬,为美、英联防两据点间距最长者,但对每小时飞行七百余哩之长距飞机,仍可畅通无阻。于此南北前后方斜绕地球防御联环之中部,美、英更有一围绕地球之一热带联防线。此一热带联防圈之据点,在太平洋者以珍珠港为主,西之吐鲁克、塞班与关岛及东之巴拿马为连络据点。在大西洋者,要以西印之巴巴突与西非之巴特斯将[特]为根据,由此东行经尼日列亚与恰尼亚,跨过非洲,越印度洋之锡兰岛至新加坡以接马尼剌与关岛。此一热带联防圈,以距北半球之新旧大陆遥远,比较安全,将为美、英未来世界战略之主要联防线。此线与在南半球计设之南非联邦与澳、新自治领两大基地,间有若干南北向之供应线,在太平洋上要者有五:计达尔温、马尼剌线,达尔温—雅浦—关岛—塞班线,东澳约克半岛—拉布尔—玛纳斯—吐鲁克线,奥克兰—苏瓦—福纳福第—扎鲁特线,更自福纳福第东北上经康顿至珍珠港线,于大西洋上,自巴巴突南下经台重尼达至南佐治亚,或自巴特斯特经亚森森,至推斯坦得孔达,均可与辽绕南温带海上之合恩、开普顿线衔接,在印度洋上自锡兰岛之可伦坡港,东南至澳洲之伯斯与西南至南非之开普顿,与之成一大三角形,均在飞机航程之内。

综上观之,美、英未来可能之联防战略,防卫大西、印度两洋之责任,将仍以英帝国为主,而太平、北冰两洋则由美国担任之。于未来的斗争中,英国本部与加拿大均将成为前哨据点,而英帝国之南非联邦与澳、新自治领,则将成为美、英后方的基地;形势天成,难以讳言。关于世界未来之命运,只要美、英真诚合作负起领导警卫世界的重责,善自戒备,国际的秩序,可保无虞,而人类的安全亦将系之于此。

《观察》第 1 卷第 2 期,1946 年 9 月 1 日

从我国地理环境论国防建设

林　超

　　第二次世界大战，规模之大，史无前例。至于兵器之新，战术之奇，动员人数之众，消耗物资之多，亦属空前，此为世人所共知之事。但作者以一地理学者之眼光视之，则此次战争最基本之事实，莫过于其所占空间之扩大与其战场环境之复杂。上次大战，虽名为世界大战，然战场仍局限于欧洲，以地理范围言之，实为一欧洲战争。此次大战则不然，北自北极圈，南至南极圈，东自太平洋，西至大西洋，莫不有军事之活动，为一名符其实之世界大战，故或称之为全球大战（Global War）。战场分布既广，环境自不一致，其中且有若干环境极端不同之战场。例如在北欧之苏德、苏芬之战场，为一寒带战场，一部在北极圈附近，冬季大部在摄氏零下十度以下，冰天雪地，坠指裂肤。北非战场则为一热带之沙漠，气候极干与极热。至于南洋及西南太平洋之战场，则为标准之热带，终年高温多雨，丛林遍地。此三战场各有其特殊之地理环境，而与西欧战场之情形迥异。

　　在特殊之环境下作战，非普通士兵所能胜任，亦非普通之设备与武器所能应付。要克服困难之特殊环境而制胜疆场，对于士兵，非施以特殊训练，予以特殊之配备不可。因此，在此次大战中，遂有特种部队之出现，驰骋于一特殊之战场，成为此次大战中最出色之军事活动。此种特别训练之部队，无论轴心与盟国，皆曾悉心擘划，奏功疆场。例如在北非大战初期，德国在北非之部队，所向披靡。此部队事前即在德国境内，用人工造成与北非沙漠相似之气候，使士兵习于沙漠之生活。其后美国在北非登陆部队，亦曾先在美国西部沙漠，施以特殊训练，方调至前线。在北欧苏德与苏芬之战场，冬季前线，则有滑雪部队，利用冬季冰天雪地以作战。在南洋与西南太平洋，则日本于大战之初，即在台湾训练丛林部队，嗣于取得海南岛后，更利用其为热带部队训练基地，以攻击太平洋与南洋各地。其后美军在西南太平洋作战之部队，亦经受特殊之训练，以应付当地之环境。综观以上事实，足见此次大战中，轴盟两方，对于各战场环境，皆予以深切之注意，其认识之深刻，为前次之战争所未见。

  此种特种部队之组织与训练，有一应提及之点，即其配合之周密是也。例如士兵之挑选与训练，装备之设计，兵器之选择，以至军队之给养，医药之设施，皆针对环境而计划与实施。关于士兵之挑选，除注意其普通生理之健全外，尚须视其对于特殊环境之适应力，同时应注意其原来之生活环境与生活方式。士兵原来之生活环境与战场之环境愈接近，则其适应力愈强，战斗力亦愈强。故调至严寒地带作战者，以生长于北方者为佳，至热带作战者，则以生长于南方者为宜。士兵经挑选后，即尽量利用相似之自然环境，施以训练，若无相似之自然环境，则以科学方法造人工环境，予以训练，德国训练非洲军团，即其一例。士兵之外，物质之设备，亦不可忽略。如寒带中关于御寒之设备，热带中关于防雨防湿之设备，皆极重要。其色彩并应与战场之景色力求配合，如在寒带，宜用白色，热带则用绿色。兵器与兵种，亦有加以选择之必要，如沙漠地带，地形平坦，少障碍，宜于骑兵及机械部队；但在热带丛林，则情形正与此相反，惟有步兵与轻武器，方可自由活动。即同种工具，在不同之环境，亦有加以改良或特别设计之必要。例如驶往北海之军舰，需破冰之设备，飞机亦需有免于结冰及御寒之设备也。其他如军队之给养，医药之设备，以及情报政工人员之训练，皆根据各地之需要，因地制宜，以求适应而得最高之效果。此种精神，可称之为军事之区域精神，以区域为立场而分工，与已往之以兵器与兵种分工，同等重要，而为第二次世界大战之一重要教训。

  我国幅圆之广阔，地理环境之复杂，甲于世界各国。论寒冷之地，则有东北之黑龙江、外蒙古、新疆北部等地，皆与西伯利亚接壤，同为世界最冷之区。西藏、西康、青海等高原地带，因地形高起，亦成高山冷区。论干燥之地，则有蒙古、新疆之沙漠，为世界最干燥区域之一，沙漠面积之大，闻名于世。华南一带，包括两广及福建一部，黔南及滇西滇南之山谷，以及台湾、海南二大岛，则为热带景象。因此之故，作者认为吾国国防设计，有接受此次大战之教训，采取区域分工，根据各地环境，建立特种部队之必要。今参照我国自然环境，建议我国可成立之特种部队如下：

（一）北疆部队

专负保卫北方与俄属西伯利亚接壤之寒冷地带。此地带之特征为冬季严寒，极寒可至零下二三十度，非普通士兵所适于作战之地。挑选士兵，以生长于东北及西北者为宜。冬季御寒，应有充份之设备。冬季作战，应有滑雪之训练。本区面积辽阔，一部甚平坦，宜于骑兵及机械化部队之活动，空运尤为重要。本区一部住民为非汉语系之同胞，士兵及政工人员，应有蒙语、哈萨语及俄语之训练，并应熟悉当地人民之风俗习惯，方可使军民合作融洽无间，共同作战。本区传染病不少，东北常有鼠疫，军队之卫生与医药，应特殊注意。

（二）高原部队

吾国西部，为一片大高原，包括西藏、西康、青海一带，即所谓青康藏高原是也。平均温［高］度在三千公尺以上，故寒冷异常，有似上述第一区，且有终年积雪及冰川。但地形高峻，一部已受河谷分割，成山岳地形，故此区实兼且［具］寒冷气候与山岳地形之二特点。故建设本区国防，须针对此特点。欧洲南部山岳地带，即阿尔卑斯山邻近诸国如德、奥、意、法，向皆有阿尔卑尔［斯］部队，惯于登高攀崖，兼能滑雪溜冰，至足取法。高原及高山之地，空气稀薄，普通人易于喘气疲劳，挑选士兵，宜注意其生理之适应力，对于生长高原之土著民族，如康藏之藏族，青海之回，且充分加以利用与训练，使成国防劲旅。此区使用兵器，因地形关系，宜用轻武器，运输应利用空运，以资联络及分配给养，因本区出产粮食甚少也。高原之上，运输一部可用马匹，一部用犁牛。但本区幅圆辽阔，驼运迟缓，仍应以空运为主也。本区之士兵，应具藏语之训练，对于土著民族，亦应有相当认识。

（三）沙漠部队

本区间于以上两区之间，故应与以上二区密切合作。本区东起东北西部之呼伦贝尔一带，经内外蒙古、甘肃河西至新疆，为世界最干燥地区之一。全年雨量皆在五百公厘以下。因雨量不足，故河流皆不能出海，聚于内陆。水多盐碱，饮水极为缺乏。地面一部为极干燥之戈壁，草木稀少，其边缘则为草原。在此一带，人类生活不易，故人口极为稀少，可居之地，仅少数地方之水草田，成为此广大面积之控制据点。草原为游牧民族迁徙之地，沙漠则完全荒凉，渺无人迹。故在此地区作战，给养成为一大问题。从古作战运输，皆赖骆驼与马，因其可依水草为生，今后亦不能不利用之。但此一地带，极适于机械化部队之活动，因地面平坦，车骑纵横，皆可无阻也。空运亦极重要，因天气既极清爽，天然飞机场又到处皆是。本区为游牧民族之世界，故对于彼等，宜充份联络与利用。如蒙、哈、维诸族，对于本区，皆甚熟悉，得其助可以行军便利无阻，不可不注意及之。

（四）热带部队

我国华南沿海一带，自福建迤南至两广，包括台湾与海南二大岛，以及西南之山谷，如滇西及滇南、黔南等地，皆属于热带气候，常年高温多雨，草木繁茂，瘴疠盛行。根据此次大战经验，在此种地方作战，非有特殊之医药设备与战术训练不可。医药设备，尤为重要，因在此地带，未与敌人作战之先，须与疾病作战也。森林之中，作战须特别训练，着重个人单独之作战能力，因丛林之中，到处皆有掩蔽与障碍，不易作集体之战斗也。丛林之中，交通运输，甚为不便，故给养联络，大有赖于空运。又此种地区，颇多土著民族，如苗、猺［瑶］、黎、摆夷等，各有其语言风俗习惯，事前亦应先有准备，并取得其合作。在招募军队时，亦不可忘记此等同胞在未来热带战争中之地位也。

（五）沼泽部队

我国长江流域，中下游一带，为湖沼之域。所有地面，亦皆新由湖沼冲积而成。其间河汊纵横，湖沼棋布，行军作战，甚为困难。此种地带，似极适于两栖部队之活动。士兵训练，亦似宜施以海军士兵之操舟赴水之常识。

总之，今后之国防建设，应注重地域之分工，不宜习于过去以同一军队而东调西调、南征北讨。此种办法，在中原本部，尚可适用，若至边远环境特殊之区，一定失败。新疆事件，可为殷鉴。以后战争空间更扩展，分工亦将愈严。方今北美正作北极战争之试验，此种战争，岂普通士兵可能为力耶？吾国国防建设，亦应效法此种精神，急起直追，方可不至落后。

至于实施步骤，作者以为宜先从事国防地理资料之搜集与研究，举凡各地之地质、地形、气候、生物、资源、经济、人民之生活、习惯、语言、宗族、疾病，皆在调查研究之列，同时并应不断组织考察团，由军事人员与科学家合作，实地考察，以作计划之助。在计划之后，不妨再加以一试验时期，先作种种试验，以期尽善尽美，然后再依试验结果实施，自能应付裕如，无坚不克，无敌不摧也。

《国防月刊》第 1 卷第 2 期，1946 年 10 月

·文化地理学研究·

西藏环境与藏人文化

张印堂

  论到西藏环境与藏人文化，首先应予申明的，即此处所谓文化是广义的。一个民族的文化就是那民族生活的共同表现，或属于衣食住行的生活方式，或属于他们的社会习俗、礼节以及思想方面的宗教信仰等。西藏环境特殊，居民的生活方式与我国他部迥然不同，着羊皮大衣，食藏粑、牛酪乳、肉、酥油，住堡垒式的房屋，用方形青边之帐篷，以盆形皮筏作渡船。其宗教信仰、政治制度以及婚丧礼俗，均与他人异，欲明了藏人文化，应先认识西藏之地理环境，以大凡一民族之文化多与其所住之环境有关，由长期之适应所形成，正如《礼记·王制》篇所言："广谷大川异制，民生其间者异俗。"此语可称之为当代人文地理之极好定义。

  甲 西藏的自然领域。西藏的自然领域，是我国西南部最高的高原山地区，西起葱岭，北抵昆仑、阿尔金、祁连诸山与我国甘新相接，东至西顷、邛崃以临陇蜀，西南以喜马拉雅与印度为界，东南一隅，以山岭走向南北，经横断入云南，无清晰之自然分界，乃人为之界线，常有变更。西藏之自然领域在政治上，既包有康、藏、青及滇北之一部，所以在地理上可称之为康藏青最高高原山地区。过去藏人活动之范围与其文化之传播，多与此自然领域相暗合，境内居民多系藏人与藏化很深的少数民族。

  乙 康、藏、青政区的划分与问题。民国以来，康、藏、青即行分区治理，康、青两地由四川康定与甘肃西宁驻军分别所管辖，与西藏拉萨政权脱离，迨民国十七年复正式改为省制，惟关康、藏间之界线，因有前藏、后藏与中藏等不同之解说，界限弗定，迄未划清。简而言之，依一般国人的解释，前藏为今日的西康省，后藏乃唐古喇山口一线以西之西藏本部，惟藏人则多主前、后、中三藏之划分，指澜沧江以东为前藏，澜沧江西至唐古喇山口为中藏，而山口之西即西藏之本部为后藏，如此分之，限西康政权于沧江之东，故为国人所未许，致康藏之界务迄未决定。西藏向为我国边陲，关系悠久，以环境特殊，文化各异，今政府既予以高度自治之权利，如何发展交通，增进中藏关系，提倡藏人教育，改善藏胞生活，扶持其文化的发展，祛除隔膜，调协纷争，使之利害一致，实为中藏双方所应彻底觉悟，迅予完成之责任。

丙 康、藏、青的自然景与地理区。康、藏、青的一般高度，拔海多在一万英尺以上，峰顶突出二万余尺，地广约百万方哩，占我国全部四分之一，大于西欧各国面积之和，为世界上最高而且最大的高原山地区，故有"陆地绝顶"与"世界屋脊"之称，居民总计约五百万，每方哩合五人，与我东南诸省或临接之印度恒河平原每方哩五百人之密度比之，大相径庭。在地理上，又可分为四区：

（一）北藏高台原区。为介乎葱岭、昆仑、唐古喇与冈底斯四大山间之高台地，拔海尽在一万六千呎以上，地高气寒，空气稀薄，雨水极少，无草木，无人烟，偶有队商经过与黑熊出没其间，本区于战期曾为新印航道所必经，无他经济价值，惟于未来之战争上，颇具放射投掷武器基地之军事重要。

（二）南藏高谷平原区。为冈底斯与喜马拉雅二山间之雅鲁藏布江谷地，拔海在一万二千至一万四千呎之间，夏季温湿，为西藏文物会萃之地，最大寺院与最大之都市，多分布于此。本区为一草原地，间有林木，藏人于此，农牧兼营，牧畜之外，青稞大麦，豌豆萝卜，菜蔬果木，均有所产，惟田地不多，发展有限。

（三）西康山地区。为巴颜喀喇山南，唐古喇以东，与邛崃山西之西康全部及青海南部之玉树一带，境内山岭高耸，北部稍开展，南部则山高谷深，险峻异常，拔海一万至一万五千呎之间，山岭尽成南北向，东西平行，要者有八，山间水流湍急，横渡不易，遑论通航，交通困难，惟气候比较温湿，草木繁茂，农牧均可，地形艰险，耕地无多，故居民生活，亦为农牧兼营。

（四）青海高盆地区。为巴颜喀喇山以北之青海各地，系由大小不一之若干盆地所组成，要者如柴达木、青海、都兰等，拔海多在万呎以上，大部为沙漠与半干燥之草野，低洼处多湖沼沮洳，除黄河上游者外，尽为卤性，亦因地高气寒，农牧基础不大，以适当蒙、藏、甘、新之间，居民文化为汉、回、蒙、藏之变换地，过去以藏人文化之影响甚深，故曾为大西藏文化领域之一部，但近代以来，自甘、新回胞之势力深入后，青海往昔藏人文化之地位，有为回教文化代取之势，惟在地理之环境上，乃为西藏自然领域之一部。

丁　高原之气候特征及其影响。康、藏、青之地势既如此高亢，气候特殊，干燥寒冷，空气稀薄，日晒强，蒸发快，气温变化急剧，乃其特征。外来人士，以生活不惯，时感困难，旅行其地，常患晕山症，头昏目眩，耳聋胃反，恶心气喘，以及鼻子流血等，时有发生，重者可死。职是之故，地旷人稀之康、藏、青，虽与中印人口密集之地区毗连，但迄未为所繁殖，而藏人之固有文化之得以保持至今，与此不无关系，故谓西藏之自然区为天留之一藏人文化地，殆非虚语。

戊　藏人文化。西藏文化的特征，最足以反映其环境者有五：

（一）喇嘛教之信仰。喇嘛教是唐太宗时由中国传入西藏之佛教，而受当地原有之崇拜自然的沙门教影响所成，为沙门化之佛教派，分红、黄二宗，红宗是旧教派，黄教是新派，新派在西藏的势力较大。此外尚有所谓黑白喇嘛教，是佛教化的沙门傍道。世界上最大的宗教如回、耶二教，均起源于西南亚之沙漠、草原，开始都是游牧民族的宗教，盖游牧民族徘徊于空旷寂寞的沙漠，环境的艰苦，自然界的伟大，使他们易生神秘之感，现实生活的痛苦，使人对来世发生希望，贫瘠的沙漠、草野，或以过于干燥炎热，或以极端严寒僵冷，孤苦无告，容易使人愤世嫉俗，加以因与外界隔离，生活单调，遭受极端刺激后，对大自然常发生敬惧心念，由敬惧自然，而反省，而默思，而皈依，今生之无望，只好寄托于来世，故笃信重生，于是宗教信迎〔仰〕出焉。西藏环境的艰苦，不下于西亚之沙漠、草野，漫无边际的荒野，突入云霄之雪山，终年摆在藏人的眼前，空旷的无声，有时寂静如死，景观之单调，社会之苦贫，较诸西亚、北非，过无不及，以是之故，佛教传入后，藏人对之，普遍信仰。西藏地穷物缺，对外往来甚难，人多是患，且藏人不喜外殖，若准其自由增加，社会生活，必成问题，所以信教为僧，出家离俗，度喇嘛的独身生活，可限制人口之过剩。盖僧徒初则本为一寄生阶级，出家后可免与生产者之竞争，而寺院又多建设于不能生产之荒山上，既可以减少生产土地之占用，又可免除人口之过于拥挤。又以寺院为社会上惟有之集会场所，而喇嘛为其惟一之所谓受教育者，心计灵活，诵经之外，常操贸易副业，因之寺院便成了交易场所，以经营有利，庙产增加，而僧徒于是亦握有土地，拥有仆役，俨然成了资产阶级，对平民借贷予夺，权利日增，于是便握到社会上之政权，西藏之"神权政治"，于是演出。

（二）神权政治。西藏的政治制度，原为专制政体，由王子治理之，但早自唐太宗时，纪元六三四年起，即依附中国，为我边藩之一，当时之西藏政体，虽名为君主，以疆域辽阔，地势隔绝，实为部落组织，各由酋长王子分治之。此种割据形势，迄今犹然。至一五七六年土伯特（即西藏）王封为达赖喇嘛时，政体犹未改变，惟降至十七世纪，红、黄二派宗教战起，黄派胜利后，达赖喇嘛始握有政权。按黄宗原为宗喀巴于十四世纪末所首创。达赖喇嘛执政后，西藏之政体始转为"神权政治"，正如欧西中古时代之"教会政体"。此种神权政治实为稳定西藏行政与团结藏人社会重要因素，以西藏环境，地势险阻，山岭隔阂，极便造成部落组织，而散漫的部落，只由共同的信仰来充政治上的连系，否则西藏之政治团结是很难产生的，而宗教的势力，用作政治的活动，于漫无边际、缺乏中枢重心的沙漠草原或高原山野的环境中，容易奏效，如中东与近东的大回教运动，中亚突厥回人的团结，印度回、佛之对峙，都为明显的例证。近代蒙、藏与我国政治上之远离，亦为喇嘛信仰与神权政治所以致之。

（三）农牧之兼营。西藏的环境，自各方面视之，不宜农作，多为高山草原，适合放牧，故藏人原应为一游牧生活之民族，但藏人于衣食牛羊皮革乳酪之外，尚需谷粮菜蔬之类，而以交通困难，靠外界供给非易，故不得不于不宜耕作之环境中，勉强种植，以求自给，亦可谓为原始社会中人定胜天之一表现，故此藏人于牧畜之外，迫不得已，遂操农业，成一牧农兼营之民族。因气候之严酷限制，所种简单，仅为青稞、豌豆、萝卜等耐寒之硬性作物而已，所以青稞、大麦粉制成之藏粑乃为藏人之通常食品。藏人以环境所迫，其勤苦耐劳，善于耕作，不亚于任何其他之专一业农民族，即我具有四千年以上农业历史之汉家，亦难与之抗衡，所以川人移民至西康其不失败而归者，多为藏人所同化，是很值得吾人注意的。蒙、藏同为我国边藩之二大民族，俱笃信喇嘛，但喇嘛教对此二边胞之影响迥异，蒙人自信喇嘛以来，强悍善战的性格全失，化为柔顺驯良，遇外来的移民，甘心退让；而藏人则不然，一面诵经念佛，一面勇敢好斗，对任何外来之民族，绝不示弱，不惧怕，不退让，跃跃欲试，不甘下风，此点与任何阿拉伯回人同。清末民初以来，川康间十数年之争，藏人皆以喇嘛寺院为本营，寺院僧徒备有枪械，俨然为康、藏之堡垒，如一九〇五年巴塘之乱，翌年乡城之变，与一九一七至一九一八汉藏大金寺之争，及一九一二年拉萨中国官吏之被围，皆为例证。一九〇三至一九〇四年，英国以恐惧帝俄所派伪装僧侣之多哲夫与达赖阴谋勾结，作不利于英印之企图，当印督派英人杨赫斯班率兵进犯拉萨时，达赖先命僧兵至江孜堵击，后以兵力不足，卒为英兵所破，致达赖出奔，逃避库伦。……由此一观，我国来日之治康理藏，对藏人之农牧生活，应善加利导，提倡改进，以免再蹈汉、藏冲突之覆辙。汉、藏修好，加强团结，共谋福利，裨益西南国防，实匪浅鲜。

（四）母系之社会制度。母系制度，原为原始社会之特征，生而知母，不知有父，乃各民族社会进化所必经，但现在已不多见，仅于少数文化幼稚之民族中有之，如大洋洲之新岛与所罗门群岛中之布甘维尔岛上，仍可见到，但现在康、藏社会之仍有母体家族，不能谓为文化幼稚之表现，盖藏人母系社会之得以传延至今，定有其特殊之原因在，此或正与其地理环境有关。藏人女子，社会地位特别重要，率以男多于女所致。康藏之男多女少，不能以女子生产率小，或女子夭亡者多及有溺女恶习解释之。因女子在藏人社会中，向为人所爱重，绝无重男轻女之不良习俗，更无不道德之溺女恶习。康藏女子，独何以较少，是值得研讨的。盖西藏以地势艰险，气候干寒，环境恶劣，加以对外交通困难，势成一天然之堡垒。原始之住民既少，极端艰险的环境，难为女子所胜任，经长期严苛的自然淘汰，女子为数特少。而这种堡垒式之艰险地域，于外人之侵入，并未阻绝，且自古以来，尤为非法犯徒所喜往。歹徒之奔匿于此，自在意中，年有所闻，正如西伯利亚为苏俄放逐流犯之场所，及南太平洋新赫布列底群岛为法国安置罪人之处所同，此辈非法份子，几尽为男性，相形之下，因而女子益少。外族之侵入康藏既非为不可能事，但入侵之后，以环境截然不同，弱小多已去矣，生存乃多为适者，久之即为藏化。由此观之，藏人女性之少，实属当然。康藏社会，男性既多于女，一妻多夫，势所必然（详见下），故为母的妻子，乃成一家之主，有当家之权，因此在母系的康、藏社会中，部落酋长们，女性者很多，故西藏在我国历史上，有"女人国"之称。

（五）婚丧奇俗。藏人婚制，极为自由，一夫一妻者有之，一夫多妻者亦有之，一妻多夫者更有之，外如临时之定期夫妻，亦偶而有之，其中以一妻多夫制最为奇异，故人称之为藏人之典型婚制，惟与其谓藏人婚制为一妻多夫，莫若称之为婚姻绝对自由。总之，一妻多夫既为原始社会所常有，而康藏以男多于女，故相延至今，且于其贫瘠之环境，亦甚适合，以艰险的冰天雪地与严酷的气候及拔涉不定的移牧，均不宜于妇女生活也，即于比较温湿的半农半牧之谷地，以田地之狭小有限，一妻多夫，既可限制人口之增加，又可免除有限房产土地之过于分□，所以原始的一妻多夫制，迄今犹存。至藏人之丧葬方法，尤为特殊，因境内木材缺乏，人死之后，不用棺椁，多行水葬、火葬或天葬之法。又以藏人生活，原为移牧为主，居无定所，无坟茔墓地。藏人葬期，多在秋后举行，惟穷者则随死随葬，以水葬为主，死后，投尸江河，顺流而去。……此外尚有"木乃伊"法，为达赖、班禅二最高活佛死后所采用，即死后以布将尸体裹起，置于干燥处，使不腐烂，上建一塔，以便保存纪念。综观以上诸葬法，于康藏环境颇甚适宜，葬时定在禾稼收后行之，正示农作之重要，葬法不采埋葬，以减土地之占用，冰冷的岩碛荒野，不宜掘坑穴葬，故采水、火、天葬之法，势所当然。查"木乃伊"法，向为埃及帝王所采用，于干燥之沙漠及冰冻之苔原，最为适宜；康藏高原，既干又冷，行之尤宜，借此不特遗容得以长期保存纪念，且水、火、天葬诸法与喇嘛之信仰重生，亦甚符合，故喇嘛藏人，多乐行之。

综上所论，藏人文化，虽似幼稚，但确为长期适应西藏环境所演成，在原则上，藏人信仰思想之共同，政权之统一，妇女社会地位之重要，婚姻之自由及丧葬之节省与衣食住行等生活方式对环境之适应，都值得我们深切认识的。

《云南日报》1943年4月1日，第3版；
《边政公论》第7卷第1期，1948年3月

·人种地理学研究·
人类鼻形与气候的关系

张印堂

　　现在研究人类学的，区别种族的方法，多以人的体骼特征为标准。人类体骼的特征很多，其最要者有五：（一）头形（Head Form），（二）身长（Stature），（三）体色（Pigmentaton ［Pigmentation］），（四）鼻形（Nasal Form），（五）毛发之构造（Hair Texture），就中头形与鼻形两种为最不易改变。所以研究人类学的，常用头形与鼻形为区别种族最要的两种标准。

　　人类鼻形，各族不同，有大鼻者，有小鼻者，有窄鼻者，有宽鼻者，有长鼻者，有短鼻者，有高鼻者，有低鼻者，奇□怪状很多，如钩形鼻、秤锤鼻、鹰嘴鼻等。总而言之，窄鼻常是比较的长而且也高，宽鼻常是比较的短并且也低，不窄不宽的中式鼻形，常是不很长也不很短，不过高也不过低，是介于宽鼻式与窄鼻式之间的。

　　人类鼻□的不同在各种族间极其明显，所以在人类学上，人的鼻形共分三种：一曰宽鼻（Platyrrhine），二曰窄鼻（Leptorrhine），三曰中鼻（Mesorrhine）。计算鼻宽窄的方法，乃就其长（鼻之上下，即由鼻尖至两眼间鼻天之长）与鼻宽（指鼻孔部右左之宽）之关系而定之。即看鼻宽为鼻长的百分之多少，所得之数为鼻率（Nasal Index），其公式如下：

$$\text{N. I.} = \frac{\text{N. B.} \times 100}{\text{N. L.}}$$

人类鼻形与气候的关系

区别鼻形的标准有三：

鼻率在八十五以上者宽鼻，如热带之黑色尼格罗族人之鼻形是也。

鼻率在七十至八十五者为中鼻，如温带黄色蒙古族人之鼻形是也。

鼻率在七十以下者为窄鼻，如寒带之哀斯克摩人之鼻形是也。

关于人类鼻形形成的原因，过去说法不一，有信为遗传者，有以为适应环境而形成者。迩来研究人类种族地理学的人士，关于鼻形的解释，意见渐趋一致，多相信对于构成人类鼻形的影响，环境与遗传的效力是同样的大，所差者只是在发展的时期有所不同耳。假设鼻形的发育已到成熟的时期（此时期非指个人而言，乃指整个种族而说），遗传的影响一定大于环境的影响；若是鼻形方在开始发展的时候，后天的环境影响一定要胜于先天遗传的影响。这是在生理上不可转移的事实。

当新生代初，人类本只一种，即所谓现代初期人类（Eary［Early］ Modern Mankind）。他们原来分布于由北非与西欧东行经近东至中亚以及远东一带，这带环境当时的气候是温和的，不干不湿，不冷不热，生长在这种中和的气候环境中，人类的鼻形初期发展的时候，都是中窄式，以后因人类的繁殖与环境的变化，就散居世界各处，生长在不同的环境中，为适应各种不同气候环境的需要，经长久之适应，才渐渐的演成今日人类各种不同的鼻形。但是具有一种鼻形的某一种族分布的区域，不一定限于造成该种鼻形的环境中。例如蒙古族人原来在中亚高原，终年干燥，冬冷夏热的气候环境中演成的，但是现在的蒙古族人，散居世界各地，生长在种种不同的环境中，有在终年极热的南洋中的，而亦有在终年干冷的寒带中的。所以某一种鼻形演成之后，有的可以生长在几个不同的环境中，有的是不能的。

人类鼻形与气候究有何关系呢？大概在一空气干燥而常冷的环境中，人的鼻形多窄式的，如冻土带中居住的原始哀斯克摩人（Eary［Early］ Eskimos）。因为鼻管狭窄能阻挡大量冷空气的骤然吸入。在空气热而湿的环境中，人的鼻形多为宽式，如非洲热带的黑人，因为在这样常湿热的环境中，狭窄的鼻管不仅是不必需的，而且是最不适宜的，为要散热取冷的缘故，宽阔的鼻管是必需的。在常年干热的气候中，人类鼻形的发展多半

199

是由宽鼻式趋向中鼻式，如亚拉伯人，因为干燥在热的环境中有如寒冷使鼻变窄的调剂影响；在常年冷湿的环境中，人类鼻形的发展多半是由窄鼻式趋向中鼻式，如英国人，因为湿润的气候，在寒冷的环境中有如温热使鼻变宽的调剂影响。但是在反旋风的温带季节气候区中，夏季是热而湿，冬季则冷而干，生在这样特别气候中，人的鼻形，为夏季排热计，应为宽鼻式，但鼻管大的宽鼻在冬季干冷的时候是不合宜的，若要为阻挡冬季寒气的不易于吸入，发展一种窄鼻子，至夏天湿热的时候，一定因鼻孔窄小有不便呼吸之困艰。因此，在这种反旋风的温带季节气候环境中，人的鼻形是一种特殊的中式鼻形，鼻孔宽而鼻管深藏，致两眼间不见鼻脊，如中国人，为要适合冬季的寒气，鼻管内藏而不变窄，内藏可以保暖，如此不但使冬季吸入的空气不过于寒冷，即夏天湿暖的时候，呼吸一定也很畅快。所以人类各种鼻形的分布，宽鼻式的人多属热带，窄鼻式的多在寒带与冷温带，而中鼻式多居陆地的温带。例如英国人的鼻率约在六十五，尼格罗人与南洋及澳洲之黑人者约在一百零一强，而蒙古族人者，约在八十左右。

　　人类各种宽［鼻］形造成之后，环境若有变更，由干冷而变为湿热，窄鼻可随气候而变为宽鼻，平均每五百年增加鼻率单位一个，譬如罗扎普人（Rajput）原居喀什米尔山地，以该地之气候而论，鼻率应为六十五，后因迁至印度西北部之较热地域，鼻率乃增至七十二，迁来时约在纪元前一千七百年，迄今约三千五百余年，故增加了七个单位，计五百年增加一单位。但是环境的变化若是由湿热而变为干冷，宽鼻是不易变窄的，譬如散摩亚人（Samoyedes），原居中亚，以该地气候而论，鼻率应为七十八，后因迁至西伯利亚之东北部，环境变干冷，迁来时约在纪元前五千年，至今虽已七千余年，但其鼻率仍为七十七，仅减了一个单位。因为宽鼻在鼻子的发展上代表一种成熟的发育，凡体骼的特征发展成熟之后，在遗传上确成了不可改的象征，环境虽有变更，造成的特征是再不能改变的。所以鼻宽的人类，有由窄鼻人类演成之可能，而窄鼻者是断乎不能来自宽鼻，其理在此。

由以上看来，造成人类各族鼻形的气候因素，不外气温与气湿两点。气候与气湿于人类鼻形的形成，关系既然如此密切，所以近来研究人类种族地理的人常用种种的气候方式来推论人类的鼻形，其关系如下：

气温	5［50］°F	60°F	70°F	80°F	90°F
鼻率	67	71.6	76.2	80.8	85.4

由上表着［看］来，气温每增高华氏两度，鼻率乃随之加一。鼻率与气湿之关系稍殊，相对湿度每增百分之五，鼻率始见加一。惟气温与气湿若同时增高，其加宽鼻率之效能则稍减，盖因气湿在高温之下，颇有使鼻变窄之调剂作用。例如气温增加华氏二度，同时相对湿度增加百分之五，其结果仅能使鼻率增加0.8。但若遇气温增加而气湿减低，其致宽之影响尤小，例如气湿增加了华氏二度，而气湿减少百分之五，其结果仅能增大鼻率0.2。根据以上所论，人类鼻形与气温和气湿之关系，人类种族地理学家，常拟就公式，以各地之气候，推论其人类种族之鼻形，各家所拟之气候公式，虽稍有不同，但其理则一也，惟各家之公式，常不能适用于所有不同之气候环境，乃其缺点。各地气候干湿冷热之情形与变化虽各有不同，略而言之，世界上的气候可别为四大种：

（甲）湿热气候　　（乙）湿冷气候

（丙）干热气候　　（丁）干冷气候

兹就现代英国伦敦师范学院傅格尔教授（Fair Grieve）、牛津大学之巴斯敦教授（Buxton）与曼撒［撤］斯特大学傅乐尔（Fleure）和达维斯（Davies）两教授，诸氏所用推论人类鼻形之气候公式分别介绍同好诸公，并将各家之公式，试用于各不同之气候环境，判其优劣，以供读者之参考，更可借以提倡中国人类种族地理学之研究，此确亦为我国目前所急待研究之一学术工作也。

（一）傅格尔氏之气候公式及其应用

$$N.I. = \frac{\frac{MEAN\ AV.\ T[E]MP}{2} + \frac{MEAN\ AV.\ R.H.}{4} + 25}{100}$$

注一　见 Fair[G]rieve：*Geography in School*，p.45。

注二　查鼻率数值，原为鼻宽为鼻长之百分数，故傅格尔氏公式中之 100 数，并非需要，特此声明。

气候环境	代表地点	气候鼻率	实测鼻率
（甲）湿热气候	巴当（Padang）	$\frac{80.5}{2}+\frac{76}{4}+25=84.3$	88.3
（乙）湿冷气候	巴　黎	$\frac{50}{2}+\frac{79}{4}+25=69.7$	69.1
（丙）干热气候	突尼斯	$\frac{65.1}{2}+\frac{61}{4}+25=72.8$	70.2
（丁）干冷气候	和　阗	$\frac{54.6}{2}+\frac{59}{4}+25=67.05$	75.6

由上表所示，傅格尔氏之气候公式，于湿冷与干热两种气候环境，收效较大；于湿热与干冷之气候，所得结果，差误失之过大，结果不佳。查湿冷与干热两种俱为趋于中和之气候，因高温之下，干燥具有致凉之调剂，正如当低温之下，湿润之致暖同（注三，此非指人体觉温 Sensible[T]emperature 而言）。是以傅格尔氏之气候公式，用之于中和之气候则可，其不宜于极端之气候，自不待言矣。

（二）巴斯敦氏之气候公式及其应用

巴氏之气候公式有三：

A. 气温公式　　B. 气湿公式　　C. 气温与气湿合用公式

A. N.I. = Temp. × Temp. Coef. + Temp. Coef. Regression

即气温 ×0.4610 + 46.95 = 鼻率

B. N.Ⅰ. = R. H. × R. H. Coef. + R. H. Regression

即相对湿度 × 0.2284 + 60.1 = 鼻率

C. N.Ⅰ. = Temp. × Temp. Coef. + R. H. × R. H. Coef. + Coef. Regression

即气温 × 0.483 + 相对湿度 × 0.2525 + 24.91 = 鼻率

注四 气温系数 Temp. Coef. 乃为在一定限度所增之气温下，所增鼻率之数值，例如自 50°F 至 90°F，共有四十度之增加，而鼻率之增加为一八·四，其系数乃为 0.461。

注五 气温［湿］系数 R. H. Coef. 乃为在一定限度所增之气湿下，所增鼻率之数值，算法同上。

注六 系数之差 Coef. Regression 乃为根据系数推得结果与实测所得之差数。

A. 巴氏气温公式之应用

气候环境	代表地点	气候鼻率	实测鼻率
（甲）湿热气候	巴 当	80.7 × 0.4610 + 46.95 = 84.15	88.3
（乙）湿冷气候	巴 黎	50 × 0.4610 + 46.95 = 70	69.1
（丙）干热气候	突尼斯	65.1 × 0.4610 + 46.95 = 76.96	70.2
（丁）干冷气候	和 阗	54.6 × 0.4610 + 46.95 = 72.12	75.6

由上所示，巴氏气温公式，于湿冷与干冷两种气候用之最宜，于湿热与干热之气候，其差误则颇有失之大与小之嫌。

B. 巴氏气湿公式之应用：

气候环境	代表地点	气候鼻率	实测鼻率
（甲）湿热气候	巴 当	76 × 0.2284 + 60.1 = 77.45	88.3
（乙）湿冷气候	巴 黎	79 × 0.2284 + 60.1 = 78.14	69.1
（丙）干热气候	突尼斯	61 × 0.2284 + 60.1 = 74	70.2
（丁）干冷气候	和 阗	59 × 0.2284 + 60.1 = 72.57	75.6

据上表所示，巴氏之气湿公式，用于干冷环境，较为适宜，于湿热气候，差误最大，即与湿冷与干热之气候，亦不甚适宜也。

C. 巴氏气温与气湿合用公式之应用：

气候环境	代表地点	气候鼻率	实测鼻率
（甲）湿热气候	巴 当	$80.7 \times 0.483 + 76 \times 0.2525 + 24.91 = 83$	88.3
（乙）湿冷气候	巴 黎	$50 \times 0.483 + 79 \times 0.2525 + 24.91 = 69$	69.1
（丙）干热气候	突尼斯	$65.1 \times 0.483 + 61 \times 0.2525 + 24.91 = 61.1$	70.2
（丁）干冷气候	和 阗	$54.6 \times 0.483 + 59 \times 0.2525 + 24.91 = 66.17$	73.6

由上表所示，若以巴氏之气温气湿合用公式推算各地之人类鼻形，要以用于免［湿］的环境为宜，不拘冷热，结果均可，惟于干燥地域，气温不论高低，均见失之过湿［小］，此其弊也。

关于巴氏气候公式所引起之差误，若细予考之，其原因不外于造成宽鼻之湿热气候，其所得之结果，常失之过小，而于造成窄鼻之干冷气候，又失之过大。

注七　于本文所举和阗一处虽未见如是，惟若证之于其他干冷地域，数见不大，例如对于中亚之阿斯巴然鞑靼人（Azerbazan Tartars），其实测鼻率为63.2，但据巴氏气候公式推得之鼻率乃为68.7。

推原其故，不外其所用系数数值之固定不变也。固定系数，若适于中和之气候，于极端之气候，失之过大与过小，自所难已。职是之故，所用系数当随其气温与气湿之高低而有所不同。气温与气湿愈高，其系数亦必愈大，否则，差误自生。傅乐尔与达维斯两氏因鉴于此，乃有不固定系数气候公式之作。

注八　详见 Davis: *Some Advanced Modification on the Relationship between Nasal Index and Climate*, Man., Jan. 1929。

例如巴氏之固定气温系数为0.46，而傅、达两氏所采者，于50°F为0.22，于95°F乃升至0.68；其气温［湿］系数，于E［R］.H. 30%为0.21，及至R.H. 95%乃变为0.297，所用系数，随气温、气湿之高低变化不一。

（三）傅、达两氏之气候公式及其应用

N. Ⅰ. = Temp. × Temp. Coef. + R. H. × R. H. Coef. + Coef. Regression

　　　即气温×该气温系数 + 相对湿度×该相对湿度系数 + 38 = 鼻率

人类鼻形与气候的关系

气候环境	代表地点	气候鼻率	实测鼻率
（甲）湿热气候	巴 当	$80.7 \times 0.385 + 76 \times 0.24 + 38 = 87.3$	88.3
（乙）湿冷气候	巴 黎	$50 \times 0.22 + 79 \times 0.025[0.25] + 38 = 68.75$	69.1
（丙）干热气候	突尼斯	$65.1 \times 0.26 + 61 \times 0.22 + 38 = 68.34$	70.2
（丁）干冷气候	和 阗	$54.6 \times 0.23 + 59 \times 0.22 + 38 = 63.53$	75.6

由上表所示，傅、巴［达］两氏之气候公式，除干冷之极端气候以外，于湿热、湿冷及干热之三种气候，运用均宜，其结果驾出傅格尔与巴氏之公式，自不待言。惟傅、达两氏之气候公式于极端之干冷气候犹嫌过小者，殆因使鼻形致窄之冷温，其影响原应有其限度，断乎不能随气温之降低，使鼻形变窄不止也，否则其致窄影响如无止境，于气温极低之严寒地域，人类鼻管将窄至不能呼吸，果尔，人类焉得生存？是以一地之气候若低于华氏六十度，其至窄影响，即大见减削，若低至四十度下，即不再发生任何影响，殆无疑也。试以我国之东北一隅证之，滨江位于满州［洲］盆地之中部，一月均温为 0°F，七月均温为 77°F，年均温度 39.5°F，其相对湿度常年约为 78%，若以其年均温计之，所得之鼻率应为 56.2（$39.5 \times 0.22 + 78 \times 0.25 + 38 = 56.2$），查该地居民之实测鼻率乃为 83，相较之下，失之过小；若以其年均温度与其平均最高温度之均温计之，所得之鼻率乃为 71.7（$56.92 \times 0.24 + 78 \times 0.25 + 38 = 71.7$），较之实测者仍嫌过小；若以 60°F 与其最高均温之平均温度计之，所得鼻率则为 77.2（$69.5 \times 0.28 + 78 \times 0.25 + 38 = 77.2$），比之实测虽低，然相去已不远矣。今若以其年均最高温计之，所得鼻率为 87.5（$79 \times 0.38 + 78 \times 0.25 + 38 = 87.5$），与实测之 83 始最为接近。由此观之，吾人若用傅、达两氏之气候公式，作人类鼻形之推论研究，所用气温，除于终年温和之气候区，可以其年均温为准之外，于极端湿热与极端干冷之地，均当以其最高均温计之为宜。

我国幅员广大，地形错纵，气候不一，国民之体骼特征不齐；关其形成之原因与分布，研究之者尚不多觏，特草此篇，期以引起国人同好之注意焉。

作者附注：本文系根据作者1929年在英与傅乐尔和达维斯两氏讨论所作，除声谢之外，特将此旧怀，贡献管理中英庚款董事会中国地理研究所，成立伊始创刊《地理》之纪念，用志庆祝。

《地理》第1卷第1期，1941年4月1日

云南西南部掸族之种族特征与其地理环境之关系

张印堂 著　李孝芳 译

　　本文系民国卅年四月张印堂先生为国立清华大学三十周年纪念出版之科学报告所作地理论文之一，见国立清华大学三十周年纪念号，科学报告第三种：地质、地理、气象。原文除插有图表之外尚附照片十六帧与日用之掸语二四四字句，兹因印刷限制未能列入，殊为憾事，特此声明，译者志。

　　掸族之分布及其地理环境。在中缅沿边各民族中就文化程度及人口数量论，掸族（注一）乃为最主要之一族，语言异于其他边地各族（注二），中国掸族、缅甸掸族与暹罗人在种族上皆属于所谓泰族（注三）。他们现在为热带副热带之人种，于云南西南部者，虽多居于山地中，但均限于北纬廿五度以南湄公河与伊洛瓦底江间，拔海四百公尺至一千公尺间之较低的河谷平原上。此外虽亦有分布于红河流域之低谷中者，惟为数不多。其分布于云南西南部者以太平河流域之□达、甘崖及南甸附近之谷平原，在伊洛瓦底江支流之瑞丽江流域者以遮放、芒市、猛卯及陇川附近之谷平原，在南丁河流域者以猛撒、耿马、孟定及户板附近之谷平原，在萨伦江支流之枯柯河及镇康河者以孟底、孟黑及故镇康附近之谷平原等为最夥。这些谷平原具有盆地形状，地势顺河谷之开向南倾，形势堑深，为 U 形狭谷，两侧山势壁立高出谷底一千至一千五百公尺。形势险峻如南丁河谷之孟定，拔海仅四百五十公尺，但其以东山地之南腊拔海竟达一千五百八十公尺。又如萨伦江渡口之潞江桥，拔海仅六百七十公尺，但于其西部之高黎贡山则高出海面二千三百余公尺，陡高陡降，地形变化，尤为显著，纬度低而开向又南倾，加以四周地形又为崇山峻岭所包围。因此种种之影响，这些低谷平原之气候既湿且热，夏季尤甚。本区之代表植物为常绿阔叶林，如大榕树即其一也。此种树木生有许多气根，下垂地面，入地再生，复为副干，一树蕃生，俨若一林。地面排水不良，因而沼泽遍布，芦苇丛生，形成携带恶性疟疾病菌蚊虫繁衍之渊薮。当夏秋之际，外人绝少敢冒险前往者。即在干燥之冬春二季天气犹热，如正月午后温度亦常达摄氏十九度以上，而昆明中夏温度尚不及此（昆明拔海一千八百九十二公尺，北纬25°04′，东经102°41′）。冬季晨雾频仍，日有所见，且甚为浓厚，直至午时始散，故午前温度较为适宜，此乃该时带有水气之雾，使人感觉温度较低（Sensible Temperature），因之颇感凉爽愉快也。但当雾散天晴之后，温度即刻上升，即在最冷之正月午后阴影气温亦常达摄氏十九度，见光处则超过二十二度。如孟定（拔海四百五十公尺，北纬23°28′，东经99°23′），作者于一九四〇年正月十五日所测之日温差如下：有雾之晨八时气温为摄氏九度，九时为十度，十时为十五度，至正午雾气消失后温度则升为十七度，而见光处则为十九度。同日午后四时阴影气温升至十九度，见光〖处〗气温为二十二度。孟定正月均温为十六度半，七月均温为二十六又十分之九度，与昆明正月均温九又十分之七度，七月均温十九又十分之八度比之，其温度之高可知。孟定之全年月均温皆在十六度半以上，其在二十度以上者尚有八阅月。以中缅交界南丁河谷平原的孟定之气候记录代表之全年酷热无冷季。孟定年雨量达一千六百四十四公厘，大于昆明（年雨量一千二百四十五公厘）。故极端湿热之气候使人衰弱不振，掸族乃为唯一能适应此种他族所不能忍受之气候者，且能避免气候之恶劣影响。

掸族之体质特征。据作者所测一百零五个掸人所得之结果，宽头者四十一，中头者四十，次长头者二十一，长头者仅有其二，由此可知掸族乃为一中宽头之人种。由其头型指数（Cephalic Index）推论掸族无疑为蒙古族之一支。但与其他蒙古族之不同点乃在低而宽平之鼻型。其鼻型指数（Nasal Index）在一百零五人中宽鼻者六十七，中鼻者三十五。由此表示掸族大部属宽鼻式，狭高鼻者绝少，仅三人而已。他们的鼻孔宽阔，所以其鼻型为宽鼻式。宽鼻的形成乃由于长期适应湿热气候所致。惟有经长期之适应湿热气候始能演成宽鼻，目前其鼻型指数平均皆大于真正之蒙古人或中国北部之汉人者在二十单位以上。盖自干冷气候环境移居于湿热气候带，人类鼻型指数之演化每五百年恒增加一单位（注四）。照此推论，掸族之适应其目前之地理环境之时期已相当长久，至少在一万年以上。以是之故，凡假想掸族原居优良气候环境之云南高地，后为汉族所逐，逼居现在无人乐居，而且人多不能忍受之湿热低谷中者（注五），殊难令人置信也。作者深信自掸族适应云南西南部低谷平原气候以来，其分布从未达于唐朝彼等所建南诏国（建都大理）以北之地。且其体质的发育亦无表示掸族原居云南高地之象征。掸族身材皆甚矮小，即男性，中等身长者实属罕见。尤其女性皆属最矮之侏儒（Pygmy）类。掸族身材虽矮但其体质发育健全，并无气候致弱使呈衰微现象。掸族的毛发色黑状直与蒙古族者类同，组织上属于直发式，眼虹彩为栗色与淡栗色恰与中国南方人者相反（注六），而与中国北方人颇多类似。察其原因不外由于其所在之环境，冬季浓雾频仍而夏季之云雨盛多，使其所见之日光不能因其低纬之位置而强烈所致。但常年湿热之气候使其嘴唇之发育甚厚，形势开张，以便排泄内热，此正与其他热带人者同。再掸族之头型大多枕骨颇呈显著（详见第一表备考栏）。掸族与蒙古族皆属黄种，但肤色较其他分布于印度支那者为淡，盖此亦由于其所在环境云雾之阻隔使日晒和缓所致也。由上所举掸族一切体质之特征观之，其为蒙古族之一支，殆无疑也。关于其与蒙古族之不同点之形成，乃由于其适应现在之特殊之环境而演化所成者。掸族自移入滇缅沿边以来，可能曾与所谓由西方直接来印度支那半岛之长头人种之奈西特（Nesiot）人，因地理位置上之接近，略有混血，但这种波发长头式之奈西特人于掸族之影响甚微，仅在身材与鼻型上稍稍见之，于其头形影响绝少。

　　掸人生活之一般。掸族之习俗，男子之服装受汉化影响颇深，惟长袍少见耳。妇人与处女衣着上颇保持其固有之方式，处女身着短裋之上衣与裤，而妇人则衣裙代裤，外着蓝黑色之绑腿。女子大多赤足而行，但偶而亦有穿鞋履者。男女皆缠头巾，而妇人所缠者特高，突出头顶一尺，以示区别。妇人皆唇红齿黑，盖因其习于咀嚼槟榔所致也。白齿之青年女子亦可见到，唯为数尚少。如摆夷之女性轮廓健美而清洁，性喜快乐且动作灵敏，并好着美丽颜色之衣服与头巾，不似旱摆夷之止于黑白二色之单调也。

掸族为一定居之民族，并操农业，惟所种除稻米外，有少量之糖蔗。因其所在环境气候闷热，加以人之生活简单，需要有限，结果土地之利用极为粗放，耕地仅限于聚落附近之小部份，且收种年仅一次。掸族喜食糯米，以其所产的普通稻米售予邻族以换取其他用品。妇女多操土法织布技能，专供家庭所需。掸族皆以竹架屋盖以茅草形如孔明之帽，故有诸葛帽式茅庐之称。有以竹木架起，成为上下两层者，下部用作牛厩，上则人居；亦有建于地面上形如平房者。总而言之，竹乃为其家居所需一切材料之主要来源，如房屋篱笆、床、桌、椅、凳、水桶、燃料以及渡河所架之桥梁等等，无一不系由竹制成者，且竹桥建筑坚固者汽车、卡车等亦可通行，例如瑞丽江桥即其一也。是以掸族又可称之为竹器文化民族，与邻近山地之应用各种木材之诸异族不同。掸族具有文字文化，其书法颇似梵文，此与其惟有之佛教信仰之输入当有密切关系殆无问题。再掸族比之其他邻族生活程度较高，社会组织进步，因之其文字有为其他邻近山地原始人逐渐采用之势，因其他山地居民生活幼稚，只有语言，而无文字也，如卡瓦人虽具有一己之语言而其所用之文字乃为掸文。掸族语音韵调颇似广东语，惟发音较低，无粤语之喧噪。因其语言与粤语近似，过去中外人士如英人葛氏者（Gregory, W. J.）曾猜想掸族由广东、福建移来者（注七），但其淡栗色之眼虹彩无疑足以证明此种假说之荒谬，因闽粤人之眼虹彩皆系深黑重色。黑重色之眼虹彩绝无因环境之变迁复趋变淡之可能也。

注一 a 掸族依住居及习俗而分旱掸及水掸，他□自称 Shan-Da-You 及 Bu-Ma-Shan，此或为掸人之术语。

h① 汉人称掸族为摆夷、白夷、僰夷、伯夷、禅族,掸族等。

注二　a 英人戴氏（Major Davis, H. H.）所著 *Yunnan, The Link between India and the Yangtze*（Cambridge, 1909）曾将云南西南部人种分为四大系,即蒙克口系（Mon-Khmer）、藏缅系（Tibetan-Burma）、掸系与中国人系。

h 丁文江氏曾认掸族为云南边地三大族之一,即掸族、蒙克口族（Mon-Khmer）及藏缅族（Tibetan-Burma）,参考一九二五中国年鉴。

注三　掸族自称 dai,即本族之意,与李氏人种分类之本族之意相同。参考 Li Chi: *The Formation of the Chinese People*, 1929。

注四　参考戴氏（Davis, A.）所著 *Some Advanced Modification on the Relationship between Nasal Index and Climate*, Man, Jan. 1929。

注五　参考贝氏（Metford Beatrix）所著 *Where China Meets Burma* 1935 *Meng Mao and its Rulers*。

注六　广东人之眼虹彩为重黑色。

注七　参考葛氏（Gregory, W. J.）所著 *To the Alps of the Chinese Tibet* 书内称"Where they come is uncertain, but there is close similarity to the Cantonese"——"They are supposed to have emigrated from Kwangtung and Fukien"。

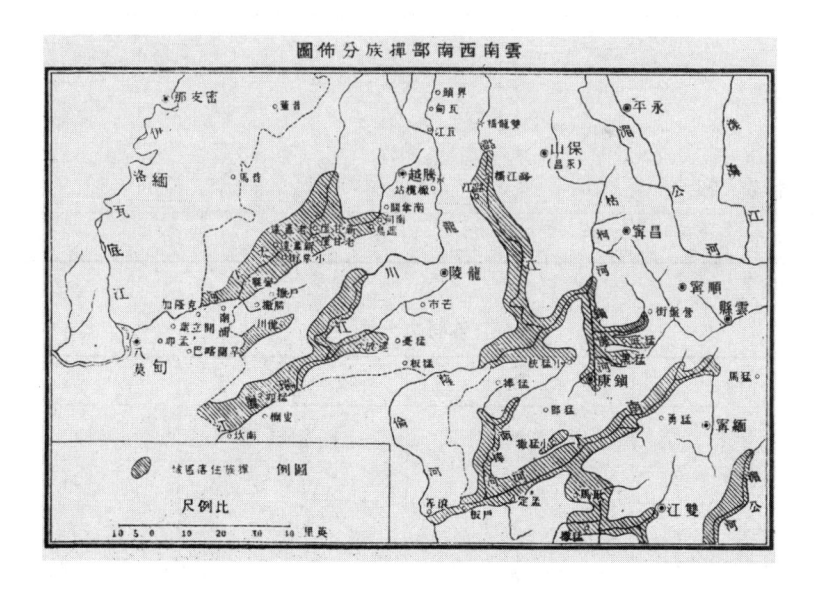

①　此处及注二中都有"h",原文如此,不便改动。——编者注

第一表　掸族种族特征之分类

头形分类

头形	男	女	幼童	总计
最宽头	1	0	20	21
宽头	10	8	23	41
中头	10	6	24	40
长头	2	1	0	3
最长头	0	0	0	0
总计	23	15	67	105

鼻形指数之分类

鼻形	男	女	幼童	总计
宽鼻	8	8	51	67
中鼻	15	7	13	35
窄鼻	0	0	3	3
总计	23	15	67	105

体材之分类

体材	男	女	总计
矮	0	6	6
小	15	9	24
中	8	0	8
高	0	0	0
最高	0	0	0
总计	23	15	38

附表1 掸族种族特征之测量

地名	拔海高度（公尺）	地形	性别	年龄	头长	头宽	头形指数	鼻长	鼻宽	鼻形指数	体高（公厘）	毛发之组织及颜色	眼之虹形	唇形	备考
故镇康	700	谷盆地	男	16	186	151	81.2	30	29	96.6	1221.0	黑直	深棕色	厚而开张	宽鼻式
				15	178	146	82.05	39	36	92.3	1353.0				
				16	179	142	79.3	40	40	100	1518.0				
				16	180	147	81.3	33	36	94.7	1534.5				狭鼻式
				22	199	155	77.9	48	40	83.4	1633.5		栗色		中鼻式
				49	187	149	79.7	47	34	72.3	1485.0		深棕色		宽鼻式
				31	175	156	89.1	45	40	89	1633.5				
				11	171	148	86.3	25	29	116	960		黑棕色		
				13	164	148	90.3	33	30	90.9	1056		深棕色		宽鼻式与显著之后枕骨
				14	174	132	75.89	30	34	113.3	1056		栗色		狭鼻式
				15	169	140	82.8	34	32	94.1	1122				宽鼻式
			女	16	163	133	79.19	34	37	108.9	1188		淡栗色		狭鼻式
	900	邻谷盆地	男	40	188	148	78.7	44	34	77.2	1584				宽鼻式与显著之后枕骨
				50	192	150	78.4	47	35	74.4	1562				狭鼻式
				30	190	150	78.9	39	35	71.4	1501				宽鼻式
			女	45	188	147	78.2	49	38	77.5	1386		栗色		狭鼻式著之后枕骨
小猛撒	1000	邻谷盆地	男	44	187	154	82.4	40	39	97.5	1584	黑直			宽鼻式与显著之后枕骨
				18	176	149	84.7	36	35	97.2	1485				
			女	39	186	145	77.9	39	35	89.7	1468				宽鼻式

云南西南部掸族之种族特征与其地理环境之关系

续表

地名	拔海高度（公尺）	地形	性别	年龄	头长	头宽	头形指数	鼻长	鼻宽	鼻形指数	体高（公厘）	毛发之组织及颜色	眼之虹彩	唇形	备考
小猛撒	1000	邻谷盆地	女	22	186	130	80.6	43	33	76.7	1435	黑直	栗色		宽鼻式与显著之后枕骨
				24	176	144	81.8	39	34	87.1	1435				
			男	35	187	154	82.4	42	32	76.1	1551		栗色		宽鼻式
				30	187	156	83.4	41	36	87.5	1551				
			女	30	185	149	80.5	42	30	71.4	1501				
				40	178	148	83.7	48	40	83.4	1491				
				35	180	144	80.0	33	35	106.0	1468		栗色	厚而开张	宽鼻式与显著之后枕骨
				18	185	151	81.6	44	40	90.9	1501				
孟定	450	谷盆地		20	177	140	7.9①	46	35	76	1501				宽鼻式
				48	183	147	80.2	48	50	104.2	1498		重栗色		
			男	8	162	148	91.4	34	32	94.1	1122				
				13	162	142	87	36	36	100	1155				
				14	182	143	78.5	36	37	102.8	1188				
				12	174	148	85.1	39	37	94.8	1336				
				14	158	151	95.5	33	31	98.9	1270				宽鼻式与显著之后枕骨
				12	166	140	84.3	34	31	91.1	1155				
				14	180	145	80.5	40	41	102.5	1270				
				14	180	137	76.1	40	33	82.5	1115				宽鼻式

续表

地名	拔海高度（公尺）	地形	性别	年龄	头长	头宽	头形指数	鼻长	鼻宽	鼻形指数	体高（公厘）	毛发之组织及颜色	眼之虹彩	唇形	备考
孟定	450	谷盆地	男	15	175	144	82.2	35	36	102.8	1270	黑直	重栗色	厚而开张	宽鼻式与显著鼻之后枕骨
				15	140	140	82.3	40	38	95	1254				宽鼻式
				14	160	148	92.5	35	35	100	1270				宽鼻式与显著鼻之后枕骨
				13	172	149	86.6	43	36	83.7	1254				
				14	178	151	84.8	38	40	105.3	1458				宽鼻式与显著鼻之后枕骨
				17	176	150	85.2	35	42	120	1336				宽鼻式
				20	198	151	76.3	48	43	89.6	1617				宽鼻式与显著鼻之后枕骨
				13	176	140	79.5	38	30	78.9	1590				宽鼻式
		女		13	166	144	87.2	34	35	103	1287	黑直	栗色		
				12	182	144	79.1	26	34	130.7	1204				宽鼻式与显著鼻之后枕骨
				14	160	147	91.9	30	33	110	1221				
				15	180	153	85.0	36	36	100	1353		重栗色		宽鼻式与显著鼻之后枕骨
				14	171	149	87.1	30	35	116.6	1330				
				30	183	154	81.2	49	36	73.4	1534				宽鼻式与显著鼻之后枕骨
				25	183	153	83.6	41	39	95.1	1617				
				15	173	147	85.01	40	32	80.0	1336				宽鼻式
				13	174	154	88	40	31	77.5	1221				

续表

地名	拔海高度（公尺）	地形	性别	年龄	头长	头宽	头形指数	鼻长	鼻宽	鼻形指数	体高（公厘）	毛发之组织及颜色	眼之虹彩	唇形	备考
芒市	940	盆地	男	35	198	159	80.3	45	36	80.0	1633	黑直	栗色	厚而开张	宽鼻式
				50	197	147	78.6	45	43	95.6	1485			厚而开张	宽鼻式与显著之后枕骨
				43	164	132	82.6	41	37	90.9	1485			略开张	宽鼻式
				45	187	133	71.15	42	34	80.9	1501				宽鼻式与显著之后枕骨
			女	30	187	164	82.62	38	36	94.7	1518			正常	
				57	183	143	78.1	40	31	77.5	1501		淡栗色		
				54	181	136	75.1	36	31	86.1	1386		栗色		
				14	177	140	79	39	26	66.6	1188				
				59	182	145	79.9	48	39	81.2	1600			厚而开张	宽鼻式
			男	40	202.5	150	74	45	35	77.7	1518		重栗色		
				16	188	154	80.3	43	35	80.2	1600		栗色		
				14	182	154	84.6	38	37	97.3	1485		淡栗色	正常	
				14	189	157	83.1	38	33	86.8	1475		栗色		宽鼻式
				14	183	146	79.8	36	32	88.8	1562				
				14	181	147	81.2	34	32	94.1	1428				
				13	190	153	80.5	37	35	94.5	1320				
				12	179	139	77.6	36	33	91.6	1320				
				12	189	143	75.6	39	31	79.4	1320				
				12	181	144	79.5	34	33	97.0	1320			厚而开张	
				13	183	144	78.6	32	31	96.8	1270				

续表

地名	拔海高度（公尺）	地形	性别	年龄	头长	头宽	头形指数	鼻长	鼻宽	鼻形指数	体高（公厘）	毛发之组织及颜色	眼之虹彩	唇形	备考
芒市	940	盆地	男	12	183	152	83.1	34	33	97.0	1287	黑直	栗色	正常	宽鼻式与显著之后枕骨
				12	182	140	76.9	37	32	86.4	1270		重栗色		
				12	192	141	73.4	37	32	86.4	1287				
				12	179	147	82.1	32	30	93.7	1247		栗色		宽鼻式
				11	179	143	79.8	36	28	77.7	1221				
				10	182	143	78.5	36	32	88.8	1237		淡栗色		
				10	185	139	75.1	37	32	86.4	1194		栗色		
				11	182	143	78.5	35	35	100	1188		重栗色		
				10	183	149	81.4	26	33	126.8	1155		淡栗色		
				9	177	146	82.5	36	27	75	1221				
				8	173	153	88.4	36	29	80.5	1155		栗色		宽鼻式与显著之后枕骨
				8	177	139	78.5	34	32	94.1	1122				
				9	181	142	78.4	28	31	110.8	1079				宽鼻式
				8	175	152	86.9	31	33	106.4	1105				
				9	178	137	76.9	30	30	100	1122				
				8	178	140	78.6	33	28	73.6	1128				
				7	164	139	84.7	31	33	106.4	1122				
				6	177	145	82.4	31	28	90.3	1072				
				6	173	148	85.6	32	28	87.5	1023				
				8	171	140	81.8	38	28	73.6	1095				

续表

地名	拔海高度（公尺）	地形	性别	年龄	头长	头宽	头形指数	鼻长	鼻宽	鼻形指数	体高（公厘）	毛发之组织及颜色	眼之虹彩	唇形	备考
芒市	940	盆地	男	6	163	153	93.9	32	26	81.2	1023		栗色	正常	宽鼻式
				7	176	134	76.11	32	22	65.58	1056		黑色		
			女	9	167	142	85.6	34	23	67.48	1028		重栗色		
				9	170	144	84.7	34	29	85.2	1105		淡栗色		宽鼻式与显著之后枕骨
				50	192	155	80.7	41	42	102.4	1551	黑直	栗色		
				32	181	153	84.5	45	38	84.4	1554		淡栗色	厚而开张	
			男	30	197	154	78.2	52	42	80.8	1584		栗色		宽鼻式与显著之后枕骨
				65	199	141	70.8	41	33	80.4	1534		淡栗色		
				16	185	149	80.5	40	37	92.5	1567		栗色		宽鼻式
				45	187	139	74.3	49	39	79.5	1534		淡栗色		宽鼻式与显著之后枕骨
				59	187	149	79.7	45	36	80.0	1551		栗色		狭鼻式与显著之后枕骨

① 计算有误，应为 79.1。——编著注

《地理》第 1 卷第 2 期，1941 年 6 月 1 日

·自然地理学研究·

云南气候的特征

张印堂

云南是东亚季风区的一部，其干湿冷热之变化，在季节上，本与我国他部同为夏温湿冬干冷之季风气候（Monsoon Climate），惟因其大部位于亚热带，而拔海又高，多在两千公尺左右，故其气候之变化，不若我国他部之剧烈。

云南气候向以温和著称，故有"四季皆春"之说，盖其气候终年温和，只有春秋，并无冬夏，乃我国气候最佳之地，但因各地地势高低悬殊，海拔自四百公尺至四千公尺不等，位置南北各异，有位热带者，有位温带者，加以地形向背不同，故其气候之变化，随地而异，如云南之北半部常言："四季无寒暑，一雨便成冬。"而南部则谓："四季无寒暑，一雨便成秋。"盖言其雨后温度低减之差异也。

简而言之，云南气候的主要特征有四：

（一）冬温夏凉，四季如春之常年温和气象。

（二）山地多风，如驰名全省的下关风乃为大理四大自然景之一（上关花、下关风、苍山雪、洱海月是也）。

（三）冬季山间河谷坝子（盆地）之多雾。

（四）冬季山地气温逆升现象（Inversion of Temperature），即高山上较暖，而低谷中较寒，所谓气温分布之倒置是也。

（一）云南冬温夏凉，四季知［如］春之常年温和气象。关于云南气候之冬不冷与夏不热的解译［释］，一般人以云南夏天之所以不热是因其地势拔海高关系，普通每上升一百公尺，气温即随之降低摄氏〇·六度。云南受其地势高的影响，故夏不炎热。其冬天之所以不冷，乃因其地临热带，而北来寒潮，为高山所阻，且大部位于亚热带，日晒强，故冬亦不冷，这是人所皆知的，云南高的地势与低的纬度确为气候终年温和的最大因素，但其影响之所以如此，并非如以上所说的那样简单。昆明一月的平均温度为摄氏九·六度，较重庆一月温度仅高摄氏一·七度，然吾人在冬季之重庆，似乎特感寒冷，即因重庆冬季湿度较高，冬季湿度高，人体热力易被传导消失，故觉寒冷，此其一；重庆冬季云雾特多，不易见日光，吾人在户外活动〔热〕时，因无直接日射，故更觉寒冷，此其二。昆明冬季之气候，则与上述重庆之情形相反，即冬季湿度较低，空气干燥，人肤传热作用亦较小，加以日光和煦，自无冬令之象矣。

人感觉冷的时候，气温不一定就特别低，感觉热的时候，气温不一定就特高。总之，吾人身体所感觉之冷热，除气温之高低外，还□空中所含水分之多寡与空气动静的状态而定。我们人的体温内部为摄氏三七度，在肺部为三二度，外部的皮肤为摄氏二一度，人体温的内热，时时借着人体的辐射（Radiation）与蒸发（Evaporation）而放散，但是人的体温并不因气温之升降而有高低之不同，只要人体内部的水分不缺，蒸发的机构未失其效能，吾人身体的内热，是继续的借蒸发而消散。即使气温高出体温之上，体温也不会随之而超过其常态。但蒸发与辐射若生障碍，这种障碍不拘是起自内部（或因过于疲劳，或因机构受伤，或因内部缺水），或是由于外部的关系，如当气温增高近于体温甚而高出的时候，空中之水分若近饱和（Saturation）或已达之饱和，天气若再平静无风，此时接触人体之空气即已充满水分，无法再接受人体之蒸发，人体之蒸发作用，便因之停滞，内热不能排泄，于是吾人便感觉热，内热愈积愈高，此时人不但热得不耐，且有时还可发生受热症（Heat Stroke），使人晕喘不振。人体蒸发与辐射之散热作用，两者的变化，都可影响人体所感觉之冷热，任何一方的加强，虽然都可使人感觉冷，但是两种影响的轻重，要视气温高低而有不同。总之，在高温之下，蒸发的影响，大于辐射的影响，在低温之下，二者影响的比较，适得其反。因当天冷的时候，蒸发几停止作用，内热全由辐射作用而消散，例如某地气温虽降至华氏零下六十度，天气若平静无风而且干燥，气温虽低，人并不觉分外寒冷，因为在低温之下，人体的蒸发作用几停止，干燥的空气，又为不良的导体，传导辐射不强，人体内热不易借着蒸发与辐射而消散，结果气温虽低，吾人并不感觉极端的寒冷。反而言之，若遇有风的阴天，气温就使高于华氏正六十度，吾人犹感不快，冷的痛苦。因为风可加速人体的蒸发散热作用，同时湿的空气，为一较好的传热体，人体内热可以借之传导辐射而出，因此人便感觉寒冷，夏天之有风则凉即是蒸发的影响。所以在干燥的沙漠中，气温虽是高达华氏百度（摄氏三十八度），甚而至于华氏一百二十度的时候，人并不觉热得不能忍受，因为空气干燥，蒸发强，散热快的缘故，所以仍觉凉爽。反而言之，若在阴雨的热天，气温虽仅在华氏八十度（摄氏二十六度半）左右，因为空气充满了水分，人体不能借蒸发而消失其内热，于是因内热不得外泄，便感觉闷热不堪，郁郁不快。总而言之，空气之实有湿度，即所谓绝对湿度（Absolute Humidity）与接触人体之温度在华氏七十度（摄氏二十一度）之空气之饱和水量（即每立方公尺空气中含有四十五克之水量）所差之数愈大，蒸发散热之影响愈甚，此差数（Physiological Saturation Deficit）谓之生理饱和差，差数愈小，其蒸发散热之影响亦必随之愈小。根据以上所论，云南夏季之所以不热的原因，不外下列三因：

（1）因夏季多云，日光为所遮蔽，达到地面上之日光热因而减少。

（2）因夏季多雨，雨水有致冷之调剂影响，故天气凉爽。

（3）因云南地势高亢，空气稀薄，地面易于受热，亦易于散热，无极端冷热之气象，故云南气候终年温和。

同时春秋二季阴雨天之所以较冷，亦即在此，因为阴天不但日光为云所阻隔，不得射至地面，此时地面因只有散热而无受热之可能，气温自热降低，且吾人所着之衣服当天阴的时候变潮，减少保暖的效用，人体的内热亦多用于蒸发水分而消散之。故有"一雨便成秋"或"一雨便成冬"之说，云南冬季之所以不冷，主要的原因如下：

（1）因云南冬季天晴，日间受热特多。

（2）因云南地势高崇，空气稀薄而干燥，稀薄的干燥空气，乃为一不良之导热体，吾人身体之内热，不易借之传导辐射消散，故甚暖（见前）。

（3）因云南地形多山，晚间山岭冷空气流入低谷，故有温度逆增现象，因此山峰高处，白昼温暖而夜间亦不甚寒冷，此冬暖之所由成，亦即云南气候四季如春之由来也。

（二）山地之多风。云南山地多风，如下关风势之大，不独为大理四景之一，且驰名全省。查其原因，不外为一种由引力所成之强烈颓风也（Katabatic Wind），并非因气压之不均而□成者。此种山风多出现于冬春二季，以冬季为最盛，因冬季天气云少，山上夜间散热特快，山上的冷空气重而下降，顺着山坡下倾，加以引力之影响，为势甚猛。山势愈陡峻，风势必愈强烈，这种山风虽猛，为时甚短，一阵吹下，即告平息。夏秋之交，因云多气湿，于夜间地面之散热上发生笼罩影响，热既不易消散，冷便无由生成，空气比较平静，故无猛烈山风之形成。大理之下关，适当巍峨高崇壁立如屏之点苍山（拔海四千公尺）的东麓，又位洱海河谷穿越苍山所成之风口，冬季夜间下吹之山风特别猛烈，故而驰名全省。山风与谷风本为山地昼夜因散热与受热所引起之常有现象，但是在云南山风与谷风出现的时刻，并不像一般理论上所说的那样规则，它不一定出现于一天的早晚。一地之日晒若为云所遮，阴时则山风即刻下降，晴时则谷风立即上升，这是云南山风与谷风的特征。推其原因，不外拔海高，空气稀薄，日晒强烈，散热与受热快的关系。

（三）冬季山间河谷坝子（盆地）之多雾。云南冬季山间河谷坝子之多雾这种现象多出于秋冬二季，以冬季为最盛，因当秋冬之夜晚，山上散热后之冷气，多下降聚集于低洼的谷坝中，使空气中所含的水分，因而冷至露点（Dew Point）以下，于是凝结成雾，由晚开始，入夜加强，愈来愈浓，及至翌日日出之后，始渐渐因气温之升高而复气化消散，但雾之浓者，常延至中午而犹未气北［化］净尽者亦有之。总之，云南谷坝中雾之分布及变化与其他［地］形之开展与否关系最大。例如在广阔之盆地坝子，如昆明、楚雄、祥云、保山等，他［地］形开展，空气流动，夜间的冷气不易凝聚停滞，因而雾亦不易形成，即或有之，必为轻雾，为时不久，翌日日出之后即行消减。但如大理，位于一长大的山麓平原的斜坡上，背后虽有大山，但冬夜的冷气不易停留，雾气亦因而不易生成，但在少围环的丘陵地如顺宁，或深处大山之河谷中，如一尺至数千公尺不等，每至夜间，山上冷气下注，平浪、元永井、潞江坝、南丁河谷之孟撒坝、孟定坝、户板坝等，谷旁悬岩壁立，自数百公〖尺〗，四围山岭阻隔，空气无流动机会，晚间因气暖地寒，于是雾气大作，弥漫谷中，厚过数百尺。若自谷旁高山俯瞰谷中雾气之分布，形如银海，雾层之上为晴天，再上天空间见有积云或层云，最高天空则蓝色苍天。这种谷雾，虽减少日光的时数，但对于少雨干燥之冬季，作物的生长上，不无调剂之益。

（四）云南冬季山地气温之逆增现象。地势愈高，气温愈低，乃为气温垂直分布之普通变化，但是在高原山地，愈高愈暖，实亦常见，此即所谓气温之倒置现象也。亦因冬季夜间，冷气下注，聚集低谷中，而高处峰岭，因此反比低谷中为温暖。在云南山地中，这种气温倒置的现象，甚为普遍。例如一平浪与元永井（一平浪盐厂办事处）气温的比较，一平浪位于四条河辐辏的地方，拔海一千七百公尺。元永井位于一平浪之北，相距二十公里，位于山半，拔海二千零一十公尺。两地高低相差不过三百余公尺之多，普通按每上一百公尺，气温即降低摄氏〇·六度，一平浪气温当较元永井高摄氏一·八度。但事实适得反，在同样天气之下，一平浪在十月二十八日晚八时气温为摄氏十七度，元永井十一月二日晚九时气温尚在摄氏一九·三度，一平浪十月二十九日早七时为十度半，元永井十一月三日早九时为十六度半。孟定拔海四百七十五公尺，十二月七日早八时为九度，南大（在班弄）位孟定东之高山上，拔海一千七百七十五公尺，十二月十日早七时尚为八度。再户板东山上之南腊，拔海一千三百六十公尺，十二月八日晚十时为十度，滚弄拔海约四百公

223

尺，十二月十二日晚八时半已降至十二·二度矣，云南山地冬季气温之倒置现象于自然植物之分布及土地之利用，关系至大，研究农作与植物地理者，尤当注意焉。

《地理》第 1 卷第 4 期，1941 年 12 月 1 日

·地理学综合性研究·

论远东均势

洪思齐

华盛顿会议以后，远东均势之转变可以分为三时期：自九国签订华府公约至九一八事变是均势时期，九一八至七七是日本称霸时期，七七以后是剧烈转变时期。

华府会议之际，西太平洋上日本海军处于劣势之比率，但陆军在亚洲大陆上则处于绝对的优势；当时美国允许日本在西太平洋保持海军均势，而以该国在大陆上尊重中国领土主权与门户开放为交换条件。华府海约规定日本得保有主力舰三一五〇〇〇吨，美国则得以保有五二五〇〇〇吨，表面上似乎日本让步，实则美国受海约限制，不得在西太平洋建筑军港，而日本因独得地理之利，以条件所赋与之吨数已足以抵御美国之优势舰队。但日本海军之实力尚未足以树立西太平洋之霸权，盖此种企图势必促成英美之合作，而英美联合舰队又非日本之敌手。在此均势状态下，英美合作成为制裁日本的先决条件。

九国公约签字以后，日本先后交还山东，撤退西比利亚远征军，大陆上之均势始得以恢复。东亚和平赖以维持十年左右，一直至九一八始为日本所推翻。

沈阳事变本来不过是日本少壮派军人纯粹冒险的举动，似非东京政府所发动，如果国际善为处置，远东和平未始不能于短期内恢复。当时美国国务卿史汀生曾向英国建议以两国海军之联合行动压迫日本尊重九国公约，惜西门外相故意袒日，拒不合作，错过了恢复远东均势之唯一机会。

英美合作既被破坏，日阀为大受鼓励，更横行无忌，俨然以东亚之主人翁自居。一九三四年日本外务省发言人天羽发表《四一七声明》，公然宣布关闭中国门户，禁止欧美与中国合作。是年年底又宣告废弃华府海约，要求军备平等，企图树立西太平洋海上霸权，翌年日军占据冀东，分化冀察。一九三六年日军又侵略绥东，更与德、义两侵略国签订《反共公约》，互为声援。在这个期间——九一八至七七的中间——日阀横行无忌，列强束手无策，中国与苏联虽积极备战，终以时期尚未成熟，亦未予猛烈抵抗。此六年可称为日本独霸时期。

先是，日本于一九三一年底侵入吉黑，占领中苏合办之中东路，并于苏联边界，配置重兵，威胁苏属之东海滨与阿穆尔。当时西比利亚尚未设防，驻军兵力又颇薄弱，故一度曾作撤退至赤塔以西之计划。唯日本未向西比利亚进兵，转而南向"内蒙"发展，苏联乘机建设坚固工事，增加驻军数目，奖励军事性质的移民，发展军需工业，使东陲能独立作战。数年来日苏新均势遂逐渐形成，虽在兵力上与地理上苏联仍处于劣势之地位，但赖有坚固工事与优势空军，防御能力仍不可侮。是为反对日本霸权之第一支生力军。

中国在国民革命军北伐以前在国际上本来不算一个势力，就是九一八时候对外实力还是很微弱的。一·二八以后中国政府努力推进国防建设，短期间内完成粤汉、浙赣、苏嘉等军略铁路与东南各省公路网及京沪、陇海、晋绥各道防线工事；中国空军与现代化陆军之基础亦于是时确立；法币政策更树立战争经济之基础——于是以前不堪一击之东亚病夫现已成为世界二等强国，足以牵制日本的百万兵力、千架飞机，迫其日费二千万圆，动员全国人力物力，仍不能于短期内结束战事。总之，中国自北伐以后，经十年之努力，已成为大陆上重要之势力；倘再予以三五年之时间，中国势力增长，将使日本无法进攻。日阀对于中国的进步最为恐慌，所以才策动七七事变，先发制人。

中日战争爆发以来，倭国海军封锁我海岸，寇兵蹂躏我十四省，表面上似乎是敌寇势力的膨胀，实则日本霸权已经没落，可于以下各点观察出来：（一）中国的独立已经由抗战获得保障，倭寇沦我为保护国的阴谋已经失败。（二）寇军采用错误的战略，以致战线延长，军力分散，深入高原山岳地带，进展困难，战事陷入胶着状态，而疲兵久战，无论在经济上、外交上、政治上或士气上都于倭国不利。时间已成为日寇最大的敌人，地理则为中国最有力的友军。现在日寇若缩短战线，心有不甘；倘欲利用欧战机会继续进兵，则以上困难亦照战区扩大的比率增加。（三）台儿庄、平型关、德安、中条山、太行山诸役证明敌军在质的方面并非如从前英美人士所想像的不可克服，同时证明我军之作战能力。二年余之战事证明，中国军队倘能获有充分的精良军械、飞机、参谋和技术兵种，是能够将日寇打出中国的。将来大陆上的主要势力，因人口和资源的关系，一定是中国而非苏联，这也是可以断言的。（四）张鼓峰局部的战争证明日军在量的方面不足以同时应付两个战争，并且证明了苏联远东军强大的战斗力。苏联在东西睡兼顾的时代，已能在东部西比利亚配置四十至六十万兵力，后备军照人口比例大约有两百至三百万人，皆曾受精良的军事训练。再加以两三倍于日本的空军，倘能与我国合作，向伪满出兵，必能驱出日寇，恢复九一八以前之状态，解除苏军在东海滨与阿穆尔所受之背侧威胁。这是很可能的，能否实现只要看双方政治家的眼光和态度了。无论如何，苏联已成为远东不可毁灭的势力，日阀欲思将其驱出东亚，实现独霸的迷梦，现在已经太晚了。（五）新嘉坡军港已于前年年底完成，它可以容纳最庞大的主力舰队，而地理上又处于非常有利之地位；香港、台湾、菲律宾，以至东海、黄海均在其作战半径以内；它又处于东西交通最冲要的地点，可以执行封锁的任务。新港完成以后，尚未驻有主力舰队，但据英国海军评论家柏华达的消息，英海军部将以五只改造的超年龄主力舰与相当的补助舰驻防新嘉坡，组成英国远东舰队。这个舰队在平时的实力尚不及日本的一半，固然不能击破日本海军之主力（第一与第二舰队），但仍可收牵制与争取时间之效。英国远东舰队迟迟未能成立，原因完全在于欧局的牵制。欧局解决以后，是一定要成立的。那时日本就要失去远东海面的制海权。倘英国更进一步而与美国海军合作，尚可以绝对优势的联合舰队压迫日本作政治上之让步。这是日本霸权没落的另一个因素。（六）美国自日本废约后，扩充海军不遗余力，扩军结束，吨数比率自然日益不利于倭。今年春美国又决定在太平洋上韦克等十处建筑军港与航空根据地。日本本部离韦克不及二千英里，已在该港舰队作战半径以内。此后美国能以更大的海军压力加诸日本可无疑问。所以就美日的均势来说，近年的发展也是于日本不利的。

日本的霸权日渐没落，而对抗的力量日益增长，须至何时始能恢复均势？窃以为恢复均势须有三个先决条件，缺一不可：中国继续抗战，欧局解决，英美合作。第一个条件的责任在我，第二和第三个条件是必然要实现的。

日寇当然很明白欧战结束将不利于彼，所以在欧战进行的期间内必作最后的挣扎，但我的对策则为继续抗战争取时间，争取美苏两大友邦的合作，在自力更生的大前提下与列强共同努力，恢复远东之均势与和平。

《今日评论》第 2 卷第 14 期，1939 年 9 月 24 日

苏联的巴尔干政策

洪思齐

我们在"苏联之谜"一文中（本刊第六期）指出苏联外交是以安全保障做中心思想的。保障的目标则为地略（Geopolitik）所决定。

苏联边陲上有三个比较最危险的地带：第一是西陲波兰、芬兰及波罗的海诸国的边界。自苏军收回波兰东部、芬兰湾的岛屿和卡累利亚地峡，并与波罗的海国家订立互助公约以后，苏联在这个地带的军略地位已比较从前隐〔稳〕固了。第二是西比利亚东部的苏日、苏伪的国界和日本海的沿岸。第三便是黑海和巴尔干地带。

兹篇先论苏联的巴尔干地略。

（一）

巴尔干半岛介于黑海和亚得利亚海之间，包括罗马尼亚、保加利亚、南斯拉夫、义属亚尔巴亚、希腊、土耳其诸国。照地理形势大略可以分为三区：一为东巴尔干（罗马尼亚本部、保加利亚和色雷斯 Thrace），二为西巴尔干（南斯拉夫和亚尔巴尼亚），三为希尼半岛。东巴尔干东临黑海，北接乌克兰，南扼黑海海峡（博斯破鲁斯和〔达〕达尼尔），形势最称险要，对苏的关系也最大。

东巴尔干的军略位置是非常重要的。苏联没有控制这个地方则南面的敌人可以由罗马尼亚东部平原向北推进，直取乌克兰，威胁加里西亚

（Galicia）守军的背侧。敌海军可以利用罗、保两国的根据地扰乱黑海的航行，遮断苏联石油的输送线。反之，如果苏联占领或控制着东巴〖尔〗干则可以（a）守着达达尼尔（Dardanelles）和博斯破鲁斯（Bosphorus）海峡，阻止优势的海军入黑海；（b）凭借连续雄厚的喀尔巴阡山脉（Carpathian Mountains）和特兰斯瓦尼亚高峻山地（Transylvanian Alps）防御来自匈牙利平原、德意志南部、义大利北部的敌兵；（c）守着保国斯它拉山（Stara）和洛多波山脉（Rhodopos）的关隘，阻止来自南斯拉夫、亚尔巴尼亚和义大利的敌兵。

东巴〖尔〗干如果给苏联控制了，对于德国是很不利的，苏军越特兰瓦尼亚，出多瑙河铁门（Iron Gates）便可以进占匈牙利平野，威胁德国南部的背侧（捷克和奥大利）。消极的作用，把第三帝国的东进（Drang nach Osten）之路完全阻塞，并将德国战时石油、谷类的主要来源完全拿去！

巴尔干是义大利在欧陆唯一可以发展势力的地方（中欧和西欧是德国的范围）。如果最险要的东部给苏联拿去，当然是墨斯里尼所最厌恶的了！假如义大利没有参战，苏联进兵比萨拉比亚也许就会引起巴尔干的争夺战了。

巴尔干对于英国的关系也是很重大的。苏联控制巴尔干就可以自由封锁海峡，使黑海成为苏俄的湖（A Russian Lake），在战时禁止英海军入内，而自己的军舰则可以自由进出，予英国地中海的交通线即大英帝国生命线之一部以重大的威胁。近东的英法油田，连整个的近东，包括埃及和苏伊士运河都很难保得住。此外，英国在巴尔干，尤其是在罗马尼亚有巨大的投资，伦敦自然不愿意轻易放弃。所以这一次假如不是大敌当前，本部危殆，英国一定要鼓励动一个很大的波澜。

在巴〖尔〗干逐鹿者除苏、德、义、英外，还有法国。她这一次因为战败，当然没有力量反对苏联的行动了。

（二）

这一次法国败亡，义大利参战，英国自顾不暇，德、义正集中全力对付英国的时候，正是苏联向巴尔〖干〗进攻最良好的机会。在一九三九年九月以前，苏联如果向罗马尼亚进兵，一定要引起国际的战争，使德、义、英、法、波、巴尔干协约国（罗、南、希、土）联合对苏。就是在西线决战以前，苏联进兵也有引起英、法、义干涉的危机，因美、法对罗有援助的条约义务，而义大利那时尚未参战，可以自由行动，不必跟着希特勒跑。我们不要忘记英法在近东的数十万军队主要还是预备对苏用的。

苏联没有进兵罗马尼亚以前，曾向波罗的海诸国增兵。这是一种巧妙的政略作用，其目的在于给德国一个暗示，如果轴心国一定要支持罗马尼亚，则苏联预备帮助美国攻德。

罗马尼亚何以不敢抵抗呢？这是因为她明白德、义、英都不能帮助她，而自己的力量，就是加上巴尔干协约国的兵力，也抵不过苏联，结局只有招致瓜分的惨祸，所以只好屈服，以求保全本部和匈保所割让的土地。

苏联是否得到比萨拉比亚和布哥维那北部就会满足呢？大概是不会的。因为她没有控制罗国本部、保国全部和土耳其的海峡以前，安全还是不够的；再则，进取的机会还没有过，但以后就要太晚了。

占领罗马尼亚比较容易；保加利亚有义大利做后盾，比较麻烦解决。土耳其易于得到外援，并且和苏联保有长久的友谊，用什么方式解决就不易推测了。（七月五日）

《战国策》第 7 期，1940 年 7 月 10 日

第二次世界大战之地理基础及其展望

林　超

从第二次世界大战之进展上看，苏联的参战，确是非常重要，不仅战局为之改观，国际形势亦为之大变。我们可以把苏联参战以前和以后的国际局面来比较一下。在苏俄参战以前，军事上固然是轴心国胜利，但是国际的情形则仍极不安定，而主要的原因，自然是因为苏美的态度不明所致。苏联一面与德国订立互不侵犯条约，而实际上则无时不防德国之入侵，其关系极为微妙，使轴心与同盟两方皆感到有随时发生变化之可能。美国在精神上经济上是援英的，但因国内政治的关系，不能彻底，亦使人时加推测。在此种情形之下，国际人士一面注视战局之进展，一面却瞩目于苏美的态度。苏美的态度一日不明，国际的局面便不能澄清，而轴心国与同盟国之战亦谈不到最后的胜利与失败。但是自从德苏战事发生后，国际形势便明朗化了。苏联本身既已参战，美国亦积极援苏，而且不止在经济上援助民主国，军事上亦积极布置，如占领冰岛、巡逻大西洋，都是露出以武力为后盾的意思，和以前那种求战争以外之方法以援助民主国的口气大不相同。还有更重要的一点，便是因为苏联的参战，却把东西二战场联在一起。因为苏俄是横贯欧亚二洲的国家，美国既要援苏，便不能只顾苏俄的西线，而不顾其东线。因此，使美国对于太平洋的活动，亦格外积极起来，如菲岛增防、加紧对日经济制裁、军火援华等等，都是牵制日本的重要举措，而实际上即所以使苏联能安心抗德于西线。对于太平洋联防问题，亦有实质上的进步。因此，把宣传已久的民主国阵线,渐渐结成为较具体的东西。从此以后,全世界的国家,能保持中立者,仅寥寥的三数小国,外交的活动范围既小,国际局面亦相当凝定,料不致再有大规模的变动。此后交战国双方皆将进入于全部实力之决斗。在此种情形之下,吾人从各方面,检讨两方的实力,进而推测其未来之进展,当为极有意义之事。且事实上亦惟有在现在国际局面相当澄清之后,此种讨论方属可能,而不致容易因政治之变动而失却其意义也。

夫战争之为一极端复杂之事,尽人皆知,决定战争之因素,断非仅地理一端。然地理事实,实为其主要之因素,且为较固定因此亦较易于比较之因素。兹篇之作,即拟从地理方面立论,比较两方形势,或亦有助于对于此次大战之了解也。

地理事实,所含原至广泛,详细讨论,有所不能。著者于此,仅拟提出其对于战争之最有关系者三项:(一)曰土地与人口,(二)曰军需原料,(三)曰地理地位。兹逐项讨论之于下:

(一)土地与人口

土地面积的大小和人口的多寡,本为最平常的事实,然而对于战争,却亦是最重要最基本的事实。从战争的最终目的而论,战争实际上就是扩充土地与人口的一种手段,这亦就是德国人所鼓吹的"生存空间的竞争"的真意。但从战争的本身而论,则土地与人口对于战略之决定与最后的胜负皆有重大的影响。广土众民,宜于久战,我国此次抗日,即为绝好实例。苏联之能持久,而不致蹈欧洲各小国之覆辙者,亦因此故。返[反]之,小国寡民,一遇强敌,便尔亡国,欧洲同盟诸小国,殷鉴不远。土地之大小在现在高速度的机械化战争之下,尤显出他的重要性。从空单方面看,则距离此地形是更有效的障碍。① 至于人口,则在全体性战争中,并不因军队机械化而减少其重要性,因为人民不仅是兵力的补充,其本身直接受战争之影响,亦影响于战争。所以鲁屯道夫说:"世界大战中,陆海军之力从何处起,国民之力至

---

① 此处句意不通,疑有误。原文如此,不做改动。——编者注

何处止，甚难于区别。以兵力与人民力合而为一，不可分辨。"（注一）

我们试从数字，以比较轴心与民主二大阵线之土地与人口，则立即可见其两方基础之悬殊。根据《□联统计年鉴》（注二），现在全世界土地的总面积是一三二五五〇〇〇〇方公里，人口二一一五八〇〇〇〇，其中中立国的土地，占全球土地总面积百分之十八，人口占全世界人口百分之九。其余的百分之八十二的土地，百分之九十一的人口，便都属于民主国或轴心国的范围之内了。其中属于民主国的土地，计占全球百分之七十，属于轴心者仅百分之十二，差不多是六与一之比；人口方面，民主国占总数百分之七十，轴心国占百分之廿一，即大三倍半。由此可见民主国基础之雄厚，是轴心国所望尘莫及的。

但是仅从总数字方面去比较，不免嫌过于笼统，因为现在这二个集团，其中所包括的份子，都是非常复杂的，不能作单纯的比较，而有分析的必要。我们在下面，拟把两方的土地和人口，依其对于大战的关系，分别比较及说明之。

（甲）轴心与民主主体国之土地及人口之比较

所谓主体的国家，即两方之主要国家，为战斗力的核心与根据。以轴心而论，为德、奥、意、日等国；在民主国方面，则为英国及其自治领与苏、中、美诸国。美国现在尚未参战，本未可与其他各国相提并论，然以其在政治经济方面，皆已为民主国之主力；军事方面，亦着着进展，极有参战之可能，故不能不与其他民主国并列而讨论之。以上诸国以地理环境而论，皆位于世界气候最佳、环境最优之温带，居民活动能力最强，文化极高之国家。其战斗力坚强，一参加战争则举国人民皆能一致从事于军事、政治、经济、文化之斗争，其全体性之规模，欧洲若干国家，本来应归入此类，但是现在因为已被占领而失却全部或一部的战斗力，故不能列于主体国家之列。我们此刻仅就土地与人口完整而实力无缺的国家提出比较，为便利起见，先论欧洲部分，次及于东亚及美国。兹先将两方数字制表如下：

	土地（方公里）	人口
欧洲轴心国主体	864900	117024000
德　　国	470900	67587000
奥　　国	84000	6760000
意　　国	310000	42677000
欧洲民主国主体	40267000	245902000
英　　国	244000	40935000
英自治领	18847000	29467000
苏　　联	21176000	175500000

上表是依一九三六年的数字为根据而计算的，但在德国并奥以后至德苏战争以前期间德苏二国领土人口，颇有增加。截至德苏战争前为止，德国的土地和人口，包括自捷克、波兰、比国划归之区域居民（大部为德人）共增126920方公里，13666190人，而苏俄则合波罗的海东岸三小国（立、爱、拉）及芬兰、波兰、罗马尼亚之一部，共增447900方公里，20875000人（注三）。

依上面数字视为，欧洲民主国本土，要比轴心国大四十五倍，人口多一倍以上。以国而论，英国土地人民皆最少，尚不及意大利，仅及德奥合并后之一半，但他有广大的自治领土，合起来土地要比德奥大四倍，人口亦差不了许多。苏联则地至广，人至众，即合轴心三国，亦不能望其背项。或谓苏联土地虽广，殊多不毛之地，人民虽众，然素质不齐，不能相提并论，我们即使退一步承认此事实，而专就苏联欧洲部分计算，其土地即达6002000方公里，大于轴心七倍，人口116047000，与轴心全部人口相颉颃。总之，民主国的土地之广大，人力之充足，远非轴心国所可及，是不能否认的事实。

（乙）属地、保护国、被占领国之比较

除轴心、民主本国而外，尚有战前战后因政治或武力之压迫，使他国或他民族之土地人民隶属于主国者，此类领土，范围甚广，然其对于大战之关系与态度，则殊为复杂，不能与主国并论。兹先将欧洲轴心及民主二方此类土地与人口列表于下，再讨论之：

轴心国	土地	人口
1. 属地	1744000	900000
2. 保护国及盟约国	1019000	53466000
3. 占领国	1781500	123581000
总　计	5279400	288038000
民主国		
1. 属国	19194920	520541000
2. 保护国及盟约国	4690000	45210000
3. 占领国	2147000	22100000
总　计	23884920	554951000（注四）

（注四）根据上表①，可见轴心虽于大战前后并吞若干国，然其面积及人口犹未及民主国属地也。总视之，民主国此类领土，大于轴心国三倍，人民多于轴心国一倍。若加以分析，则轴心国之属地甚不重要，仅义属北非利比亚一处，土地固不小，然大部为沙漠，人口甚稀，不及百万，其主要作用为其军略地位，可以作轴心北非军事根据地。反视民主国则有极广大之属地，大于利比亚十余倍，人口不下五万万。其中包括英帝国及荷、比之属地，后者之属地其主国虽陷于轴心，而海外殖民地则固无恙，而可以由民主国支配也。此等属地，皆久经经营，与主国关系颇深，资源丰富，堪供利用。人民则程度较低，然极驯良，一部且可以辅助主国作战，故其土地人力多少，与大战关系甚深。至于保护国及盟约国一项，在轴心方面，包括旧捷克之大部，及匈、保、罗、芬等国。此数国除芬兰外，皆在东南欧多瑙河流域，在历史上与经济上皆与德国颇有关系。民主国之保护国及盟约国，包括埃及、阿比西尼亚、亚拉伯及不丹、尼泊尔。大部在北非及红海两岸，为印度洋与地中海交通之保障。以土地面积而论，则属于民主者为大，以人口而论，则轴心多于民主。此类国家，土地堪供利用，而一部分人口，亦可供驱使作战，尤以盟约国为然。最后为占领地，即开战以后以武力占领者，大部

---

① 上表计算应有误，但因原文如此，不做改动。——编者注

皆经剧烈之争斗。此类国家，轴心所占甚多，计有波兰、丹麦、挪威、荷兰、比利时、鲁森堡、法国、南斯拉夫、亚尔巴尼亚、希腊等国，其领土与人口，皆超过轴心国原有者。属于民主国者，计有伊兰、伊拉克、叙利亚等国，土地颇大，而人口则仅及轴心占领区五分之一。凡此占领区，无论在土地方面、人民方面，皆不能充分利用。以其国土受蹂躏，人民受屈辱，创痕犹薪〔新〕，怨恨未泯，反抗之举，时有所闻。故不独不能利用之，且因须驻重兵镇慑，反受牵制，一旦有隙，即举兵相向，以图报复。此为轴心国之所苦，而成为心腹之大患者也。

关于轴心与民主国之属地一项，尚有一点应于此讨论者，即法国之属地是也。法国之属地，最重要者为非洲之部，其次为东亚中印半岛之越南，尚有一小部分在美国。总计土地面积11060000方公里，人口61450000人。法国原属民主国，战败后主国屈服于轴心，然因海军尚相当完整，海外殖民地尚足以保存。然以法国政府倾向轴心之故，实力大部已操于轴心，如越南之操于日，北非、西非之操于德。将来战事更演变，则此种趋势或将更加明显。惟民主国亦正与自由法国合力图之，如赤道非洲法属，现已归自由法军。至于在美洲属地，则当受美国所控制，不至落于轴心之手也。

（丙）欧洲以外之轴心及民主国

在欧洲以外之轴心国与民主国，即指日、中、美三国而言。三国土地与人口如下：

		土地（方公里）	人口
日本	本国	382000	70500000
	属地	299000	30838000
	总计	680000①	101338000
中国		11103000	450000000
美国	本国	7839000	128840000
	属地	1928600	15289000
	总计	9767600	144129000

①计算有误，应为681000。——编者注

观于上表，一目了然，无待赘述。吾国土地大于日帝国者十六倍，人口多四倍半。美国则连属地面积亦大于日十四倍，人口多一倍半。美国目前虽未参战，然就其对于民主国之关系而论，较日本之于轴心，实有过之而无不及也。兹再就已参战之轴心与民主国之土地及人口作一总比较于下：

	土地（方公里）	人口
轴心	17620500	450826000
民主	77571930	1278375000
已参战民主加美国	87339520	1422504000

（二）轴心国民主国军需原料之比较

以上仅就土地之面积即从其量的方面观察之。然土地之生产力，即土地之质的方面，亦可称为土地的价值方面，对于战争，尤为重要。土地之出产，包含甚广，凡地表及地下之所出，无所不包，兹仅就其与战争最有关系之军需原料，提出十余种，以比较之。即铁、铬、钨、锰、钼、钒、镍、铝、铜、锡、铅、锑、石油、树胶是也，此种原料皆为现代战争中所不可缺者。其中与钢铁工业有关之金属矿产七种，其他金属矿产五种，非金属矿一种，属于植物者一种，共十四种。兹为使读者一目了然起见，特将民主国、轴心国、中立国在各种原料所占之地位，制成一图，以资比较，并略加说明于下（注五）。

（1）**铁砂** 钢铁为军需工业之基础，铁砂为钢铁之主要原料，在此次大战中，机械化部队特别重要，需要大量之钢铁。除非有多量之铁以供应用，战事即无法进行。现在世界每年产铁，约在一万万公吨左右，民主国占百分之七十，其中以美国为最多，占百分之三十，次为苏联，占百分之二十七。英国炼钢原料，大部来自国外，本国所产甚少。至于轴心国，则本国所产绝少，主要来源为法国，总计共占全世界产额百分之二十，若合瑞典（中立国，但所产铁砂皆输德）所产，亦不过占百分之二十九，尚不及美国一国出产之多。

至于炼成之钢，其产额亦附于图中，以资比较。钢为铁与其他金属之合金，其出产之多寡，须视铁砂及所需之他种金属而定，而工业发达之程度，亦与钢之产量有关，故产铁多者，未必产钢亦多。例如一九三七年，法国产铁量为 11600000 公吨，产钢则仅 7902000 公吨。同年德国产铁□2600000 公吨，而产钢达 19817000 公吨。钢之产量，全世界年可一万万三千万公吨左右，轴心占百分之三十六，民主国占百分之六十四，民主国仍占绝对优势。美国产量最多，比轴心国总产额还多。苏俄则产铁虽多，而产钢不及德国，此殆因工业发达不及德国所致。

以下六种金属，皆为炼钢及特用钢所需者。

（2）铬　铬为炼钢主要金属，除铁以外，铬为最重要。在全球年产百余万公吨中，轴心国仅占百分之十二，民主国占百分之六十六，英属非洲所产最多，美国次之。中立国所产亦甚重要，占百分之二十二，尤以土耳其为要，年产二十余万吨，占全世界总产额百分之十八，仅次于美国，而大于轴心诸国。因此轴心、民主皆极力争买。根据英土协定，土耳其之铬已规定售与英，但据近日专电（中央社十月六日及八日）则德国现正亟力图取得一部分，并以此为德土协定之重要问题。可见其对此之重视。

（3）钨　钨亦为制造钢铁合金中重要金属，普通切金属之高速度钢（High Speed Steel），含钨百分之十八，铬百分之四，钒百分之一。钨之产量，全世界每年约三万余公吨，民主国占百分之七十二，其中我国所产，占百分之三十八，占世界第一位。年来输出至英、美、俄等国，成为我国对于民主国一大贡献。缅甸次之，产百分之十八，美国又次之，占百分之八。轴心国所产仅百分之八，大部出自朝鲜（百分之六）。中立国所产较轴心国为多（百分之二十），其中以葡国（百分之八）、南美之波利维亚（百分之六）及阿根廷为较多。

（4）锰　锰亦为炼钢所需之金属，民主国所产占全世界产量百分之八十四，以苏联、印度为最富，轴心国占百分之十二，大部在德国境内。

（5）钼　钼用于特种钢铁合金中，此种钢系用于汽车及飞机工业中，全球年产不及二万公吨，民主国占其百分之八十二，几乎全部在美国境内。轴心国仅占百分之十四，大部得自希腊（百分之八）。

（6）钒　钒能使钢坚韧，全球所产不过二千余公吨，民主国占百分之

239

六十二，中立国占百分之三十八，轴心国无出产，以国别而论，则以中立国之秘鲁所产为多，占百分之三十，民主国之美国及英国西南非洲次之。

（7）镍　镍亦为军需工业重要原料，多用于制镀□钢。加拿大所产，占全球百分之九十七，可谓独占矣。

（8）锑　锑可用于铁之合金或铁以外之金属之合金，全球所产约三万余公吨。民主国占百分之二十八，以中国所产为多。过去吾国产锑，为世界第一，近二年来已降为第二矣（第一为玻利维亚，占百分之二十七）。轴心所产，仅及百分之十七，大半来自南国。中南美诸中立国，产量最丰，共占百分之五十五。

（9）铝　铝质最轻，为飞机制造中最重要原料，在一架飞机中，铝之合金，占其总重量达百分之六十。在各种矿产中，轴心国占优势者惟铝，在全世界年产五十万公吨中，轴心国占百分之五十一，大部为德国本部所出产，民主国占百分之四十九，以美、苏为多。

（10）铜　于军需工业之中，铜之用途亦甚广，主要用作制电线及合金。美国为世界产铜最多之国，占全球三分之一。合加拿大、英属非洲及其他来源，民主国共占三分之二，而轴心国则仅得十分之一耳。其余中立国所产，约占百分之二十，以智利为最多，占百分之十四。

（11）锡　在全世界总产额中，轴心国所产之锡，仅百分之三，民主国占百分之七十，中立国占百分之二十七。南洋为世界产锡中心，马来半岛占百分之二十七，荷印占百分之十七，居世界第一、第二位。美国对于荷印最关切者，锡即其一，故赫尔于一九四〇年四月对于荷印发表之声明，特别提出荷印锡矿对于美国国防之重要。次要之产锡国为南美波利维亚，次为泰国。我国居第五位，年产一万余吨，亦为重要输出之一。轴心国每年出产，不过四千余吨，然所需远超出此数。即以一九三八年而论，德国输入者即达一万四千吨，全欧洲轴心输入共三万三千吨，合日本输入之一万一千吨，共四万四千公吨。自给者仅十分之一，可见其缺乏处。

（12）铅　铅之出产，民主国占全世界总额百分之六十三，轴心国仅百分之十六，此外中立国占百分之二十一。

（13）**石油** 石油为现代机械化部队、空军及运输之主要燃料，对于战争，其重要实无以复加，故有"一滴煤油一滴血"之语。关于煤油，全世界产量以美国为首，年约一万万七千二百余〖万〗吨，占全世界产额百分之六十二；苏联产二千七百万吨，占万〔百〕分之十，居第二位；〖委〗内瑞拉产量与苏联相等居第三位；伊兰产一千万吨左右，占第四位；荷印产七百余万吨，占第五位；罗马尼亚比荷印稍低，占第六位；墨西哥不及七百万吨，居第七；伊拉克产四百余万，居第八；其余南美秘、阿、德里尼达（Trinidad，华侨呼千里达），皆在二百万吨以上；缅甸与波斯湾中之巴来岛（Bahrein Is.）所产在百吨以上，此其主要分布之大略也。综计之，民主国所产，年可二万万二千六百余〖万〗吨，占全球产额百分之八十；中立国产四千四百余〖万〗吨，占百分之十六；而轴心国则合罗马尼亚油田所产，亦不过八百余万吨，占百分之三。其中日本年产不够四十万吨，余皆属于欧陆部分。但轴心国所需的煤油，却非常巨量。日本因为有巨大的舰队，需消费大量石油，年约五百五十万吨（注六），能自给者仅百分之六。德国陆上机械部队及空军，需量亦巨，侵法之际每日即需七万吨，月需二百余万吨。即以全欧产量，三四个月即可用完，实虞于久战。即使以前有所储蓄，终有不给之虞，此为轴心军用资源中最严重之问题，且影响至于战略及战争之结果者也。

（14）**树胶** 在金属以外之军需用品中，树胶也算是最重要的了，单是汽车运输，便需要巨量橡皮。全世界出产，百分之九十以上在南洋，其余印度、锡兰、中南美、非洲亦有少量出产，综计民主国所产亦在百分之九十以上，其余皆在中立国，轴心国无生橡皮，惟有靠人工制造。

除以上重要军需原料外，其余如羊毛、棉花、皮革为军士之服装所需者，轴心各国亦皆极其缺乏，主要产地皆在民主国家。至于粮食，对于战争，所关尤巨。德国及欧陆诸国，粮食原不自给，每年输入为数极巨。战争期内，尤虞不足。上次大战期间，德国因军粮不足，将战线扩充至乌克兰，以救军粮之急，后且以粮食问题，为国内革命之主因，召最后之失败。今次大战，历史固未必重演，而粮食问题之严重，则与上次同（注七）。此次德军之侵苏，乌克兰之粮食仍为其目标之一也。可见粮食问题，实为轴心资源

241

上之大弱点，而不易解除者也。

据上所述，可见轴心国家资源之缺乏情形。资源不足，要求补充，不出二途：一则扩充战线，侵占新领土；一则由中立国取得之。前者殊受限制，且因此易生新敌，殊为危险；后者则须视其地理之地位，有无通海之路，与海军之强弱而定。关于此数点，皆入于下节讨论之。

（三）地理地位与第二次世界大战

地理地位之影响及于战争者，至深且巨，语其大者，可分为军略及交通二方面，兹先论军略与地位。

1. 轴心国与民主国之军略地位之比较

此次大战，战场分布，包括欧亚非三大洲，规模之大，亘古未有。以形势言，二方面皆具备海军国与陆军国，成为海陆配合战，足资比较。英日为欧亚之海国。在亚洲方面，中国与苏联，皆受日本之包围，而欧洲方面，则德意为英国所包围。德、意、苏俄虽皆有海岸线及出口港，然以海军之弱，与海国较，实力悬殊，故实际上皆陆军国。故德国未敢攻英，我国亦望洋兴叹。至于欧洲之波罗的海及地中海，则为两方所共有，前者为德、苏所共，后者为英、意所共，其出洋之门户，则一操于德，一操于英。然一出大洋，海权仍操之于英，此次以战事之重心言之，则主要战争在大陆，而二方皆有二线作战前后受敌之危险，情形又复相若。然而民主国之地理形势有胜于轴心者二。一则因其有广大之领土，分布于大陆中部及环印度洋沿岸，使东西轴心隔开，不能互相救济，而德、意却遮不断英、苏的军事联络。即我国现在军火的接济亦经由印度洋。今日之印度洋是民主国的内海和联络海。其次，是从欧亚向大西洋和太平洋彼岸看，则有民主国的美国、加拿大及美国控制下的中南美，欧亚大陆整个受其包围，故日本背后有美国的海军陆空军，可以攻击，英国背后亦有美国的海陆空军，但用以援助。如此看来，则以前所说的轴心所受的包围是真的包围，而民主国所受的包围便变成假包围了。所以民主国如果有力量，可以从任何一方面攻击敌人，轴心国便没有此种便利了。另外有一点，亦与民主国有利的，便是因为领土分散的关系，军火制造皆在较安全的地方，可以不受空袭及战事的影响。反之，轴心国的军火工业则较集中，德国的重要工业区莱茵河区，易受破坏，若西线失利，尤为危险。

　　说到此处，我们对于苏联在世界大战中的战略地位，还可以作一些颇有地理意义的视察。这几十年来，英、德地理学者，对于俄国的地位，都认为非常重要。在一九〇四年，英国地理学者马金特曾在皇家地理学会发表了一篇演说，题为《历史之地理枢纽》（注八），他以俄国为中心把世界五洲，分为三层地带。一为枢纽地带（Pivot Area），即为苏联，尤其是指南俄一带。二为环绕此枢纽地带之大陆边缘弧形地带，此地带亦为内弧形地带（Inner or Marginal Crescent），包括背陆临海之沿海国家，如德、土、印、中等国。〖三为〗最外或海岛弧形地带（Outer or Insular Crescent），如英国、南菲、澳洲、日本、美国、加拿大等国，对欧亚非大陆采取包围形势。他认为俄国南部草原自古为游牧民族中心。此种民族，因天旱或食粮不足等关系，常向四周定居而人口甚密之边缘国家进攻，因其乘马作战，行动摽〔慓〕疾，故所向无敌，成为边缘国之大患，且常灭故国，立新朝。此种事实，史不绝书，如第五、六世纪时匈奴王亚底拉（Attila）之西征，五胡之乱华，十三、四世纪时奥斯曼之西征，元朝之东、西、南征各役皆其著者，故谓南俄中亚为历史之枢纽，不为过词。至于海国，则以近世海洋交通便利之故，沿海岸向边缘国进攻，先则据港口以为据点，次则扩充至沿岸地带，终则吞并全部。边缘国家，间于此海陆二种压力之中，可谓为缓冲地带。历史可变，然此种地理形势固仍存在。南俄一带，现经苏联之经营，游牧民族已逐渐减少，定居民族增加，然铁道之建设与新式之交通，有代替昔日马匹之流动性之势，故苏联之地理地位，仍有支配世界历史之可能。设俄国强大，则边缘诸国皆将为其附庸，而海国亦无所施其技矣。

　　以上系马金特之看法，可谓高瞻远瞩，具有世界眼光。今日苏联在中亚交通建设，尚未达满意境界，恐未足以代替昔日马匹之流动性，然而其地位之优越，却无疑义。故在此次大战中，在德苏大战以前，轴心、民主，皆聚精会神于对苏外交。苟苏联参加轴心国，则不独足以独霸欧亚大陆，贯通海洋，且可随时出击边缘诸国，更进而制胜海国，亦非难事。故苏俄之军略地位，优越无比。此即德国政治地理学家豪氏（K. Haushefer）所主张之联俄计划之所本，而为一部纳粹之所同情者也。德苏、日苏之互不侵犯条约，即此主张一部之实现。然苏联亦有独立之主张，不能坐视轴心之称霸，德国既不能以和平方法获得此计划之实现，于是不惜以武力求其实现，德苏之战遂起。今者空前大战，方展开于俄国西部，暴日亦野心勃勃，有觊觎西伯利亚东部之志，图东西夹攻以解决俄国。然民主国亦正以俄国之胜负，为大战胜负所关，正竭全力以赴援。胜负虽未决，然苏联之地位之重要，益为显著矣。

2. 地位与交通

交战国之资源不足，有赖于外间之接济，而接济之可能，则有赖于交通路线之有无及能否维持而定。交通路线与地理地位关系最为密切。以上论战略地位时所提及之民主国形势优点，亦可应用于交通方面。现在民主国彼此之交通及接济，仍可畅通。我国现在军火入口，皆由印度洋之仰光，前已言之。苏联对外通道，则尚有三路：一在西部经北海入阿干日尔，一为东部海参威，一为自波斯湾经伊兰至高加索。前二路冬季有冻闭之期，而海参威则除气候不良之影响外，并以地位关系，有为日海军封锁之虞。惟波斯湾最为妥善，故苏俄对外交通可以无阻。至于美国对于英国之接济，因二国海军之强大，虽受德国潜水艇之攻击，仍得以畅行无阻。自美国占领冰岛后，大西洋航运较前尤为安全。反之，轴心在欧洲方面，则几于全部受封锁。现在仅能由中立国如西、葡、土等国，得一部分接济。除此以外，惟一可利用之路线，仅为法属非洲。自法属西非，为赴中美、南美之捷径（大西洋在此处因美非二洲之突出而形突狭），此处又为民主国海军势力稍弱之区，故轴心尚能自南美运入一部分物资。现民主国正一面图以经济方法，控制南美物资，一面严密注意法属非洲之情形。盖以此处不独可为轴心通海之路，且民主国在北大西洋与南大西洋之交通，亦有受威胁之可能也。至于东亚之日本，英美现亦自经济上加以局部之封锁，且进而商订联防计划，以防其劫夺富有资源之南洋各地。日本欲突破此种封锁亦不容易，今后困难，势将有增无已也。

（四）结语

观以上所论，可见民主国土地之大，人口之众，物资之富，地位之优越，地理之基础，确为雄厚，远非轴心所可及。对于长期战争，有胜利之把握。然战争要素，基于地理，而决于人力。土地虽大，须有战士，方能保卫；人口虽众，须加训练，方能服役；资源虽富，须加制造，方成武器；地位虽优，须有智士，方能利用。轴心国虽地理基础不及民主，而独能尽量利用，充分发挥其潜势力，以制机先，其所运用之战略，亦无不由其对于地理条件深思熟虑之结果。因其资源不足，故主速战速决。因民主国土地辽广，故主歼灭战。至其对于战争之准备，组织之严密，指挥之统一，亦非民主国所可及。故至今轴心仍处于战争主动地位，攻势未减。此皆民主国所应学之教训。今后应如何以人力配合其天然之优点，利用其伟大之潜力，以克敌制胜，是在民主诸国自为之耳。

　　此文草成于一九四一年九月苏联参战以后，一切材料及论断，皆以截至此时以前情形为根据。

　　注一　鲁屯道夫著，张君劢译《全民族战争论》，中国国民经济研究所廿六年二月出版，页三。

　　注二　《国际统计年鉴》（一九三七至一九三八年），第二表土地与人口，一九三六年二月三十一日的估计一行。以后所引土地与人口数字皆以此为根据。

　　注三　见《地理导报》，第四十一年，第二十一、第二十二卷，一九四〇年十一日[月]德国哥他出版。

　　注四　以上数字，皆据一九三六年估计，未将大战起后芬、波、罗诸国之受苏联占领者分开，若加以分开则民主国之数字应增大，而轴心国之数字应减少。

　　注五　关于原料出产之统计，除铬、钨、钼、□、锑、锡、□七种，系采自美国内政部矿务局出版之一九四〇年《矿产年鉴》先印本所载一九三八年产额外，余皆采自一九三七至三八年《国联统计年鉴》一九三七年数字，至于一九三八年以后，则因战争关系，各国统计，多残缺矣。

　　注六　关于石油消费方面，根据《大公报》二十九年十一月二十一日社评《世界的煤油问题》。

　　注七　据本年十月七日中央日报社评《美裁制纳粹的新武器》一文，欧洲各国从西半球买进的食物每年平均价值二十五万万美元。日本每年亦自南洋输入巨额米粮。

　　注八　H. J. Machinder, *The Geographical Pivot of History*, 地理杂志皇家地理学会出版，第二十三卷，第四期，一九〇四年四月。

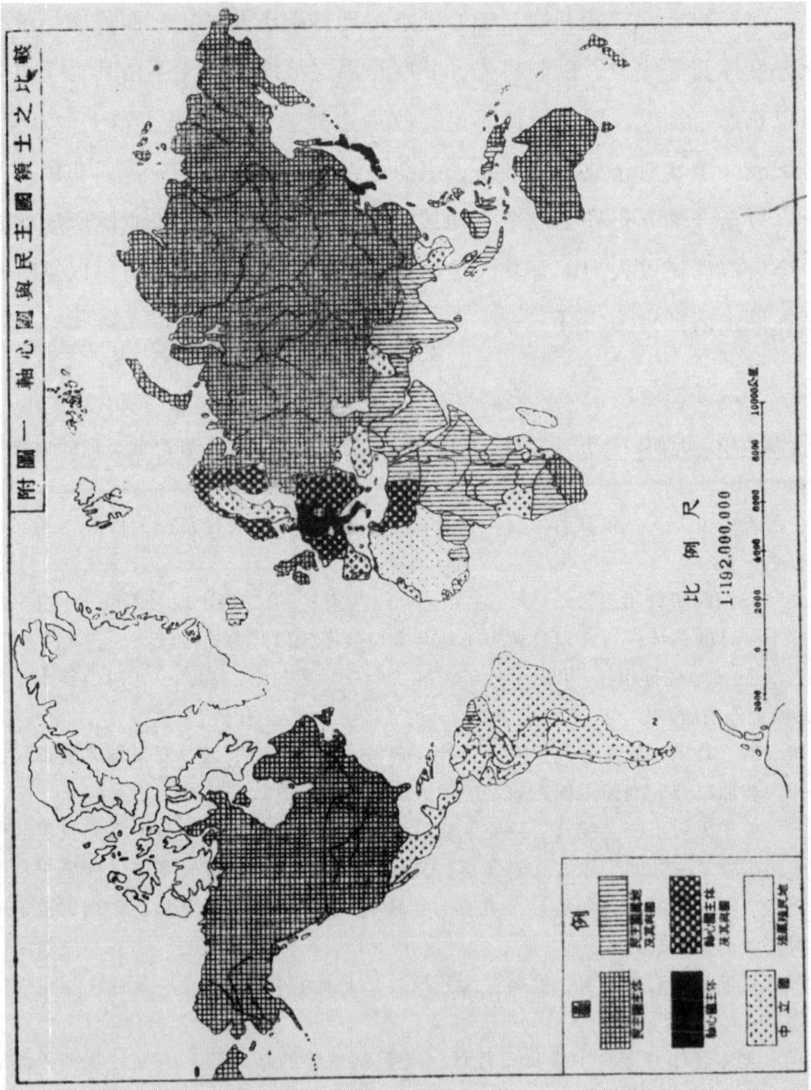
附圖一　軸心國與民主國領土之比較
比例尺
1:192,000,000
圖例
中立國

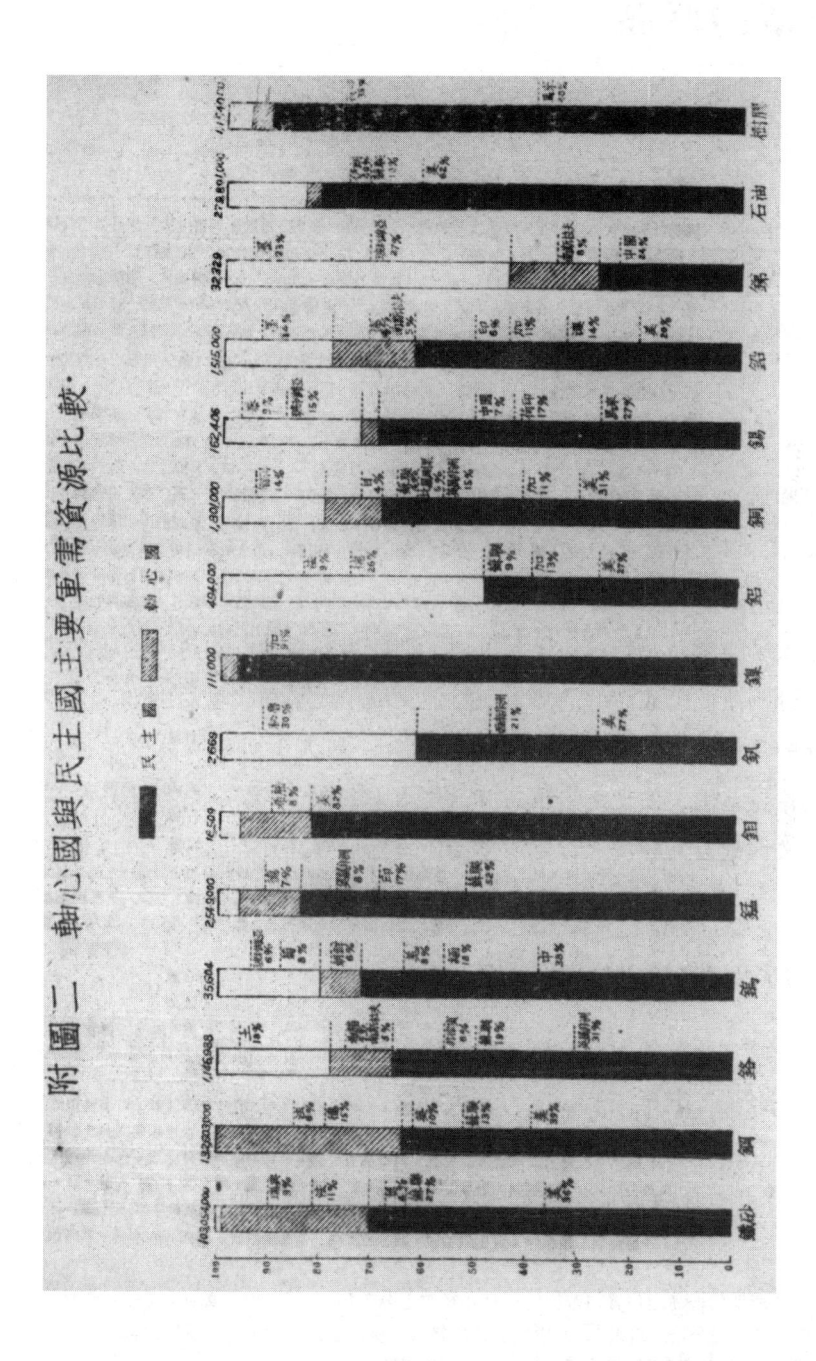

第二次世界大战之地理基础及其展望

附图二 轴心国与民主国主要军事资源比较

《地理》第 1 卷第 3 期，1941 年 9 月 1 日

介绍所罗门群岛

张印堂

所罗门群岛战争自发生以来，辗转数月，双方争夺不已，而敌寇尤屡次企图增援瓜岛，以期恢复其战败颓势，并于瓜岛之西北部新乔治亚岛一带，海空两军时有出没，与盟方迭有遭遇，窥其用意，确有死灰复燃、酝酿再战之意。查南太平洋所岛一带，自十九世纪末期即为列强勾心斗角的场所，几经分割而又分割始成了战前的局势，而目前又成了太平洋战场的中心，为盟敌两方争夺的目标，其重要可知。今为使社会一般人士明晰所岛之情况起见，特将其位置范围，发现之沿革，分治之由来，地理形势，气候土质，居民风习，行政区划及其经济之重要与工商业之发展等分别介绍于后，以供读者之参考焉。

（一）所罗门群岛之位置与范围[①]

所岛在行政上分英领所岛与澳洲联邦代管地两部分，前者位南纬五至一二度半内，东经一五五至一七〇度间，为英之保护地，分布形成两条平行的岛屿，北自昴堂爪哇（ONTANG JAVA）岛起，南迄瑞奈尔（RENELL ISLS.）群岛，共有岛屿数十，大小不等，较大者有伊萨伯拉（YSABEL）、

[①] 原文为"所罗门群岛之位置与范围，所岛在行政上分英领……"，而后文有"（二）所islands发现之沿革与列强分治之由来"，此中应有排印错误，所以在此以"（一）所罗门群岛之位置与范围"为标题，下行另起一段为正文。——编者注

施哇苏尔（CHOISEUL）、蒙底蒙底（MUNTI MUNTI）、拉维拉（LAVELIA）、新乔治亚（NEW GEORGIL）、马莱他（MALAITA）、瓜岛（GUADALCANAL）、圣基督堡（SAN CRISTOVAL）等，岛屿分布，长达九〇〇余英里，宽则四三〇余英里，共占海面一二四九〇〇〇方海哩，而岛屿陆面总计仅一一〇〇〇方英里；代管岛屿位英领所岛之西北端，包有布甘维尔（BOUGAINVILLE）与布喀（BUKA）二岛，面积共四一〇〇英里，原为旧德属新岛琪他（KIETA）政区之一部分，自第一次欧战后改归澳政府代管。

（二）所岛发现之沿革与列强分治之由来

西历纪元一五六七年有西班牙人名缅达纳（MENDANA）自南美秘鲁航行来此，首先发现所岛之伊萨伯拉岛附近一带，命名为所罗门群岛（SOLOMON ISLANDS）。后历两世纪之久，少有所闻。直至十七与十八两世纪始又有荷兰商人为发展海外贸易而至南太平洋所岛一带，继之者有英、法、美、德之探险家，接踵而来，要者如英人库克氏（COOK，一七六八至一七七八），法人布甘维尔氏（BOUGAINVILLE，一七六六至一七六九），与德之"行星"（THE PLANET）舰号探险队等，是以布甘维尔岛即由布氏所发现也。当时法国首相为施哇苏尔（CHOISEUL），故又有施岛之命名以示纪念。各国对所岛之探险发现等工作虽于十八世纪之末即告终止，惟直至十九世纪后半期始有欧洲殖民来此常期居住，自一八六〇至一八九三年间，岛上白人为数仅五十名。于一八九三年英国遂声明所岛之南部为其所领有，计包括瓜岛、萨福（SAVO）、马莱他、圣基督堡及新乔治亚诸岛。及至一八九八至一八九九年间复又并入圣他库鲁茨（SANTA CRUZ）群岛，包有乌土普阿（UTUPUA）、第科皮阿（TIKOPIA）、范尼克罗（VANIKORO）与稍远之樱桃岛（CHERRY）、米达（MITREIST）岛、锡开阿纳（SIKAIANA）岛、瑞奈尔、摆楼纳（BELLONA）等。其余所岛西北部诸岛如布甘维尔、布喀等，多为德国所占，势成对垒。列强为避免冲突计，卒于一八九九年有列强分治南太平洋诸岛之萨姆阿协定（SAMOA AGREEMENT）成立。据该协定条约，所岛北部之布甘维尔与布喀二岛划归德国，并入德属新岛区，余为英领，而萨姆阿之土图伊拉（TUTUILA）归美，萨佛依（SAVAII）则划归纽西兰，而新赫布列群岛（NEW HEBRIDES）则由英法共管等。于是自一九〇〇年北部诸岛如伊萨伯拉、施哇苏尔及布甘维尔海峡内诸小岛与珊瑚群昂堂瓜哇等均由德国转让予英，而德国此后在南太平洋上之势力范围只限于以德领新岛南岸东行，经甘布［布甘］维尔海峡东北折一线之西北诸岛，包有快活岛（PLEASINT［PLEASANT］ISL.）、新布列颠（NEW BRITAIN）、新爱尔兰（NEW IRELAND）、新喀勒多尼亚（NEW CALEDONIA）、马沙尔群岛（MARSHALL ISLS.）等。惟自上次欧战后，旧德领南太平洋诸岛复以赤道为界，由日澳分别代管之。日本势力之伸入南太平洋亦即肇端于此。

（三）所岛之形势

所罗门群岛为数虽多，但各岛面积至小，大者长仅百数十英里，小者仅数里，形如弹丸，散处汪洋大海之中，形势之渺小，大有沧海一粟之感。所以菲吉人（FIJIANS）关于南太平洋诸岛分布之形势，称之为外部吉拉拉"WAILANGILALA"，即水连天，天连水，水天相连之势。岛屿之构造，有为珊瑚所形成者，有为火山所形成者，前者较平坦，后者则崎岖多山，如布甘维尔，岛上有皇帝岭（EMPEROR RANGE），山势高达一万余英尺，山峰名包尔比（BALBI），外于太子岭（OROWNPRLINGE［CROWNPRINCE］RANGE），尚有一活火山，名巴嘎纳（BAGAMA），仍在冒烟中。布甘维尔沿海颇多良港，东岸之琪他港（KIETA）为其最著者，形势佳良，为陆地所包围，口外有珊瑚礁一，形如门户，港内水深面阔，足供大小船只停泊之用。此外，露阿（RAUA）、丁普茨（TINPUTS）及布喀岛之喀勒拉（CAROLAL HAVEN）诸港形势亦甚优良。瓜岛形势险峻，有拉马斯山（MT. LAMMAS）高达二千七百余尺，最高峰曰帕帕玛纳绣（MT. POPOMANASIU），巍然耸立，突出海面六千余英尺。山上森林郁郁苍苍，是理想的热带森林战场。岛之四面，海水深邃，极便潜艇之出没，例如布甘维尔西岸，海水深达一万八千余英尺，深水由此漫延直抵新布列颠岛之南岸，为世界海洋八大深渊之一。新岛与所岛北部卑斯麦群岛（BISMARK ARCH）间之海深亦在六千英尺以下。

（四）所岛之气候与土质

所岛气候概可分为干湿二季，四至十一月为干季，十一至三月为湿季，其变化与东南及西北之季风关系最大。二、三两月最湿，五、六、七三月最干，年均雨量多在一二零时至一七零时间，例如圣他安纳（SANTA ANNA）与乌吉（UGI）两站年量为一三零时，图拉吉（TULAGI）一九三三年为一六七时，一九三七年为一二四时，亦均在一二零时以上。即干季雨少之月份，雨日仍在半数以上，故无严厉之干燥。所岛气温当四至十一月东南季风下，温度最低，于十一至四〖月〗西北季风时，气温最高，惟变差不大，终年温热，加以多雨，故其气候并不健康，疟瘴甚盛，近来以卫生设备增加，始大见改良。

所岛之土质，肥瘠多与其面积之大小成正比。岛之大者，沿海平地较广，地势平坦，或间有丘陵，河流纵贯，土肥水便，极宜耕植，且平地沙土分布亦广，沙土下常为破碎之珊瑚，于椰子林场种植最宜，惟大岛中部，常有高大之脊岭存在，地势崎岖，于热带经济林场之培植亦颇适宜，北部代管二岛，气候土质尤属佳良，盖以二岛不特土肥雨多，且地位适宜，无如他岛之常为热带暴风所袭击，因此于农工之发展上最便，惜尚未克复耳。

（五）所岛居民及其习俗

所岛土著为梅拉尼西亚人（MELANESIANS）与帕拉尼西亚人（POLYNESIANS）两民族，肤色黑重，头长松纠壮，鼻形低而宽，为尼格罗族之一部。据一九三七年统计：

　　土著梅拉尼西亚人共八九五六八人
　　土著帕拉尼西亚人共三八四七人
　　欧人四七八人

华侨一九二人

日人八人

马来人一人

总计九三六零九人

  土人为部落组织，文化极低，原为具有食人野风少数民族之一，直迄晚近布甘维尔岛上，三分之一地域仍为具有此野风之土人所居。杀人献祭，风习极盛，每于新建房舍或新造船只之后必杀人祭之，所以死尸互市时常有所见，居民性情懦怯，怕惊惶，居所常择高首，建于平地上，或以木桩架起，并于房舍四围派有警哨。部落间往来关系极少，因此语言复杂，例如布甘维尔一岛之上，不同之语言竟达三十余种之多。婚姻为一夫多妻制，惟土酋妻子最多不过五六个，社会政权以母为重，父权较小。岛上欧人，初来者多系船破后被漂逐于此者，外有少数之传教士及放弃水手生涯改从贸易者，如经营檀香木，捞海参，补鲸鱼等，后来者多为培植经济林场之企业家。土著自与欧人接触以来，其原有之幼稚文化，如木刻等艺术，大有逐渐退化之趋势，此实为战后急应注意制止之一问题。

（六）所岛之行政区划与组织

  英领所岛共分八行政区，各有区长一人治理之，上设行政长官一人驻图拉吉岛上，外有顾问团七人襄助一切行政事宜，该行政长官直隶统治英领西南太平洋诸岛之苏哇岛（SUVA ISL.）上。布喀与布甘维尔二岛则隶属旧德领新岛琪他区，由澳政府代管之。

（七）所岛之经济重要与其工商业

  所岛以产椰子（COCONUT）为最富，故晒制干椰子肉（COPRA）为岛上居民之主要事业。迩来树胶、木棉（KAPOK）、烟草、咖啡、可可树（COCOA）等林场之培植亦甚发达。外如种稻与马蹄莲及制藕粉（ARROW ROOT）等工业年有增加。岛上现有企业公司数家，专事培植热带经济林场，成效颇著，要者有利华公司（MESSERS. LEVER BROTHERS）、布恩菲利浦公司（MESSERS. BURN AND PHELPS AND CO.）等。于代管二岛现有椰子场四百六十余家，平均每家皆占地四百至五百英亩，多为欧人所经营者。外如贝壳、檀香木、海参等亦为所岛出口之大宗。且有金色贝壳，极为珍贵。于布甘维尔岛之南岸煤矿蕴藏亦富。出口贸易多经澳洲雪梨转运之，以是所岛与澳洲之商务关系最密。所岛对外之贸易关系，据一九三七至一九三八年间统计，与英国本部占 13.9%，与英帝国他部者占 67.4%，其他为 18.7%，内与美国者 8%，荷印占 2.9%。由上观之，所岛之商业关系，大英帝国实占绝大多数，该年所岛出口贸易总值为二九七三四六英镑，入口总值为二三二八九一镑，税收仅八二八零九镑，而同年行政支出共六九零零二镑，实收甚微。职是之故，所岛之争夺，其目的不在经济而在地位之重要也明矣。

此次所岛战事仅限于瓜岛一隅，但以其地近美澳航线，性质殊为重要，瓜岛海战胜利，意义重大，既稳定了美国在太平洋上北起荷兰港经珍珠港，南迄萨姆阿之土图伊拉（TUSUILA）之南北大防线，又维获［护］了美澳之关系，更奠定了盟方在太平洋上反攻基地澳洲大陆。尤有进者，所岛之胜到［利］更表示了盟方确有制胜之把握，将来布置妥善后，尽可向前推动，由所岛而荷印，而马来，而菲岛，而缅越，直把敌人驱回其老巢止，惟吾人所应注意者，所岛大部尚在敌人手中，并常用作袭击盟军之据点，如布恩、法塞、高黎等，且瓜岛之上尚有残余敌寇潜伏，急应肃清，望盟方乘胜直追以竟所岛全胜之功，以立再行进攻之基石。

《当代评论》第 3 卷第 8 期，1943 年 1 月 24 日

北非胜利的重要

张印堂

过去列强之争土夺地，目的有三，或为土著人工之低廉，或为原料出产之丰富，或为生活气候之适合，以增长其经济之实力，以扩张其政治之范围。非洲之有"殖民地大陆"之称，即由列强争夺所致，于十九世纪末叶掠夺最烈，几经分割，始成了战前的局势，所以北非实已成了列强的附庸，一切的变更，都是随着列强斗争的结果而转移的。惟就目前而论，北非之为欧陆大战之序幕，其第一重要却不在此，而仍为争夺之目标者何？盖以其地位特殊，得失关系重要也。所谓一地地位之重要者，即平时或为交通之驿站，或为捍卫交通要道之屏藩，战时则具有军略地位之价值，成为进退之据点，北非一带于此次欧陆大战中之势在必争，其重要即在此。今为明晰起见，特将北非一般之地理情况与其重要性，分别介绍于后，以供读者之参阅。

一　北非之地理形势

北非在行政区划上，概可分为四部，即英领埃及（名为自治），义领利比亚，法领突尼斯、阿拉吉尔与摩洛哥及国际共管之坦吉尔是也。此次北非战场当以义、法两国所领各地为最重要，故以下所论范围亦限于此。

法国在北非之领土至广，大于英、义之和，惟英国以扼守苏伊士与直布罗陀,地中海之东西门户,而中间又占有马尔他岛,故其与法、义两国在北非之属地,平时关系密切,颇有控制之势,值此战期,轴心据之,英国自难坐视,是以盟方之争夺义、法北非乃意中事也。

北非各地当地中海之南岸,位东北信风带,干燥雨少,夏炎热而冬温暖,仅北部沿海一带冬季稍有雨水,以是内地大部为茫无人烟、荒凉满目之沙漠,间有少数水草区。陆上交通不便,惟于空运伞兵之降落殊为便利,为飞行之天然基地;故盟军占有义领利境后,于麻士巴与麻克勒间即发现有降落机场一百二十座,法领北非境内机场之多,由此可知。所以盟军占领北非机场之后,不但便利北非的战事,更可出击地中海上之敌舰及轴心在义境内之供给地,如热内亚、米兰、那普勒斯、都灵等,裨益欧陆战事至巨。

(1)阿拉吉尔

阿拉吉尔之北部三省,乃为法国之直属行省,而南部沙漠则由殖民行政所管制,面积近一百万方英里,约当法国本部之五倍,惟其膏腴之地,除沙漠内少数水草区外,尽限于沿海平行之狭长地带,名曰"忒尔"(Tell)。其他肥沃之水草区多散布于沙漠内之山谷中。阿境居民土著共约六百余万,其中柏伯尔人约占四分之三,余为阿拉伯人。境内欧人共八十余万,义人占绝大多数,法人次之。沿海一带水量较多,富产谷物。内地水草区则多产洋橄榄、烟草与酒类。此外牲畜之输出年值二万〖万〗五千万佛郎。矿产以铁、磷酸盐、锌、石油等为最重要。总之阿境产物大抵皆为法国工业上之必需品,且为其所最感不足者,故于法国之利益殊为重要。现北非全部既为盟军所据,而直受其损失者,当为轴心德国,自无待言。

(2)突尼斯

突尼斯位阿拉吉尔之东,为法之保护国,面积八十余万方英里,居民二百数十万,大部为强悍好斗之柏伯尔及阿拉伯人,以种谷收畜为生。境内欧人仅二十万,其中义人竟占半数!突尼斯北与义国之西西里岛,仅一衣带水之隔，宽仅一百三十英里，又以地临义领利比亚，故过去义国对之时为觊觎。突境输出亦以谷物与酒类为最。

（3）摩洛哥

摩洛哥地位偏西，滨临大西与地中两海，自一九一二年始为法之保护国（外有小部名伊夫尼，为西班牙之保护国）。摩洛哥面积十余万方英里，居民四百五十万，其中犹太人占大部，欧人仅十五万。昔日为柏伯尔及阿拉伯人所据，自八至十四世纪，曾蹂躏葡、西两国，时入侵略，危及西欧，俨然有制服耶教欧人之势！但终归失败，沦为法之保护国。摩境输出以磷酸盐为最，战前法、德两国根生作物所需之肥料多取给于此，故于德、法之农业发展殊为重要。

（4）利比亚

利比亚当法领突尼斯与埃及之间，面积四十二万五千方英里，居民非人百余万外，义人三万六千，仅及法领突尼斯境内义侨之三分之一！境内大部为沙漠，沃土仅限沿海一带，原为土耳其所领有，自一九一二年始由土割让予义，此次大战，土守中立，便利盟方近东地位至大，来日轴心战败，利比亚之隶属问题，颇有注意之价值，或将划归土有不无可能，以示盟方对土国严守中立之谢忱。

（5）坦吉尔

坦吉尔位直布罗陀海峡之南岸，面积仅二百方英里，与英之直布罗陀军港，隔海相望，近在咫尺，为地中海之门户，形势重要，得之不但可以为进窥摩洛哥之据点，更能控制大西、地中两海间之交通，故英、法、美、义及西诸国在该地各有相当之政权，均不欲任何他国对此重地占有优势之地位，故由国际共管之，惟以毗邻法属摩境，以法之权利最大，故管理坦地之国际代表团，向以法人为首席，以是坦吉尔一地名虽为国际共管，实亦无异于法属北非之一部也。

256

二　北非军略地位之重要

（1）北非滨地中海上之重要港口

北非北滨地中海，西临大西洋，海岸虽长，但形势平直，良港较少，因此现有之少数港湾益形重要。北滨地中海之港湾，其重要者仅塞港、亚力山大、多布鲁卡、班加西、第黎波里、拉古勒特（为突尼斯之外港）、比赛大、阿拉吉尔、布吉与阿兰等十港，其中具有军港价值者，仅亚、班、比与阿兰四港而已，比港系法国地中海上第二最大之军港，其重要仅次于都伦。现十港已尽入盟军掌握矣，而阿、比两港之收获，于盟方之进袭欧陆，贡献尤大。

阿兰港为阿拉吉尔之唯一军港，距阿拉吉尔与直布罗陀东西各二百五十英里，为盟军入直布罗陀在西地中海登陆非洲最近而且最安全之口岸，于北非盟军之增援上至便。盟方占据北非地中海东西二段沿岸诸港之后，直接既陷北非残余德军于孤立包围之地位，如敌人不降则必有被歼之虞，又能与马尔他与直布罗陀二港取得连络，控制轴心地中海上之一切活动，间接更可增辟进攻欧陆之途径，并能首先打击轴心最弱之义国，奏效必易，即英相邱氏所谓"打击轴心下部最弱之肚腹"是也。

（2）北非西临大西洋岸之主要港湾

北非西临大西洋之港口，要者有四：即罗巴特、卡萨布楞卡、毛戛多与达喀尔是也。以上四港现均为盟军所控制，其中达港尤为重要。达港为法帝国中第三最大港口，仅次于马塞与哈佛两港，为法属西非之第一军港，于海于空均甚重要，能供最大船舰停泊之用，由此起飞去南美巴西需时仅六小时，为横跨大西洋最近之点。达港之为盟方控制，不但北非大西洋岸长达一千七百五十英里，可以高枕无虞，即轴心潜艇在大西洋上之活跃，亦必因之大见减削，反之便利盟方海上航运至巨。再罗巴特与卡萨布楞卡之占领，于盟方在东大西洋空防警戒、起落供应上便利尤多。且卡萨布楞卡乃摩洛哥区

257

之经济首府，居民二十五万，商业繁盛，并具军港之设备，为英美供给北非军运之最近港。占此港后，即可免除绕行南非好望角至北非与近东之迂徐困难。查英国南汉普屯港绕好望角至北非与近东之航程远在一万一千一百七十英里，若经直布罗陀地中海仅为三千〇七十英里，近了三倍以上。若径〔经〕由罗巴特与卡萨布楞卡二港，长仅一千二百英里，航程之缩短几近十倍。航程缩短一倍，海运之能力便随之增加一倍，其于战事供应影响之大，于此可知。

三　北非之经济重要

北非平时经济价值，以出产无多，原属有限。惟值此战期欧陆封锁之下，北非政局与战事之转移，于德国影响至巨，影响欧陆农产尤甚，例如德国占领下之法境，战前年需磷酸盐肥料共约四百万吨，其中百分之九十五系入口者，而来自法属北非者竟占百分之七十以上；再如由达喀尔输德之植物油年约五万余吨，足供战时德国一千万居民一年之食用，影响之重大可知。此外，北非所产之小麦、大麦、酒品、果实、蔬菜、鱼类等食品，输入法、德者亦夥，外如摩洛哥所产之上等铁砂及钴，均为德国钢铁业所急需，且自开战以来，曾为德国之惟一来源。由此观之，北非全部之依附盟方，不独予轴心一军事上之打击，实亦为其一重大之经济损失也。

《东方杂志》第39卷第7号，1943年6月15日

战后苏联在东亚之地位

张印堂

本文目的乃根据东亚苏联之地理基础，阐明其对整个苏联发生之影响，借以探讨战后苏联在东亚之地位，兹分别论列如后：

一 东亚苏联之范畴

吾人欲知东亚苏联之基础，应首先明了其区划范围，不然境界不清，观念混淆，认识难期确实。过去西自乌拉尔山起，东至太平洋岸，总称之为西北利亚区，又以贝加尔湖分为东西二部，但现在所称之东亚苏联，与过去所谓之东部西北利亚区迥异。吾人若仍以东部西北利亚为东亚苏联，不但名实不符，且属错误。自一九二七年第一次五年计划开始苏联采取新政治区划以来（实则迟至一九三〇年始正式公布），贝加尔湖及莱纳[①]与叶尼塞二河之分水以东之地，即昔日之东部西北利亚区，改称为东亚苏联区，包有苏联之远东区与雅库司克及布里雅特二共和国三地。分野之西始称西北利亚区，复分为东西二部，鄂北河沟以东之叶尼塞流域为东部西北利亚区，沟之西鄂北河流域为西部西北利亚区。苏联两次五年计划之分区建设，对于东部西北利亚之富源与经济之开发虽颇为注意，且具有重要性，但如不明了其新区划情形，认为东部西

---

① 现称勒拿河。——编者注

北利亚即系东亚苏联，反为张冠李戴，实属严重乖谬。欲知战后苏联在东亚地位，首当判明其地位之所指，方能补助吾人对于各方面之理解。

二 苏联国际关系之特殊

吾人欲明了战后苏联在东亚所处地位之真象，应首先认识整个苏联国际关系之特殊。苏联疆域横跨欧亚大陆北部。以其所处地理位置及历史发展之关系，远在帝俄盛时，西欧人即视为一非纯粹欧洲化的国家，而在东亚民族的心目中，则又视俄人为一与东方不同之欧西民族。此种兼容东西，并包欧亚之特殊地位，自其采行□端社会主义苏维埃政体以来，由于本身对外门户之封闭及列强防范之影响，其国际关系之孤立益形深刻化。当此次大战之前，苏联虽力谋打开僵局，树立国际友好关系，但同床异梦，各怀叵测，仍为民治国家与独裁者所共同歧视，几陷于为东西两文化所摒□之境地。此等特殊之国际关系，虽不能谓为与外界立于绝对之敌对场合，但绝非一正常之友谊状态，此乃不可讳言之事实。此次大战发生之后，因利害关系之相同，随挤入同盟之列，国际关系虽似大有改变，但未来之演变，颇难预卜，且苏联之注意力，似重欧而轻亚，故□后苏联在东亚之地位，因国际关系之特殊与孤立，不能发生巨大之变动与影响。

三 苏联强弱的对比

苏联地广民众，产物丰富，确具优厚强大发展之基础。加以政治信仰深高，经济计划缜密，集中民众力量，建设新的社会，故国势蒸蒸日上，况建国历史悠久，斯拉夫社会文化特殊，民性战斗力强，此均为苏联可致富强之表现，但从其他方面□之，而苏联又处处存在着贫弱低微的症结，不反[仅]比之发展成熟的美英有瞠乎其后之感，即较诸行将战败之轴心德国，在现代科学、工业建设、民众教育与生活程度上言，亦有望尘莫及之概，兹根据事实，分析如下：

（甲）富强的表现

（一）地广民众。苏联在第一次欧战后，以波罗底海沿岸及中欧诸小国之兴起，其欧俄领地，虽稍有削减，然因在中亚推行苏维埃政体之成功，版图仍较帝俄时盛大。当前苏联领域，跨有欧亚大陆北部，约及全球陆面六分之一，其幅员之广，差可与北美全洲相伯仲，面积（两千一百三十五万方公里，以下里数均为公制）之大，除英帝国外，无一出其石者，惟英帝国领土散布各洲，尚无苏联之聚凑连结。苏联居民一亿六千万，占世界各国之第三位，人口之多，反［仅］次于中印两地。地广民众，确为可致富强之基础。

（二）物产丰富。庞大的苏联，资源丰富，产物特多。自动力言，煤炭、石油、水力俱全；自金属原料言，有铁、锰、铝、铅、铜等矿；自农产言，有丰富的谷物、棉花、亚麻等，经营得法，民可足衣足食，生活无虞。经第一次五年计划建设的结果，苏联的贸易已由不利的入超而至有利的出超，如无战事发生，国计民生，均可自给，且能有长足之发展。

（三）主义动人。苏联高唱极端社会主义的苏维埃政治制度，以不榨取、不压迫、扶助解放弱小民族为口号，并以最低限度的消费，获取最高限度的生产，各尽所能，各取所需，执行其计划经济建设，故极为动人。

（乙）贫弱的症结

（一）疆域辽阔，环境优劣不齐。幅员广大，未必即为伟大强国之因素，或反成衰弱之原因。苏联虽拥有世界六分之一之陆地，但在经济地理的立场上言，其环境至为参差，而位置尤为不利，几陷于严密包围中，或则为冰洋所封，或则为列强所阻，沿边无良好门户，缺乏海外孔道。按苏联对外出口之途径，要者有三，北则为北冰洋，茂满斯克港（Murmansk）以受暖流之赐，为对外洋之惟一温水港（即当前同盟国援助苏联之主要供应线），唯航线迂绕对内对外均不便利。东则为太平洋上之海参威港，冬为冰封，不能经年畅通，且港内腹地贫瘠，港外又受日本之威胁，难于充分利用。南则黑海诸港，以受土耳其支配下之达达奈尔海峡之约束与地中海、红海英人势力之威迫，尤感困难，因无直接海外之通路，故无对外自由发展之可能。

苏联境内之自然环境，不但参差不齐，而且劣点过多，只有欧俄之乌克兰可称为一"富饶区"（Region of Inerement［Increment］），故有俄国仓库之称。贝加尔湖以西之西北利亚，虽基础稍差，尚为一"有效区"（Region of Efforts），在经营之后尚可奏效。及至中亚土耳其斯坦，即里、咸二海附近之哥萨克与吉尔基斯两区，以深居亚洲内地，天雨过少，年量均在十时以下，气候干燥，农作需借灌溉方可发展，生活不易，为一"困难区"（Region of Difficurty［Difficulty］）。再至贝加尔湖以东之东亚苏联，外兴安岭以北之雅库司克地，温低雨少，山原绵亘，绝无农作之可能，为世界最冷之寒极（Cold Pole）所□地，一月均温在摄氏零下五十度，夏季七月温高及十五度，即偏南之远东区及布里雅特两地，雨量虽足，年达自十五时至三十时不等，惟仍以地势与气温之限制，农作基础极为有限，地下富源又少，不宜人生，为一天然之"贫瘠区"（Region of Poverty）。□由以上观之，苏联惟一重要之生产基地，尽限于欧俄与贝加尔湖以西之西比利亚①一隅，而尤以欧俄南部之乌克兰与高加索山地一带为其农工密集之精华区域。其他各地，幅员虽广，难于利用，故无经济价值之可言。

（二）疆界绵长，国防困难。苏联以疆域辽阔，境界特长，达六万五千里，其中三分之一为海岸线，滨北冰洋者占一万六千里，以一年冻结九阅月，不便航行，又无邻国对峙（将来北冰洋航空发达，与北美加拿大直对，形势与位置关系或有转移），为一天然之屏障，最近将来国防尚无问题。惟其太平洋海岸线，长八千四百里，冰封期有三阅月左右，邻岸腹地又为苏联境内最贫瘠之区，且与后方基地交通距离远达六千里之上，供应不便，又与其心目中最大之敌国日本，反一衣带水之隔，况与日属之高丽毗连，近在咫尺，向为苏联边防上之一大隐忧。大陆方面除与我国接壤之四千七百里外，尚有三万五千九百里之边界，邻国多至十余，其复杂为世界最，防范如此辽

---

① 前文均作西北利亚，原文如此，不做改动。——编者注

远渺茫之边疆，诚非易事。

（三）民族复杂，信仰习俗不一。苏联自红军革命成功以来，持无国籍、无种族、无民族与无阶级之口号，建成当前举世无比之苏维埃联邦，因而境内居民，至为复杂，包有民族之多，远在英帝国之上，其荦荦大者，至少亦有九族，而每族又包括若干种，略述如下：

（A）印度欧罗巴人（INDO-EUROPEANS），共一亿二千九百万，包有三种，其中以斯拉夫为最多，占一亿两千四百八十万，为欧俄之主要民族。

（B）土厥回人（TURKIK-MOHAMEDANS），共一千八百万，包有十一种，以哥萨克为最多，占四百三十二万，多分布于中亚土耳其斯坦。

（C）哈密特人（HAMITES），共五十五万，以乔治亚与阿尔米亚为最，多分布于高加索山地一带。

（D）乌格瑞苏人（UQRIN-FINNS），共三百五十万，包有九种，以麻尔特瓦人为最，多分布于欧俄之中部与西北部。

（E）塞米特人（SIMITES），共二百九十万，以犹太人与阿拉伯人为主，多分布于欧俄之南部及高加索附近。

（F）蒙古人（MONGOLS），共五十万，以布里雅特与喀尔马克人为主，分布于我国蒙古沿边。

（G）萨穆阿伊特人（SAMOYEDES），为数约十五万，分布于东亚苏联之北部，雅库司克共和国内。

（H）通古斯满洲人（TUNGUS-MANCHUS），约五万，分布于远东区内。

（I）太古亚洲人（PALAEO-ASIATCS），约二万，散布于东亚苏联各地。总上所述，苏联人口，虽共计达一亿六千万，然在亚洲境内者，多为半开化之土民，仍从事于原始社会之游牧渔猎生活，即欧俄之斯拉夫人，十分之九仍为农夫，教育与生活程度，仍为欧洲民族中之最低劣者。这些复杂的民族，在苏维埃政治制度笼罩下，虽均以极端之社会主义为共合之信条，但各族之传统信仰，从未稍戢，如欧俄斯拉夫人之东正教，犹太人之犹太教，中亚土厥人之回教，蒙人之喇嘛教，及通古斯满人与太古亚洲人之自然派等。

民族复杂，信仰不一，思想纷歧，加以土著教育幼稚，自治观念及领导人材缺乏，均为苏联政治之隐忧，其中尤以中亚土耳其斯坦及黑海窝瓦河①一带之回教徒，以与印度西北部及近东土耳其、亚拉伯以及北非信奉回教之各地，声息相通，常以大回教（PAN-ISLAM MOVEMENT）或大土兰主义（PAN-TURANISM）相号召，作回教大统一之政治运动，此种具有政治意味之宗教运动，向为英帝国所最感苦痛者，于未来苏联之建设或将亦有类似之威胁。

（四）统治之俄人为数太少，控制非易。苏联境内居民之复杂，已如上述，而欧俄之外，土著又多为半开化民族，文化低弱，下无自治观念，上无领导人材，现虽名为自治，实则为欧俄人所统治，乃不可讳言之事实。而统治之俄人，除欧俄之外，或则以人数太少，地旷人稀，未能充分占据，如西比利亚之东西二部，居民共一千一百二十万，其中俄人（包括大俄罗斯人，白俄罗斯人及乌克兰人）虽占绝大多数，约合百分之九十一，但总计反〔仅〕千万余人，以全苏六分之一之生产土地，居民尚不足其全部人口之十〖分〗之一，每方里之人口密度，均在五人以下，由其人口之稀少，可知其发展之幼稚。或则以与土著人数之比例太低，不易管理，如中亚之哥萨克，居民七百二十五万，土著之哥萨克人即占百分之五十七，系土厥回人，与欧俄南部之斯拉夫哥萨克人不同，而俄人反〔仅〕占三分之一弱。再如吉尔基斯共和国，人口一百〇八万余，其中土著之吉尔基斯土厥回人占百分之六十七点一，而俄人尚不足其五分之一。他则东亚稚〔雅〕库司克一区，俄人与土著之比数尤低，在该区三十余万之居民中，俄人与土著反〔仅〕成一与九之比。以如此少数之俄人，控制偌多之土著，其困难可知，尤有进者，在东亚之苏联远东区，俄人虽占百分之七十八，但其全境居民，反〔仅〕一百六十六万人，以占苏联全境百分之十二之土地，而人数尚不及全苏百分之一，地广人稀，已可概见，且历史短促，一切发展尚未成熟，更以与基地遥遥隔阻往来困难，一旦军政发生变故，远东区之地位，虽为重要，

---

① 即伏尔加河。——编者注

但捍卫控制，其困难不言而喻。

（五）富源集中欧俄一隅，运用困难卜［。］苏联经两次五年计划之发展，除改进欧俄旧有工业外，在中亚与西比利亚亦有不少的新工业兴起，但于东亚之远东区及稚［雅］库司克等地，除为军事所迫，敷设北部西比利亚干线之外，别无任何重要之经济建树。且其新兴之工业为安全计，虽有由欧俄东向内移之趋势，但终为富源分布所限，重工业仍集中欧俄之南部，例如高加索与乌拉尔洲［州］及乌克兰三地之重工业产额仍占苏联全部之百分之九十以上，其工业之集中欧俄南部可知。在中亚与西比利亚东西二部发展之工业，除利用乌拉尔洲［州］之铁与西部西比利亚古斯奈次克之煤发展之综合企业外，仍以轻工业为主，如中亚之棉花综合企业等。苏联足以自豪之富源为煤、铁与石油三项，蕴藏出产均甚丰饶，但其分布均有过于集中之嫌。苏联煤藏共计四千七百三十八亿吨，而西比利亚古斯奈次克一处之煤田竟占全部百分之八十以上！余则散布于东部西比利亚之齐林哈夫、乌克兰之顿巴司、哥萨克之加拉根达、莫司科洲［州］、高加索与乌拉尔洲［州］等。铁藏共二千四百亿吨，几尽分布于欧俄境内，而中央黑土州库尔斯克（KURSK）一处竟占全部之百分之八十三以上！余则见于乌克兰、乌拉尔及克里米亚。石油共藏二十八亿吨，分布尤为集中，高加索山东北端之巴古与克勒司尼（CROSNY）二油田即占全数之百分之九十六，远东萨哈连者反［仅］占百分之点六而已。至其他有关重工业之金属矿产，苏联尚有锰、铝、铜、铅四项。锰、铝尽在欧俄，锰藏共五亿吨，以乔治亚占半数，余则分布于乌克兰与乌拉尔两地；铝藏有四千六百万吨，限于列宁格勒、乌拉尔与乌克兰三地。铜、铅之分布，以中亚与西比利亚为主，欧俄次之，远东区域毫无，铜藏一千三百万吨，铅藏为七千三百〇二万吨，惟钨、锑二珍贵金属，苏境尚无所发现，均仰赖海外之供给。外如树胶等热带植物工业原料品，尤付缺如。由此观之，苏联之富源虽多，但其经济基础，在现代工业上言，尚未臻自给自立之境。此种欠缺，于大战之际，影响尤巨，故在此次之作战中，苏联有求于英美，而英美无求于苏联，足为明证。

（六）苏联共同历史短促，团结尚欠坚固。欧俄自大彼得皇帝复兴后，以西欧阻于英、法、德之先进绪［诸］强，势力遂迫而东来，虽早在十六世纪末一五八二年俄人伊尔马克（YERMAK）即越乌拉尔山，驰入西比利亚，但迟至一六三三年始抵叶尼塞上游，一六四三年至贝加尔湖畔，旋于一六五六年达太平洋岸，沿途艰苦备至，困难多端。一七一五年更遣白令探险北太平洋，一七三三年复派白令与祁瑞卡夫（CHIRIKOV），远征队发现阿留森群岛，继则转入北美之阿拉斯加。在一六五零年复南下至我黑龙江上游，与我土著斗争颇剧，适值康熙盛时，卒为我边防所阻，遂于一六八九年与我订尼布楚界约，退俄人至外兴安岭以北之地，后经十七与十八两世纪之探险殖民，乃据有外兴安岭以北之全部，降至十九世纪中，以我清廷日衰，俄人遂趁机南下，侵入我黑水以北与乌苏里江以东之地，卒于一八五八年与一八六零两年借瑷珲与北京二条约，迫我正式承认割让，并于一八六一年废除奴役制度以增强其西比利亚与东亚之移民运动，改称俄属远东区，苏联上项领土之占领，距今已七十余年。至一八九三年俄人势力始南抵帕米尔之喀什米尔，接触英印。由上观之，俄人之东略亚洲，半由探险之发现，半由殖民之结果，半由武力之征服，攫占亚洲陆地达四分之一，距今时间，远者不过二百余年，近者尚不足百年，于一国家发展之整个历史上观之，实为短促，民族团结未坚，联邦国运弗定，故苏联强弱之表现，实有抵触之象征。

四　苏联之主要集团区

自苏联各种环境关系上言之，可别为三大不同之集团区：一为欧俄苏联区，二为中亚苏联区，三为东亚苏联区。三区之自然基础、人文现象及政治经济地位，各有不同，兹逐一分述如下：

（一）欧俄区。本区包括乌拉尔山以西之苏联各地，在行政区划上，虽包有若干之自治州、共和国及联邦等，但均为帝俄之本部，红军革命所发源，乃当前苏联之基地。此区在史地背景与政经之发展上又可分为北、中、南三部。北部指列宁格勒以北之地，称北俄区，包括柯夫自治州与加莱里自治共和国，地近寒带，气候酷寒，农业不振，反［仅］富木材。居民稀少，富源无多，除经穆尔曼斯克通海外之孔道一线外，别无重要交通线，为欧俄环境最劣，农工商业最落后之地。中部指乌克兰与伏勒喀下流区以北与列宁格勒以南之中俄诸自治州，如西俄州、莫司科州、朱瓦司、中央黑土、摩尔特瓦、乌拉尔等及伏勒喀中流区、白俄罗斯、鞑靼而及巴司基诸共和国等，以位置偏南，夏季温湿，宜于农耕，谷物丰富，为麦产要地，重要资源亦极丰饶，如中央黑土洲［州］库尔司克之铁矿，藏有二千亿吨，占苏联全部铁藏之百分之八十三以上（见上），约等于西欧全部之铁藏，其重要可知。乌拉尔之煤、铁、锰、铝、石油等亦甚著称。莫司科州之煤产量亦丰，列宁格勒州之铝，藏一千万吨，为苏联最。以是之故，本区除繁盛之农作外，工业亦甚发达，尤以乌拉尔州之冶金业为最盛。南部包有乌克兰共和国、伏勒喀下流区各自治州与黑、里二海间高加索山地一带之诸共和国。本区农工发展最为集约，为苏联人物会萃、经济最繁荣之精华重地。居民繁庶，铁道密布，交通便利，农、工、商均驾乎苏联各地之上。如乌克兰一区，面积已及欧俄百分之十五，但其居民竟达欧俄者三分之一以上，麦糖、烟草等农产均占欧俄全部之半数以上，而苏联之三大钢铁中心，奥底萨（ORDESA）、基辅（KIEV）与克尔苏（KHERSON），均分布于此部之内。乌克兰顿巴斯煤田，藏量六百六十五亿吨，反［仅］次于西部西比利亚之古伊奈司克，其克里阿伊洛格之铁，藏有八十亿吨，反［仅］次于中央黑土州者，高加索东北端之巴古与克勒斯尼二油田，竟共占苏联全部之百分之九十六以上，加以乔治亚之锰产竟占全世界总额百分之四十四，可谓首屈一指，为世界最。故本部不但为欧俄一大仓库，居民衣食之所托，且亦为苏联重工业重心之所在，故苏联如无乌克兰与高加索二地，则在欧俄之经济地位必将动摇，人民生活亦无以保障，而整个苏联之政治命脉必将失却其凭借，以致陷于崩溃之危境。

（二）中亚区。本区东西以贝加尔湖与乌拉尔山为界，南至伊兰高原，北滨北冰洋，境内包有西比利亚之东西二部，哥萨克与吉尔基斯及加拉加尔巴克三自治共和国及伊兰高原北麓之乌兹比克（UZBEK）、土克曼与达克三共和国。本区为苏联计划经济建设之新地区，除改进了土著旧有的农牧生活之外，富源的启发，工业的建设，正在积极推进中。此区在地理环境、居民分布与经济发展上，亦可分为北、中、南三部。北部包括西比利亚之东西二部，地势坦平，为欧俄大平原突入中亚之一部，地位虽亦滨北冰洋岸，但较东亚为温和，气候与欧俄之中部近似，如托木司克（TOMSK），一月均温为零下十四点五，但夏季高达二十五度以上，雨量在二十吋左右，为温带黑土森林地之一部，种植小麦尚称适宜。居民一千一百二十二万人，其中俄人占绝大多数，当全数百分之九十，为欧俄移民亚洲最成功之地，但其人口密度，每方里不过五人。居民多农牧兼营，故小麦、乳油、木材、毛皮为其特产，富源以煤为最，如西部西比利亚古斯奈次克与东部西比利亚之齐林哈夫二煤田皆为苏联之最要者，除与乌拉尔之铁产已组成一大综合之钢铁企业外，于中亚区之铜、铅等富藏之开发及其□工业之建设，贡献颇巨。故中亚区在苏联之新经济建设上已成为一重要之农工区域，但次于欧俄。中部即哥萨克与吉尔基斯及加拉加尔巴克三共和国地，为里、咸二海间之中亚低地区，亦名俄属土耳其斯坦，其最低处尚低于海面之下，雨量甚少，夏炎热，冬温和，为一天然之大草原，面积二百余万方里，住民八百余万，以土厥哥萨克与吉尔基斯回人为最，俄人占三分之一弱，土民向以游牧为生，近来提倡值棉，已为苏联之第二最大产棉地，但次于本区之南部（见下），富源有加拉根达之煤，瑷□巴之石油与铜、铅等。南部毗邻伊兰高原，地势高耸，为山岳地形，气候温湿，灌溉便利，农牧两宜。本部包有乌兹比克、土耳克曼与达克三共和国，面积共计七十七万方里，居民七百七十万，住民与中部近似，亦以土厥、回人占大半数，但其生活以农为主，牲畜次之，故人口密度较高，平均每方里十人，为中亚苏联人口最密之地。此三自治共和国之棉产，占全苏百分之七十以上，谷物、大豆、干果亦甚著称，近来且有树胶之试种，惟成效不大，富源有弗尔喀那（FERQANA）之煤与石油，散马尔汗（SAMARKAMD）之岩盐，安狄支安（ANDJIAN）之金、钒（VANADVM [VANADIUM]）、□，塔什汗（TASHKAND）之地蜡、铜、铅、水银等，此外锡、铁、锰及石棉等亦有发现，但均尚未大量开采，故本部目前之工业仍以棉毛纺织、制糖、酿酒等轻工业为主。

（三）东亚区。东亚苏联包有远东区及雅群[库]司克与布里雅特二共和国，三地面积共计六百五十余万方里，而居民反[仅]一百九十余万人，尚无我大上海一市民众之多，地广人稀，劳力不足，土瘠气寒，农牧均属有限，沿海海产渔业较为重要，内地则以狩猎为主，富源无多，煤、铁据已发现者，多系质劣量少，此外虽产有金、银与盐，但均与重工业无关，萨哈连之石油藏量不丰，反[仅]占全苏百分之点六，水力又为气候所限，不能经年发动，故无重要经济活动之可能。又以距欧俄过远，交通运输均极困难，例如第二次五年计划，于本区与东部西比利亚交界之安古拉电厂所需之机械，均系由日本输入，此区工业建百[设]之不易与发展之幼稚，可以想见。且本区虽经百余年之垦殖，食粮仍感不足，又无工业基础，欲其经济发展人口增加，绝非易事。

五 东亚苏联区在整个苏联中所占之地位

贝加尔湖以东之东亚苏联区，地土硗瘠，气候酷寒，农牧有限，富源稀少，人力缺乏，无发展农、工、商之基础，其梗概已如上述，兹再就其在整个苏联中所占之地位，作进一步之探讨，借以申明战后苏联在东亚之地位，据□人诺瓦喀佛司克氏（NOVAKAVSK）调查，在北纬五十一度以北之地，除沿黑龙江流域之布里雅（BUREYA）与泽雅（ZEYA）二河下游之狭窄平原外，地下土层均终年冻结不解，故本区除滨海省之外，其他各地均难利用；加以地形崎岖，拔海多在一千至二千公尺之间，支离破碎，峰峦耸崎，土质硗薄，不但农业基础有限，即林木之生长，以根生不易，亦无密茂高大者，森林面积虽广，几占全苏之百分之四十三，但木材不佳，尤以沿海为最劣，因受沿岸冷流所生夏季雾气之影响，树林于成长之前即告朽烂，故无我东北吉林与贝加尔湖以西之西比利亚一带木材之重要。本区外兴安岭以北北冰洋流域之雅库司克地，居民以土著雅库司克人为主，从事原始的牲畜与狩猎生活，俄人极少（见前）。兴安岭之南，俄属远东三省及萨哈连与堪察加等地，人虽较土著为多（见前），但人数极少，亦以牧猎牲畜为生，间有从事于轻工业者，故南北二部，均无重要之经济基础。农作以气候之影响，几尽限于北纬五十一度以南之乌苏里与黑龙二江沿岸之狭小平原上，经第一次五年计划，虽曾推广播种，但其耕地面积仍不过一百三十余万俄亩，已占全苏百分之点八。作物尽属耐寒之麦科、亚麻与甜菜三项，出产极少，但足供本区所需食粮三分之一，其余大部均须由外供给。故就民食上言之，本区终将成为苏联之一大担负。本区所有之渔、林、农、牧、工等之总产额，占全苏百分之一点六，其经济地位之低由此可知。牲畜虽为土民之主要生活，但本区并非为一放牧马、牛、羊之理想牧场，实则为一养狗训鹿之地带，故本区据调查马反［仅］十数万匹，牛则五十万头，羊已五万余只，共计六十五万余，较之中亚区之数千□万之牲畜，颇觉微乎其微。即与其稀少之居民比之，为数亦嫌太少。故其畜产，除供当地居民之需要外，无多余剩出口。本区所输出者，仅为少数之珍贵毛皮，如紫貂、陆獭等。沿海渔业，虽较重要，但在苏联滨海之三大渔场中，苏联东亚之渔业，仍居末位，且与强邻日本时在争持中。由上所论，自渔林农牧四项基本生活言之，东亚一区，在整个苏联中所占之地位，均无重要可言。若再自其地下富源观之，在雅库司克境内，金、白金、银、铅、铁、锡及石膏、石炭、硫黄、岩盐等矿，虽均有所发现，但以质劣量少与运销不便，故除雅尔丁（YURDIM）之砂金、散夏尔（SANQAR）之煤与恩都巴里（ENDUBARI）之银铅稍有开采外，尚无大量之启发。于此次大战之中，在其第三次之五年计划中，能否利用虽属问题。其他富源与工业之要者，除采金产额占全苏百分之二十外，仍以海参威港附近之史汀和亚尔特莫夫（ARTEMOV）及上萨哈连之煤与欧勒优（OLQA）之铁所发生之综合企业及萨哈连之石油开采为最。惟三项藏量均少，煤藏共三十亿吨，仅占全苏百分之点七，铁藏共十亿吨，仅占全苏百分之点四，而油藏约一亿吨，亦仅及全苏百分之点六，故东亚区之主要富藏均不及全苏之百分之一，其地位之不重要，更可见一般［斑］。本区的工业除海参威与伯力二处有小规模之机械与造船发展外，都为轻工业，如肉食罐头的制造，造碘、锯木、制粉及化学食品之制造等。自一九三二年起，本区工业生产之价额虽已压倒其农产总值，惟为数有限，是以在全苏人口在五万以上之八十二个都市中位于东亚苏联境内者，仅有海参威，伯力与海兰泡三处。尤有进者，本区以人力物力两缺，产额均少，故商业不振，贸易有限，如代表本区门户之海参威港的出入贸易，虽占全苏对外贸易之百分之二十，但总额年仅三百万吨。盖以全苏联的贸易，迄今仍以境内互市为主，国际贸易次之，故若与其境内贸易总额比之，仍虽有限，故低劣的自然环境与贫瘠的地理基础成为苏联东亚区一切经济发展的最大障碍，加以远离其后方基地，交通不便，国防困难，且东亚一区向被苏视为经济建设之线外。故于两次五年计划中，于东亚区经济建设之投资反［仅］占全部之百分之一！其不为重视，可窥一斑。战后苏联在此农村经济落后与都市工商业不发达之东亚境内，自无发展之可能，故其在东亚之地位，亦难于发生决定性之影响，不言而喻。

综上所述，苏联在东亚，既无经济之基础，又乏发展之可能，而其精神，尽在西欧，鞭长莫及，难于兼顾，且国内强弱互视，贫富并呈，外交孤立，民族复杂，故战后苏联在东亚之地位，不但不能左右东亚之局势，且仅有日趋低落之势。苏联欲求维恃［持］现时在东亚之地位，第一，在欧洲方面须设法坚固欧俄之基地，并普遍采取睦邻政策，打破孤立之外交；第二，在亚洲方面，应与中国切取联系，或订立互不侵犯条约，仿加拿大与美国之边界情形，双方均不设防，以期集中精力，专事经济建设。不然茫茫前途，遍地荆棘，诚不知伊于胡底也。

《当代评论》第 4 卷第 8 期，1944 年 2 月 11 日

航空时代地理的新观念[*]

陶绍渊

> 地球缩小了……
> 地球的确是圆形……
> 北冰洋是世界的桥梁……
> 空权世界将替代海权世界……
> 圆筒地图将改为球体地图……

这次世界大战以来,人类已踏上一个崭新的时代,那就是航空时代(Air Age)。航空时代的来临,是人类文化进步的必然结果,文化愈进步交通愈发达,由陆上交通发展到海上交通,现在却由海上交通,进而为空中交通了。地理是研究空间关系的学科,空间的研究也随着时间而变更,一时代有一时代的地理,时代在变迁,地理事实也跟着变迁,从陆上交通时代到海上交通时代,地理思想和原则,曾经过重要的变更。现在我们正踏上空中交通时代,地理观念当然也随之而变更。人类文化愈进步,它和自然环境的关系也愈密切。人们在空中活动的演进,非特没有减地理的重要性,却也立变了地理研究的内容,从这次大战航空发展的事业上,我们已发现一些新的地理事实,这些新事实,将成为这个时代地理的新观念。

---

[*] 原文配有一图,因原图十分模糊,无法复原。——编者注

一　地球缩小了

有人说："地球缩小了"，其实地球何尝真的缩小，只因航空时代飞行工具与技术的进步，已把世界各地的时间距离缩短，地球恍若在无形中缩小了不少。飞机发明到现在不过四十多年，空中交通已把环绕全球的旅行缩短到三天。横渡大西洋的飞行仅六七小时，太平洋两岸的飞程也不过二十小时左右。世界上任何两国最远的航空距离，没有超过三十小时的。重庆到纽约的空中距离仅七五五〇里，时间距离（每小时三〇〇里）不过二十五小时；重庆到莫斯科仅三七三〇里，为时不过十二小时半；重庆到伦敦仅五五一〇里，为时不过十八小时又三分之一；重庆到东京仅二〇八〇里，只七小时可达。航空时代的交通，不特时间距离已大缩短，航行方面也大有径庭，譬如以前从纽约到孟买，采海道经苏夷士，航程约九四〇〇里，需时二十二天，现在航空路线，从纽约经挪威，纵穿欧亚大陆，越里海到孟买航程七七九〇里，需时不到二十三小时。地球缩小了，交通便捷了，人与人的接触愈频繁，国与国的关系愈密切，所谓"世界一体"，"天涯若比邻"，目前已成为真的事实。

二　地球的确是圆形

航海时代，我们仅知道地球是圆形，但在实际应用上，却很少能体会到圆的真意义。当时，从一个地方，必须向东或向西航行，才可回到原处，而向南或向北航行，则因南北冰洋的阻隔，无法环航。因此，在航海时代，一般人所想像的地球，只是一个圆筒形，直到现在航空时代，我们才真正的体会到，地球是一个圆球体——旋转的椭圆球体，在这个球体的上空，我们不但可以作东西环绕地球的飞行，也可以同样地作南北的环航。从前北冰洋是航运的障碍，现在却可以在它的上空航行无阻。从前由美国到苏联，必须从大西洋东航或从太平洋西航，现在只要向北飞越北冰洋就可以到达。今后空中的大圆环航线（距离最短的航线），将以通过北极圈范围以内的上空为最便捷。从前地图上好像是天涯地角的地方，在今日航空地图上，仅是咫尺之间。

三　北冰洋是世界的桥梁

欧、美、亚三大陆环绕的北冰洋，将成为今后航空的中心，它的范围，在五大洋中为最小，只有两个通到外面的出口：一个是西伯利亚与阿拉斯加间的白令海峡，另一个是冰岛挪威间的海道。北半球的陆地，从立体的眼光来看，实集合在一起，到现在才真正的认识。以前美国和苏联间远隔重洋，今日的美苏已成邻邦，近在咫尺。以前的西伯利亚和阿拉斯加，都是天涯地角，现在已是通衢大道。以前的冰岛和挪威，同是北欧僻地，今日已成为欧美间的"空中桥梁"。目前空运虽比海运昂贵，运量也比不上海运，然年来飞机容量正在增加，载重十吨的飞机已很普遍，其飞行速率约二十倍于海轮，是以同一限定的时间以内，五十架飞机的运输能力可以抵到一艘载重万吨的海轮。由此看来，空中运输不难替代海上运输，航空时代势必替代航海时代。航空时代的北冰洋，将一跃而为世界最重要的海洋。

四　空权世界将替代海权世界

交通是军事的命脉，在航海时代，控制海洋通道就控制世界政局，控制海洋上的据点就控制海洋通道。英国据有直布罗陀和苏夷士就控制了地中海，掌握亚丁、锡兰和新加坡就掌握了印度洋的霸权，直布罗陀、苏夷士、亚丁、新加坡等地，就成了海权世界的军略要点。到了航空时代，随着世界交通路线的改变，世界上的军略要点也换了地方，格林兰、冰岛、□挪威现在已是世界空运的基地，阿拉斯加和白令海峡沿岸的西伯利亚将成为太平洋的锁钥，还有许多尚未开发而偏僻的地方，亦将成为世界新兴的空运站，且为空权国家必争的新军略据点。空权世界的国家，须有广大的领土作空运基地，才能发挥空权的力量；国土狭小的国家，不能作纵深的空中防御，也不能长久在敌人的空中威胁下支持国力。在这立体战争的今日，军事上的战线已减低了它的价值，国家疆界也失去了意义，缓冲国的存在更没有什么用处。惟资源丰富，实力雄厚，国土广大，而又在北冰洋面占据辽长海岸的美国和苏联，将成为时代的英雄。

五　圆筒地图将改为球体地图

　　时代在变迁，地理事实也在改变，地图是用以表示地理事实的标帜，势必也跟着变更，航海时代的地图，是一个圆筒形展开的平面。图上的经纬线均作直线，最适用于海上航行。这种图法，不能表示地球的两极部分，因此，地图上高纬度地方的位置与面积，实际上相差很远，根本也看不出像球体的样子。空权世界的交通，将以北极为枢纽。世界地图的绘法，是把球形的曲面投影到纸上，用弧线表示经纬线，详细方法等将来再谈。在这球形地图上，欧亚北和［和北］美的陆地环绕北冰洋，差不多是毗连的，赤道以南的大陆尖端，成为星状辐射的突出部分，其形状不免失真，然以面积狭窄，实际形势也相差不大，故为一般航空国家所乐用。此后世界各大陆间的关系，将以空中交通的发展和绘图技术的进步而换一新局面。

　　总之，交通迅速了，航线变更了，地球的时间距离缩小了，国家间的接触增进了。飞越极地，环绕全球的航行，已使我们体会到地球的确是个球体，北冰洋是世界的桥梁，空运可替代海运，空权将替代海权。在这个新时代里，我们需要新的球体地图，用新的地理原则，来检讨世界的新局面，今日世界航空事业的发达，是否能促进人们间的谅解，以达到世界大同，抑或徒增残□的战争，以致人类的灾祸愈演愈烈。航空时代的"原子能"，带给人们的是祸是福，要看人类能否把握这时代的新精神和地理的新观念。"国际航空事业是保持世界和平的重要因素"。惟"天空自由"不仅受国际法律的限制，且有军事、政治、经济及心理等因素的障碍，因此，国际航空在目前是不会绝对自由的,美国所主张的"过境自由"的原则,或为今后国际航空问题一种解决方法。我国领土广大,自将为国际航空路线重要的一环,更须认清新时代的意义,把握时机,以完成新时代的任务。

《广播周报》复刊第 2 期,1946 年

认识我们的河山

张印堂

> 疆域完整，界限自然
> 位置优越，关系遐迩
> 形势伟大，分布规律
> 气候特殊，变化一致
> 基础富厚，文化悠久
> 人口众多，适应力强

国无大小，民无多寡，大凡一个国家之立于世，多建设在两种不可分的要素上，一为完整的地理基础，二为共同的历史背景。立国的地理基础即所谓应有的河山是也。我国不拘在时间、空间或数量上都甚伟大，其现象甚为特殊，虽有较中国更古老、更美丽之国家，但自然疆域如此之完整，江山形势偌是之伟大，居民如是之多，人生与自然如此之密切，历史文化如是之悠久者，尚未之见。对国家西人常称之为"父国"或"母国"，其爱好其江山之心可知，吾人亦有"祖国"之称，笔者乘三十五周年之国庆纪念，对我们河山应有之认识，聊予介绍，期以引起国人之爱好。

疆域完整，界限自然。我国疆域广袤，面积四万余方哩，占世界陆面十之一，大如我国的国家，美苏之外，无一出其右者。界限之自然清晰，为世界冠，为一理想的地理单元。西起葱岭高原，为陆地之绝顶，北有阿尔泰、萨彦，南为喜马拉雅、横断，为中亚东来最大之山脉，形成我内陆之自然范围，国土一面由此山垣所环抱，一面则与太平洋滨临，内则捍卫于山岳，外又屏障于海洋，沿岸有辽东、山东二半岛突出于此，成我渤海咽喉，南则复有台湾、海南两大岛，瞭望于海上，势同洋上之岗□，形势天成。境内地形，虽有高原、山地、平原、丘陵之区别，但各地区间布有自然之孔道，如梅岭、□岭、桂岭三关之通南岭，连江粤；隘门、武胜、巴峪之过秦岭，通江河；□关、雁门、嘉峪之出长城，通塞外。相互连系，组成一域，疆域之完整，界限之自然，举世无比。此疆域之完整性，考诸我历史文化之统一，传统习俗之普及，尤为明证。历代盛时，政权统一，政令可达疆域之极外界限；每遇衰时，虽有分裂之情形，但为时甚暂，纷乱终必归于统一，此皆足以证明我国的自然疆域，为一不可分割的区域。质而言之，我天然完整的国土，各区合则共存，分之则必俱失，此理至明，无容烦言。过去因历代强弱之消涨，我政治势力，虽未能一贯充实于境内之各部，但河山之变色，确属偶然，非我历史之常态，盖一国家之形成，半为自然，半属人为，我国既拥有偌大之领土，而界限又如此之自然明显，疆域之自然完整，可谓得天独厚，而我如犹不能据而统一，非天赋之不足，实乃人力之未尽，所以致之也。如何依此完整之自然疆域，建设大一统的中国，恢复我们灿烂光荣的历史，实我国民所应认识之第一任务。

位置优越，关系遐迩。我国地处温带，当大陆之东岸，滨临太平洋之海岸绵亘数千哩，为人类文化繁盛地带之一部。于海禁未开之前，中国四围天然固封，内有高原绝顶，干燥沙漠，东北与西南则寒热两带之森林郁郁，分布遍野，而外则海洋茫茫，于境内政治之统一，文化之保持，俱有贡献。唯势均力敌的邻国近处无有，而与印度以崇山阻隔，相距在数月行程之外，于此情况之下，独人之惟我独尊的心理及自以居于世界中心之信念，自属难免。此时陆上之交通虽难，但内地之山岳、沙漠，并未隔绝了我们对外之关系，如汉唐之通西域，我甘肃走廊玉门大道，早成了东西之要冲，而我新疆之和阗、叶城亦为当时东西商业荟萃之集市，与外界之文化中心，如欧西之希腊、罗马及近东之印度、大食，均有不断之连系，物质上沟通了有无，精神上被［彼］此观摩，促进了东西的文化与思想。自海上交通以来，我位置关系顿转，对外之交通益增，盖东亚与外界之往来，不拘系对欧非或美澳，均以我东部沿海为枢纽，位置优越，关系遐迩，外界之接触愈繁，文化之进步必也愈快，故当今之我国，不仅与近邻有所往来，即与远强亦发生了密切的关系。文化的进步，本是由于不同文化的接触，互相砥砺所促成。在国际关系上，我国的地位，实较任何国为重要、繁杂，故我之安危，举世系之。随着胜利的来临，我国既已挤入强林，如何借我优越的位置，以求国际关系之亲切，改善我固有的文化，建设新的中国，加强我们的国际地位，是值得国人奋发自励的。

形势伟大，分布规律。我国之地理形势伟大异常，表面观之，以高低不齐，似有错纵纷歧，但细察之，却分布规律，条理分明，丝毫不紊。广而言之，有高原、山岭、平原、丘陵四种，高原分布于西北，山岭多在西南，平原居东北，而丘陵则在东南。我国地形自西东来，逐渐降低，成数大阶段状，如自西北之蒙新高原，拔海三千呎，东至黄土高原即降为一千五百呎，再东至华北平原则又落至六百呎以下矣。西南之地势，变化亦同，康藏青拔海尽在万呎以上，为世界最高之高原、山地，至云贵则降至六千呎上下，及至两广山岭高度亦不过三千呎左右矣，沿海平原均在六百呎下。我国之山岭，除滇西之横断山外，多近东西向，如阿尔泰、天山、昆仑、秦岭、喜马拉雅、岗底斯、南岭等，均走向东西，自西东倾，如昆仑、秦岭一脉，西在藏新之交，高达两万五千呎，至青海之巴颜喀喇碛石为一万六千呎，于川陕间之秦岭为一万三千呎，东至岷山、终南在六至八千呎，及至伏牛、淮阳则更降至二至三千呎矣。顺地势之下倾，我国之江河，亦多自西东流，迂回盘桓，浩浩荡荡，注入太平洋，如黑龙、黄河、长江、珠江等均为世界河流之大者，长达数千哩，山川间布，脉络相连，排列□整，伟然大观。各地形区分布之广，举世罕见，如蒙新高原，东起兴安，西迄葱岭，广平辽阔，长达三千哩，较诸横跨北美大陆为长；西南康藏之崇高，素有世界屋脊之称；而松辽盆地则大于德法二国之和；即华北平原、四川盆地、江淮平原、江湖盆地等，均为举世少见之重大富区，美哉我国，土地之广，形势之大，江山之秀，舍我其谁欤！

气候特殊，变化一致。我国各地气候，虽有干湿冷热之差，惟其变化则同属温带之季节气候，冬干冷，夏温湿，殆为举国一致之现象，热温两带之农作果木，均有所产。以大陆性强，温差之巨，高出寒热两带，呈极端性，气候多变，适于人生，例如漠河、瑷珲一带，以地近冷极，冬酷寒，一月有均温降至华氏负十七度，而吐鲁番与都兰，中夏炎热，温高常达百度以上，较赤道为热，故前者有我国之冷极与后者为我火洲之称。至〖雨〗水之分布，以大部水汽系来自太平洋，故东南多而西北少，自东南沿海向西北内地逐渐减少。年量自八十时以上至五时下不等，干湿冷热之成〖程〗度，随地虽异，唯其变化则一，各地夏季之雨量均在百分之五十以上，而冬季者尽在百分之十以下，此乃我全国之一般气象也。

基础富厚，文化悠久。我国有五千年之历史，光荣灿烂，岂属偶然，盖由我历代建国之基础富厚而来。我平原低地所占之面积，虽然尚不及全部三分之一大，惟土质肥沃，灌溉便利，温湿之季节，于农作至宜，物产丰富，足资为过去以农立国之基地，我黄河流域之渭汾、中原一带，早为古代农业文化重心之一，近以长江水运之便，人多物庶，商业繁盛，已成当代之盛地，将来东北资源启发之后，形将成为建设新中国之重工业基地，我国之地理环境，随时代之展开，与科学之进步，富厚之基础，应运而生，我文化之得以延续，历史之能以持久，皆我优美之地理环境与富厚之基础所赐也。

人口众多，适应力强。地广人众确为我国之伟大表现，潜力之强尤属惊人。我国人口号称四万万，实数尚不止此，总占世界四分之一强。我人口之多，原以环境优美，宜于耕作，生活容易所以改〖致〗之。推其原故，盖初则因人工乃农作所必须，劳力愈多而收获必也愈大，相形之下，演变之结果，多富多贵多男子，竟成我已往社会人生所重。讵料，以有限之土地生产，供养无限之人口增加，殆不可能待崇尚多子女之风演成，而固有之农业生活方式不变，及至人口超出土地生产之供养能力后，引循日久，生活困难，于是人口愈增，而生计愈难矣。迩来我社会之不安，文化之不振，与此皆有关系。人口过剩之症结，每遇天灾战祸，尤为严重。反观我民族以久经社会之锻炼与自然之淘［陶］冶，国人之体格资质特强，适应环境之能力为任何他族所不及，自赤道至两极，几无不能生长发育之地，我国历史文化之得以保存至今，与我国国民生活之坚苦卓绝，关系至巨，今后如能采用科学方法，改善故有之农业生活，开发富源，增加生产，解救往昔因人口过剩所引起之生活困难，铲除社会上之积弱习俗，焉有不强之理。

《中央日报》（昆明版）1946年10月10日，第5版

地理教育和地理研究方法

师范地理教育的重要

张印堂

师范教育的最大目的，就是造就健全的人民，在一国中可谓健全的国民，在世界上可称之为健全的公民。所谓一健全的国民与公民者，泛而言之，凡对其所在之环境（指乡土国家与全世界而言）有正确的认识，并具有适当的生活（指其生活与所在之环境适应相当），对一切国际的情势能充分的明了，对人类社会启发有同情思念，即可谓之一健全的公民，师范地理教育的范围既广，且又具公民学科的性质，它确有造就健全国民与良好公民的效能。

（一）师范地理教育能使人对环境有正确的认识

地理学研究地面上与人生有关的各种自然事物的分布及其与人类相互之关系。环境之自然现象：如地球在宇宙间之地位、大小、运行等，及其表面上地形之演化、气候之类型、生物之分布及各地人类种族之不同等等，地理学无不一一讨论之。各环境之人生状况、关系因果，尤为地理学之研究中心：如各种山地环境的情形及其变迁，有因地形崎岖者，有因雨水过多冲刷太强而致土壤贫瘠者，亦有因山岭之阻隔，雨水缺乏，致地土干旱不能生产者。其不宜农耕之原因虽多不同，但产生之景象无二：如居民稀少，人生困难，性勤俭而耐劳，富有独立性，风气强悍，等等，并常有为经济驱使外迁移动情事。近来因科学进步的结果，交通的发展，矿藏的开采，工业的发达等，有将昔日穷乡僻壤之山地环境，一变而成富区圣地者，其环境与人生之相互关系为之也。他如地形之于交通，气候（温度与雨水）之于作物，与夫居民、自然富源之于工商业，处处莫不具有因果关系，由是以观环境与人生之有相互关系，理至明显，自无疑义。

（二）师范地理教育能使人对国际情势有充分的了解

国际间重而且大的关系，莫如国家政治的发展与种族文化的传播。一国政治的发展与种族的活动，正与一人或一社会团体在一小的环境中活动同。二者均富有深刻的地理背景，如昔日我国境内之四夷多未开化，逐渐养成我汉族自大之观念；现在我边陲地域多未发展，致引起强邻侵略之野心；英日俱属狭小岛国，故均积极扩充海军向外开拓；伊朗富有油田，致肇英俄之争；地中海为英、义与各属殖民地间必经之孔道，时有二国争霸之趋势；我东北因位于日俄之间，故为三国角逐之地；暹罗因位于英法势力范围之缓冲处，故反得以保存独立；印度为英国食粮与棉花原料之主要供给地，且又为英国工业出品之重要市场，故英国始终不稍放弃；类似之事很多，略具地理知识者，对此一切之国际情势，自可洞悉无遗也。

（三）师范地理教育能使人对各种族产生同情心

人类各族的体骼特征，虽大不相同，如身长有高者矮者，头发形状有曲者直者，发色有黄者黑者红者及霜白者，头颅有宽者窄者，眼珠有黑者蓝者栗者，皮肤有黄者白者黑者，鼻形有狭而高起者，亦有宽而低平者，若细别之，肢体各部长短亦有差异，查此种体骼特征的不同，与其当初各族所在之环境莫不相关（详见拙作《种族特征的构成与气候的关系》，《地学杂志》第十九年第二期），即各族之生活状态及其性质，亦常因所在环境之不同大相悬殊，因此种种之不同，致各族互相歧视，中以白人之低视黑人为尤甚，盖以黑人为一不易进步之民族，其惰性尤为白人所厌恶，故常被视为牛马奴隶，不但不愿与之往来，或有即令灭其全族亦属无所顾惜之势，殊不知黑人之劣于白人，其所在环境使之然也。盖热带气候湿热，植物繁茂，果实甚丰，动物尤多，既不感饮食之缺乏，又无衣服之需要，虽不工作，生活亦可无虑。况气候湿闷，使人缺乏活动、思索等能力，致养成其苟安惰性，但绝非黑人自甘如此，实为地理环境所形成者也。观夫近代移住热带之白人，其适应能力远不及原住之黑人，至此亦感活动之困难，曾用尽各种科学保障的方法，而为环境所淘汰者，仍时有所闻，即或勉强久居，亦渐失去其前进之思想与精神，故凡旅居热带之白人，每隔四五年必须回国一次，以恢复与保养其原有之天性，由此可知各族之有差别，实由环境所赐，非各族之所自致也。是以吾人如于各族之地理环境，能充分明了时，对其民族，自易同情。

（四）师范地理教育能与人以生活改进的知识

地理学之主旨，在研究人地之相互关系，上文已详及之。地理环境之于人类各方面之发展（如人类种族特征的构成，心理思想的演变，社会组织的变迁与经济活动的方式）也具有助长及牵制之影响，如我人对之不先有充分的认识，焉知适应之是否得当？适应尚未至善，生活岂能尽美？如山地之土壤虽贫，而矿藏特富时，苟能开采，荒山亦可变为工业重地；沙漠雨水虽少，而地下水有时距地不深，如能加以人工励行灌溉，未尝不可化为良田；池沼薮泽虽不宜耕植，若加以人工的开拓，未始不可成为膏腴之沃地；汪洋大海，何尝不是人间的洪沟，今竟一变而为国际交通的大道；温带之天然的牧畜草野，近以采行旱种方法，竟可成为世界上麦产的重地。自然景一切依然如故，而其中居民的生活，业已大改旧观，类此之变迁，多不胜举。然而关于如何改良地理环境，以求居民生活之改善，舍综合的地理学外，又有何种特殊之学科，能予人以如此完备之知识耶？

（五）师范地理教育能加强国民的自信力

国无大小，民无多寡，一国民之存在，自有其所以存在之根基。盖一国民多半建设在两种不可分离之要素上：一曰特殊地理的基础，二曰共同历史的背景。二者之中，地理的基碍［础］尤为重要，盖无特殊的地理基础，则共同之历史必无从演成。无特殊地理基础与共同历史之民族，更不得谓为国民，或团结的国民。这种国民团结的意识，又须有连续的信仰，始得保持之，所以一个国民的存在，须具有存在的基础与能以存在的信仰，此即国民发展的自信心。惟徒有信仰而无根基，是谓妄想；有存在与发展的基础，而缺乏能以存在与发展之信仰者，谓之愚昧。启发国民信仰的秘诀，乃为良好的地理教育与历史教育。"史地为国民教育之柱石"，殆非虚语。如我中华民族有五千余年光荣之历史，岂属偶然？盖是由我国地理之基础与吾民族之信仰而成者。按吾国民营养存在之地理基础，而西起葱岭高原，北与西北起自由此分出之阿尔泰萨扬岭与外兴安岭等山脉，西南及于由此分出之喜马拉雅山，东与东南则阻于太平洋，内有中亚大山，外有汪洋深海，界限显然。此界限内之各地，均为我国自然疆土之一部，盖此区内在地形上虽有高原山地与平原低地等之区别，但各地间均布有自然孔道，互相连系，组成一域。历代统一时，政权亦常达此极外界限，并于最盛时代，尚有超越之现象。虽于衰弱时期，或有分裂情形，但为时甚暂，不过一时之现象，最后终归统一，此皆证明我国的自然疆域为一不可分割的区域。各地气候虽有干湿冷热之差，然其变化则同属于大陆式之季节气候类型。居民与文化虽有汉满蒙回藏五族之分，盖均属蒙古族也，思想习惯虽不尽相同，但比之与他国民族之关系，较为接近，此乃公认之事实。我国民之地理环境，不特具有完整的特性，且具有优美之基础。如我国不仅面积广大，且多自然富区，如松辽平原、江淮平原、江湖盆地、四川盆地、广州三角洲等，均为举世少见之广大富区，夏季湿热最宜于农，出产之多足以供养如我国众多的人口。自然富源虽不能谓为甲于天下，如善用之，最低限度我国工业可以独立发展，绝无原料不能自给之虞。况我国民因久经环境之锻炼，如冬夏极端气候变化之陶冶，体骼资质最强，适应环境之能力最大，自赤道至两极，到处皆能成为我国人立足生存之地，故西人称我华人为"可怕之黄族"！

由此以观，我人天赋既强，环境又极优厚，焉有不能与外人竞争之理。倘稍加振作，我自然领土之完整定可保全，望同胞兴起而奋斗之！更愿国人勿为外人之压迫而绝望，凡洞悉本国地理环境者，当能具有此确切见解者也。

（六）师范地理教育能加强人民爱国的情绪

欧西人常说："欲人爱国，必先使之知其可爱。"善哉此言！国人不知国土，爱国之心何由以生？欲使人知其国土之可爱，舍教以本国地理学外，殆无他科，不知本国位于何处？面积多广？人口若干？有何山川？林木何在？各种地势变化如何？而欲使其捍卫疆土，不亦难乎？盖国民对于国土上，如气候之适和，土地之肥美，物产之丰富，林木之茂盛，山川之清秀，人口之众多，文化之发达与夫整个环境之优美，及各省区经济、政治关系之密切，边疆对于国防上之重要，均应有深切了解。且在一自然完整之国土内，各区合则共存，分则俱失，此理至明。国民既知其国土珍贵与重要，焉不爱之，一旦遇有外人之侵略，孰能坐失其固有之大好河山乎？故欧西人常称其国为"父国"或"母国"，其爱国之心可知矣！即我国亦向有"祖国"之称。惜现在国人对地理教育多不重视，致国民对本国地理多不明了。其于所谓"祖国"可爱之点，既属漠然，而爱国心情，自难热烈。既无真实爱国之热忱，欲使之保卫国土，岂不难哉。

《地理教学》第1卷第1期，1937年1月1日

现代地理学问题检讨

林　超

地理学是一门历史很久的科学,在欧洲古希腊时代已很发达,在我国则可以溯源《禹贡》,但是地理学之受科学的洗礼,而成为一门有理论有系统的现代科学,则系晚近百年间事。从地理学的历史之久远及包罗现象之多而言,它可说是科学之母,事实上有许多学科都是从地理学分出去的;但从它现在需要的基础之□博以及其发展之后于其它科学而言,则亦可以说是科学之子。事实上没有现代的地质学、生物学、气象学、海洋学、人种学、经济学、社会学、历史学,则今日的地理学成个什么样子,是大成问题的。所以我们一谈到现代的地理学,则其后□的事实,比较它的古老的资格,远要重要得多。

大凡一门科学,成立未久,必有许多争论未决的问题。现代的地理学,发达至今,不过百年,自然亦有许多待解决的问题和许多不同的看法。这纯粹是因为时间的关系,各门科学过去都有如此的一个时期,并非地理学所独有。但是因为在现代各门学科中地理学历史最浅,所以思想的分歧亦特别显著。我们研究地理学的人亦不得不时刻注意讨论,以求得一共通的观点。这篇文章便是站在此种立场上,提出几个问题来讨论,抛砖引玉之意,想为读者所谅。

地理学的研究对象与内容

首先我们拟一谈地理学研究的对象与内容,因为这个问题是其它许多问题的根本。地理学的对象,学者一致公认是地球表面上各种现象。地理学的目的,即在研究各现象之互相关系及其分布,特别注意各种现象的区域性。所谓地球表面的现象,包括气、水、陆三界和与此三界有密切关系的生物及人类,所以范围是很广大的。因为范围广阔,所以地理学的研究对象是不易穷尽的;随着时间的进展,日日在扩充之中。因为如此,所以学者对于地理学的内容,前后见解亦颇不同。比方在十几年前,我们初学地理的时候,作者在某大学上地理课程,课室中悬一张地理学系统图,很受学生的注目。这张图的上面,把地理学分为三部分:(一)通论地理,这里面再分为二部分,甲部为自然地理学,包括数理地理、气候学、地形学、水界学、生物地理等。乙部为人生地理学,包括有人类地理、经济地理、政治地理。(二)为特论地理,即区域地理。(三)为历史地理及地理学史。这三部分代表当时地理学界所公认的地理学内容及分门。但是近十几年来,学术界关于地表的现象之研究,已有长足的进步,在自然地理方面最重要的为土壤地理,在人生地理学方面为聚落地理。所以最近美国出版的教科书已把土壤和聚落包括在里面。由此可见地理学内容尚日在变动扩充之中,未有止境。我们如果对于这一史实不明了,也许免不了要发生疑问。

但是地理学的内容是不是无限制的呢?这亦不然,在理论上是有限制的。我们并不能把地表上各现象都放在地理学里面,亦不是凡有分布性的东西都是地理学的,我们仅选择其有地理价值的,即可以帮助我们认识地表的区域性的来研究。这区域性,从地理学者方面看来,亦是宇宙间的一种法则。对于自然和人类都有密切的关系的。

上面提到地理学的内容,便使人联想到自然地理和人生地理,通论地理和区域地理之关系问题,所以我们在下面便继续讨论此种地理学内部关系的问题。

自然地理与人生地理

因为自然地理的对象是自然现象,而人生地理的对象是人生的现象。所以有的学者便认为自然地理应属于自然科学,而人生地理应属于人文科学或社会科学,更因此而发生地理学究竟应属于自然科学或社会科学的问题。实际上作者觉得此种争论是不必要的,其结果对于地理学家并不能有所增减。因为地理学通论之所以分为自然与人生二部分,是为方便权定之计,并不是认为此二者可以分离的。前面已经说过,地理学研究的对象,包括自然和人生各种现象,其实这意思还应该再补充一下。地理学对于自然和人的关系,特别注重。所以真正的地理学者谈自然地理,不以自然现象为止,时刻注意到它和人事的关系。我们随便举一个例,马东男在□的《简本自然地理》中,谈到地形的侵蚀轮回中有这样的一段文字:"……在□的轮回所产生的少年地貌与以前一轮回所发生的老年地貌二种区域中,人类的□动是不同的。村落往往是位于二种地貌接触之地,即位于所能控制之谷旁,其上之高原为农田所在,其下峻坡则为森林,或荒芜之地。"(依英译,页一六三)当他谈到花岗岩时,他便说:"花岗岩地带之地形,对于人生,不乏影响。泉水之丰富,即说明居民之散居,或为独庄,或为小村。森林既垦除之后,山上露出濯濯青山,而阴湿之谷底,经排水之后,则成为肥沃草地,或成泽沼之区,则有人造之池塘。"(页一六五)同样,在谈到冰成地形的时候(页二二〇及二二五)或谈到黄土的时候(页二三四至二三五),对于人生皆有简明的提示与叙述。另一方面从人生地理看来,则一切人生活动,皆与自然环境有密切的关系,二者关系之重要可有一个时期,地理学者如拉兹尔辈以至于认为一切历史及政治现象皆受地理环境之支配,可以见之。拉氏之说法,固然过火,现在学者皆能指出其非,而认为自然与人生之关系并不如是之简单与呆板,然而我们仍然可以肯定地说:没有自然地理学的基础,便没有现代的人生地理学,一个不懂自然地理学的人生地理学者,亦断断不会成为真正的地理学者了。

我们认为地理学是兼有自然科学与社会科学的性质的。但是把自然科学加上社会科学,并不就是地理学。为达到地理学的目的,还需要用地理学的观点和方法,夫选择题材、处置题材。结果,地理学既不是属于自然科学的,亦不是属于社会科学的。正如赫得纳所说:"地理学既不是自然科学,也不是精神科学,斯学是结合着两种科学的。"或者我们采用徐留弍更透彻的说法:"地理学完全是种种科学一般的结合。"

所以,明乎地理学的性质,则对于自然地理、人生地理的关系,便可涣然冰释,而不应该会有什么自然科学与社会科学对立的问题。更进一步说,则宇宙的现象原是整个的,一切的分科都是人为的、不自然的,却是为研究方便或因人之认识有限而分的。实际上在此科与彼科之间,往往有不容易分开的地方,研究学问的人不应该太注意于分科的问题。

通论地理和区域地理

另外一个问题,常使人对于地理学发生一种矛盾之感的,便是地理学之分为一般的或通论的地理与特别的或区域的地理。实际上地理学此种分法,纯粹是因为题材的广狭大小而分,而精神上及方法上是一致的。在讨论一般的通论的地理时,空间的范围是较为广阔的,但是现象则较为简单,在讨论区域地理的时候,空间的范围是较有限制的,而现象则较为复杂与错综。然而,关于目的与方法则二者都是共通的,即(一)在对于各现象之互相关系之研究上,(二)对于各现象分布之研究上,(三)对于各现象之区域性之特别注意处,皆无二致。尤其是在对于区域性的研究上,或者有人以为只是区域地理学的事,而在一般的地理的讨论中便可不注意,其实不然。在一般的地理学的研究上,区域性的研究,仍然是最主要的目的之一。从一般的地理学的研究,可使人明了某一现象之空间关系或区域关系,因此,使人更容易认识及划分地表上的区域。我们亦可以说一般的研究是区域的研究之第一步工作,而区域的精神,则同样贯彻于二者,无分彼此。

地理之研究及应用问题

以上讨论的,多涉及于地理学的本质和方法方面,现在想对地理学的价值讨论一下。地理学的本身,是一种科学的研究,它的任务和其它的科学一样,是探求真理、寻找原则,但是地理学在一般教育上的价值,是早为各国所公认的,尤其是在公民教育上,没有一个国家,不把地理学当做一种工具,以达到造成某一国所要求的理想公民。这一点,我们亦不能例外,而且,现在正急剧地向这条路进行。此外,晚近还有一种很显明的趋向,想把地理学应用到政治与经济上,如德国学者所提倡的地理政治学及地理经济学,因此,不免有人要问,地理学究竟是应该注重纯粹的研究呢,抑注意于应用方面呢?我们认为此问题不是地理学所独有的,其他科学皆有同样的问题发生,所以我们对于这问题的意见,亦和对于其它科学的研究和应用的问题的态度一样。研究与应用是分不开的,是一个问题的二面而已。研究是应用之母,应用是研究的自然结果。研究对于应用,是绝对的需要,应用对于研究,亦不无帮助之处。二者是互相为用的,不必太故意有所轻重或勉强分开。

然而我们必须承认,应用对于学问本身,究竟所能帮助者甚少,学术之进步,实际上是靠几个学者的研究,而不是靠应用,只要社会能尊重研究,供给研究者所必需的环境,假之以时间,自然会进步的。反之,如果只顾推广应用方面,而忽略精深的研究,则学问本身是不会进步的。这一点,在凡百科学都是幼稚的吾国,是不可不注意的。

景观论的评判

在晚近,有一部分的地理学者,颇趋向于以地理景观,无论是自然景观和文化景观,作为地理学整个研究的对象。如德国的巴沙格尔及美国的骚尔都是极力如此的主张者。到现在,已经有所谓景观学、景观论者的出现,所以,我们不得不在此地讨论一下。把地理的对象,限制于地理景观,固然可以使人对于似乎广阔无际的地理学对象,给与以明切的范围与界限,而且使研究者易于着手,因此,使研究的结果较为科学化些。但我们断不可以自足,把地理学的研究,自甘局促于景观之内。实际上有许多文化现象,其分布与互相关系或其富于区域性,都是可以认为是地理学的。然而,却并不能表现于景观中，如关于人类本身的现象即人种和人口分布的现象，以及人类活动的结果所产生的诸现象，如政治现象与社会现象，都是如此。我们岂可因其不属于文化景观之内，而拼［摒］弃之不加以研究。若依照英国一部分学者的意见，则一个显著的区域可以产生一种区域的意识，这种区域的意识，是不容易以具体的方法来度量的，但是共存在却是真的。正如我们说一个国家有一个国家的意识一样，本来亦是不易捉摸的，然而国家意识仍然是不能否认的现象。所以，我们认为地理的研究，从容易感觉到的、较具体的，到不容易感觉到的、较抽象的，这中间有难易深浅之分，因之研究亦有先后之别。以景观起，是可以的，但是景观止，却是不可以的。

关于人生地理学的派别问题

在地理学的发展史中，意见纠纷最多的，莫过于对于人生地理学的态度了，最显著的如在过去曾经有过一个时期，喧腾于学术界之"决定论"和可能论的争辩。这已经是过去的事了，到现在，可以说没有一个坚持着决定论的论调的学者。我们现在谈及人类与环境的关系，已不用控制的字眼，而用影响或调整的字眼。所以关于此一论战，我们在此地不再提出。但是在人生地理的研究中，有几种态度是值得注意的。

（一）是白留纳的关于人生地理学的意见。他把人生地理学的事实，归纳到三纲六目，即属于不生产事业之房屋及道路，属于动植物利用之农业及畜牧，属于破坏事业之采矿及动植物之采捕与砍伐。在他的人生地理学中，他对于这方面的重要，已发挥得很透彻详尽，无待赘述。但我人如果以为地理学之重要实尽于此矣，则正重蹈上面所说的景观论者的弊病。实际上白留纳并不以为三纲六目□概括地理学的内容，他仅仅认为较重要而已。所以，他称之为基本事实，而把其它较不具体的事实称为次为［要］事实。可是因为他对于其它的次要事实，仅仅提了一下，而未作过同样规模的著作，因此，便容易为人所忽略，而使人以为三纲六目即可以尽人生地理之内容了。

（二）是关于所谓人地关系论者，作者亦有一些意见。我们首先必须声明，人地关系之研究，自然是地理学研究的目标之一，但不是凡人地关系之研究，都可以成为地理的，只有当此种研究能发见其区域性的时候，方可称为地理的。

（三）关于人生地理学研究的方法，普通可以分为二方面入手，（甲）是由自然环境方面入手，把地面分成若干种环境，而研究其人生的活动；（乙）是从人类活动结果的文化现象的性质而分，再研究各种文化现象之环境及其自然因子。二者皆可采用，而各有其短处。前者之弊，在既把环境分好之后，再研究人类的活动，易生先入为主之见，即哲学上所谓 Apriori 的毛病，容易蹈决定论的覆辙。后者之弊，在于文化现象之万象纷纭，结果恐怕人生地理学亦将文化现象分支百出。现在的人生地理，依一般公认的已经有人种地理学、人口地理学、政治地理学、军事地理学、聚落地理学、社会地理学等等，而经济地理学更可分为农业地理学、工业地理学、交通地理学、商业地理学等门。政治地理学则可以再分为殖民地理学、行政地理学、地理政治等。这已经是洋洋大观了，将来自然还可以增加。这固然是前面所说过的，是随学术的进展而不可免的现象，但我们亦希望对于各分门的内容能作较为严格的批评，以免除太破碎分裂的毛病。

《文化先锋》创刊号，1942 年 9 月 1 日

对于吾国地理研究与地理教育方针之意见

林 超

吾国地理著作，肇始《禹贡》。《汉书》以后，历代史书，皆有地志，以当时之政治区域为单位，总述全国地理概况。六朝以后，方志渐兴，于是州郡县亦皆有志，且迭次重修，蔚为大观。故吾国地理学历史之古，规模之大，世界各国，实罕有其俦。然而试一□其内容，则类皆材料之记录，依类直叙，乏关系之阐明与因果之研究。二千年来，陈陈相因，不稍改变，以言夫学，渺乎远矣。晚近之所谓地理学，则实来自西欧，其入吾国，不过二三十年间事。大学之设专科讲授，不过十余年。至于研究机关之设立，则不过二年内之事耳。语其根基，实至浅薄，较之其他科学，瞠乎后矣。自抗战军兴，国人感于事实上之需要，地理渐为人所重视。于是政府提倡之于前，人民鼓吹之于后，地理事实，日有进展。较为要之设施，如教育部之设置史地教育委员会，中英庚款会之创办中国地理研究所，二三大学之设立地理或史地研究部，新地理学系及史地系之设立，皆其著者。至今各大学及学院之以地理学为主修科或副科者，计不下十七个单位，若包括设有地理课程之大学，则不下二十余单位，其发展不可谓不速，而公私团体之赴各地考察者，亦风起云涌，大有助于地理知识之探求与传播。故地理之学，正随此伟大之时代而共进，与日俱增。但以其根基之浅，人才之少，欲应付此广大之国土与时代之要求，实戛戛乎其难，故不免有捉襟见肘之态。而关于研究之方针，教育之计划，又尚缺乏一公共之意见或合作之方式。故今后对于此项问题之探讨，即如何利用此浅薄之根基，与少数之人才，以应此时代之要求，实不容缓。作者不敏，爰本斯旨，提出关于吾国地理研究与地理教育之管见，以就教于斯学同志与热心提倡斯学之当代贤达。兹分为地理研究与地理教育二部分以讨论之。

甲　地理研究

地理研究与地理教育相表里，二者若一车之两轮。相辅而行，不能或缺。然深究之，则研究实为教育之灵魂，研究有结果，教育方有材料。无研究之结果，则教育无基础，不能进步。故欲求斯学之进步，研究实重于教育。今之侈言提倡地理，而惟推广是务，不知研究者，皆皮相之论，未足言学术也。吾国幅员广大，问题繁复，研究范围、方法，从何下手，实值得讨论。依作者愚见，今后吾国地理研究，可归纳为五大类：（一）区域地理之调查与研究，（二）地理探险事业之提倡，（三）一般的地理学问题之研究，（四）历史地理研究，（五）地理学应用问题。兹分别讨论之于下：

（一）区域地理之调查与研究

区域地理之研究，系以地理区域为单位，从自然与人文方面，作综合之研究。此种工作，为地理学最终之目的，故吾人特着重之。吾国幅员广大，地理环境复杂，苟欲得一深刻之认识，断非一人之力所能为功，故宜集合专家，分区研究。将来全国各区研究完成，即全国地理基础确立之日。区域地理之研究，不独对于地理本身为根本之需要，对于国家社会，亦有重要贡献。若全国各区，皆有专家，则凡各区发生之各种政治经济国防各问题，此种□□，皆可□政府之□□□，或代为计划。此种专家之造成，对于□□各区，尤为重要也，且凭此□内训练之基础，更进而扩充。至于与吾国为邻之各地，如西伯利亚、日本、中亚、南洋、印度之研究，亦无难事。

区域地理研究之始，宜择国内若干区域曾经若干种初步之调查者行之，如地形测量、地质、土壤、植物、气候、土地利用、人口等，因区域地理为综合之研究，此种研究盖建立于上述各种基础之上也。但吾国各事落后，此种基础调查，亦不能□□具备，故地理学者自不能苛求，须随时准备自己解决之。但于选择研究区域时，仍不能不顾及以上各点。

吾国以往各地修志之风甚盛。此种地方志，虽非根据地理区域，而以政治单位为主。然与区域地理精神实相一致，若能利用此种传统之兴趣，灌输之以地理学之精神与方法，续修新志，对于地理学之发展，当极有贡献。集合若干良好之新志，再依其区域性质划分之，即成为区域地理之张本矣。过去各地修志，每有设局之举，费用颇大，且主持者又皆临时聘请，不一定对于某地确有卓见。以后宜改变方式，聘请地理专家或委托地理机关任之。人数不必多，使精神思想较有系统而有所专注。时间可以稍宽，使有实地工作及作精密研究之机会。印刷可交普通书局出版，不必刻板，发行亦交书局发行。如此，则可以省费而产生良好之结果也。

全国区域地理之研究与地理高等教育中心之设立，关系甚为密切，此点当于论及地理教育时再提及之，兹不赘。

（二）地理探险事业之提倡

区域地理之研究，为综合之研究，宜举行于国内较熟知而基础条件较具备之区域。然吾国境内，尚有若干地方为人迹所罕至，或科学家所未知者，关于此种地方，基本材料绝少，或并普通稍正确之地图亦缺乏。在此种地方，综合研究尚有所待，宜先举行初步之探测。此种地方，类多环境特殊，交通险阻，非素有训练之专家，不易达到目的。例如国人对于高山探险、砂［沙］漠探险、寒带或热带之探险、海洋之探险，具备能力与知识者，实不多哉。此种人才，宜急起培养之，使其有充分之训练，能穷宇宙之蕴妙，化奇异者为平常，使不可知者成常识。训练一个探险家，比训练一个航空员还难，其体质、学问、技术，都需极严格的条件，在初训练时，不妨聘请外国专家协助一切。吾人希望政府以及社会人士对于探险事业加以提倡，对于人才加以培养，庶□吾人将来能达到无不知之国土之目的，更进而达到国人无不知之地面之目的。吾国人而欲与欧美各国并驾齐驱，雄飞寰宇，非作如是之准备不可。

（三）一般的地理学问题之研究

所谓一般的地理学，即普通地理学上之自然地理及人生地理之各部门。此种问题之研究，着重于普遍法则之寻求，同时并应与世界其他各地之同种现象作比较，与区域地理之注重区域之个性及特点者不同。但地理学者于研究一般的问题时，仍时刻不忘分布与区域性之考察，此则大有补于区域地理之研究者也。吾国年来对于一般的地理学问题，尚不乏研究者，然精深博大之作，尚未之见，即以自然地理学中最基本之地形学而言，亦尚未有系统之著作。虽因近年以来国内之气象、地质、植物、经济等科之研究，对于地理学不无补助，然大部仍系基础材料，从地理立场而作系统之研究，尚有所待也。

（四）历史地理研究

以上为地理之主要任务，即关于地表现时现象之研究，亦可谓为横的研究，或空间的研究。历史地理则系研究过去之地理。历史地理之研究，与吾国旧日之沿革地理，专讨论政治之沿革者，大为不同。此项研究，须包括过去之自然及人生等现象，故其所采用之材料，亦不仅我历史之材料，且须利用各种科学之材料与方法也。过去之地理，因不能直接观察，须用间接之推论。故其研究较之现在之地理为尤难。例如研究过去某时代之气候、植物分布、河流变迁、交通线路，皆须借助于其他之现象。又过去之地理，愈古则愈难，愈少可凭借之证据，故其研究以由今逐渐向古推进为合宜与确实。故历史地理学之研究，实有赖于现代地理之基础，但历史地理对于现在地表，亦有帮助说明之功用。因现在之地理现象，固不能不受时间之影响，有许多地理现象，实为历史之累积，故吾人欲彻底明了及说明现在之地理现象，不能不□明了其过去之演进也。吾国具有世界上最统一之文化，与最悠久而继续之历史，对于是项研究，尤为适合与需要。又此种研究之结果，对于吾国历史，当有重要之贡献也。

（五）地理学应用问题

地理学不独作学理之探讨，对于实用问题，亦有其特殊之贡献，尤其对于经济、政治、军事方面，尽抒其卓然之见解。故在地理发达之国，地理学家常参加国际及国家之大计，如上次大战后美国鲍曼博士之参预巴黎和会，作美政府之顾问；此次大战德国豪士霍夫教授之主持地理政治研究所，为纳粹之智囊，皆尽人所知之事。其他各国关于经济之计划，国防之建议，风景区之经营，皆有地理学者参加。而德国对于地理应用，尤发挥尽致。既有地理政治学与地理经济学之学科，建立应用地理学之理论的基础，复兴国家政策相配合，对于殖民地之问题，国内自给问题，皆由地理学家切实研究。柏林大学教授克勒姆士且特编一德国民族生存空间地图，为德国扩张领土及侵略作理论之根据，作者于一九三八年在德国考察各大学之地理教育时，曾与各大学之教授及教员会晤，耳濡目染，谈锋所及，盖无非此种问题。作者诚不愿地理学流为政治之婢，但吾国丁〔于〕兹抗战建国生死存亡承先启后之世代，则无论所学何科，对于国家尽量寻求贡献之机会，不独理所宜然，亦责无旁贷。例如关于战时国防问题、后方工业建设问题、交通路线问题、战后之建设计划、南洋政策，及实业计划之实施问题、边疆问题，皆为急迫之问题，而为地理学家之所能作有价值之贡献者也。但对于应用问题，作者有愿特别提起者二点：（一）应用问题虽重要，然对于地理学之基本工作断不能忽略，科学之进步，仍有待于本身之学理之探讨。若舍以上所言□□之工作，而日高谈地理学之应用，对于吾国地理学之发展，仍不能有大裨益。（二）应用问题，所牵涉方面甚多，断非地理学一方面即可以解决，故地理学者仅可以就地理观点而贡献其意见，不可包罗万象，□欲以地理学解决一切问题，反致错误百出也。

乙　地理教育问题

关于地理教育问题，作者拟着重于高等教育方面，其故有二：（一）高等教育与研究工作关系密切，二者实不可分。（二）高等教育为中初等教育师资所自出，亦即中初等教育之原动力，欲促进中初等教育，仍须从高等教育做起。抗战以来，吾国地理高等教育，表面上似有进步，大学增加地理学〔课〕程及设立史地系者不少，然而困难之点亦甚多，不可不提出讨论之。

（一）吾国地理人才，原极缺乏。过去十余年来，国内一二大学设立地理系，每因人才缺乏，借用外国专家。近年以来，虽因各方提倡，数遣派国外留学生学习地理，私人亦渐有自费赴欧研习地理者，然与事实需要，仍相去远甚。故自大学地理教育扩充以来，单位虽增加，而因人才分散之故，内容反形退步。今日环顾国内之地理学系或史地系，其内容充实，可以训练人才者，实不得一二。若干学系，则仅有地理教师一人，以资维持，此实为一般从事地理高等教育者所共同感觉之痛苦。而受训练者则因此而基础不佳，训练不足，将来无论作研究工作或中学师资，皆感能力短绌。欲救此弊，惟有集中全国人才，办数个内容充实之地理学系，以作训练人才之中心。此等地理高等教育之中心，同时应即负研究之责。地理学系之所在地，亦即该区之研究中心。故全国地理系之分布，宜有适当之计划。作者从全国各区域之需要，及在人才之供给二方面着想。主张于全国设立八个地理高等教育中心，即完全之地理系。其分布区域为东北，设于沈阳；北方，设于北平；西北，设于西安或兰州；长江流域应有三个中心：即南京、武汉、成都；南方，设于广州；西南，设于昆明。如此，即全国重要区域皆有一地理教育中心，且能就其所在之区域，作精深之研究。以目下之人才，分配八个中心，尚足敷用。现在战争时期，学校皆在后方，欲按以上分布，当然一时谈不到。但此时不妨即行如此指定，研究工作亦可以开始。将来抗战结束，即迁回该地，工作及人员皆可以不变更也。在实施上项计划时，自应顾及学校一般情形及原有地理系之成绩，或维持，或改进，或创办。然此皆为技术问题，此处可以不赘。

（二）吾国近数年来，史地教育合一之提倡甚力，然此事应分为目的与方法二部分讲，不可混为一谈。以公民教育，为史地教育之目标，从国家教育政策言，自是良策，英国地理学大家马金特亦曾极力提倡之。但史地教育合一之实施，仅能行之中等教育及初等教育，而不能行之于高等教育。因中初等教育方为实施公民教育之地，而高等教育则为训练专才之所。为实施史地教育计，必教者先有专长，或长于史，或通地理，然后再从□沟通融会，方克有济。今若于训练人才时双管齐下，结果两不通一，其将何以贯通之。且就理论言，历史为时间性之学科，地理为空间性之学科，历史重过去史料，地理重现在之实察，其目的不同，训练之方法亦不同，固然在史地之研究上，有若干密切关系之处，须互相辅助，但此为各科所同有之现象，各种科学皆有涉及一种科学以上之问题，不能因此而即谓其学科可合并训练。且就事实言，大学四年之时期，以之训练一科，尚嫌不足，今乃欲以之完成二种训练，不亦难乎？若史地合系，而仍分组，则因经费与人选之限制，亦不免有其困难处，终不免此轻彼重或两者俱轻之毛病。故马金特亦认为史地教育合一，可行之于中等教育以下，而不能行之于大学。盖高等教育与中初等教育为二事，不能相提并论，而目的与方法，亦不能混为一谈也。故作者认为地理学系，仍应以独立设系为原则，史地应行分系，使历史、地理皆有充分发展之环境与机会。基础巩固，然后方能融会贯通之。至于一般涉及二方面有关之问题，则可由两方合作，联合讨论解决之。

《文化先锋》第1卷第6期，1942年10月6日

目前我国地理教育的危机

张印堂

数年以来，国立院校统一招生，每次地理试题及格者，十无其一。而答案之荒诞不经，致笑话百出者，却不乏人。兹愿就三十年度国立西南联合大学二次招生的中外地理及中外史地之地理试题之答案，略举数例以唤起读者之注意焉。

（一）察绥宁一带素有中国的"阿根廷"（Argentina）之称，其故安在。关于本题的答案有谓"察绥宁一带河流湖泊皆无，犹如南美洲之阿根廷国，所以这一带有阿根廷之称"者；亦有谓"阿根廷国内林业甚丰，农矿均富，而中国的察绥宁一带的森林，占地多半，故有阿根廷之称"者。

（二）中国疆域辽阔，地势复杂，有平原（Plain）、高原（Plateau）、盆地（Basin）、丘陵地（Hilly Region）、山地（Mountainous Region）、高平原（Upland Plain）、最高高原山地（Lofty Plateau and Lofty Mountains）等，试举明各种地形区之代表地域。关于此题有答"山东为盆地"者，"湖南为高原"者，"四川重庆一带为最高高原山地"者，"西康西藏为平原地"者。

（三）当代列强，以美国之地理环境最优，试举数端因子证明之。关于本题有答"因美国分为南北二洲"者；有称"美国农业丰富，尤以稻米、蚕丝为最著"者等。

（四）中国何地为非季风区，其气候与季风区有何不同。关于本题有谓"黄河以北为非季风区，以其变化更为剧烈"者；有谓"长江流域"者；有称"川滇黔"者；有谓"中国之西南部"者；有谓"非季风区，冷则特冷，热则特热，随森林与日光之直射而定之区域"者；亦有谓"中国之西南部如云南，为非季风区"者，"因其气候终年温和、四季如春，无寒暑之变化也"；更有谓"东南沿海为非季风区，以其不受海洋之调济也"。

（五）近来报端常载有 A、B、C、D 大团结或同盟之说，所指为何，并有何地理意义。关于此题有指"A 为阿根廷、B 为巴西、C 为赤利"者；有谓为"德义日三大轴心同盟"者等。

类此离奇之答案，真是屈指难数。读了这些乖谬无稽的答案之后，作学生家长的必然为之叹息失望，作学生教师的难危［免］为之惭愧自羞，负教育行政职责的一定为之疾首蹙额，而作此答案之学子却很天真的根本不知其所错，这真是令人悲愤不已的事。因此我们可以毫无疑义的说，现在我国中学生的地理知识，的确是太差了！所读的地理，不分中外，都是模糊不清。地理的常识毫无，遑论中外自然与人文地理的理解？眼前报章的常识都没有，更谈不到专门的地理问题知识了。这种不良的现象，十足表现了我国中等地理教育的失败。

现在我愿意追溯失败的原因，供献社会与教育当轴，以期早作匡救将来之计。我们知道新地理教学的目的不在山川城镇等地名，或面积与人口等数字及产物等名称与数量的死记，乃在一地形势的认识与夫该地自然条件于居民生活的影响，及人对该地的适应如何。呆板的记忆固非所必需，但是方位不辨，景况不明，形势不清，产物不知，侈谈人地关系，是不能为功的。中学生地理成绩之如此不佳，是中学地理教育不良的结果，此乃不可讳言者。作者二十七年夏在某省中等学校各料［科］教员讨论会的地理班上曾作一番的调查，参加讨论班的地理教师共计二十五名，照教师们所填报的履历，分析结果，发现其中初级中学与简易师范毕业者十位，高级中学与师范学校毕业者占十二位，商业学校毕业者一，大学毕业者仅占其二，一则为历史学系毕业者，一则为经济系毕业者，大学地理系毕业任教地理者无！我们知道这种现象不仅限于我国的某一省份，在其他的省区，专门的地理教师容或有之，然为数亦属不多。无专门的地理教师实为我国中学当前普遍的现象，这现象产生的原因，表面观之，似是而非的是为了专门地理师资的缺乏所致；专门地理师资的缺乏在过去的确是个主要原因，但是现在迥然不同了，我们的最高教育当局早鉴于此，为了培植专门的地理师资，国立院校中地理学系逐渐添设，名义仅有不同，有称地理学系者，有称史地系者，有称地学系者，总之无地理系别之院校已渐减少。在地理门系毕业者，年必数十计，故我国的专门地理师资不能谓为依然缺乏，但何以中学的地理教育相沿如故，未改旧观呢，推原其故，个人认为不外下列二大原因：

（一）负教育行政责任者之疏忽从事。慎选专门人才以充地理教师者，在一般私立或省县立之中学姑且不论，据作者所知，即在国立或部办之中学，亦迄未见诸严厉执行。如所谓堂堂某最高学府之师范学院，一面承某省教厅之重托，特设一专修班，造就该省中学各科所需之专门师资，一面则办一实验附校，包有中小学，规模宏大，粲然可观，但询其附校之地理教师为何许人耶，初办时，乃以其本院教育系之一毕业生充任之（自三十一年春季始加聘专任地理教师）。该省教厅当局，因感专门师资缺乏之困难与急需，托其设班代为造就之，其办学之认真及对于专门师资之重视，诚然可佩，而受此重托负教育行政职责之该师院当局竟如此对之，不知将作何感想？若知而不觉诚令人有所不解也。负高等教育行政职责的人，既如此玩忽地理教育，试问又怎能盼全国一般中等地理教育之改进呢？

（二）地理系毕业生之轻视地理教育。遇有专门地理教师而不聘用，玩忽教育之办学者固然有之，但热心教育广征各科专门师资而不得者亦有之，其不得之原因，谓为薪俸待遇之不优非也，谓为专门地理人才之绝对缺乏亦非也，其求而不得者无他，盖因现在之大学地理系毕业生除万不得已，皆不欲投身于中学教育生涯故也。工作时数稍多，地点若再偏僻之学校，尤难延聘。殊不知我国之边远地域，正为地理工作之最好园地。地域愈偏僻，地理情形愈暗昧，其需人前往工作调查报告国人之处亦必愈迫切，如能趁教学之便，从事自修与实地研究，岂不为一举数得之良机耶？望各大学地理系毕业同道，深体此难，勇往迈进。惟有如是，我国之中等地理教育始能普及而改善，惟有基本的地理教育改进之后，吾国大学的地理教育始易推进，高等地理教育得以提高，地理研究事业始能发扬，学而致用，斯可谓为地理之最终目的也。关乎地理教育之重要（详见拙作《地理研究法》书后所附"师范地理教育之重要"与"高等地理教育之急务"两节——正中出版），中外各国莫不认其为国民教育之柱石，吾人树此基础，自非有专门地理的师资不可；而专门地理师资之培养与运用，又必须负教育行政职责者之厉行专门师资教学政策，及受过地理训练的大学毕业生之放弃不肯教书的恶习方能收效。若依然使学非所用或用非所学的现象常此存在，吾恐公认为国民教育柱石的地理教育是永远无法奠定的。

《地学集刊》第 1 卷第 2 期，1943 年 6 月 1 日

地理教学之基本工具

陶绍渊

语云"工欲善其事，必先利其器"。欲增加教学上之效率，必有优良之教学工具，而以地理教学为尤甚。新地理教学注重直观方法，直观教学应备之工具颇多，普通中学应用者，有地理挂图、图表、模型、标本、地球仪、照片以及幻灯等。地理挂图（以下简称挂图）系将地面上所有之复杂地理现象，以象征的符号表现于纸上，使学生在教室内举目一望即知其大势；图表系剖析地理事象之良好工具；模型与标本系使地理事象作简单而具体之表现方法；地球仪系缩小地球体积而保存其原形之一种教具；照片与幻灯系将不能直接观察之景物形态表现出来，使学生得到具体之概念。

挂图为用于直观教学上最有价值之工具，惟因其应用错误，致遭忽视。本文主旨，即在指出一般挂图之错误与缺点，以供将来修正之考。

挂图被忽视之原因有四：第一，挂图在教学过程中之任务常为一般教育心理学家所误解（美国情形如此）。第二，教师对于地图之运用，大都缺少训练。第三，通常以为挂图纯属地理性质而非一般教学之工具。第四，挂图本身殊多错误，致减低其在教育上之价值；坊间所出挂图错误殊多，尤以课室所用者为甚，确有急待修正之必要。

地理直观教学上以为优良之挂图标准有三：显著、简明、内容准确。出版挂图者迄少依此标准，其他错误亦多，今姑举其荦荦大者于后：

（1）图幅太小。通常用于听众很多、教室较大之挂图（如中国全图、亚洲全图或世界全图），其高宽多不足九公寸与十一公寸，如陈铎《中学地理教科〔科〕挂图》。凡高宽不足十二公寸与二十四公寸之世界全图，将失去其在普通教室应用之价值，以其太小不便远览也。挂图非用为装饰于壁上之画片而系供阅览地理事象之缩本，非供人欣赏而系以表达正确地理知识者也。普通坊间所出之图幅不足十二公寸（高）与十六公寸（宽）之中国全图，坐于后排之学生即不能阅读，其影响地理教学之功效甚大。申报馆出版之《中国地形挂图》，高十四公寸，宽十八公寸，虽较一般坊间所出之挂图为大，但离我们教学上之要求标准亦远。

（2）挂图上不应有插图。插图小，较主图尤不清楚，且因其插入，势必缩小主图之篇幅，此种插图虽可表达若干事象，惟挂图并非地图集，且不能视为地图集而希望其有地图集之功能。并且此种有插图之挂图，容易引起学生对于空间关系与大小对比之错误观念。

（3）符号太细。符号的运用，在减轻挂图纸上对文字的负担。所以理想的挂图，是要把地理学上所有的复杂事象，用简明的符号标示出来，而文字的说明当尽量的减缩，其所占地位使读者览其符号而即了其意义，可是现行一般挂图上之蛛丝细线与娇弱圈点，犹如浓雾笼罩下之景色，无由辨识其真正面目。如罗马在一般挂图上往往标名于地中海中，致使真正标明罗马地理位置的圈点符号，反被这地名字——罗马——所笼罩，蒙混而看不清楚，而失却真正地理位置的意义。如此例证，枚不胜举。故欲使学生视图能一目了然，须以半元辅币大小之圆饼或圆圈代表都市，蓝色宽条代表河流，黑色粗线代表海岸，都市地名须有一公分至三公分大小之字体（如法国白兰氏改编之分洲挂图），此种图幅虽不能容纳较多之地名以及其他杂项，然其表现者必极为醒目，予人以鲜明之印象。

（4）图例不显。通常挂图图例每不显著，即前排学生，亦不能分辨，挂图为直观教学之工具，必须使全教室学生皆能阅读，其不能为后排学生所辨认之项目皆可略去，不必要求。因挂图之功能不可与地图集相混，已如前述，用作说明之图例务使一目了然，最好以四公分至五〔公〕分大小之符号来表示。

（5）用色不当。普通坊间所出之政治地图，均以强烈之色彩描绘其政治区域，或以红色粗线作区域界线，后者虽不若前者之眩目，惟易与图上原有之繁杂线条符号相混淆。区划政治区域之界线以浅灰影线为最适合，影线之效果不亚于色彩，而且不妨碍图上他种地理事象之表现。如以色彩表示地势、雨量、人口分布等现象，对于色彩之调和与配合，必须注意。特别是地文挂图（如地势、气候、洋流等），对于色彩之采用尤须有确切的标准。

（6）内容太繁杂。普通坊间所出之挂图，均有一图而兼数用性质，除表示政治区域外，举凡一切主要都市、山脉、河流、矿路、公路、航空线以及水上贸易航线，无不详细记入，如此繁杂之挂图，在教学进行上，不仅无益，反而易生错误。一种挂图，应以具有一种功能为原则，免生混乱。

（7）一般地形挂图失却地理意义。普通所谓之地形图（注1），系指分层设色之等高线图，所示之高度为绝对高度（拔海高度）。其实此种挂图，只能表示高度而非地形，在地理上的价值甚小。以拔海高度表示地形，每与事实不符，试举例以明之：成都平原与长江下游平原在地形上同属平原，不过前者拔海较高，故被涂为淡褐色，使人误认其为丘陵地（参阅申报馆地形挂图）。重庆附近原为起伏不平之丘陵，因其拔海较低（未超过四百公尺），而被涂为绿色，令人误其为平原，此显然与事实相反。由成都北至剑阁，东至安岳之大块地方，几均示以同一色层，其间地形俨然无所分别，此实最易引学生入错误之境（注2）。教者固可指出此属山地，彼属平地，然此为提示记忆而非直观教学，无怪一般地理教师，对此种地理挂图不欲应用，亦无法应用也。最有教育价值，且能表达地理真况者，惟有比较高度图（即比较地形图），此图以绿色代表各种平原地形，于必要时以三种绿色阴影区分低、中、高三等平原。同样地以三种或四种以上之橙黄色代表不同高度之丘陵地，余类推。至于详细方法容再专文论之。

（8）投影法选择错误。每一投影法均有其优点与缺点。我国坊间所出版之世界地图，多采用麦克托（Mercator Projection）图法（参阅武昌亚新地学社世界挂图），此种图法最易引起学生误解。即高纬地方放得太大，格陵兰显得与南美洲一般大。不惟面积表示错误，即距离亦相差甚大，自美国西部至日本之大环航线（最短航线），经由阿留申群岛较由夏威夷短捷一千四百英里，于此种图上则无法说明，其不适宜于地理教学于此可见。

（9）经纬度不易理解。挂图上之经纬度，除科学家与航海家外，原无重大意义。为使学生了解经纬度与实际生活之关系，可于挂图两侧各重要纬度处绘春秋分时正午太阳距地平线之高度的图解，于挂图下端各经度数字处，绘依照本初子平［午］线之时刻的钟面（参阅武昌亚新地学社世界挂图），挂图边上所标经纬度数字，应以大号字排之以求醒目。

（10）专为地理教学用之挂图尚付缺如。坊间所出挂图多依据旧本，申报馆所出之《中国地形挂图》为我国最佳新法挂图，惟图上线划注记太琐细，不便远览，且其地形之表示方法系等高设色法，在地理上之价值不大，按编者原意，仅在作从政、研究、阅报时之参考，悬于办公室或研究室内，非为悬于教室内作地理教学之用（见曾世英《〈中国地形挂图〉编著余言》）。至于地理教学上所需之比较地形图、气候区域图、冬夏温度分布图、作物分布图、交通系统图、土地利用图，以及大幅之分洲、分国地图等，均尚付阙如。年来一般学术机关所出之挂图，对于学术上虽有贡献，然不合地理教学上之需要。至类似地图集之背面详细说明与表解，更显示出图质与量两方面不优之破絮，当为新地学的列车所遗弃。

（11）挂图内容不适合学生程度。常人均知儿童不能读成年人程度之书籍，不知挂图亦应分程度之高低。今小学地理教科书与中学不同矣，而所用挂图则始终一样，致教者无法适应学生之程度，学生亦感索然无味。愚见以为挂图必须按程度编绘，循序以进，至少应分出中、小学程度不等之挂图。近来坊间所出地图集已有程度深浅之别，挂图则尚付阙如。

（12）地图价值过昂。坊间所出挂图，不必要之装璜太多，致成本加高。挂图以实用为主，并非用作装璜板壁。浓厚色彩不惟使图上字迹符号不清，反因此增高成本，普通挂图只求符号与事象排列合理，设色调和足矣，如学校经费困难不妨自制。今日坊间挂图太多价格昂贵，致使一般学校无法购置，此为地理教学上一大障碍，挂图本身又一缺陷也。

注1　此处宜作地势图，免与代表小区域用大缩尺的地形图相混，今从众。

注2　一般美国所谓之地形图，亦与我国相同，多为设色之等高线图（参阅古氏编《学校地图集》），爱我华州之东南部被涂为绿色，西北部为黄色，其实爱我华州之北部地势极为平坦，且须施以人工排水，南部则多丘陵，其地形与邻近之阿寨隔高异［度］无异，同一图上，美国东北部崎岖山地与中西部大平原之色层相等。

《地学集刊》第1卷第4期，1943年12月10日

地理游记与地理调查

川滇道上

林 超

川滇公路，北起四川泸县，南达云南昆明，路线全长九百一十五公里，为抗战后工程建设伟绩之一。记者今夏自滇入川，取道于是，爰就车上观感所及，随时记下。抵川后将笔记整理，遂成此篇。走马观花，驱车观景，肤浅之病，不实之讥，知所不能免也。二十九年九月十八日超记于北碚。

昆明至宣威

七月卅日下午三时，自昆明东门外数公里处某小站开车，时夏雨正淋漓也。

不由昆明车站，而由城外小站开车者，因我辈所乘为某公司货车，行车时间地点皆须依装货情形而定，故不若客车之便利也。同行车共五辆，成一车队，以沿线关于燃料及修车设备未周，故行车者往往组成一能自给自助之单位，遇有困难，可就地合力解决，法至善也。每车除司机外，原可载客二人。惟每次行车除司机外，尚有押运及修车人员随车同行。结果平均每车仅可载客一人。故货车对于客运所能贡献者甚微也。

车自昆明东郊开后，即向东北行，渐离昆明盆地，而入于丘陵地带。彼碧波万顷之滇池，与夫绿畴盈野之广袤平原，皆已退出视界。眼前景色，为起伏低微高度相若之小山，耕种地面，仅占一部分，盛种玉蜀黍（云南通称包谷或玉米），并少许之洋薯及烟草。此种耕地，因地形及土壤关系，不便灌溉，遂不能种水稻，普通农家皆简称之为地，以别于种稻之田。干地耕种，因不必储水，故无田塍，田与田之间界限不分明，且耕地可随地形高低，不必削平，非若稻田之平坦整齐作块状分布也。故地之与田，极易区别，而其每年冬夏二季作物之轮种，亦有分别。在田者夏水稻而冬蚕豆，在地者夏玉米而冬小麦与油菜子，此为西南农业之二大主要型式，此种干地在我国西南之农业上占甚重要之地位，现在增加后方粮食生产呼声正高，但水田之增加殊受限制，主要问题，实在如何发展与改良此种干地之利用耳。

距昆明约十六公里，经大板桥，位于底洼之冲积地中，水田颇盛。是后车驰于石灰岩山地，略有升降。此种山地，类皆甚干燥，既鲜耕种，亦乏林木，濯濯童山，殊少利用价值。复行十公里，度一坳，即昆明盆地与杨林盆地之分水岭也。坳西南水入滇池，东北水入杨林海子。自坳上向前下望，即遥见一片平原，豁然旷朗，平地之中，汪洋一片，碧波闪闪者，即杨林海子也。湖旁绿禾盈陇，一具体而微之昆明盆地也。此种大小湖成盆地（云南称山中之平原及盆地为坝子），实为云南高原上最大之特色，亦云南精华所在之地，耕地人口，胥集中于是焉。杨林海子东北，有孤峰标然耸起，状如圆锥，高出于湖面约五百公尺，构成一奇观，且为此地附近数十里中最好之指路牌。后询之土人，谓为药灵山，海子西北，另有连岭，陡起如障，高出海子亦不下五六百公尺。其顶甚平，显示一昔日剥削平面之遗迹。其山走向为东北西南，连亘数十公里，即普通地图上所谓梁王山也。此山为牛栏江与普渡河上游之分水界，岭东之水由杨林海子流入牛栏江，岭西之水由滇池入普渡河，而皆北流入金沙江。自坳下山，天色已晴，左右眺望，心怡目霁。下山绕湖东而行，杨林在路右山麓，不入而过。海子沿岸之地，现因夏雨涨溢，泛滥为灾，田园半被淹没，仅由树杪及堤岸可断其下之为田也。如何宣泄积水，实为此地一大问题。沿湖东行十五公里，即抵药灵山下，路出其右，东向上山，溯一小谷而行。十公里谷尽陟一坡，又四公里即抵易隆，距昆明仅八十四公里，日已暮，遂止宿焉。

易隆为一大村落，数百人家，依山而屋，昔日曾设一县佐，现则为一乡镇，属马龙县。其地因距昆明不远，普通车辆皆不停留，故生活设备，至为简陋。最近叙昆铁道设工程总段处于此，稍见繁荣，然亦一时现象耳，不耐久长也。

七月卅一日晨六时三刻离易隆，大雾迷蒙，不辨远近。车东向逶迤上山约五公里，上升二百公尺，即达山颠，已透出重雾之上。景色骤清，晨光照朗，如入另一世界。回首药灵山，峭然挺出于雾海之上，状如孤岛，益显其巍峨削拔也。别药灵山，续向东行。夹道山上，林箐甚密，为昆明以来所初见。因距昆明近处之林木，已为居民所摧毁采找［伐］殆尽，非百公里外不能复见，而昆明之木材及燃料之供给，亦日益困难矣。山上行十公里，经一小河谷，颇有田畴。旋再度升岭下山，即至马龙。其平原甚小，东西不过一公里，南北亦仅数公里耳。时洪水正盛，一片汪洋，与杨林海子所患正同。车过马龙城外不入，续向东行，上山十五公里，过一低平之坳。旋沿一河谷下降五公里，宽袤之曲靖平原已旷然开展。再上五公里，而见曲靖城之雄姿，未几抵曲靖城外车站，停车饭于车站食堂，为中国旅行社所承办者。自此直至泸县，中午停车站，皆有该社承办之食堂，宿站则有该社之招待所，行旅称便焉。在今日我国内地偏僻之处旅行，中国旅行社可谓为现代文明之唯一代表者。

曲靖为滇东巨邑，市街甚盛，城亦壮伟。其坝子东南宽约五公里，南北达五十公里。北与霑益相连，成为云南高原上最重要坝子之一，亦为省会粮食主要供给地。南盘江自北而南，纵贯其中。江流与平原走向一致，殆暗示其成因之密切关系也。平原东西面俱为高约三百公尺之列岭所夹绕，惟坡度并不峻，其顶部高度相若，为一老年地形之遗迹。现在之河流与平原皆由此老年地形侵蚀而成者也。此种河成坝子与以上所述之湖成坝子，构成云南高原上主要经济及政治单位，与人烟稀少耕地散小之山地，成一对照。

午饭后自曲靖北行，十三公里过沾益，皆在平原中。出沾益东北行数公里，平原沃土渐尽，而入于一极平坦之石灰岩低山地带。其间起伏，皆不及百公尺。在石灰岩面上，每见规模甚小之盆地，即徐霞客游记中所常提及之坠洼眢井，现在地形学上所谓石灰井也。地面表水皆由此透入地下，故地表极为干燥，且表土屡经雨水洗刷，露出者惟磷磷石骨。植物鲜生，有如沙漠。耕地绝少，人烟亦稀。每过数里才见一二小村落，而大都皆集于较大之洼地土壤堆积之处，其稍大者时或积水成湖，如距沾益北五十里之以谷海子，即一例也。此一带石灰岩平地在农业经济价值虽小，然于公路交通方面，则极为便利。自霑益至宣威八十公里中，公路之平直，行车之速率，在全线之中，殆无其匹，即合云南贵州二高原上之公路，亦恐以此段路面为最佳。此段地带适当南北盘江江源之中间，此种事实，对于此平坦地面之保存，或亦不无关系也。

宣威亦位于一大坝子中，此坝子亦南北长而东西狭，两旁峙以高山，一如曲靖。惟有与其他平原异者，即此平原之土壤，非现代冲击土，而为风化或旧冲击土，细察其地面，亦非完全平坦，而略带起伏，且已受现在河流之切割，因此大部地面，皆不能灌溉，即不能种水稻，而成为干地，种玉蜀黍为养猪良好饲料，宣威火腿，殆即由此基础而发展者也。由土地而影响至作物，由作物而影响家畜与工业，其中关系，殊足深味。

宣威县城有内、外二城，内城即旧城，在城东，石垣绕之，故亦曰石城，为行政及教育机关所在，街道窄隘而寂静。外城在城西，东接旧城，西北南三面围以土垣，为商业中心所在。市街宽敞，屋宇轩昂，行人熙扰，与旧城异趣。我国城市结构，新式城区率皆位于旧城之外，不论沿海内地，无不皆然，固不独宣威如此。若考其成因，恐亦不简单。然与昔日城墙制度，当有关系。城墙之内，利于防卫，而交通则受阻滞。且地面有限制，新兴事业不易扩充，故商旅多集城外，久之而成新城区。

提起宣威，不得不令人联想到火腿。西南之云腿，与东南之浙腿，同等驰名。故记者亦于百忙中，抽出片刻，略事调查。现在宣威城中业此者，共四五十家，组织有同业公会。其中除三数家外，皆小资本。平均每年出口共约百余万斤，合现在市价可三百余万元，对于当地人民之经济生活，实为一大补助。至于猪之饲养，则为农家普遍之副业，而非大规模者。一般农家皆畜一二头，宰后或以鲜肉，或经腌后，售与商家，然后由商人装运口出。普通皆以成只火腿运出。惟近十数年来，亦渐有装罐头者现共有四家。记者曾至其较大之一家参观。工厂即在商店后面。其中除制罐头稍用简单机器外，余皆用手工。全厂共用工人二十余人，每日可制五百罐。余询其管理人近来生意佳否？彼大摇其首。问："罐头每罐现售三元，而仅装火腿数两，何以生意不佳？"答："火腿成本固不高，然其他所费成本则不少，每罐原料需七角，印商标二角，转口税、消费税三角，再加以制造所费之人工及燃料，所得几何？"余无言而退，深叹乎经营工业之不易也。

宣威至威宁

　　八月一日早发自宣威，循平原西边北行三公里，进一山谷，溯之而上，路依其东坡。沿途林木甚翳，数见土人背负木板进城出售。山谷低［底］部，颇有冲积土，稻田盈之，其上部则概种以玉蜀黍。行谷中六七公里，蜿蜒上山，片刻已至顶，高出宣威五百余公尺矣。路自此转向西北。按自滇入川，一路皆东北行，威宁在宣威之北偏东，故论理亦应趋东北。旧日大道正如此。惟因其中为可渡河及其支流所阻，溪涧错杂，施工不易，故车路西趋以避之，而取道于山岭之脊。自此北行趋哲觉七十公里中，车皆盘旋屈曲于山脊或山腰上，未曾下降。山顶平均高度，超出海面约二千八百公尺，在滇东高原及贵州高原中，此为最高之山地。其位置适在北盘江上源与牛栏江之间。其地原为一片高原，后经上述二江之支流所侵蚀，切成许多幼年期之深涧峻谷。然因受切割时期尚短，山顶上连成一块，未曾割断，故车路即利用此顶部相连之地而筑。此一带地方不独山岭重叠，林木亦甚茂密，而人口则极稀疏。我辈自宣威至哲觉途中，实未经一村落可以停足者，惟有时于两旁谷底，遥见有小村。然自车路往返，至少需三四小时。故在此地若车辆发生意外，实属困难万分也。因此地山岭高，林木茂，人口疏，交通难，故成为云贵之界山。

　　中午停车于哲觉。哲觉村距车路尚有二公里。车站仅有小屋数间，作为办事处及简单修车设备之用。所谓车站餐室者，则不过茅寮一间，可以蔽雨而不足以蔽风。膳无鲜肉，以火腿代之，因附近数十里地无肉可买也，其穷陋可见一班［斑］。

午膳后离哲觉，车转向东北行，十公里之内，地面情形略如以前所见，惟山上耕地渐增耳。山上所种，率皆燕麦，时已有黄熟者，映日作金色，与红色之土，绿色之树，相映成趣。五公里经一小村，曰韭菜冲，依道旁，宣威以后，车路所经第一个聚落也。自韭菜冲之威宁，地形即较为破碎，车路每悬深涧之上。大抵因受牛栏江支流切割较甚之故也，廿五公里，经黑石头村，旋沿一小谷行，稍有聚落。谷尽，复登山，山势渐低，而起伏无定。自黑石头行约四十公里，忽于群山万壑中瞥见碧湖如镜，知为威宁海子。未几，车自湖之西南端出现，乃由南岸绕至湖东，停威宁南门车站招待所宿焉。车站与招待所，皆由一旧庙宇（万寿宫）改建，宽敞清洁，设备亦周，旧物新用，堪称善法。抗战以来，迁至后方机关学校，得旧庙宇之助者不少也。

威宁海子为贵州境内唯一之湖泊，同时为云贵原［高］原上高度最高之湖泊，拔海约二千七百公尺，南北长而东西狭，面积约六十方公里。湖水似不深，此由湖中蔓生之水草荇藻之属可以见之，故土人名之曰草海也。考其成因，当为石灰岩溶解所成，因附近皆石灰岩层，而此湖又无出口故也。湖之南北颇有冲积小平原，然不种稻而种玉蜀黍，此亦为云南、贵州所仅有之例，未知何故。询之土人云，水太寒，种不起。或以地势太高温度不足，亦属可能，但确否当待研究也。又据土人云，湖中盛产大鱼，味颇可口，亦高原上难得之鲜味也。

威宁城位于湖东数小山之中，城墙依山而筑，极不规则。城内街道亦高低不平，且甚狭隘，城中空地颇多，可见其商业并不发达也。当地出产，亦以火腿为较重要，可谓宣威之附庸，其经济闻亦与宣威关系较密切。将来叙昆铁路完成之后，当较发达，加之海子之风光，夏季凉爽之气候，不失为避暑胜地，前途发展，亦可期也。

威宁至毕节

八月二日，早发自威宁。初由南门沿城西湖滨而行，旋东折过北门外，遂北向登山。自此车行丛山中，峰回路转，忽高忽低。然山色青翠特甚，茸茸绿草，被山遍野，而林木与耕地则甚少，其景色颇似英国田野之草地。廿五公里，至一坳，高出海面二千八百四十公尺，此为川滇公路全线最高处也。自坳下降至一山谷，稍见稻田，谷中有村名马姑，聚落颇盛。附近山地，闻产煤铁矿。自马姑东北行，两升岭脊，两坠谷底，遂至黑章，亦一大聚落，位于一狭长之谷中。附近颇有田畴，停车于此午膳。自威宁至黑章，路既曲折，路面又坏，现修理工程，尚未完竣。新铺碎石，尚未碾压。故行车困难殊甚。七十公里之路，竟费五小时，平均每小时行十五公里，可谓公路上最低之速率矣。自此直至泸县，路面皆不若威宁以前者之坚实，车行苦之。

由黑章东行上山，十五公里，下至野马川，在一南北向河谷中。木桥横其上，过桥，又东北上岭，下至平山铺。再北，复登一岭，下坠之七星关。危峰壁立，小川溯其下，东向流去。百石桥横川上，亭峙桥北。既度桥，路盘曲绕道上崖。自此东北行四十七公里，经高山铺、长春铺而至毕节。其中数上山下岭，颇劳升降，因自黑章以后，地面受乌江上游支流之切割，且支流多作南北行，故自西至东，须横越此等岭与溪谷也。沿途无论高山谷底，土地颇充分利用，种玉蜀黍之梯形耕地，往往达于山颠，且坡度极峻，人烟亦渐密也。

毕节位于一小山谷中，城依山坡而建，主要商店皆沿一大街，即自南门至北门，长凡二公里。大概即沿昔日通道而发展，形成所谓道路式之城市。市街商业颇盛，旅馆林立，且皆患人满。因毕节现成为川滇黔交通之枢纽，自此有支道可通贵阳，故商旅辐辏，市面顿形繁盛。若以当地环境而论，则山中一小谷耳，固不足以造成如此之城市也。

毕节玉［至］叙永

八月三日，自毕节至叙永一百八十三公里，以赤水河为中站。故行程亦可分为二段述之，毕节至赤水河一段共八十八公里，属贵州境。自赤水至叙永九十五公里，属四川境。

车出毕节，初循河谷北行，五公里过观音桥，仍沿河谷行。又五公里乃上山，自此北至燕子口四十公里，皆在崇岗峻岭中。然山上耕种甚盛，皆垒石砌成梯地，种玉蜀黍、燕麦、荞麦等，可谓地无遗利也。燕子口以后，路转东北，自此行廿五公里，经亮岩至清水铺，皆在高山上。清水铺以后，坡度陡降，赤水河峡谷已在其下。遥见谷底一川如带，蜿蜒自西而东，水色尽赤，名副其实，殆因其上游发源于红色岩层中也。河之对岸亦崇山高耸，而□削过于此岸。其上有小瀑布三四幅，自悬崖下坠江中，远望如匹练如坠珠。自清水铺下山，路迂回作之字形，约行廿公里，下降七百公尺，即抵河边。度［渡］木桥至对岸赤水河站，停车午膳。因地位于深谷，温度亦高，自云贵入川，至此始感暑意。

膳后自赤水河登山，车路回折，甚于南岸。二十余公里，始达山巅。此山土人云为雪关山，自地理上可认为川黔之界山。赤水河虽为省界，然河之两岸山地，并无不同之处，地质亦相若也。自山巅徐降而下，山势渐低，为至四川盆地之过渡地带。廿余公里，至营山镇。旋沿一小河谷而下行者二十公里，乃入一峡谷中，悬崖壁立，路迫在崖之下，宽仅容一车，往往须凿石开道，工程颇巨。谷中树木阴翳，藤萝蔓延，俨然热带景象，殆因湿度及气温增高所致也。时天已昏，而谷中日暮尤早，乃开灯行，随谷曲折，车行为艰。谷底因旷地甚少，人居亦鲜，如是者约卅公里，峡谷已尽，谷势渐展，始见田畴聚落，至谷口与永宁河交汇处，即见叙永城，由南门入，至西门车站宿焉。

叙永城跨江上，主要市街在西岸，但对岸亦有市街，石桥连之，通贵州旧道，即由此而去也。江名永宁河，故叙永又称永宁，上溯小舟可达三十里，下行通泸州，顺流而下，可行较大之舟，三日可达。故货运往来，水陆尚称便利。当地气候已充分表示四川盆地之气候，我辈自云贵来者，原皆着毛衣或夹衣，至是皆换夏季衣服。旅舍中之扇、帐、竹席，亦以前所未见者。至野外植物，若榕树、柑树、龙眼之属，更为高原所无。稻田亦较为成熟。而岩石则到处皆见红色砂岩，一日之间，已由高原下至盆地矣。

叙永至泸县

八月六日，昨日在叙永休息一日，略修理车辆，我辈则借以整理行李。六日早，发自叙永，路沿永宁河而下，两岸尽三十公尺左右之低山，大都为梯形水田所占，禾已黄熟，即可收割。小部分地面则种玉蜀黍。沿途尚见竹林、柑园，及芭蕉等热带及副热带植物。卅八公里，至江门，跨永宁河两岸。西岸有车站，停车受检查。自江门下行，江面复窄，谷流切入峡地中。夹岸多竹林，耕种甚少，约十五公里，出峡至上马场，谷复开展。两岸冲积颇盛，稻田亦多。行卅余公里，渡永宁河，有桥正在修筑中，尚未完成，舟济之。此处河宽达六十公尺，每次来往需半小时，时能〔岸〕边停车候渡者已有六辆，分三批渡河，费一时许始得渡。若遇车多，恐半日亦不〔岭〕纳渡也。渡河数公里抵纳溪县，在永宁河与长江汇流处，惟距长江尚二公里。出〔事〕溪不远，即望见长江荡荡，素帆片片，两岸为冲积台地，甘蔗也，龙眼也，仿佛岭南风景。沿江南岸行十五公里，止泸县南岸□田坝车站，九百十五公里行程，遂告结束。

《地理》第 1 卷第 1 期，1941 年 4 月 1 日

乡土地理调查手册

林 超　郑象铣　王德基　薛贻源

（Ⅰ）对于本调查应有之认识与准备

子、目标

一、发动全国中等学校地理教师，从事执教所在地地理资料之搜集与调查，用以说明当地自然环境与人事活动之相互关系。

二、根据前项调查与说明，作为编辑本国地理教材主要资料来源之一部。

三、增进全国中等学校地理教师之调查技能，并利用学生襄助此项调查工作之进行，借以训练其地方调查之经验，并加强其对于本乡本土实际情况之认识，以作将来处理地方行政之根据。

四、为树立全国地理调查网之基础。

丑、方法

一、直接观察。凭借感官，利用仪器，观察当地自然环境与人生活动之相互关系及其特殊地方景色。例如地形之为山地或平原，及其影响于耕地之分布、村落之集散等。

二、测绘略图。此种略图，只求表示方向、形式、分布及面积等，例如地形图表示地势之起伏、河川之流向，气温雨量图表示全年各月雨量之多寡、气温之高低，田地图表示位置、所有权、耕作权之分布等，聚落图表示聚落之位置房屋及街道之分布等。

三、机关调查。例如户口资料可向当地县政府及乡镇公所抄录，商业材料可向商会及税务机关搜集等。

四、口头访问。向熟悉地方情形与热心襄助科学调查之当地人士或老农、背夫、贩户、劳工等访问有关之材料

寅、工具（在未调查前须预为准备）

一、必须携带之工具：笔记本、绘图纸、铅笔、橡皮、小刀、表、指南针、温度表。

二、如能力所及所宜添备之工具：照相机、高度表、钢锤（敲岩石用）、取土器、藏土布袋、藏土纸盒、背袋等。

卯、表格

遇必要时可按照调查内容纲要（例如发动学生及本校其他教员或当地小学教员参加工作时）制备各种表格以供应用。

辰、注意事项

一、调查内容如不能全部答复时，切不可因之而中止调查。

二、调查务求准确周密，所有各种问题均须查实真情，按实填注，万不可任意猜度捏造事实，所载各节彼此互有关系，如有一部分失实，关系全部之调查结果甚大。万一对于任何问题不能得到确实可靠之答复时，宁可暂时阙疑，切不可伪造答案含糊填写。

三、遇口头访问，其有关数字如只能凭估计答复者，亦非全无价值，因为富有经验者所估计之数字，往往与其真情相去不远。

四、所询问各种事项，历年以来如遇有变迁时，务须将其变迁情形及原因，详为注明。

五、调查时如遇有特殊事项为本纲要中未及备载者，亦须调查明白，记载周详，以作整理时之参考。

六、调查时之数量单位，宜一律采用新度量衡标准（例如市斗、市亩、市斤、市尺等）。

七、调查时语言要清楚和谐，态度要谦恭诚挚。

八、调查之先应将调查之目的与意义向告知者详为说明，使其毫无疑意而乐于作答。

九、发问宜简单明白，不可泥于纲要上原有之词句，尤应避免一切科学术语，如能利用本地方言，俾被问者容易了解则更妙。如遇所答非所问时，务须百端忍耐，尤宜和蔼诚恳，设法解释至被问者彻底明了为止。

十、地理现象，并非历久不变，而系时刻在幻变中，调查者应时刻注意之，如在一地有作长期调查之机会，对于每一地方之地理现象之变化，应随时详细记载之，例如山崩、地震、河道变迁、林木面积之伸缩、旱潦之次数、天气日常之变化、耕地及荒地变态、农作物种类及其收割量之变更、人口之增减等现象，每年各有不同，甚至每季每月亦有差异，皆应注意之。

十一、地理现象，并非独立各不相关，而皆有密切的关系，调查者于调查时，应注意各种现象，彼此间之互相关系，并试行说明之。

（Ⅱ）调查纲要

子、属于自然景者

一、位置及范围

以经纬位置自然形势（例如江、湖、海、河及山脉等）及政治区域而定其位置及范围。例如陕西省南部之城固县，位于东经一〇七度一四分四二秒至一〇七度三〇分二六秒，北纬三二度四八分三六秒至三三［二］度三二分二五秒。北倚秦岭，南界巴山，中带汉江上游盆地。现属陕西省第六行政督察专员署区，东邻洋县、西乡，西接南郑、褒城，北连佛坪、褒城、留坝，南毗西乡及川北之通江。

二、地质

1. 地质　应注意其主要岩石种类，例如该地之岩石系砂石、石灰岩或花岗岩等，如对于岩石性质不明了，应采集标本，以待鉴定。

2. 岩石　有无层次，有无褶曲或倾斜的现象。

三、地形

1. 高度　凡描写一地之地形，应注意其高度，如无高度计，可利用实物，如房屋或树木或人，估计其高度。

2. 坡度　地形之坡度，系平缓的，抑系陡峻的，应加描写。

3. 种类　普通地形可分下列各类，宜加以分别，并须注意其分布情形及估计其面积占全区总面积之百分比。

  A. 平原

  B. 丘陵

  C. 山地

  D. 高原

  E. 盆地

  F. 沼地

四、水文

凡海湾、江河、湖泽、泉水所在地方，应记载其宽窄、深浅、清浊、水位高低变化等项。

五、土壤

应注意下列各项：

1. 土层厚薄尺度应加记载。

2. 颜色　主要颜色为黑、栗、灰、棕、紫、黄、红等。

3. 质地　为粘土、壤土（界于粘砂之间）或砂土。

4. 肥力　可视其生产力分为上、中、下三级。

5. 分布　各种土壤之分布，应详细记载或绘图表。

六、气候

1. 气温　应记其每年最高温度及最低温度、每月平均温度、降霜日期、终霜日期、结冰日期，如有温度计，则应每天测二次，上午九时、下午四时之温度，借以求得其月及年平均温度。

2. 雨量　每年及每月雨量多寡、下雨日数、云天日期、下雪日期、有无冰雹等。

3. 风向　每年每季主要风向，有无暴风。

七、植物

此指比较普遍或重要之植物，应记载其名称、生态（常绿落叶、是否开花结实）、分布地面之宽窄及高低、病害等项。尤宜注意天然森林及未经利用之天然草地之分布。

八、动物（野生）

1. 禽兽之名称、多少、利害及季节移动等。
2. 水产之名称、多少、经济价值、捕捞时季等。

丑、属于人文景者

一、土地利用

以下各种地类，均须注明其分布、面积及其百分比。

1. 现有耕地

　　A. 水田

　　B. 旱地

2. 熟荒地（指已耕而现在荒废者）

3. 生荒地（指可耕而未耕者）

4. 林地（此指人造林及已经利用之天然林而言）

　　A. 乔木林

　　B. 灌木林

5. 草地（此指已经利用之草地而言）

　　旱草地

水草地

二、农业

1. 普通作物

    A. 种类（例如稻米、小麦、大麦、荞麦、燕麦、玉米、小米、高粱、蚕豆、豌豆、黄豆、扁豆、绿豆、芝麻、甘薯、花生、山药、芋头、甘蔗、生姜、姜黄、棉花、青麻、烟草、白菜、萝卜等）及其分布地带。

    B. 产量（指每种作物而言）与价值（指每单位，例如每市斗之价值）。

    C. 耕作状况　包括每一作物之下种、移植、施肥、灌溉、除草、收获（以上均请注明其日期及方法等）所用人工日数及轮种制度等。

    D. 用途及销场

2. 特种产品

    A. 种类（指特种经济作物如烟草、甘蔗、桑树、白蜡、茶、竹、笋及重要果实与水果等）

    B. 分布

    C. 年产量

    D. 经营情形（包括每种产品之下种、培苗、移植、施肥、灌溉、除草、收获等）

    E. 单位价格

    F. 用途及销场

3. 灾害（指对于普通农作物及特殊农产物之损害而言），其应注意之点如下：

    A. 种类（例如虫害、病害、水灾、旱灾、雹灾、霜灾、风灾、禽兽等）

    B. 起因

    C. 每年何月最盛

    D. 平均几年有一次

E. 损失情形

F. 防止方法及费用

4. 灌溉

   A. 水源及名称（指江河、堰渠、池塘、井泉等而言）

   B. 分布

   D. 工程及材料之种类与来源

   C. 灌溉面积

   D. 灌溉方法（指发动筒车、水车、辘轴、电力等引水方法而言）

   E. 灌溉费用（即水费）

   F. 灌溉制度（指水权划分、管理方法等成规而言）

5. 农具

   A. 名称（如锹、锄、犁、水车等）

   B. 用途

   C. 何处制造

   D. 平均每户所有具数

   E. 其他（指有无特殊用途或特殊式样等而言）

6. 家畜（此指以畜养为副业者）

   A. 种类及数额（例如牛、马、驴、骡、羊、猪、鸡、鸭、鹅等）

   B. 饲养种类及每年产销数额

   C. 用途（例如驮兽、菜兽、力兽等）

   D. 病害损失

7. 牧放（此专指以牧畜为生者），调查时应须注意：

   A. 种类及分布地

   B. 数额

   C. 用途

   D. 病害情形

8. 农民经济

   A. 地权分配

a. 种类　计有地主、自耕农、半自耕农及佃农之类别
b. 地主所有土地之面积及其分布情形

　　甲、五十亩以下者（注明户数及其所占地主总户数之百分比）

　　乙、五十一亩至一百亩者（注明户数及其所占地主总户数之百分比）

　　丙、一〇一至二〇〇亩者（注明户数及其所占地主总户数之百分比）

　　丁、二〇一至三〇〇亩者（注明户数及其所占地主总户数之百分比）

　　戊、三〇一至五〇〇亩者（注明户数及其所占地主总户数之百分比）

　　己、五〇一至一〇〇〇亩者（注明户数及其所占地主总户数之百分比）

　　庚、一〇〇〇亩以上者（注明户数及其所占地主总户数之百分比）

c. 自耕农所有土地之面积及其分布情形

　　甲、十亩以下农户数及其所占之百分比

　　乙、十一亩至三十亩农户数及其所占之百分比

　　丙、三十一亩至五十亩农户数及其所占之百分比

　　丁、五十一亩以上农户数及其所占之百分比

d. 半自耕农所有土地之面积及其分布情形

　　甲、十亩以下者（自有亩数，租佃亩数）

　　乙、十一亩至三十亩者（自有亩数，租佃亩数）

　　丙、三十一亩至五十亩者（自有亩数，租佃亩数）

　　丁、五十一亩以上者（自有亩数，租佃亩数）

e. 佃农租佃之土地面积及其分布情形

　　甲、十亩以下者之户数及其所占之百分比

　　乙、十一亩至三十亩者之户数及其所占之百分比

丙、三十一亩至五十亩者之户数及其所占之百分比

丁、五十一亩以上者之户数及其所占之百分比

B. 租佃制度（注重富有地方性意义者）

    a. 佃租之重轻（占总产量或总产值之百分比）

    b. 租期之长短

    c. 其他（如地主是否供给佃农房屋、耕牛、农具、柴山等亦请注明）

9. 农民生活

  A. 生活状况

    a. 主要食粮（说明每年消耗量及供给情形）

    b. 主要农料（说明每年消耗量及供给情形）

    c. 燃料（说明每年消耗量及供给情形）

    d. 收支情形

  B. 借贷

    a. 借贷原因与季节

    b. 借贷方式（如借物、借钱或组织钱会等）

    c. 借还方式（例如贷款还谷等）

    d. 利息之重轻

三、矿藏

1. 种类

  A. 非金属矿包括石油、煤、硫、盐、汞、石膏、石材及石灰等。

  B. 金属矿包括金、银、铜、铁、锡、铅、锌、钨、锰、钼、锑、铋、铝等。

2. 未开采者　注意其地点、藏量及开采之可能性等。

3. 已开采者　注意下列各点：

  A. 开采历史

  B. 开采方法

  C. 资本

D. 人工

E. 产量及其季节变化（说明原因）

F. 运输情形

G. 销场及其今昔比较

四、工业

1. 家庭工业

    A. 性质（例如制糖、酿酒、纺织、榨油、造纸、制丝及其他等）

    B. 原料来源

    C. 生产方法

    D. 每年产量

    E. 销场及其今昔比较

2. 工厂工业

    A. 性质（例如重工业之铜铁、机械及轻工业之纺织、制糖等）

    B. 动力

       a. 人力

       b. 畜力

       c. 自然力（水力、天然气体）

       d. 油脂（如酒精、煤油、柴油、菜油等）及煤炭

    C. 原料来源及数量

    E. 资本

    F. 生产过程

    G. 每年产量

    D. 销场及其今昔比较

五、商业

1. 输入

    A. 种类及数量

    B. 来源

    C. 运输方法

D. 季节变化（指一年中各月运输数量）

E. 每种单位价格

F. 全年输入额及输入价值

2. 输出

A. 种类及数量

B. 来源

C. 运输方法

D. 季节变化

E. 每种单位价格

F. 全年输入额及输入价值

六、交通

1. 交通线及其开发历史

2. 交通工具

3. 主要运输品

4. 运输总量、运输总值及其受气候影响之情形

七、人口

1. 数量及品质

A. 性别

a. 男

b. 女

B. 教育程度

a. 识字人数

b. 文盲人数

C. 职业

a. 农

b. 工

c. 其他

D. 生死率（指每千人中所有之出生与死亡人数）

2. 分布（可用点法制图以示分布）

3. 密度（以总面积除人口总数）

4. 移动（注明来去地点、户数及籍贯）

八、聚落

1. 分类

    A. 农村

    B. 市镇

    C. 县城

2. 分布地带

3. 位置及大小

4. 功能（例如上海为商业都市、北平为文化都市等）

5. 形势（指周围之自然环境而言）

6. 逢场日期、主要交易及其交易区域之范围

九、房屋

1. 种类（石屋、土屋、木屋、竹屋等）

2. 式样（平顶或斜顶、楼屋或平房、三合四合或独进等，请绘立体图或照相表明之）

3. 用途之分配（绘平面图分别指明其用途）

十、社会状况（注重富有地方性意义者）

1. 家族制度

2. 婚姻制度

3. 宗教

4. 合作

5. 卫生

6. 歌谣（能代表地方性者）

十一、教育

1. 初等教育

    A. 学校数额及其分布

B. 学生来源

　　　C. 学生数额及其所占小学年龄儿童总数之百分比

2. 中等教育

　　　A. 学校数额及其分布

　　　B. 学生来源

　　　C. 学生数额及其所占中学年龄人口总数之百分比

3. 高等教育

　　　A. 学校数额及其分布

　　　B. 学生来源

　　　D. 学生数额及其所占大学年龄人口总数之百分比

十二、历史背景

1. 当地开发之历史
2. 可考之名胜古迹碑文

《地理》第 1 卷第 2 期，1941 年 6 月 1 日

大巴山地理考察简报

林 超　楼桐茂　郭令智

四川盆地之地理，大略可分为二大区：一为中部红色盆地，一为边缘山地。关于中部红色盆地之地理，较为人所熟知，但盆地边缘，则因交通关系，所知较少。民国三十年本所嘉陵江考察队，曾于广元东部一探川陕交界之大巴山，对于山地地理，略知一二，并发见完整之冰川地形多处，惜所涉地区狭小，未能一窥全豹。三十一年九月，乃重组队至川、陕、鄂交界之大巴山调查，以继续前项之研究。历时四月，所经之地，包括四川之巫山、巫溪、城口，湖北之竹山、竹溪，陕西之镇坪、平利、岚皋各县，兹将此行情形，略述于此，详细报告，当俟整理后，在本所专刊发表之。

路线　先自渝乘轮东下至巫山，然后溯大宁河北上至大昌。大昌以后，分为二队：桐茂、令智由大昌东北行，越川鄂交界之大官山、太平山至鄂之竹山县，由竹山经竹溪至陕西平利县。超则仍溯大宁河，至大宁厂后，上大官山西部一行，嗣下山溯河北上，越川陕交界之鸡心岭至平利县，此路线即维理士等于一九〇五年自陕入川所取之道也。超等在平利会合后，西行至岚皋，南逾界岭至城口，复自城口南行，连越俞家梁、□□梁、界梁子诸峻岭至云阳，即附搭江轮回渝。巴山多秋雨，自九月至十一月，连绵不断，对于野外工作，殊多不便。而十一月以后，则开始下雪，亦阻碍工作。作者自城口南行时，方交十二月，然诸岭已大雪，满山皑皑，积雪深达尺余，行旅苦之。在巴山旅行，当以五月至八月为佳。

地形 关于大巴山地形，可分三点言之，即：（一）地质基础，（二）地形期，（三）冰川地形。兹依次述之。

（一）地质基础 大巴山横亘于川陕鄂边境，其高度平均海拔二千公尺左右，最高峰则达二千五百公尺以上，其走向在城口附近为北偏西，至大宁河一带转而为南八十度西左右。此种情形，皆由于地质构造所致。大巴山主脉系一复背斜层，南北宽约六十余公里，其中包括若干较小之背斜层及向斜层，并发生甚多之断层及逆断层，乃显然一构造复杂之区也。主要岩石为三叠纪上部之石灰岩（大冶石灰岩）及二叠纪下部石灰岩。所有之主要山岭及高峰，皆由此二种石灰岩造成之，而尤以前者为最重要，因其岩层甚厚，倾斜较缓，每成规模甚大之背斜层；后者岩层较薄，且多作直立，每成陡壁，但规模不大。次要之岩石，当推志留纪之页岩，其所成之地形，多为低地及河谷，此系因其抵抗力弱所致。其他岩石分布面积不广，兹从略。在大巴山主脉之南北，尚有二构造带，应行述及之。其南为一复向斜层，宽约二十公里，为四条背斜层及五条向斜层所构成，略相平行。前者皆为三叠纪下部石灰岩，常成高山；而后者则皆为三叠纪上部之红色砂岩及页岩等（巴东系），常为低山，两相对比，极为分明。大宁河自川陕交界之鸡心岭南流，横穿巴山主脉之复背斜层及复向斜层，凡经石灰岩时，皆成峻峡，经志留纪及巴东系之砂岩页岩时，则谷宽流缓，耕地聚落，皆集于是。巴山主脉之北，为一变质岩地带，以板岩、石英岩、片岩等为主，褶曲甚烈。经河流侵蚀后，山势平缓圆钝，河谷宽广，与其南之大巴山，又成一对照。

（二）地形期 大巴山之地形，由其侵蚀之历史观之，显然有三个阶段，可由三种不同之地形表示之。由高面下（自时间言即由古而今）：（1）为二千公尺左右高度相等之地形。吾人每自二千公尺左右之高山上，眺望其前后左右之山岭，高度相若，颇为整齐，且连绵不绝，并非限于一隅。此种山顶平整之状，殆即表示其曾经一度之削平，换言之，即成一准平原或近于准平原之形态。虽今日山上已因侵蚀之故（在石灰岩区大部为喀斯特地形），原来平面若断若续，广大面积之平坦地面极不易见，然此重要事实，仍不能加以忽视也。作者此次曾于二千公尺之高山上（界梁子），见有砾石甚多，或足为此项事实之佐证也。（2）在此高度整齐山地之下，最常见之地形，为宽阔平坦之老河谷，其高度在一千公尺至一千二百公尺之间。此种情形。代表一昔日之壮年地形。（3）旧壮年河谷之下，为较窄而深之河谷，代表最近时期下切而成之少年河谷。此少年河谷中有五级阶地：最高距河面约二百公尺，次高距河面约一百公尺或百公尺以上，其次者高于河面约七十公尺，再下为一高于河面约四十公尺之阶地，最低高出河面仅四公尺左右。以上（2）、（3）二种地形，在大巴山北变质岩区中，尤为明显而普遍。

（三）冰川地形　在此段之大巴山中，冰川地形之存在，殆无疑问。在越过川鄂交界之太平山时，桐茂、令智于大九湖及小九湖，曾发见完好之冰川地形，其中，□冰斗、U形谷、悬谷及条痕石。其后超等于城口、开县交界之界梁子上，亦见有完好之U形谷及悬谷。除以上所述者外，在变质岩区中，尚数见类似冰斗之地形，殆亦为冰蚀所成。冰期之存在，证据甚确。惟究竟其分布如何，则未易言之。因大巴山最适宜于冰川发生之高山部分，往往为石灰岩分布之区。石灰岩常发展为喀斯特地形，使冰川地形残破，不易辨认。除非当地有页岩之分布，且又未受河流侵蚀所破坏，如前所述之大小九湖及界梁子；在此种情形之下，方得以保存完整，易于辨认。此种情形，与以前嘉陵江考察队在广元天星坪所见者（见李承三、高泳源著《广元属大巴山冰川地形》，《地理》二卷一、二期合刊本），如出一辙。故吾人对于冰川地形与其后发育之喀斯特地形两者关系未明了以前，冰川地形之实际分布，殊难言也。在变质岩区中，则因其岩石易受侵蚀而破碎，冰蚀地形罕见完整者，故其分布范围，亦难确定之。至于冰川分期问题，以现在所得材料，至少可分三期。最后者可以大小九湖高于海面二千公尺左右之冰川地形为代表；其次可以黄柏堙放马场高度一千五百公尺左右之冰川地形为代表；最早者可以平利县老林湾高度一千公尺左右之冰蚀地形为代表。但各冰期相当于国内或国外之何期，则尚待研究。

气候与土壤　气候、土壤与地形，有密切之关系，大巴山因地势高峻，故自下而上，气候、土壤皆呈显著之变化。先言气候：在一千公尺以下之低山地带，气候情形，与盆地其他地区相若，即属于副热带气候，惟气温稍低，湿度较大耳。此种情形，可以城口（六六五公尺）、巫溪（二五〇公尺）等地气候为代表。此二地年平均温度15~16℃，最热月25~27℃，最冷月4~6℃，冬夏长而春秋短，年雨量在一千公厘左右，相对湿度颇高，在80%以上。故简言之，可谓夏热冬温、雨量适中、空气湿润之气候。由低山地带继续上升，气温渐降，雨量渐多，湿度亦增高。大略言之，在一千六百公尺以上之地带，夏温而冬寒冷，故巴山有"盛夏不废炉"之谚。实际上在巴山可以不带火柴，因到处有终年不灭之火炉也。冬季则甚冷，最低温度可降至摄氏零下十度左右，且寒冷时间甚长，十月飞雪，四月未止，而五月、九月尚可降霜，平均无霜期仅六、七、八，三月而已。降水量丰富，秋雨尤多，十一月则积雪满山矣。湿度甚大，秋冬之际山上常为云雾所笼罩。由此观之，巴山山上气候，可谓夏温冬冷、多雨而湿之气候，为一种凉温带气候，而就其秋冬雨雪之多而论，颇类欧洲西北部沿海一带之气候。

以上此种气候垂直分布情形，与土壤之性质及分布，颇有关系。大巴山土壤，大概可以分为四类：（一）灰棕壤，分布于一千六百公尺以上之山地，相当于上述凉温度气候地区。（二）黄壤，分布于一千二百公尺至一千六百公尺之地带，气候则属于凉温带与副热带之间。（三）紫色土，分布于一千二百公尺左右以下之红色砂岩及页岩之低山。（四）变质黑色石灰土，分布于一千二百公尺以下之石灰岩地带。后二种土壤，皆位于副热带气候带之下或其附近，因其岩石性质之不同而分开者也。

天然植物与作物 植物与作物受气候与土壤之影响最深。大巴山之气候与土壤，既因高度而生变化，植物与作物亦随之而异。大略言之，自下而上，亦可以分为三带。在八百公尺以下，植物以常绿阔叶为主，并有马尾松（多长于砂岩上）、柏树（页岩及石灰岩上）。竹、棕、蕉、柑、柚等热带植物亦常见之。作物分为二季，夏作物为水稻、甘薯、玉蜀黍、小米、高粱、棉花、烟；冬作物为小麦与豌豆。除此之外，尚有油桐树与茶等副产。自八百公尺以上至一千六百公尺，植物大部为落叶树，以白杨、枫、青杠、漆、胡桃、栗为最常见，杉树亦多，作物为二年三季制，以包谷、洋芋为主，中间以荞麦副之。茶树仍可生长于此地带中。一千六百公尺以上，则为落叶树与针叶树之混合林，前者以杨柳科为主，后者以油松、云杉为主。新近放弃之垦地，遍长蒿草，年代稍久，则成灌木林及树林。作物以洋芋为主，荞麦副之，年仅一季而已。在此等高山地带，另有一重要之副种植品，即药材是也。以党参、黄连、贝母为最主要，皆数年始可收获一次。

经济 大巴山之农产品，以玉蜀黍为主，红苕（甘薯）、洋芋次之，稻米、小麦等又次之。此等农产品大部分供给当地居民之食用，仅一小部分可以输出。若遇丰年，粮食过剩，则以之饲养猪鸡，变成肉类输出。腊肉在平时亦为大巴山重要输出品之一；但最重要者当推山林之副产品，如药材、茶、桐、漆、胡桃、板栗等。大巴山中之石棉矿，尚未开采，铁虽有而量少，仅供土法小规模之经营。煤则质劣，多藏于二叠纪岩层中，其次则大巴山以南边缘之侏罗纪地层中，含有煤层（香溪煤系），可资利用。在大巴山矿产中最重要者，当推巫溪县大宁厂之盐，产自三叠纪石灰岩中，成一泉水，每年产量约二十万担，销川东、陕南、鄂西（包括长江南北岸）各地，因此遂使大宁盐厂成一万四千余人口之市镇，为四方商旅荟萃之地，《大宁志》所谓"一泉之利，四方趋之"，盖写实也。不独此也，因盐厂煮盐之需要燃料，使其附近之煤矿得以开发，因煤与盐之运输之需要，使大宁河得以航行，若干盐大路得以开辟，对于大巴山之交通，影响极大。自历史言之，则大宁厂唐时已置盐官，为天下十盐之一，其后历代皆置官于此。此种情形，对于大巴山之开发，不无关系也。

人口与聚落 大巴山人口现象最重要之特征，为其不安定之状态，时增时减。考其原因，约有数端：（一）政治之关系。治安良好，人民乐业，人口自增。但大巴山处川陕鄂三省边区，二三百年来，恒为变乱之源，如明末张献忠之乱，清初白莲教之乱，最近十余年（民国十八年至二十八年）土匪之乱，皆以此为根据地，□杀逃亡，人口自减。如镇坪县清末民初人口约八万余人，经乱后仅一万四千余人。其他各县，亦有同种情形。（二）饥馑。本区高山怕雨，低山怕旱，均足成灾。久雨则洋芋失收，如《城口志》载光绪十六年久雨，洋芋无收，居民逃亡者过半，即为著例。大巴山人口之另一特征，则为其移动之现象。大巴山为人口移动甚剧烈之区，在治安不良及饥馑之年，则移出，但平时则自各处移入甚多，其移动之方向，普通为自低山向高山老林而渐进，但从其历史中考察，有时亦有偏于南北之方向。例如明末清初开辟之时，陕鄂人口入川者甚多，有自北而南之势，至今川境大巴山之人口及习俗，尚多带有陕鄂之遗风。但最近则因四川盆地人口渐增密，故有向北移陡［徙］之趋势，大巴山之北坡，时发见新移徙之川人也。若论其人口分布之现象，则大巴山允称人口稀疏之区，各县密度每方公里皆在百人以下。而山地中心，人口尤稀。城口每方公里不过十四人，镇坪不过二十六人而已。但此种现象，尚未足以示其常态，前已言之矣。大巴山人口尚有一变态之问题，即其人民身体多不健全，颈瘤、疥癣、痧眼，分布极为普遍，低山之区，则疟疾、痢疾、霍乱、伤寒等热带病及肺病皆极普遍。此殆因经济落后，文化程度地下，交通不便等原因有以致之也。

聚落 大巴山为山地，故聚落以散居为主，城市甚小，皆在五千人以下。无赶场之俗，故场镇甚少，此为其与盆地之异处。房屋形式，亦近于陕鄂而异于四川盆地。建筑材料，以土墙为主，在森林边缘或昔日林木多之处，则以板屋为盛，如城口一带皆然。在北部变质岩区，则利用板岩盖屋之风甚盛，称为石板屋。就地取材，皆与当地环境有关也。

《地理》第 3 卷第 3、4 期合刊，1943 年 12 月 1 日

云南省呈贡县落龙河区土地利用初步调查报告

鲍觉民　张景哲

目录

第一章　工作经历

第一节　事前所考虑之事项——地图之选择

第二节　工作区域之选择

第三节　材料之收集及整理

第四节　工作所需之时间

第二章　落龙河区之自然环境

第一节　位置

第二节　地质

第三节　地形

第四节　气候

第五节　土壤

第三章　呈贡县之经济及社会情况

第一节　土地利用之历史的考察

第二节　人口

第三节　农家及农场

第四节　交通

第四章　落龙河区土地利用之现状

第一节　土地利用型态之分类

第二节　土地利用之现状的概述

第三节　山地区之土地利用

第四节　红土层上之土地利用

第五节　丘陵地上之土地利用

第六节　海埂田及菜地

第五章　落龙河区土地利用之展望

第一节　丘陵区

第二节　山地区

第三节　湖滨平原

第一章　工作经过

一　事前所考虑之事项——地图之选择

在我国，依照史坦普氏之方法，作土地利用之研究工作，最大之困难，乃在无适用之地图。英国从事于此项工作时所用者，为英国陆军测量局出版"六吋"（Six Inches to One Mile）之地形图。此种地图，不但小区域内之地形的微小变化，可以表示无遗，即各种重要的人文景观，亦皆能正确的表示之于图上，故测绘一地之土地利用时，极为便利，即数十公尺见方之面积，亦可于图上正确求得。

我国今日各地所有通用最大比例尺之地形图，乃各省陆军测量局所测得五万分之一者。此种地图不但因等高距（Contour Interval）过大，微小之地形变化，无法看出，即各种重要的人文景观，亦不能详细的表示于图上，至其比例、方位及形状，又每与实际相差甚远。若持此图至野外作填图工作，则稍稍微小之土地利用变化，即根本无法填绘。但除此种地图外，吾人尚无更佳之地图可供利用，此乃一最大之困难。

在此种困难之情形下，吾人只有在工作之其他方面另为设法，以补无大比例尺地图之不足。但于可能范围内，仍使工作结果之价值，不致受重大之影响。

考虑结果，认为：第一，若所用之土地利用形态分类，不求过详，则可免去填绘过于微小之变化，庶乎今日所有五万分之一的地形图，亦可勉强应用于野外填图工作。第二，图上所表示之人文景观，既有差误，则工作时只好专注意面积较大而变化较小之土地利用，至于人行道及村舍等之正确面积及形状，可暂从略。第三，所用之地图，既不能十分详确无遗的表示各种土地利用之实况，若有详细统计数字时，当尽量采用，以补不足。依上述考虑之结果，此次土地利用调查之试验工作，仍采用云南省陆军测量局民国九年所测之五万分之一的地形图作为底图，从事于野外填图工作。

二 工作区域之选择

此次土地利用调查试验工作所选之区域，仅以呈贡县之落龙河区为主。该区东起刘家营，西达滇池；南起郎家营、乌龙堡诸村，北达杨洛堡。东西长约十三公里，南北宽达八公里，面积约为一百平方公里。除包括整个落龙河流域外，东南尚包有捞鱼河（即大河）上流之一部，最北地带则为马料河下游之一部。选择此区之原因，约有数端：

（一）校中收藏之地方图籍，仅有昆明附近诸县之五万分之一的地形图，呈贡县幅，亦在其内。

（二）呈贡县距昆明较近，且有铁道、公路相通，交通便利，工作时较为方便。

（三）国立清华大学国情普查研究所设于呈贡，自民国二十八年起，相继举办呈贡全县之人口普查及农业普查。其已整理刊印之统计数字，间有可供利用参考者。

（四）呈贡县之土地利用，乃以农业为主，其他各种土地利用之型态，微不足道。应用五万分之一的地图作填图工作，困难较少，盖因农业土地利用之面积单位较大，而变化较少也。

（五）国立清华大学农业研究所昆虫组，适在本县设有果园害虫研究工作站，又中央农事实验所亦在呈贡设有工作站，其研究所得之结果，亦大有助于今日土地利用之调查工作，及他日土地利用改进之参考。

以上五点，仅说明此次选择呈贡为工作区之主要理由。但呈贡全县面积多至五百六十平方公里（注一）工作需时太久。故又于呈贡县境内，仅选定约百平方公里左右之落龙河区，以为实际工作区域。盖因：（一）此种工作在我国尚属试验性质，调查之面积不求其大，但期能于工作之过程中，对所应用方法之利弊，有所发现。（二）在落龙河区之范围内，举凡呈贡县境内所有各种土地利用之型态，一一具备，考察结果，可□代表全县。

三　材料之收集与整理

本文所用之各种农业及人口统计数字，多得自国立清华大学国情普查研究所之报告（注二）。各种气象记录，大部采自《最近十年昆明气象统计册》一书（注三），一部分则得自昆明气象测候所太华山站之观测记录（注四）。呈贡一向无测气候设备，然昆明与呈贡相距咫尺，且位于同一盆地内，气候当无若何差异。有关该区果园之知识，一部得自国立清华大学农业研究所昆虫组呈贡果园工作站。关于土壤方面，除参考宋达泉《滇西及滇中高山区土壤之垂直分布》（注五）及梭颇《中国之土壤概述》（注六）两文外，余则皆为作者野外考察之所得。有关地质之部份，则多参考《云南呈贡附近之地质》（注七）一文。

国情普查研究所调查所得之统计数字，据负责人称，绝对数字之差误，容或不免，惟相对的比较数字，则甚为可靠。此盖因当〖地〗农民知识浅陋，不明普查之真义与重要，于调查时每不能据实相告所致。因之本文凡有用及其统计数字时，力求避免采用绝对数字，而多用其相对的比较数字。

《最近十年昆明气象统计册》一书中所载之气象记录，为民国十七年至二十六年十年中在昆明市内所测得者。昆明与呈贡相距咫尺，天气平均状态，虽不致有何显着［著］之差异，但城市内与乡村原野间之气候，终必有不同处。且昆明位于滇池之北端，而呈贡位于滇池之东岸，则气候之微小差异，亦在所不免。故本文应用此种记录时，皆随时予以可能合理之订正，以期误差程度之减小。除上述诸参考材料外，其他则或得自光绪年间之《呈贡县志》（注八），或于考察时询问老农及直接观察得来，凡此均于附注中一一表明之。

四 工作所需之时间

此次工作区域之面积，共约一百平方公里。前后野外实地调查及填图工作，费时十日。在英国，此项工作，应用"六吋"之地图，于每六平方英里之面积内，所需时间，平均为三日。相形之下，此次工作速度较快，此乃吾人所用地图之比例尺，较之英国所用者约小五倍；各种细微之变化，无法填绘，故多略去。再者此次工作中心，集中于纯正农业性之土地利用，其他如村舍及道路等皆为次要，填绘较易，故工作进行较快。

第二章 落龙河区之自然环境

一 位置

呈贡县位于拔海二千公尺左右之云南高原上，西临滇池，为滇池盆地之一部，北纬二十四度五十分与东经一百零二度四十分，适交于县境西南。就纬度论，乃为一亚热带地区。东界宜良县，东南界澄江县，南界晋宁县，西北界昆明县。呈贡县县城与昆明市相距不过二十公里，位置重要，为自昆明南行必经之地。落龙河区则位于呈贡县境以内之中心地带。（图一）

二 地质

本区地质，在构造方面，有两点最为重要，一为呈贡县背斜层，一为龙潭山断层。在县城东北南三面之寒武纪地层，大致成一轴向东西之背斜构造，主要由下寒武纪之砂岩及页岩所成。此一背斜层之构造，东行为龙潭山

347

断层所切，西行为湖滨平原之冲积层所掩。龙潭山断层与湖滨平原之间为丘陵地，皆属此一背斜构造。龙潭山断层为南北走向，其东为东北西南走向之石灰二叠纪之石灰岩与玄武岩，造成本区之山地，其西为呈贡县背斜层所成之丘陵区，再西为湖滨冲积平原。（注九）

三　地形

本区地形，大体可分为三区：龙潭山断层以东之山地区，西境沿湖一带之冲积平原区，及介于二者之间之丘陵地区。山地区拔海高度大体皆在一千九百七十公尺以上：由石灰岩所成者，皆坡面裸露，无植物被，但山顶平缓，甚至有小规模之喀斯特（Karst）地形，发生于平缓之山顶上，造成孤立之小盆地（即Doline），直径不过数十公尺，土壤肥沃，可供农耕；其由玄武岩所成之山，则皆坡度陡险，山顶尖窄，但坡面皆有草被，间或生有林木。

湖滨冲积平原之地形，变化极小，拔海高度皆在一千八百九十公尺以下，为本区之主要稻作地带。又此冲积平原，沿各河河谷向东延展，穿过丘陵地带，而直达龙潭山断层下，分裂丘陵地为一不连续之地形单位。

至论丘陵地区，依土地利用之观点而言，又可分为两副区：其一为地面起伏变化甚小之红土层坡面，高度自东而西，逐渐减小，为落龙河区之主要旱地及果园耕作地带。另一则为由下寒武纪砂岩及页岩所成之诸丘陵，高出红土层坡面约五十公尺左右，坡度急陡，除东部山地外，造成落龙河区地形主要之起伏；但其顶部则皆较平坦，为地文发育史上之一阶级地。

四　气候

云南大部，虽一般认为属于季风气候区，惟就昆明及呈贡一带风向之季节变化观之，则又与我国东南沿海一带之季风气候，颇有不同之处。所谓一地之气候为季风气候，乃指该地之气候诸要素，随季节之交替而生相反之变化而言。本区各种气候要素，虽大致皆随季节之交替而生相反之变化，与一般季风气候区无异；惟风向则一年四季皆以西南向频率为最高，无随季节交替而生相反变化之现象。此点乃因本区拔海高度较大，风向受有高度之影响所致。故本区虽属季风气候区，亦应自成一"亚热带高原季风气候区"，以别于我国东南沿海之季风气候区；犹如热带季风气候区（Tropical Monsoon Climate），因气温曲线之特异，而有别于东亚之季风气候也。

依涂长望先生所划分之中国气候区，本区属西南高原气候区（注九），西南高原之气候，所受拔海高度及地形之影响，与其所受纬度及大陆性之影响同等重要。兹据《最近十年昆明气象统计册》一书，及太华山测候所之观测记录，分析其大要，借明落龙河区气候之大概情形。

各月平均气温（℃）

月份	一	二	三	四	五	六	七	八	九	十	十一	十二	全年
气温	9.8	11.3	14.7	18.0	19.5	19.6	20.3	19.9	18.3	15.9	12.8	10.3	15.9

由上表可知本区一年中气温变化之情形：七月为最热月，平均为摄氏二十度三；一月为最冷月，平均为摄氏九度八。年温差甚小，仅及摄氏十度半。年平均气温，为摄氏十五度九。

各月降水量（mm）

月份	一	二	三	四	五	六	七	八	九	十	十一	十二	全年
雨量	4.0	27.7	18.6	31.8	115.9	203.2	255.7	277.5	169.2	76.4	37.2	13.3	1230.6

由上表可知六、七、八、九四个月为雨季，降雨量占全年总量百分之七十五；雨季各月雨量皆在一百七十公厘以上。自十一月至次年四月为干季，六个月中所降之雨量，仅得全年十分之一。五月及十月为过渡期，雨量变率甚大。五月雨量多时可达二百公厘以上（如民国二十二年），少时则仅有二十九公厘（如民国二十年）。十月之雨量，多时可达一百九十公厘（如民国二十四年），少时则仅得三公厘（如民国十八年）。此雨过渡月份雨量之多少，对本区农作之收成影响甚大，此点于第四章论及土地利用现状时，当详述之。

日照强度大，为高原气候之特征。就本区言，记取日照强度之黑白球温度计之记录，平均较气温记录，约大两倍至四倍。本区日照强度，尤以春季为最大。日照时数，以干季为最多，各月平均皆在二百小时以上；雨季各月之日照时数，仅及百小时左右。雨季一到，日照时数，即立刻减少。霜期之长短，都市内与田野间，亦有差异。此种差异，通常乃因风速之大小不同而生。都市中风速小，易于结霜，田野中风速大，在同样之情形下，则不易结霜。又呈贡与昆明市对滇池相对位置之不同，亦使两地之霜期长短有别。盖呈贡位于滇池之东岸北端，常年西南风掠过湖面而达呈贡，在冬季有致暖之影响，而昆市位于滇池之北端，因湖面而致暖之影响较小。

依昆明市之测候记录，各月有霜日数，列表如下：

月份	一	二	三	四	五	六	七	八	九	十	十一	十二
民国十九年	11	7										7
民国二十年	14	3	1								14	8
民国二十一年	12	8									1	12
民国二十二年	13	4									1	16
民国二十三年	18	6									2	19
民国二十四年	18	1									1	23
民国二十五年	22	20	6							5	4	22
民国二十六年	28	12									1	11

由上表观之，除民国二十五年情形特殊外，各年三月至十月间之二百四十余日中，皆为无霜日；四月至九月间之一百八十余日左右，为安全无霜期。二月有霜日数，最多为二十日，最少为一日，平均在八日左右。依平常情形而论，二月结霜日数，上半月应多于下半月；至于十一月之有霜日数，平均仅有三日，其有霜日数，应为下半月多于上半月。

呈贡田野间之霜期，依上述之结果，除特殊情形外，二月下旬，即应入于无霜期，以迄十一月上旬。

五　土壤

在本文所包括之落龙河区内，土壤共分为四大类：即水稻土、红壤、灰棕壤及黑色石灰土。此四种土壤之分布与地形及岩石，均有密切之关系，兹分别略述于后。

（一）水稻土。主要分布于湖滨平原上及各河河谷地，为发育于冲积层上之标准水稻土，今皆已用以耕植水稻。在丘陵地区红土层上之低凹地，因其得水较易，农民多辟为水田，种植水稻，土壤亦为水稻土。

（二）红壤。主要分布于丘陵地区。此种土壤之肥力，一因长时期之淋溶，二因活跃之侵蚀作用，致渐行衰竭。但大体又可依上述丘陵地地形之差异，分为两种不同之情形。在坡度平缓之红土层上，多为灰化红壤及老红壤，所受淋浴及侵蚀作用较小，肥力尚高，惟土中含有碎石（Pebbles）甚多，大者直径可达五公分，小者如花生米。此种碎石以东部为最多，石粒亦较大；渐向西行较少，石粒亦较小。土色亦以东部为最红，渐向西行，色亦渐淡。此种土壤，大部均用以植果或旱作物，但东部果地多于旱地，向西行，果地渐少，旱地增多。

在由下寒武纪砂岩及页岩所成之丘陵上，土壤侵蚀作用最强，多为沟壑纵横，表土大部尽失，A 层及 B 层皆被冲去，外露 B 层以下黄白色之斑纹状粘土，甚至有土壤全部冲去者，砂岩、页岩暴露于地面。

（三）灰棕壤。主要分布于山地区由玄武岩所成之山坡上，表面多有草被。在农民开垦之梯田上，因有机质之急剧减少，多成黄棕色，甚至成黄色。在较低之山脚面上，玄武岩经风化后，多成准红壤，惟土壤侵蚀作用甚烈，多成沟谷。此种情形在新册村以东之龙潭山脚下，最为明显，农民用以植果。

（四）黑色石灰土。主要分布于山地石灰岩区，在坡度甚大之山坡下者，呈黑色或暗棕色，在新册村东之山脚下，可见此种土壤，惟面积过小，未被利用。在山腰或山顶喀斯特地形之小盆地（Doline）内，多呈红色，为退化之黑色石灰土，农民亦多用以植果。

本区土壤冲刷作用最烈者有两处：一为龙潭山脚下由玄武岩风化而成之准红壤；一为由下寒武纪砂岩及页岩所组成之丘陵坡面，皆沟谷纵横，耕作困难，且此种沟谷（Gullies）正不断扩张，破坏其临近之耕地。

第三章　呈贡县之经济及社会情况

一地土地利用之情形，除受上述诸自然因子之限制外，其所受到人文因子之影响，亦甚显著。今再就呈贡县历史的、社会的及经济的诸因素，择其要者，略述于后。

一　土地利用之历史的考察

呈贡县，汉时属益州郡，元时改益州为中庆路，宪宗时立呈贡千户所统之。至元朝中叶始改为晟贡县，明朝又改为呈贡。当地原来居民为西南山地少数民族，主要者有乌白、些门、些莫、徒阿及荼僰五族，自明初三公征滇后，汉民始随军徙居于此。

据本县老者言，本县各村庄，凡名为某某村者，皆为原来当地少数民族所居之地；凡名为某某营、某某卫、某某所或某某哨者，则皆为明初三公征滇时，军队扎营之地，后来为移来汉民所定居，渐变军营为村庄。今依上述之分类，考察本县村庄之分布时，则见其位于沿湖平原或各河河谷地之村庄，大部名为某某村；其位于丘陵地带或山地者，大部名为某某营或某某哨。此种村名之地理分布，固深具有历史之意义，但其所含之地理意义，更为深刻。盖当地之原来少数民族，均选择较为肥沃平坦之湖滨平原或河流谷地，群聚定居；且其农业文化之水准甚低，灌溉技术极为落后，于此得水较便，生活亦较易易。后来之汉民，只好逐渐分布于农事较难之丘陵地带及山地，幸其农业文化之水准较高，灌溉技术较佳，故原先当地少数民族无法利用之丘陵地及山地，逐渐为汉人所开垦定居矣！

由上可知呈贡县之农业发展，殆始于汉民迁来居住以后，迄今不过五百余年。五百年来，汉民以其固有传统之农业技术，耕作于此，对当地困难之环境，尽其最大之努力，以图适应。就呈贡县之地形言，耕作较难之山地与丘陵地，约占全面积之五分之四以上，而最宜于耕作之湖滨平原及河谷地带，尚不及五分之一；加之每年春季为干季，水利灌溉工作，向为农民唯一严重之问题。故光绪年间之《呈贡县志·水利篇》中，其开宗明义，即谓："呈贡居省之南隅，半适山半适平原，水势就下；非有蓄泄之法，疏浚之功，高者必苦其燥，下者必病其淹。"又曰："呈贡山多田少，黑白二龙潭外，常苦亢旱"。至今呈贡境内之塘、坝、堰、沟等小规模之水利工程，到处可见。惟因当地居民之经济能力有限，知识水准甚低，迄今仍守数百年来之旧法，殊少改进。

又据当地老农言，呈贡果园之历史，亦始于汉人迁来定居之时，则迄今已有五百余年。果园最先仅见于汉人定居之少数村落附近，以后果园面积，逐渐扩张。前尉营之公梨园，距今已有五百年之历史，新册村及落龙河村果园之发展，则为时较晚。据民国九年所测之地形图上所绘果园之面积，又较今日为小，可知全县之果地面积近年仍在增加之中。

本区果园，原为发生于家庭栽培，后始进入规模较大之副业栽培。光绪《呈贡县志》有言曰："呈贡山多田少，黑白二龙潭外，常苦亢旱，所产有限。谷麦而外，间种桃杏梨栗，以佐粒食之不足。"果园在农民经济生活中所占地位之重要，于此可以推知。

二　人口

本县人口总数为七一二二三人，全县面积以五百六十平方公里计，平均人口密度为每平方公里约一百三十人，其分布情形以县城以西之湖滨平原较为稠密，渐向东行，人口亦渐稀疏，及至东境之山地，村落寥寥，人口最为稀少。

呈贡人民之主要职业为农，农民占职业人口总数之百分之九十三，为一标准之农业社会。全县人民之教育情形，极为落后，其中识字人数仅占全人口数百分之七。以家庭计，则文盲家庭，约占家庭总数百分之七十五。本县人民文化水准之低落，于此可见。在此种情形下，一般农民愚昧无知，对于土地利用及耕作方法，多为墨守成法，难有改进。

三　农家及农场

全县农民之家庭，大部为小农户，六人以上之家庭数目，仅占全县家庭百分之十四；二十人以上者仅七家。平均每家人数为四·四人。至于农场，亦皆为小面积者。农场面积在九十公亩以下者，占百分之八十二；在二百公亩以上者，仅占百分之一·六。有二分之一之农场，面积在十公亩与五十公亩之间。

就土地利用及地权分配言之，则自耕农约占全县农民百分之四十六，半自耕农占百分之三十七，二者合计共占百分之八十三；而农主仅占百分之一·五，其余百分之十五，则为佃农及雇农。可知呈贡农民中之俱有田地而不自耕耘者之农主，为极少数；至于赤贫之无地农民，专恃劳力换取工资借以谋生之雇农及佃农，亦属少数；大多农民为自耕农及半自耕农。

由上可知呈贡县之农业，为标准的自耕小农之集约耕作。农场之面积既小，且多由一小农户自行经营；又加之农民经济能力低微，知识水准低落，农业技术之改进，殊多困难。

四　交通

呈贡位于昆明盆地之东部，为自昆明与迤南来往交通必经过之地。今有公路自昆明经本县南至晋宁，东南至澄江，滇越铁路横穿本县北境，在县境内有车站二，对本县与昆明之间交通，增加便利尤多。

水路自滨湖诸村，皆有不定期民船往来于昆明县属诸码头间，如大观楼、高跷等。今后高跷一带，渐变为昆市郊外住宅区域，则其所之需［需之］蔬菜，皆可借水路自本县沿湖菜地运往销售，便利尤大。

呈贡北距昆明市不过二十公里，距离既近，交通又便，今者昆明之人口日增，工商业亦日益繁盛，其余今后本县之社会、经济及其他各方面之影响，亦当远较昆明盆地中任何他县，更为显着［著］。

第四章　落龙河区土地利用之现状

一　土地利用型态之分类

此次进行落龙河区之土地利用调查，所采用土地利用型态之分类，为适用本区土地利用之现状，暂定如下（注十）：

	符号	颜色
（一）耕地	A	
1. 水田	Aa	浅绿
2. 雷响田（包括塘子田）（注十一）	Ab	红色
3. 海埂田（注十二）	Ac	蓝色
4. 旱地（包括休耕地及新垦地）	Ab［Ad］	橙色
（二）果地	F	深绿
（三）菜地	T	黄色
（四）林地（主要为松林）	P	紫色
（五）荒地	W	棕色

二　落龙河区土地利用之概述

今先依上节所拟土地利用型态之分类，将本区土地利用之现状，作一概括之叙述，然后再分别详论之。

就呈贡全县而言，耕地、果地及菜地之面积，共约八十二万公亩。其中水田（包括海埂田及雷响田）约占百分之四十一，旱地约占百分之三十九，果地占百分之十八，菜地仅占百分〖之〗二。果地面积，又可依各种果树株数之多少比较言之，则梨园所占之面积最大，桃园次之。梨树约占全县各种果树总株数百分之五十四，桃树占百分之三十三，其余百分之十三为栗、柿等。惟在此次所调查之区域内，则植桃之面积，大于植梨之面积。

就本区言，其土地利用之情况，所受地形及土壤之影响极大。在西部湖滨平原及各河谷地，因地势平坦，得水容易，故以水田为主；其在各村舍附近及沿湖一带之沙质土壤上有菜地，而于地势特低之湖滨一带有海埂田。东部山地区大部为荒地，仅在河谷谷地中有水田，在山凹中有雷响田；山坡上间有松林及旱地。中部丘陵地区，在起伏变化微小之红土层上，以旱地及果园为主；在地势低下得水较易之地，则为雷响田；在坡度陡急之各丘陵上，大部为荒地或休耕地。

三　山地区之土地利用

山地区荒地特多，其故乃以山地由玄武岩及石灰岩所成。其由玄武岩所成之山，坡度陡急，不宜开垦。但由玄武岩风化而成之灰棕壤，肥力尚高，故间有少数农民不顾坡度之险陡，仍于山坡上垦田耕种，以期利用此比较肥沃之土壤。其在村舍附近，在［此］种由玄武岩所成之山坡上，农民所开之田尤多，甚有高达山顶者。但此种田地，在山地究属有限，且因其面积过小，分布零散，故于图上无法表示之。

查此种田地，坡度过急，一经耕垦，土壤肥力，极易损耗；且农民在此种田地上，因其生产能力有限，采用一年一作农制（One Crop System），或隔年一作休耕农制（Fallow System），致使在休耕期间土壤之冲刷作用更烈。在同一面积中，此种山坡地之收获量，仅及普通旱地四分之一。主要作物为荞麦，间亦有种植小麦者。惟在此种田地中所产之小麦杆高，仅及平地小麦杆高之三分之一，足觇其土壤之贫瘠。

除农民所开之田地外，在玄武岩山坡上，亦间有小面积之松林，但树身短小，树杆直径普通不过三英寸左右。此种松林及农民所开之田地，多数位于背阳坡，其在向阳坡者则较稀少。主要原因，当由于两坡之蒸发量不同所致，盖坡度陡急，水份保留，本属不易，而向阳坡之蒸发量大，土壤中之水份自属更见减少，故多位于蒸发量较小之背阳坡面。

年前云南省政府建设厅，曾令本区居民在各玄武岩山坡上育植裸松，以资利用荒地，但业经农民开垦之地，不在育种之列。其所新植之裸松，顷已大部发芽，高仅寸余，埋于草中，远处尚不能见。

至由石灰岩所成之山，则皆为荒地，非但无耕地及松林，即草被亦不多见。仅在山腰或山顶，具有小规模之 Doline 处，有退化之黑色石灰土，农民用以种植桃树及老鼠豆。在山地区中，除河流谷地之水田外，各支谷中之雷响田乃为较佳之耕地。

四　红土层上之土地利用

本节所述，仅限于丘陵地区坡度变化较小之部分，凡高拔此坡面数十公尺之丘陵本身，则不在本节讨论之列。红土层坡面上土地利用之型态，变化最大，有旱地，有果地，有水田，惟无荒地。各种不同型态土地利用之分布，与地形及土壤之关系，最为密切。今分别论列于后。

先就果地而论，其分布之情形，受有下列两种因素之支配：其一为土壤中碎石之多少，其二为向风背风之地位。在本区东部，土壤中之碎石极多，农耕不宜，故果地多于耕地；渐向西行，土壤中石粒逐渐减少，耕作较宜，则果地亦渐为耕地所代。以向风与背风而论，则各丘陵背风面之果地，多于向风面，如新册村之果园，位于苏力山之东北，下庄子之果园，位于象兔山之东，李家山之东有落龙河果地，三台山之东北有阳落堡果园，此盖因全年中各月皆以西南风为多也。

本区之果园，以桃、梨二者为主，李、栗、柿等其他果树仅占少数。但图五中所表示之果地面积内，实际上并非全为果地；在果地中，间有不少零散孤立而面积多在百平方公尺以下之旱地，因其分布零散，面积过小，未能表示于图上。其面积约占果地面积十分之一。

果园之栽培，在本区内既为农民之副业，一切均任其自然发展，故果树种植之密度，皆甚稀疏，平均桃树每两株间之距离竟达七八公尺，较之专业经营之果树密度约小一倍，此乃因农民不知以科学方法从事经营，对果树之整枝，修剪诸事，向不注意，一任其自然生长所致。本区旱地自东而西，逐渐取果地而代之，前已言及，其冬季作物以豆、麦为主，夏季作物以高粱、玉米为主。

在地质史上，此一红土层最近曾为滇池所浸，今日在地层切面上，尚可见湖沉积物。当滇池水面后退时，自东部山地下流之山溪，决不仅今日尚存之三河（大河、落龙河、马料河）。及湖水西退以后，各山溪遂穿越此红土层，直入滇池，其后溪谷源态，渐渐消失，但其流水之谷地，至今尚可迹寻。即在此种久已干死之河谷（Dry Valley），因其地势低下，得水较易，今日多利用之为塘子田或雷响田。

五　丘陵地上之土地利用

高拔红土层坡面数十公尺之丘陵，由下寒武纪砂岩及页岩之背斜层所成，零散孤立于红土层坡面上，犹如海中之岛屿，高度不一，惟皆坡度陡急，利用甚难。此种丘陵面上与红土层上之土壤，虽同为红壤，惟因丘陵面上土壤之冲刷过烈，非沟谷纵横，即A层与B层尽失，除东部山地区外，当以此区之荒地为最多。

农民在此诸丘陵上，亦间有垦为旱地者，惟面积有限，分布成为豹皮式。作物以菜子为主，仅于龙街以东之丘陵上，一部红壤较佳之地，种有小麦，生长尚佳。

此种丘陵面上之荒地，实际上可称为人造荒地。因红壤之土壤冲刷，本甚强烈，既经开耕而又荒弃后，土壤之冲刷尤烈。在高坡或山顶处，土壤因A、B两层尽失，肥力较差。开耕后多采一年一作或两年一作之休耕农制，结果则徒增土壤之冲刷作用，以致红壤全失，母岩外露，不但其本身变为荒地，即低坡之可耕地，若保护不当，亦易受其不良之影响。

六　海埂田及菜地

湖滨平原上，百分之九十为稻田，仅沿湖畔有两带平行之其他耕〔地〕型态：一为菜地，一为菜地内侧之海埂田。菜地乃在一宽约五十公尺之湖堤上。沿湖一带，每年自湖中挖沙，加筑于一宽约五十公尺之堤上，以防湖水于高水位时，内侵稻田。在此堤上，因尽为沙质壤，故用作种菜。

海埂田，乃菜地内侧之低地区，每年秋季雨水过多时，湖水上涨，顺各灌溉渠倒灌内流，则海埂田即被淹没。割稻时每需应用木船，收获量因之大减；且因田为水淹，冬季作物亦不能下种，农民损失甚重，故沿湖一带有谚曰："天干三年吃白米，水潦三年吃粗糠。"海埂田北起彩龙村，南至江尾村，宽约二三百公尺，最宽处可达四百公尺。过江尾村南行，因接近象兔山，地势较高，即无海埂田。

第五章　落龙河区土地利用之展望

一　丘陵区

据作者之观察所得，认为今日丘陵区土地利用之方式，尚未至最适宜之程度。将来若欲有所改进，则应扩大果地面积及防止土壤之冲刷。扩大果地面积，乃促进本区土地利用最有利之途径，此中理由甚多，兹分述所见于次：

（一）就雷响田而论：水田每亩收获量之值，例为各种农耕地中之冠，若一地可能用作水田时，自以耕种稻作为佳。农民即因之在红土层上地势较低之处，种植水稻，曰雷响田。终因其位于丘陵地上，得水不易，灌田困难，惟有依靠天雨；但前章论及呈贡雨量之变率，以春季为最大。若雨季早临，五月雨水丰沛，雷响田尚可按时插秧；如五月雨水短少，则雷响田即需改种玉米。若不及时改种玉米，仍希能得雨插秧，则即歉收之危险。观于落龙河区以北马料河下游之雷响田，于廿八年及廿九年两次歉收，农民损失甚大，其主要原因即为该两年春季雨水过少，雷响田无法灌田所致。故农民有谚曰："立夏不下，犁耙高挂。"春末夏初雨量之变率既大，则雷响田之利用，至不可靠。故为避免荒歉之危险，稳定农民之收入起见，应将雷响田改为果地。

（二）就旱作与果地之收入比较而论：旱地之主要作物，为豆、麦、高粱及玉米等项。但此数者，均非当地农民主要之食粮，亦非主要之商品作物，且就平均每亩旱地每年之收入比较言之，又不如果地为高。以民国三十年之数字为例，若每亩果地收入之值为一百，则旱地仅及七十（注十三）。故为提高农民经济情形起见，旱地亦应改为果地。

（三）就气候及土壤而论：红土层上之红壤及当地之气候，最宜种植桃、梨，而尤以桃树为最。盖红壤性松，排水便易，宜植桃、梨；又呈贡之安全无霜期，平均始自二月下旬，而桃树开花最早亦在二月下旬，故霜害之可能极小。再就湿度而言，植桃亦较植梨为宜，因桃之采果期，普通以夏至（六月下旬）左右为最盛，而梨之采果期，则以白露（九月中旬）前后为盛，本区湿度，自六月以后，逐渐上升，而以七、八诸月为最高。湿度大，果易患病。故就桃、梨二者相较，梨之病害率常较桃之病害率为高。因之植桃亦较植梨为佳。

桃果除美味外，色泽亦甚重要。色泽之佳美与否，所受日照之强弱，大有关系。尤以果实之成熟期间最为重要。呈贡五月之日照时数，平均约在二百小时左右；及六月后，因雨季来临，日照时数始见减少，对于桃果之色泽影响殊小。

风速大小，对于果树种植，关系亦甚重要。本区风速以冬春各月较大，尤以四月为最高；四月以后，风速即渐减小，故当果实成熟时，亦无大风落果之害。

（四）就市场之需要而论：滇池盆地各县人口稠密，而尤以昆明市为最。本县距昆明市甚近，交通便利，将来昆市人口，自将日有增加，人民之生活程度亦将逐渐提高，则水果之消费量必大增。昆明市附近又无其他区域可以供给此种需要。故呈贡果园之发展，就其地位之适宜，历史之悠久，颇具有独占之优势。

就上述四点观之，丘陵地区实应充分利用之而发展为一广大之果园区，除将旱地及雷响田尽量改植果树外，一面应由政府及学术界之合作，训练农民，授以科学园艺之知识。则不特果地面积，可以大增，且果树密度，以及每株果树之产量，亦可大为增加，其于本区农民之收入，呈贡全县社会经济之改进，定将大有裨益。

至于由下寒武纪砂岩及页岩所成孤立零散之丘陵地上，其因土壤瘠薄，或坡度过大，不宜植果之耕地，则应即时停止耕作，改为草地。良以过去一般农民，每于此种孤立零星之丘陵地上，勉力垦为耕地；终又感于产量微少，所得有限，而采用休耕办法，结果则徒增土壤之冲刷作用，以致土壤反更趋于贫瘠，终至弃耕而成荒地。以此农民弃耕之时，亦即荒地造成之日。故为防止荒地面积之增加，应于今日此种丘陵上土层瘠薄坂度过大之耕地，停止耕作，改为草地。

以上所言，仅及于防止荒地之增加，至于今日此种丘陵上已荒之地，亦有加以利用之必要，而尤以业已被蚀成沟壑（Gully）之地，应速加以整治。盖一地沟壑既成，其扩张之速度，实堪惊人，若不及时整治，其附近宜耕之地，必因之受害也。

二　山地区

丘陵地区之主要问题，为易农地而广辟之为果地，以及荒地之处理与防止。本区之主要问题，则为扩充林木之培植。云南省政府建设厅，虽曾令饬本区居民在山坡上育植裸松，但所指定之区域，仅限于未经开垦之坡面，其业经农民开垦之地，则不在育植之列。依作者之观察，则不仅今日未经开垦之坡面，应速广植林木，即业经农民开垦之坡面，亦应劝令其停止耕作，改植林木。盖因农民无知，徒为眼前之小利，开耕山坡，殊不知一经开耕以后，土壤之冲刷作用，即随之而大增。如此则为时不必过久，表土必将尽失，不但农耕不克继续进行，即欲植林亦不可能矣！

三　湖滨平原

本区今日土地利用之型态，短期内绝无改变之可能，盖就其地形与土壤言，种植水稻，最为适宜，惟□湖一带之海埂田，则应设法利用水闸，防止湖水之内浸，庶乎夏季作物既可安全收获，冬季作物亦可利用种植。

民国三十一年十二月于昆明西南联大

注一　戴世光：《选样人口普查问题的研究》，《国立清华大学社会科学学报》第三卷第一期，民国三十年四月。

注二　国立清华大学国情普查研究所在云南省呈贡县先后举办之人口普查及农业普查，其人口普查部分，已于民国二十九年八月刊行《云南省呈贡县人口普查初步报告》；至于农情普查资料，刻正在整理分析中，不久当可刊行问世。

注三　云南省政府秘书处统计室编印《最近十年昆明气象统计》，民国二十八年二月出版。

注四　见昆明气象测候所刊行之气象月报。

注五　宋达泉：《滇西及滇中高山区土壤之垂直分布》，《土壤季刊》第一卷第一期，民国二十九年七月。

注六　梭颇原著，朱莲青等译《中国之土壤概述》，《土壤季刊》第二卷第一期，民国三十年七月。

注七　许德佑、边兆祥：《云南呈贡附近之地质》，《地质论评》第五卷第五期，民国二十九年十月。

注八　光绪十一年呈贡知县李明鏊续修《呈贡县志》。

注九　涂长望：《中国气候区域》，《国立中央研究院气象研究所集刊》第八号，民国二十五年。

注十　就英国本部与我国大部农业域区之土地利用比较言之，则前者之草地及林地较广，荒地亦多，且其城市及不具农业性生产之地面，亦较广阔，惟耕地则极有限；而我国则耕地甚多，林地及草地，均极狭小，聚落、房舍、道路、建筑物等，所占地面之面积亦甚小，且墓地多夹杂分布于田地或荒野中，不能独立分类填绘于图上。

注十一　为位于本区丘陵地之稻田，无河水灌溉之便，每年必待春季雨水来临后，庶借山洪灌田，或借池塘集水，没引灌田，本地人称之曰雷响田。

注十二　沿滇池岸边狭长分布之稻田，因地势较低，每值秋季湖水高涨时，易为湖水淹没，本地人称之曰海埂田。

注十三　据清华大学农业研究所昆虫组呈贡果园工作站赵养昌君致作者函。

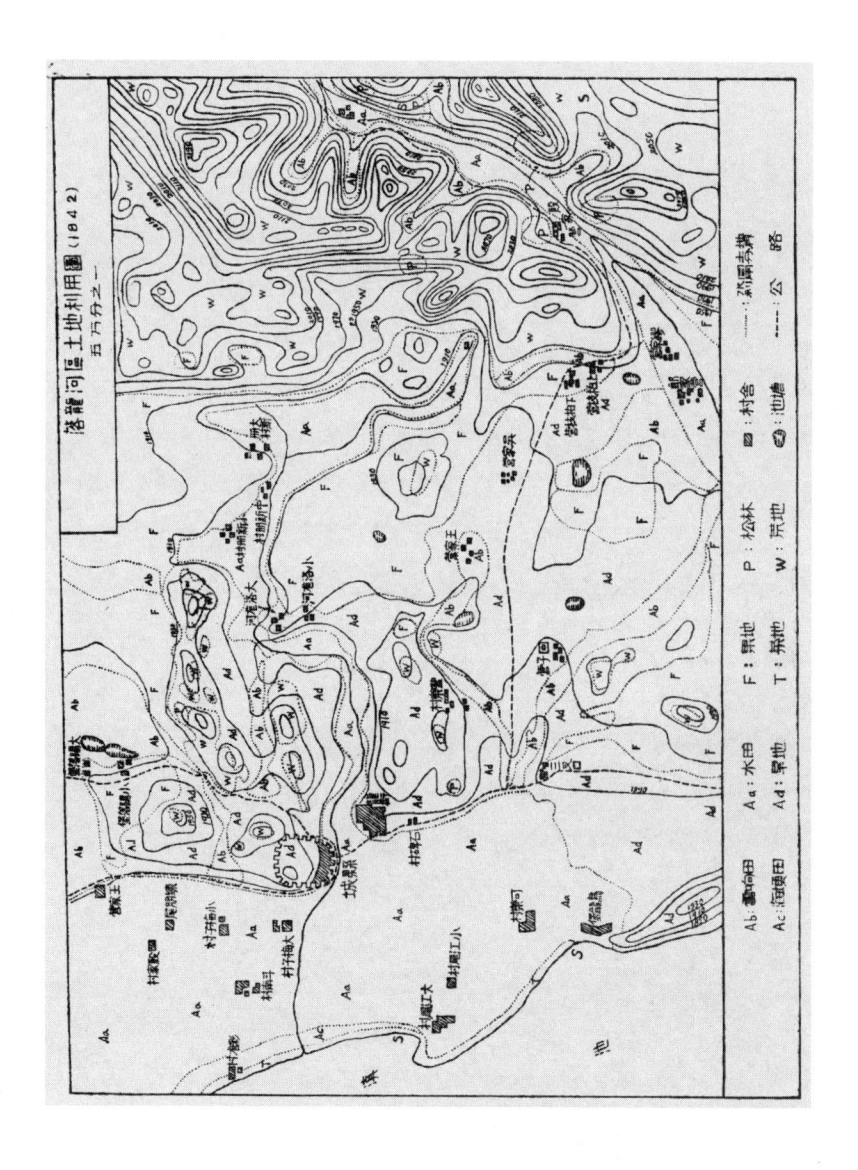

云南省呈贡县落龙河区土地利用初步调查报告

地理书评

书评：第六次中国矿业纪要——西南区[*]

鲍觉民

抗战以前，我国多数学术研究或科学调查机关，均集中于平、津或京、沪各地，战事发生后，纷纷迁入内地，但由于工作人员之部分的星散，或由于图书、仪器等工作设备之缺乏，加之因战区范围之日益扩张，一迁而再迁乃至于三四迁者有之，对于原有工作之能继续进行者，已不多觏，其能应□战之需要，或就其新环境中辟草莱而从事新的工作者，尤为难得。经济部地质调查所，久为国内著名学术研究与科学调查机关之一，成绩斐然，历年出版之论著及调查报告等刊物甚多；其于我国之经济地质方面，则有中国矿业纪要之作，每隔三年至五年刊为报告一次，将其历年勘查及探访之所得，增益补充，日趋完善，自民国十年至二十四年，先后刊行五次。抗战军兴，该所亦曾一再迁移，由南京而长沙而四川，其间因长途频迁之故，一部分之工作，虽数度中辍，但因主持指导之得人，工作人员之辛勤努力，得于艰苦奋斗之中，于最短期间内，不特早已恢复正常状态，且能集中全力，对于抗战后方之西南诸省之地质与矿藏，详加勘测，树其他学术或研究机关之最好榜样。今读其第六次中国矿业纪要之报告，尤可窥见其近年切实工作成绩之一部分。过去该所先后刊行之五次矿业纪要，悉以全国为对象，而此次则以西南之川、滇、黔、桂、康五省为对象，故特冠之为《第六次中国矿业纪

---

[*]《第六次中国矿业纪要》，经济部中央地质调查所民国三十年四月出版。——编者注

要——西南区》。诚以东北固已久遭沦陷，而华北平原及东南沿海各省，或以地在战区，或仍在暴敌铁骑之下，原有矿业，历空前之浩劫，或已摧毁殆尽，或呈停顿状态，变化既大，探访又极困难；反之，西南诸省，为我国抗战建国中心之区域，而年来工矿各业之发展至速，新矿区之发现亦多，则其矿业资源之丰啬，矿产区域之分布，以及矿业发展之近况，均为国人所关念。该所能于短期间内，先将西南区之五省矿业详细情形，刊行报告，以应时世之需要，并供研究西南区矿业经济情形者之参考，实为难能可贵之事。

此次所纪矿业，编法与以前各次完全相同，分为两大部分，首为西南区矿业统计，又分为煤、石油、铁等十节，述其概况及其在全国矿业上所占之地位；后为各省矿业近况，分为川、滇、黔、桂、康五省，列述其各种矿业发展之大概情形。

编者于西南区矿业编纂之余，申论其五点足资乐观者：本区各种矿业资源，至为丰富，不特有利抗战前途，抑且为他日建国之久远基业，此其一；自抗战军兴，本区矿业，呈突飞猛晋之势，未来矿业之滋长，今已奠定其始基，此其二；过去本区矿业，因限于人力财力，至为幼稚，今则或由中央独力开发，或由中央与地方之合作经营，成效大著，此其三；关于矿业之管理，亦日益趋于合理化，而由政府予以统制，俾免过去所发生之供求不能相应，及市场为少数商人所操纵之现象，此其四；以前我国矿业，因资本及技术关系，较大矿厂，每有外人参预，形成尾大不掉之势，今则本区各种新兴矿业之建立，资本技术，纯为自给，此其五。

关于主要矿产统计中，其分类要目及其排列次序，虽悉如以往几次全国矿业纪要；惟藏量之估计，则以新矿藏之发现，或多数矿区之重加勘查，颇有增补修正之处。以煤藏言，本区共约一千零五十万〖万〗吨，占全国总储量百分之四·五，其中以四川一省为最多，约达六十万万吨，云南省次之，约二十三万万吨，贵州省又次之，约十四万万吨。此次西南诸省煤储总量之修正估计，较前次估计，减少甚多，尤以四川省为甚，减少百分之四十，其他各省则变化甚少。石油之分布，完全集中于四川盆地，储量达三万〖万〗九千七百万桶，占全国百分之三十一。本区铁之储量估计，达七千万吨，占全国百分之三·七〇。其他金属矿物中之锡、铜、锑、锰、汞等，赋[府]藏甚富，具有经济上之重要价值。至如井盐，尤为本区特产，储量极为丰富。

本区各种主要矿物之藏量，虽称丰饶，但过去以僻处西南，交通困难，以言矿产之开发，较之华北平原及沿海各省，落后殊甚。自抗战军兴，本区之建设事业，突飞猛晋，尤以工矿各业之发达，最著成效。就本区各种主要矿产产额观之，大部皆呈显著之增进，由下表可以窥见其大概：

中国西南区重要矿产额

		民国廿三年（一九三四）	民国廿八年（一九三九）
煤	四川	六三八〇〇〇吨	二五五二〇〇〇吨
	云南	一一五〇〇〇吨	一七二〇〇〇吨
	贵州	七三五三〇吨	二六七四五五吨
	广西	一〇〇〇〇〇吨	三五八〇〇吨
	西康		二六五〇〇吨
	总计	九二六五三〇吨	三〇六〇八六四吨
铁矿		七三三〇〇吨	一四〇〇〇〇吨
生铁		二三九二五吨	四六四〇〇吨
钢			四〇〇吨
铜		四七一吨	七二六吨
锡		七二五六吨	一二〇〇〇吨

一地工业之发达，其最需于矿业资源者，一为原料之供给，一为动力之供给，前者为铁、铜、锡、铅、锰、锌等矿，后者如煤、石油及水力数者。地质调查所出版之历次矿业纪要，对于一般金属及非金属矿产，勘测不遗余力，对于其开发情形，亦调查綦详，惜于水力一项，未能列为工作对向[象]之一目。昔翁文灏先生于一九二五年出席第一次世界动力会议时，曾论列我国未来水力利用之重要，当时欧美各国，对于水力之利用，亦不过尚在发轫时期，翁先生之远见卓识，殊可钦仰。十五年来，欧美各国在工业上及交通上，利用水力发电事业，日在迈进，而我国水力，不特未能加以利用，而可能利用之水力大概总量，因从来未予以普遍之测量，亦无法臆断。

然而我国西南诸省，地形崎岖，雨量丰沛，峡谷瀑布，江河急流，所在皆是，水力之盛，世所公认；且此区煤储有限，农、工、交通诸业之发达，处处皆须大量动力之供给，故水力之利用，其在本区之重要，较之我国其他各地，不特希望最大，抑且最为切要。然而水电事业之建设，规模每甚宏大，需要资本至巨，故事先对于一般水文状况，及可能发生水力之总量，必须有精确的科学测量，始克有济。此种工作，一面固有赖于水力工程专家之协助进行，但我国目前之工程研究及政府机关，尚未能注意及此，以地质调查所人员，足迹之广遍，经验之丰富，工作之努力，似可将水力一项，列为调查要目之一，积年累日，将调查所得，刊为正式报告，或编为参考资料，以供政府及实业界之参考。年来美国年出一册之矿业年鉴，即将水力与煤及石油，同列于动力资源之内，盖非无因。年前资源委员会，曾派请专家前往勘测陕晋间之壶口及龙门瀑布之水力，并刊为报告，创我国科学的实测水力先举。今者地质调查所之主要调查区域即在西南，正不妨对于各地水力之情形，附带列为工作项目之一，试为推行，然后逐渐推广以及全国；并将水力估计，列入矿业纪要，苟能因此而能引起政府及国人之更大注意，从事利用，则不特战时动力资源之不虞匮乏，且可为国家万世大计，树其始基焉。

《新经济》第 5 卷第 11 期，1941 年 9 月 1 日

评张印堂之《滇西经济地理》[*]

林 超

本书为作者于民国二十八年十月至二十九年三月在滇西调查滇缅铁路沿线经济地理之报告。调查所经地方，除滇缅铁路沿线外，兼及畹町、遮放、芒市、龙陵、腾冲、保山、大理等地。滇西重要地方，皆已包括在内。名曰滇西经济地理，自亦多副其实。

全书共一百四十八页，分为七章。第一章略述调查之路线与范围，极简括，大略如上文所述。第二章沿线经济发展的地理基础，论及沿线之位置、构造与地形、气候、植物、土壤、居民分布与生活，亦很简约，全章仅占十八页。有些地方实在太简略，譬如论植物一节仅占页半，土壤仅占八行，即使是专讲经济地理，亦似不足。第三章和四章论滇缅铁路在开发滇西上之重要及其在国际交通上之重要，这是很明显的事，大概一般人都明白，所以作者亦不多说，二章共仅占四页。以上四章共二十九页，可看做本书的导论。

第五章述沿线经济现状及展望，为本书精华所在，所以占篇幅亦最多，本章共占六十三页，几及全书之半。其中分为农作、经济作物、矿产三项论述，皆甚详尽，且富于地理意义。作者分滇西农作区为二大部，而以北纬二十四度五为界。此界之北行二季制。冬季山地及低坝皆以蚕豆、小麦为主，

---

[*] 张印堂《滇西经济地理》，1943年由国立云南大学西南文化研究室出版，云南省图书馆藏。——编者注

大麦、豌豆、胡麻、油菜等次之。夏季山地以玉米为主，高粱［梁］、豆、苎麻等次之；低坝以水稻为主，玉米、豆类次之。界以南盛行一季制。冬季大部休闲，仅山地村落附近有种蔬菜及豌豆者。夏季则低坝种水稻、甘蔗；山地种玉米及旱稻或□麦。此种分布，并非因南部土地不良，或因气候不适于耕种，而系因气候之影响于居民，间接影响于农事所致。此界之南，在大气候上大部属于热带及副热带，夏季湿热，疟疾为厉，遂致人口稀少，种族复杂，农业留于粗放阶段。此诚滇西地理上一极重要之现象，而成为经济建设上最重要之问题，值得吾人予以充分之注意者也。作者又分滇西为六个作物区，使读者对于滇西农业更为明了。至于经济作物，作者提出八种可以种植者，依其重要性而列之，即桑、茶、棉、麻、甘蔗、油树、咖啡、树胶。此种经济作物皆有□相关而不可分离之工业及商业，如桑之与蚕及缫丝出口，茶与其制造及贸易，棉、麻与纺织，甘蔗与造糖，油树与榨油，咖啡、树胶及其制造等，故合并讨论之。以其分布而言，则八种之中，桑、棉、麻三种集中于主要农业界线（即北纬二十四度五）以北；其余五种在其南，皆属于热带或副热带产物。

矿产之重要者为煤、铁、盐三种。滇缅铁路沿线各地煤矿分布虽广，但烟煤绝少，仅一平浪一处，是其缺点。铁亦不丰，最重要之易门铁矿，储量亦仅一百七十万公吨，非大铁矿也。以经济价值与影响而言，当仍以盐最为重要。过去云南之开发，与盐极有关系，若干城市及道路皆因之兴起，人口为之增加。今后仍将占重要地位，自无待言。沿线盐井，计有元永井、阿陋井、蚂蝗井及利用元永井卤水之一平浪制盐场。此数井虽非位滇西，实际上皆属滇中盐场，但因位于沿线附近，将来铁道修筑成功，自可利用铁道向东南运输，且其将成为铁道上重要货品，殆无疑问。故作者对于盐之制造运销情形，叙述颇详，且对于其改进之举，再三致意。

第六章述沿线经济中心，作者举出沿线的安宁、禄丰、一平浪、舍资、楚雄、镇南、姚安、祥云、云南驿、弥渡、公郎、云县、孟定各地，此外并及大理、下关、腾冲、保山、龙陵、芒市、遮放等地。对于各该地之地理状况、经济情形，以及将来发展，皆有扼要的叙述。作者指出安宁与一平浪（包括舍资），可以为未来之工业区。姚安及弥渡为最重要之农业区。楚雄、祥云、云县、孟定，则为商业中心。此等意见，对于沿线经济建设，足资参考。

最后，作者在第七章中，提出沿线及滇缅沿边几个问题，即气候、人工、居民徙移、民族、未定界政治、货币、语言、国际政治、走私、地名等，促起读者注意。此十项问题之重要性虽不一致，但对于滇西经济，直接间接总有关系，值得注意。

本书附插图十五、表十二。本来还有参考图十四张，照片二百余张，皆因战时制版印刷困难，未能附入，极为可惜。照片可以从缓，但参考图却与正文同其重要，且印刷较易，原不可省，尤其是关于地理的书，图志并重，更不可省。例如此书连一张滇缅铁路沿线图都没有，使读者觉得非常不便，此点希望编者能有所补救。

评者介绍此书既竟，有一点感想，顺便在此地写出来，并以就正于作者。

滇缅铁路为抗战时期应战事之急需而修筑的，是一条十足的国防铁路线。现在虽未能完成，然既已动手，将来总要完成他。照现在情形来看，此路修筑后在经济上是不是能维持，仍成问题。所以，我们应该尽力设法使此路不仅是一条战时的国防路线，而且在平时成为一条不亏本的经济路线。为达到此目的，我们便应把眼光放远点，不能局促于沿线的经济，而应该以我国的西南和缅甸、印度为对象，想象到此路可能发展的事情，并促其实现，如此方能使其发挥充分的功用。譬如美国人为此次大战开辟了西北航线并建设了阿拉斯加的海空基地，为了利用战时的建设，便产生了开展西北部的计划，更进而提出北太平洋航空线的计划，以与西伯利亚及中亚、华北联接，这是很有眼光的，足以为我们所效法。我们既然修筑滇缅铁路，亦就应该立下大计，从事滇西及滇南的开发；并设法贯通中缅印的陆路交通，以造成中印交通的新时代。这二点，在讨论滇缅铁路的经济前途时，是值得加以考虑的。

关于开发滇西及滇南的问题，依照张印堂先生在本书中所指示的，最基本最重要的恐怕是人口问题了，实际即是移民问题。没有外来的移民，则当地人口不会急速增加，土地仍然要留存在粗放状态，不能充分利用；滇西、滇南半壁，亦便永远不能进展。谈到滇西、滇南的移民，自然不能求之于本省东部高原，因为本省东部亦是人口稀少，并无过剩人口。而且从人口的素质而言，东部高原人民亦是不适宜于西南部的。我一向以为从中华整个民族而论，云南的殖［移］民是失败的，最少可以说是不成功的，因为移民的来源和当地的环境没有配合好。现在云南的汉族，大部是从江南来的，习于温带的水土，避低地若水火，而老死于中东部高原。所以至今留下着西南部半省未开发的地方，多么可惜。假若当时是从两广或四川移去的人民，则时至今日，当大为改观。从现在两广华侨在南洋及河口、老街之盛，可以证之。因为两广的气候，和南洋较接近，而且人民的血统，亦恐怕有相同之处。所以，对于热带生活较能适应，对于瘴疠——实际上即现代医学上谓热带病，包括疟疾在内——的抵抗力强，故能孳生繁延。因此，我认为要解决滇西及滇南的人口问题，当求之于两广和四川。这又不是滇缅铁路本身所能解决的问题，而应与其他路线配合了。关于四川移民入滇，若叙昆铁路完成后，自较方便，若能加筑祥云金沙江线并开辟金沙江航路，则更为便捷。至欲两广之民至滇西及滇南，则非另辟一条纵贯西江流域的铁道，以与滇缅铁路连接不可。若能增辟自滇东至滇南的支线尤佳。如此则粤、桂二省过剩之人口，可以源源而入，而北纬二十四度五以南地区之开辟，指日可待。

其次，照现在滇缅铁路的计划，是以仰光为出口，范围限于缅甸境内。固然缅甸本身，有许多物产，可以与我国西南贸易，例如洋油，以后可能经滇缅路畅销西南，我国亦可能有许多货可销缅甸，但比之印度，便差得很远。为充分扩张滇缅路的机能计，为连络中印直接贸易计，我们应考虑到中印铁路交通的问题。现在中印公路（即雷多公路）的完成，只是时间问题，明年定可通车。我们能不能继中印公路之后，而修筑中印铁路，正如我们在继滇缅公路之后而修筑滇缅铁路一样。这似乎是值得考虑的问题。张印堂先生对于缅北交通成竹在胸，当有以教吾人也。

《地理》第 3 卷第 3、4 期合刊，1943 年 12 月 1 日

附录

作者简介

张印堂（1903～1991）

字荫棠，山东泰安人。1922年就读于燕京大学地质地理系，1926年大学毕业后赴英国利物浦大学留学，师从英国著名地理学家罗士培（P. M. Roxby），从事人文地理学的研究。1930年毕业，获地理学硕士学位。1931年2月回国后任教于燕京大学；1933年受梅贻琦之聘，出任清华大学地学系教授。1934年2月，中国地理学会在南京成立，刚归国不久的张印堂即被选为九大理事之一，与翁文灏、竺可桢、胡焕庸、张其昀、张星烺等地学界已成名者相并列，可见这位刚从海外学成归来的、年届三十的年轻学者已为中国地理学界所认可了。[1] 七七事变后，张印堂于1938年秋至昆明，任国立西南联合大学地理学教授，兼地质地理气象学系地理组组长，直至抗战胜利后复员北返清华任教。张印堂先生一生致力于地理学的教学与研究工作，在地理学的诸多领域多有贡献，就张印堂先生地理研究的地位与影响而言，西南联大就有过如此评价："张印堂先生，清华地理教授，在联大教《中国地理总论》，是中国地理学权威学者。"[2]

---

[1] 《本会史乘》，《地理学报》第2卷第1期，1935年3月，第149页。"本会"指中国地理学会。
[2] 西南联大除夕副刊主编《联大八年》，西南联大学生出版社，1946，第184页。

确实，张印堂自 1931 年回国至 1948 年出国，在中国共从事了近 18 年的中国地理学研究工作，尤其是在边疆经济地理、边疆国防地理、边疆政治地理、边疆文化地理等诸多方面有所贡献，在近代中国地理学研究中具有其影响力。比如张印堂的英文著作《西北经济地理》由商务印书馆出版后，1934 年美国地理学会据此著作的学术分量，即聘其为"特别会员"，张印堂应该是较早被聘为外国地理学会会员的中国学者。[1] 1936 年其撰写的《我国边疆及国防问题》一文，全面考察中国的海疆与海防，张印堂应该是民国时期重视海疆研究和研究中国海疆的重要学者之一。张印堂在《滇缅铁路沿线经济地理调查报告》的基础上，撰写成《滇缅铁路沿线经济地理》一文，该文荣获国民政府教育部主持评定的国家最高学术奖民国三十一年度（第二届）社会科学类三等奖。据相关资料显示，国民政府颁发的五届国家最高学术奖中，张印堂的《滇缅铁路沿线经济地理》应是唯一获奖的地理著作。[2] 张印堂对滇西经济地理的研究也引起地理学界的反响。《滇缅铁路沿线经济地理》改名为《滇西经济地理》后，1941 年地理学家林超即在《地理》杂志上发表文章，对张印堂的《滇西经济地理》一书进行了综合评价，肯定了此书的学术成就与实用价值；地理学家、气候学家徐近之也于 1947 年在其论文中对张印堂的《滇西经济地理》做了重点介绍，指出该书"论农作、经济作物、矿产甚详"。[3] 事实上，张印堂的诸多边疆地理研究，其影响力并非上述这些具体的事例就能够全面而完整地说明，其研究对推动中国边疆地理研究甚至地理学的学术研究，对解决中国近代现实中的边疆危机与国防问题，边疆建设与发展问题，影响应更为深远。

---

[1] 《会员传略》，《科学时报》第 3 卷第 10 期，1936 年 10 月，第 17 页。
[2] 《第二次中华民国教育年鉴》第六编《学术文化》，商务印书馆，1948，第 74 页。该年鉴中明确记录了国民政府教育部主持评定的国家最高学术奖第一至第五届获奖名单。
[3] 林超：《评张印堂之〈滇西经济地理〉》，《地理》第 3 卷第 3、4 期合刊，1943 年 12 月 1 日；徐近之：《抗战期间我国之重要地理工作》，《地理学报》第 14 卷第 3、4 期合刊，1947 年 12 月。

洪绂（思齐）（1906～1984）

别号思齐，福建人。[①] 1928年毕业于协和大学物理系，同年去法国留学，进法国里昂中法大学。1933年7月14日毕业，获地理学博士学位。在法国留学时，曾师从世界著名地理学家马东（E. de Martone），深受其影响。洪绂懂英、法、德语，尤其擅长英语和法语，曾博览和收藏大量当时欧美出版的地理书刊，为其博学多才奠定基础。

1934年回国，出任中山大学地理系教授及系主任。不久，即北上任清华大学地理学教授。当时该系教地理者为洪绂、张印堂两先生，教地质者为冯景兰、袁学礼、孙云铸、杨钟健诸先生，教气象者为李宪之、赵九章两先生，皆一时名教授。其中地理学课程安排方面，张印堂讲授自然地理，洪绂讲授世界地理，王成组讲授人文地理，黄国璋讲授经济地理，涂长望讲授气候学，高钧德讲授地形学等。1937年，洪绂参加中国地学会会议，被选为理事。

抗日战争爆发后，洪绂于1938年到达昆明，任国立西南联合大学地理学教授。

1940年，以林同济、陈铨、雷海宗、贺麟为核心人物，以26位"特约执笔人"为主要成员，以春秋战国时期的谋臣或策士自诩，对抗日战争之国际形势与中国战国时代相比较，以认识中国的国际地位，为中华民族在强国如林之中谋生存，而共同在昆明创办《战国策》半月刊，由此被称为"战国策"派。其中洪绂参与其事，成为"特约执笔人"之一。

在西南联大，洪绂曾讲授自然地理、人文地理、欧洲及美洲等区域地理。他深受马东的影响，力图把自然地理和人文地理结合起来。讲课和带学生野外实习时，善于启发学生，不时提出问题让学生思考，如对不同地貌如

[①] 洪绂先生发表文章，除常署名洪绂外，亦以洪思齐之名行于世。《国立西南联合大学全校教职员名单册》中记载，教授洪绂，别号思齐。参见《国立西南联合大学史料》（四），云南教育出版社，1998，第283页。

何加以利用等。作为洪绂学生之一的杨宗干回忆时，认为洪绂授课使其"深受教益"。确实，中国现代不少知名地理学者都曾受教于他，如周廷儒教授、王乃樑教授、邓绥林教授、丁锡祉教授等，还有不少学生从事大专院校或研究机构教学和研究工作。

林超（1909～1991）

字伯超，1909年生于广东省揭阳县，1926年年仅17岁就考取岭南大学文科，次年转入中山大学哲学系。大学期间，林超兴趣广泛，大量选修外系课程，尤其是地理方面的课程。1929年中山大学创建地质地理学系，林超师从瑞士教授汉姆（Ham）学习地质学，随德国教授克勒脱纳（W. Credner）学习自然地理学，并深入云南进行地理考察，撰成《民国十九年云南地理考察报告》，发表在《国立中山大学地理学系报告集刊》上。

1930年林超虽从中山大学哲学系毕业，但因在地质地理方面已有系统的学习，被聘为德国近代地理学第三代大师、中山大学地理系教授克勒脱纳的助教。1934年以优异成绩考取中英庚款留学生资格，前往英国利物浦大学地理系学习，师从著名地理学家罗士培（P. M. Roxby）教授，1938年获得地理学博士学位，回国担任中山大学地理系主任、理学院代院长等职。1939年受聘任国立西南联合大学地质地理气象学系教授，讲授地理通论、北美洲地理等课程，从事地理学的研究工作。

作为中国人文地理学的开拓者之一，林超的政治地理学代表作《第二次世界大战之地理基础及其展望》一文，分别对民主国（同盟国）与轴心国的土地、人口、交通、资源及军备等情况做了全面对比，指出民主国家凭其优于轴心国的上述条件，在长期战争中，"有胜利之把握"，号召民主国家"以人力配合其天然之优点，利用其伟大之潜力"，以"克敌制胜"。林超的地理研究深受西方地理学的影响，研究方法上十分重视田野调查，曾先后在云南、四川等地从事地理考察与调查活动，其中《大巴山地理考察简报》为其地理考察又一力作。

陶绍渊（1903~2003）

江西省九江市星子县人，1903年出生于一个信奉基督教的家庭，原名贤清，后更名绍渊，字子潜，九三学社社员。武昌文华大学（后更名为"华中大学"）教育系毕业，曾任上海市光华大学附中、江西省九江市光华中学地理教师，诸多优秀的学生得益于其教导。

中学地理教育之余，有感于中国近代地理学研究的落后，陶绍渊于1937年赴美国芝加哥大学地理系攻读硕士研究生。芝加哥大学是世界地理学的学术中心之一，在人文地理学，尤其是城市地理学研究方面颇具影响力。陶绍渊仅用一年时间就完成了硕士学位论文《长江下游三省一市的人口分布》，并被英国皇家地理学会评为A等优秀论文。此论文开创了将中国地理研究与航片等先进的科技手段相结合的先河。1939年，陶绍渊在美国克拉克大学攻读博士学位。由于时值抗战时期，家庭的变故和国家的残破，已使陶绍渊无法安心攻读，终于1939年10月回国，奔赴湖南省安化县蓝田镇，任教于国立师范学院地理系。1941年8月受聘国立西南联合大学，任教于师范学院史地系，1944年转任理学院地质地理气象系教授。

鲍觉民（1909~1994）

安徽巢县人。1933年毕业于中央大学地学系，受聘于南开大学经济学院。1937年考取庚款留英公费生，赴英国伦敦大学政治经济学院，师从曾任国际地理联合会主席的著名经济地理学家斯坦普（Stamp）教授，专攻经济地理，于1940年以《中国运输地理研究》一文获得博士学位。同年秋回国到昆明，受聘国立西南联合大学地质地理气象学系，任地理学教授。抗战胜利后，于1946年9月前往英国讲学，1947年回国后一直在南开大学工作。鲍觉民主要从事经济地理学研究，卓有成就，其在联大时期发表的《苏联之经济资源》《交通革命中的桐油汽车》《英印的经济关系》《西南经济建设与水力利用》《东北经济发展的自然基础》为一时重要的地理学术论文。

鲍觉民研究经济地理学，特别重视实地考察，在来西南联大工作之前，即在四川省成都平原进行长达半年的经济调查，撰写成《成都平原之水利》一文；在西南联大工作期间，前往离昆明市较近的呈贡县落龙河区开展具体而详尽的调查，写成《云南省呈贡县落龙河区土地利用初步调查报告》一文，深入认识20世纪40年代农村土地利用的具体情况。上述两文成为鲍觉民经济地理学研究方面的代表作，为经济地理学界所推崇。

后　　记

编辑本书之起因，可追溯至2011年，该年本人有幸参与获得国家出版基金资助的大型丛书"西南联大名师"之一《地球奥秘的探索者》一书的编写工作。本人承担此书西南联大地理学教授张印堂、洪绂、钟道铭等人物传记的写作任务。写作期间，广泛查阅了大量相关资料，收集到了大部分西南联大地理学教授发表的各类文章，其中有一部分地理学术论文，最能体现西南联大教授的学术成就。

2016年，由著名历史学家、中国社会科学院研究员闻黎明先生动议与主持的"西南联大史料长编"在云南师范大学历史与行政学院立项，主持人组织相关学者参加该项目的研究工作。本人于2017年10月提出承担西南联大地理学术卷的编辑任务。经闻黎明先生同意，云南师范大学历史与行政学院院长邹建达教授同意并批准，联大教授地理学文章的收集与整理工作获得立项。经半年多的紧张工作，初稿完成，此后又得到闻先生和邹教授的指点，提出了诸多宝贵的修改意见。在此向闻黎明先生、邹建达教授深表感谢！

在文章收集与整理工作中，闻黎明先生把其收集到的张印堂的资料无私地提供给我，本书中《建设西北的限制》《重订滇西县区刍议》《新几内亚战场之重要性》《认识我们的河山》四篇文章为闻黎明先生提供的资料整理而成，在此再表谢意！整理工作中，四川大学历史文化学院的博士生赵斐同学收集到了大部分本人没有收集到的相关资料，我指导的研究生王紫阳、刘春秀、郭竞男、杨小琼承担了一大部分资料的文字录入工作。在此向这些同学表示感谢！

　　本人一一对照原资料进行文字上的整理与校对工作，安排结构，撰写编选说明以及五教授简介，西南联大五教授地理学文选卷一大致得以完成。

　　本书初稿完成以后，又由社会科学文献出版社赵晨老师对照原资料逐字校对了书稿文字，改正了本人的诸多校对错误，提出了许多宝贵修改意见，在此致以诚挚的感谢！

肖雄

2018年8月于春城

图书在版编目(CIP)数据

五教授地理学文选.一/肖雄编.--北京：社会科学文献出版社，2018.11
（国立西南联合大学史料长编丛书）
ISBN 978-7-5201-3359-3

Ⅰ.①五… Ⅱ.①肖… Ⅲ.①地理学-文集 Ⅳ.①K90-53

中国版本图书馆CIP数据核字（2018）第200031号

·国立西南联合大学史料长编丛书·

五教授地理学文选（一）

| 编　　者 / 肖　雄 |

| 出 版 人 / 谢寿光 |
| 项目统筹 / 宋荣欣 |
| 责任编辑 / 宋　超　赵　晨 |

| 出　　版 / 社会科学文献出版社·近代史编辑室（010）59367256 |
| | 地址：北京市北三环中路甲29号院华龙大厦　邮编：100029 |
| | 网址：www.ssap.com.cn |
| 发　　行 / 市场营销中心（010）59367081　59367018 |
| 印　　装 / 三河市龙林印务有限公司 |

| 规　　格 / 开　本：787mm×1092mm　1/16 |
| | 印　张：25.25　字　数：374千字 |
| 版　　次 / 2018年11月第1版　2018年11月第1次印刷 |
| 书　　号 / ISBN 978-7-5201-3359-3 |
| 定　　价 / 118.00元 |

本书如有印装质量问题，请与读者服务中心（010-59367028）联系

版权所有 翻印必究